가족생활주기와 가족치료

박 태 영 지음

학 지 사
www.hakjisa.co.kr

머리말

본 저자는 1995년에 미국에서 사회사업 분야 중 가족치료를 전공하고 귀국한 이후로 사례를 중심으로 꾸준히 임상을 해 오고 있다. 작년(2001)에 '가족치료이론의 적용과 실천'이라는 책을 내고 다시 이 책을 출판하게 되어 한편으로는 매우 기쁘면서도 또 한편으로는 걱정이 앞선다. 가족치료 사례를 하면서 실제로 가족치료의 효과성을 측정하기란 그리 쉽지가 않다는 것을 매번 느낀다. 그럼에도 불구하고, 본 연구자는 임상을 하면서 많은 가족과 개인들이 분명히 변화하고 있는 모습을 경험하게 된다.

10여 년 전까지만 해도 가족문제라고 볼 수 없었던 여러 가지 문제들이 시대적 상황이 변함에 따라 사회문제로 확대되어가고 있다. 시간이 지날수록 가족문제는 더욱 광범위해지고 증가될 것이라고 예측하게 된다. 이러한 시대적인 상황에서, 실제로 가족치료를 하는 치료자의 수는 아직도 턱없이 부족하다. 그럼에도 불구하고, 많은 사람들이 가족치료에 관심을 가지고 있음을 보게 된다.

본 연구자는 가족치료를 하면서 어떠한 문제로 상담을 받으러 오든지 간에 기본적으로 가족들이 가족생활주기 발달단계에서 가족의 역할과 기능이 변화해야 함에도 불구하고, 변화하지 못하는 모습을 보게 된다. 배우자와 부모자식 간에 분명히 현저한 차이가 있음에도 불구하고, 그러한 차이를 인정하지 않고 오히려 자신의 사고방식과 가치관을 삶의 잣대로 재는 가족성원들을 발견하게 된다. 따라서 가족치료에 있어서, 기본적으로 가족생활주기의 이해가 필요하다는 것을 절감하게 된다. 그래서 제1장에서는 가족생활주기에 대하여 서술하였다.

제2장에서는 결혼만족도를 측정하기 위한 측정도구에 대하여 조사하였고, 제3장에서부터 제5장까지는 결혼만족도에 영향을 미치는 변인들에 관하여 조사하였다. 제6장에서는 요즈음 한창 사회문제화되고 있는 청소년의 집단 따돌림에 대한 가족치료 사례를 실었다. 제7장에는 우울증으로 고생하고 있는 부인에 대한 가족치료의 사례를 수록하였다. 제8장에는 사회문제화되고 있는 가족폭력 중 하나인 아내학대 문제를 다룬 사례를 실었다. 지금까지 7년 동안 가족치료 사례를 접하면서 공통적으로 발견되고 있는 문제는 대부분의 가족문제에 한국의 '효사상'이 연결되고 있음을 보게 된다. 특히 부부 두 사람만의 문제는 별로 없는데, 시댁문제로 인한 부부간의 갈등이 많이 일어나고 있음을 보게 된다. 효자남편이 의외로 부인을 힘들게 하는 경우가 많은데, 제9장에서는 '한국의 효사상'과 효자남편에 대한 부부치료의 사례를 다루었다. 제10장에는 PC 중독 중 특히 포르노중독자에 관한 가족치료 사례를 실었다. 제11장과 제12장에서는 정신건강문제 중 정신분열증과 틱장애를 가진 아동에 대한 가족치료를 실었다.

가족치료를 하면서 가족성원과 가족전체가 변화하는 것을 지켜볼 뿐만 아니라, 그러한 과정에서 나 자신이 많은 간접경험을 하게 되며, 클라이언트들과 함께 나 자신도 변화하고 있다는 것을 깨닫게 된다. 그러한 나의 변화로 인하여 내 가족 또한 변화하고 있다는 것을 확신하게 된다. 먼저 여기에 실린 가족치료 사례들이 나올 수 있도록 허락한 클라이언트 가족들에게 감사를 드리며, 이 사례들은 이미 여러 학회지와 학술대회에서 발표된 논문들임을 밝혀 둔다.

본 연구자는 사회사업 분야 중 특히 가족치료를 전공할 수 있도록 인도하여 주셨던 현재 미국 시카고 로욜라 대학에 재직 중이신 이부덕 교수님께 감사를 드린다.

가족치료를 하면서 재차 깨닫게 되는 것은 하나님께서 나에게 가장 적합한 분야를 전공하게 해 주셨다는 것이며 이에 감사 드리지 않을 수 없다.

이 책이 현재 가족치료를 전공하고 계신 분들과 앞으로 가족치료를 전공하고자 하는 분들에게 조금이나마 도움이 되기를 진심으로 바라며, 또한 가족문제로 힘들어하는 가족들에게도 도움이 되기를 간절히 바란다. 부족한 이 책을 출판하도록 허락하여 주신 학지사의 김진환 사장님께도 감사를 드린다. 마지막으로, 이 책의 교정을 봐주고 항상 나에게 미소를 잃지 않고 긍정적인 스트로크와 조언을 해주는 나의 아내에게 깊은 감사를 드린다.

2002년 8월

저자 박태영 씀

차 례

제5장 발달장애아동 자녀를 둔 어머니의 결혼만족도에 영향을 미치는 변인들에 관한 연구

제6장 집단 따돌림을 당하는 고등학생에 대한 가족치료모델의 적용

제8장 구타당한 아내에 대한 가족치료의 적용

제9장 한국의 효사상과 효자 남편에 대한 부부치료

가족생활주기 1

1. 서 론

본 장에서는 가족생활주기의 준거틀에 대하여 설명하기 위하여 Carter와 McGoldrick(1988)의 가족생활주기 모델에 대하여 고찰한다. Carter와 McGoldrick는 일반적인 가족을 중심으로 가족생활주기를 여섯 단계로 나누어 설명하였는데, 그 각각의 단계에 대해서 살펴보겠다. 그 외에도 이혼 및 재혼가족의 가족생활주기 단계를 살펴보겠고, 이혼가족의 특성과 재혼가족의 특성에 대하여 고찰하겠다. 마지막으로, 이러한 가족생활주기를 어떻게 한국문화와 임상에서 활용할 것인가에 대하여 결론을 내리고자 한다.

2. 가족생활주기 준거틀에 대한 배경 : 일반적인 가족에 대한 시각

인간이 태어나서 죽기까지 일정한 발달 단계와 단계마다 과업을 가지는 것처럼 가족 또한 발달 단계와 과업을 가지게 된다. 가족생활주기는 시간이 경과함에 따라 가족 내에 발달적인 경향을 묘사하기 위하여 일반적으로 사용하는 용어이다(Carter & McGoldrick, 1999).

가족생활주기는 가족치료를 발달이론에 접목시킨 것이며 구조적이고 전략적인 접근법에 대한 설명적인 배경이 되기 위하여 사회학으로부터 빌려온 모델이다(Nichols & Schwartz, 2001). 개인의 발달이 가족의 영향을 받을 뿐만 아니라 가족에게 영향을 주기 때문에 가족구성원의 발달은 가족전체의 가족생활주기의 관점에서 이해할 필요가 있다. 가족생활주기 모델은 개인적인 생활과정의 모든 영역을 포함하지만 전체로서 가족을 강조한다. 이 모델에는 본래 개인으로서 사람과 체계로서 가족 사이의 긴장이 존재한다(Gladding, 2002).

가족은 한 쌍의 남녀가 결혼함으로써 형성되어, 자녀의 출생과 성장과 함께 확장되며, 자녀가 독립하거나 출가함으로써 축소되며 마지막으로는 부부의 사망으로 소멸하게 되는 규칙적인 경로를 거치게 된다. 따라서 가족은 시간이 지남에 따라 움직이는 체계로서, 다른 모든 체계들과는 근본적으로 다른 특성을 가지고 있다. 다른 모든 조직들과는 다르게 가족은 출생, 입양(공식적 또는 비공식적) 또는 결혼에 의하여 새로운 가족구성원을 받아들이며, 가족구성원들은 단지 죽음으로써 그 가족으로부터 떠날 수 있다. 이러한 가족체계에서는 경계선이 변하고, 가족성원들 사이에서 심리적인 거리가 변하며 그리고 하위체계 사이와 하위체계 내에서 역할이 끊임없이 재정의된다(McGoldrick, Heinman, & Carter, 1993).

가족생활주기의 개념을 설명하고 가족치료와의 관련성을 평가하기 전에, 가족의 구성 혹은 구조와는 상관없이 대부분의 가족들은 어떤 예견할 수 있는 특별한 사건이나 단계를 거치게 된다. 따라서 한 개인이 시간이 지남에 따라 발달주기가 있듯이, 가족 그 자체도 발달주기를 가지게 되는 것이다. 이러한 가족생활주기는 마치 인간의 생애주기와 마찬가지로 젊은 남녀가 결혼하면서 가족생활이 시작되는 단계부터 노부부가 되어 결국에는 죽음의 단계를 겪게 된다. 부부가 이러한 가족생활주기의 단계들을 원만히 넘어가기 위해서는 결혼생활에서 주어진 어떤 과업들을 완수해야만 한다. 또한 모든 가족은 계속해서 변화하는 상황 속에서 살고 있으며 어떤 주요한 전환점은 보편적이라고 할 수 있다. 가족 내에서 가족구성원의 지위와 기능은 가족생활주기의 단계마다 변화하게 된다. 따라서 가족의 발달주기에 맞게 가족구성원들의 지위와 관계가 변화하게 될 때 가족은 보다 잘 기능하게 된다. Minuchin(1974)은 가족이란 연속적인 발달과업을 수행하는 사회적 단위이며, 이러한 발달과업은 문화적 차이라는 기준에 따라 다르지만 보편적인 측면도 갖고 있다고 하였다(p.16).

모든 가족은 이러한 가족생활주기의 단계를 반드시 거치게 되며, 각 단계에서 다음 단계로 넘어갈 때 적응상의 문제가 발생하게 된다. 이러한 적응상의 문제가 심각할 경우 가족은 엄청난 스트레스를 받게 된다. 따라서 가족생활주기상의 이러한 위기가 가족문제의 근원이 될 수도 있다. 따라서 가족치료자나 사회사업가는 클라이언트의 가족문제를 사정할 경우 반드시 그 가족이 처해 있는 가족생활주기의 문제점에 관하여 먼저 사정해야 한다. 예를 들면, MRI의 상호작용주의적 가족치료모델, Murray Bowen의 가족체계이론, Salvador Minuchin의 구조주의적 가족치료모델, Jay Haley의 전략적 가족치료모델에서는 특히 가족문제를 사정할 때 가족이 가족생활주기상에서 어떤 위기에 처해 있는지에 대하여 사정한다. 이러한 가족치료 접근법을 가진 치료자는 한 가족 내의 일반적 행동유형들 혹은 위기상황에 대한 가족의 반응도 그 가족의 현재 발달단계의 맥락 속에서 볼 때 더 잘 이해될 수 있다고 주장한다(Goldenberg, & Goldenberg, 2000 : 22). 또한 가족치료자나 사회사업가는 가족으로 하여금 선택과 가족체계의 적응에 대한 신념을 볼 수 있도록 돕는 책임을 지니고 있으며, 성장에 대한 가족의 잠재성은 가족을 변화하도록 돕는 데 있어서 중대하다.

일반적으로 가족생활주기에 관한 대표적인 학자로서, Reuben Hill과 Evelyn Duvall 그리고 Betty Carter와 Monica McGoldrick을 들 수 있다. Hill과 Duvall과 같은 가족사회학자들은 1940년 후반에 시간이 지남에 따라 가족생활에서의 규칙성을 설명하기 위하여 처음으로 가족연구를 위한 발달의 준거틀을 제안하였다. 이 두 학자들의 기본 전제는 가족들이 그들의 존재에 대하여 형태와 기능을 변화하는 반면에, 가족들은 정형화된 일련의 발달단계 안에서 이와 같은 변화를 한다는 것이다. 이 두 학자는 가족성원의 팽창과 그 이후의 축소에 따른 가족성원의 크기에 따른 변화, 장남이나 장녀의 연령에 입각한 연령구성에 있어서의 변화, 그리고 가장의 일하는 신분에서의 변화에 그들의 이론적인 모델을 구축하였다. Hill과 Duvall의 경우는 2세대 핵가족을 중심으로 8단계로 가족생활주기를 설명하였고, Carter와 McGoldrick은 3세대 이상의 가족을 중심으로 6단계로 구분 지어 설명하였다.

결혼으로 시작하여 양쪽 배우자의 죽음으로 끝나는 Duvall의 가족생활주기 8단계는 미국의 중산층 가족의 전형적인 발달이 8단계를 거치게 된다는 것을 제안하고 있다(Duvall & Miller, 1985). 어떠한 가족도 모든 점에서 Duvall의 모델을 닮을 수는 없으나 Duvall의 8단계 모델의 취지는 가족이 전형적으로 겪는 단계들을 계획하고 각각의 단계가 도달하는 근접한 시간을 예견하는 것이었다. 가족생활주기의 각 단계에서 각각의 개인은 일련의 발달과업(예를 들면, 사춘기 동안에 부모로부터 독립심을 세우는 것)을 성취해야만 한다. 동시에, 가족이 하나의 단위로서 성장을 계속하기 위해서도 가족 역시 발달과업(예를 들어, 사춘기의 자녀를 둔 부모의 경우 자유와 책임감의 균형을 유지하는 것)을 성취해야만 한다. 일반적으로 시간이 지남에 따라 적절한 역할변화를 해야 하는 것이 가족발달과업이 된다.

1948년 Washington, D. C.에서 개최되었던 가족생활에 관한 전국 회의에서 결혼과 가족에 관한 사회학적인 조사를 위한 준거틀로서 이와 같은 가족생활주기가 제안되었지만 이후에는 많은 가족치료자들에 의하여 가족생활주기 접근법이 통합되었다. Carter와 McGoldrick(1988)이 최근에 이러한 입장을 공식화하였고, 가족생활주기 시각은 가족이 과거에 따라 움직여왔던 과정과 가족이 성취하려고 하는 과업, 가족이 지향하고 있는 미래 안에서 문제를 본다. 따라서 가족생활주기에서 일탈된 가족들은 가족생활주기의 발달궤도로 다시 돌아가는 데 도움이 필요하며, 그러한 상황에서 가족치료의 주요 목표는 가족이 가족생활주기 안에서 발달할 수 있는 계기를 다시 수립하는 것이다.

가족생활주기 시각이 개인과 가족의 역기능을 이해하는 데 중요한 배경을 제공하고 있으나, 가족생활주기 시각의 단점은 근본적으로 설명적이라기보다는 서술적이라는 것이다. 가족생활주기의 접근법은 가족을 시간의 경과를 통하여 움직이는 체계로서 보는 조직적인 도식을 제공한다. 가족의 역기능은 가족이 발달상의 어려움에 처해 있다는 것을 알려주는 것일 수도 있다. 따라서 가족구성원의 증상은 가족생활주기의 변화단계에서 가족이 겪고 있는 스트레스의 표현으로 보일 수 있다. 또는 가족구성원의 증상은 가족이 너무 엄격하게 조직되어 있어서 새로운 발달상의 요구를 수용할 수 있는 가족구조를 변화시킬 수 없는 것을 의미할 수도 있다. 마지막으로, 그 증상은 임박한 변화 앞에서 가족에게 안정성을 유지시키는 임시적인 "해결책"을 제공하는 기능을 할 수도 있다(Falicov, 1988).

Haley(1973)는 가족의 긴장은 가족생활주기의 한 단계에서 다음 단계로 옮기는 전환점에서 가장 높은 것이라고 하였으며, 가족구성원의 증상은 가족생활주기의 발달과정에 어떤 장애요소가 나타났을 때 발생되는 것으로 보았다. 가족생활주기의 다음 단계로 움직이는 데 어려움을 겪고 있는 가족의 예로, Haley는 출산에 따른 산후우울증을 겪고 있는 한 여성을 묘사하고 있다. 그 산모는 일반적으로 자신이 증상을 일으키고 있는 심한 정신 내적인 갈등을 겪고 있는 것으로 생각하고 있는 반면에 Haley는 그녀의 증상은 가족구성원 전체가 새로운 자녀의 출생으로 인하여 특징 지워진 가족생활주기의 발달에서 새로운 단계에 진입할 때 변화하는 데 어려움을 겪는 것이라고 하였다.

Minuchin(1974) 역시 가족생활주기는 가족을 하나의 체계로 보는 것에 근거한 중요한 시각이라고 하였으며, 가족치료를 받으러 오는 대부분의 가족들은 변화하는 새로운 환경에 적응하는 데 어려움을 겪고 있는 일반적인 가족들이라고 하였다.

가족생활주기의 시각으로부터 증상과 역기능은 체계적인 맥락과 시간이 지남에 따른 "정상적인" 기능과 관련하여 조사되어야 한다. 이러한 시각으로부터, 치료적인 개입은 가족의 발달능력을 재수립하도록 돕는 데 목적을 두는 것인데, 그렇게 함으로써 가족구성원의 발달의 독특성을 촉진시킬 수 있을 것이다(McGoldrick, Heiman, & Carter, 1993). 따라서 가족치료자는 치료를 받으러 오는 대부분의 내담자들과 내담자 가족들이 이러한 가족생활주기의 변화에서 오는 스트레스에 대한 대처방식에 문제를 지니고 있다는 것을 반드시 염두에 두고 치료에 임해야 된다.

3. 일반적인 가족에서의 발달과업

가족발달단계에는 변화하지 않는 일정한 순서가 있다. 가족발달의 각 단계는 가족이 새로운 과업에 직면하여 새로운 적응기술을 배우는 것을 요구한다. 동시에 가족은 역기능의 새로운 위험을 맞게 된다. 생활주기의 어느 한 단계에서 발생하는 사건들은 또 다른 단계의 가족관계에 엄청난 충격을 가하게 된다. 가족생활주기에서 어느 변환점이 특별히 위험할 수 있다. 어느 한 단계에서의 성공적인 적응은 이전 단계에서 요구된 과업을 수행할 수 있는 가족의 능력에 달려있다. 예를 들어, 결혼을 한 젊은 남편과 부인이 이전에 각자의 부모들과의 관계로부터 분리되지 못하여 자신들의 독립적인 부부 단위를 수립할 수 없을 경우에 그 부부는 자신의 가족생활주기의 다음 단계로 들어가는 것을 준비하게 될 때(즉, 자녀 출생과 출생한 자녀를 기르는 단계) 엄청난 스트레스와 갈등과 혼란을 경험할 수 있다.

〈표 1-1〉은 가족이 각 단계에서 성공적으로 통과할 수 있기 위하여 각 단계에서 필요한 제2차 변화를 포함한 미국의 일반적인 중산층가족들의 생활주기에 대한 개관을 나타내고 있다(제1차 변화는 체계의 구조 그 자체가 변화하지 않는 체계 내의 변화를 의미하고, 제2차 변화는 체계의 구조와 기능의 근본적인 변화를 요구하는 것을 의미한다).

〈표 1-1〉 일반적인 중산층 미국가족의 생활주기 단계들

가족생활 주기 단계	전환의 정서적 과정 : 주요 원리들	발전적으로 진행시키기 위하여 요구되는 가족신분에서의 제2차 변화들
집을 떠남 : 독립된 젊은 성인 단계	자신에 대한 정서적·재정적 책임감을 받아들임	• 원가족과의 관계에서 자아분화 • 친밀한 동료관계의 발달 • 재정적인 독립과 자아의 확립
결혼을 통한 가족들의 합세 : 신혼부부 단계	새로운 체계에 대한 헌신	• 부부체계의 형성 • 배우자를 포함하기 위한 친구와 확대가족과의 관계 재형성
어린 자녀를 둔 단계	체계 내의 새 가족구성원을 받아들임	• 자녀에게 공간을 주기 위한 부부체계의 조정 • 자녀양육·재정·가사에서 합세 • 부모·조부모 역할을 포함하기 의한 확대가족과의 관계 재조정
사춘기 자녀를 둔 단계	자녀의 독립과 조부모의 노쇠를 수용하기 위한 가족경계선의 유용성 증가	• 사춘기 자녀가 가족체계의 안과 밖으로 이동하는 것을 허락하기 위한 부모-자녀관계의 변화 • 중년기 부부생활과 경력문제에 재초점화 • 노부모를 함께 보살피기 위한 변화 시작
자녀가 집을 떠나는 단계	가족체계로부터 가족구성원들의 잦은 출입을 받아들임	• 두 사람만의 부부체계로서의 재협상 • 성장한 자녀와 부모 간에 성인 대 성인 관계로 발전 • 인척과 손자를 포함하기 위한 관계의 재조정 • 부모(조부모)의 불구와 죽음을 다룸

노년기 단계	세대역할의 전환을 받아들임	• 생리적인 쇠퇴에 직면하여 자신과 또는 부부간의 기능과 관심을 유지하는 것; 새로운 가족의 사회적인 역할에 대한 탐구 • 중간세대의 더 많은 중심적인 역할에 대한 지지 • 노인들의 지혜와 경험을 위한 자리를 내드리는 것과 지나친 노인들의 역할기능 없이 노인세대를 지지하는 것 • 배우자, 형제, 동료의 손실을 다루는 것과 자신의 죽음에 대한 준비; 삶의 회고와 통합

참고 : Carter, B., & McGoldrick, M. (1988). p.15.

4. Carter와 McGoldrick의 가족생활주기의 여섯 단계

1) 독립된 젊은 성인 단계

가족의 생활주기에서 결혼전기(독립된 젊은 성인 단계)는 아직 결혼하지 않은 자녀가 자신의 원가족을 떠나 결혼을 하고 자녀를 낳아 자신의 가족을 이루기 전까지의 기간을 말한다. 이 단계는 개인적인 삶의 목표를 설정하고 새로운 가족하위체계를 형성하기 위하여 다른 사람과 관련을 맺기 전에 "자기화"가 되어야 될 때이기도 하다.

Bowen의 가족체계이론에 의하면, 인간은 정서적 기능과 지적 기능을 소유하고 있으며(Papero, 1995 : 12), 개인의 내부에서 일어나는 자아분화의 정도는 이러한 정서적 기능과 지적 기능 사이의 분화와 융합의 정도를 나타내는 것이다. 또한 개인의 자아분화 정도는 개인이 감정이나 사고의 기능 가운데 선택하는 정도와 연관된다고 하였다(Goldenberg & Goldenberg, 1991 : 148). 이 단계에서 젊은 성인이 자신의 원가족과 정서적으로 분화를 잘 하면 할수록 가족생활주기를 통한 세대 전환적 긴장을 더 줄일 수 있다. 이 단계에서 원가족과 분화를 하지 못한 젊은 성인이 배우자를 선택하는 데 있어서 자신의 원가족에게 만족을 주기 위하여 결혼을 하면 이 경우의 신혼부부는 자신들만의 부부하위체계를 형성하기 힘들게 된다(Carter, & McGoldrick, 1988).

실제 상담에서 자녀들이 성인임에도 불구하고 한국의 많은 부모들은 자녀들을 성인으로 대하려는 준비가 되어 있지 않은 경우가 비일비재하다. 예를 들면, 독립된 젊은 성인 단계에 있는 자녀들의 귀가 시간을 통제한다든지, 자녀의 배우자가 될 사람이 부모의 마음에 들지 않는다는 이유로 사귀지 못하게 한다든지, 심지어는 이 단계에 있는 자녀들의 의상까지 부모들이 골라주는 경우가 있다. 이러한 경우에 부모 자체가 자아분화가 되어 있지 않은 경우가 많다. 최근의 연구들에 의하면, 한국 남자들의 가족주의적 가치관은 보통 이하로 낮음에도 불구하고, 효의식과 부양의식은 높게 나타나고 있으며(김경신, 1998; 이은경, 1999; 조미숙 · 오선주, 1999; 한경순, 1998). 이러한 결과는 가족주의 가치관의 혼재성을 보여주고 있다(양옥경, 2001). 한국의 젊은이들은 일생 동안 원가족에서 벗어날 수 없으며, 대부분의 사람들은 가족을 떠나 경제적인 독립을 하여도 원가족과의 심리적인 관계는 밀접하게 유지된다(김유숙, 1998).

집단주의 문화와 가치를 중시하는 우리나라의 경우는 인간관계에서 특히 체면, 충성, 효도를 중요시하는 경향이 있다. 특히 수평관계보다는 수직관계에 익숙한 우리나라의 문화에서 독립적인 자신을 유지하는 것은 힘들다. 그리하여 우리나라의 문화에서는 어머니와 자녀간의 관계가 매우 밀착된 관계를 유지하는 경향이 있다. 미국, 일본, 한국을 비교한 Triandis(1989)의 연구에 따르면, 집단주의 문화가 가장 발달한 곳은 한국이라고 하였다. 따라서 한국인들의 "나"에 대한 개념에는 자아의 구성요소로서 부모와 형제를 포함하고 있으며, 가족성원간에 밀접한 관계로 결합된 정서가 가장 중심적인 자아의 구성요소였다(Kim, & Choi, 1992). 한국의 가정 내에서는 개인의 권리와 관심보다는 가족의 결속을 더 중요한 것으로 강조하였고, 다른 사람과 조화를 이루어 나가는 것을 미덕이라고 생각하였다. 이러한 가치관은 다른 사람의 의견이 자신의 의견과 다를 경우에 자신의 의견을 버리고 다른 사람의 의견을 수용하는 것을 바람직하다고 본다.

이 단계에서 독신이 된다는 것은 성인 단계에 있는 사람에게 직업과 결혼에 대한 야망 그리고 개인적인 자율성 사이에서 비교 검토하게 한다. 최근에 증가하는 많은 젊은 성인들이 결혼하지 않고 함께 사는 동거를 통하여 그와 같은 조화를 얻으려고 노력해 왔다. 예를 들어, 1998년에 미국에서는 4백 2십만 커플들이 동거하고 있었다(Bryant, 2000). 새로운 21세기가 시작하는 때에는 이성 커플의 50% 이상이 처음에 부부간의 인연을 동거로 시작할 것이다(Peterson, 2000).

최근 우리나라에서 미혼의 성인자녀가 부모와 별거해서 사는 경우가 급증하고 있다. 1995년 인구 주택 조사결과에 따르면 혼자 사는 20-30대 미혼자는 남성의 경우 10명당 8명, 여성은 5-6명인 것으로 나타났다(통계청, 1999). 일반적인 결혼 적령기인 20대를 지나 30대에 이르러서도 남성은 1990년 9.5%에서 13%로 3.5% 증가했고, 여성의 경우도 1990년에는 4.1%이었는데 1995년에는 4.8%로 늘어났다. 이와 같이 국내에서 독신이 급증하는 이유는 현재 20대와 30대의 성인들이 기성세대와는 다른 결혼관을 가지고 있기 때문이다(최경석 외, 2001). 즉 결혼 적령기여서 남들처럼 결혼하는 것이 아니라, 상황과 의지에 따라 '결혼은 할 수도 있고 안 할 수도 있다'는 적극적인 자세로 결혼관이 바뀌었다는 것을 볼 수 있다(통계청, 1999).

이 독립된 젊은 성인 단계에서, 일반적으로 자녀인 젊은 성인 또는 부모들이 모두 성인으로서, 그들의 관계가 덜 위계적인 형태로 변해야 하는 요구를 인정하지 않는 데에 문제의 초점이 맞춰지게 된다. 이러한 지위변화에 대한 문제점들은 부모가 젊은 성인자녀의 의존성을 부추기거나 또는 성인자녀가 계속해서 부모에게 의존하거나 또는 반항하고 자신들의 부모와 가족으로부터 유사 독립적인 단절의 형태로 도망가려는 형태로 나타난다.

Bowen(1978)에 의하면, 부모와의 단절은 결코 정서적인 관계를 해결하지 못하며, 부모와 정서적인 단절을 한 젊은 성인들은 반사적으로 그렇게 하는 것이고 실제로는 가족으로부터 독립적이라기보다는 여전히 정서적으로 얽매여 있다. 부모와 젊은 성인자녀가 성인 대 성인으로서의 지위변화는 서로 존중하고 개인적으로 관계를 맺는 형태를 요구하는 것이며, 젊은 성인들은 부모를 현재 있는 그대로의 존재로서 감사할 수 있으며, 부모가 할 수 없었던 것에 대하여 부모를 비난하거나 현재의 부모가 아닌 형태로 부모를 만들려고 할 필요는 없다. 젊은 성인들은 자신을 희생하면서까지 부모의 기대나 소망에 따를 필요가 없다. 이 단계에서의 치료는 종종 젊은 성인들을 체계 내에서 자신들의 지위변화를 성취하는 새로운 방법으로 부모들과 다시 관계를 맺도록 돕는 것을 포함한다. 부모들이 도움을 요청하는 경우에, 치료는 일반적으로 부모들로 하여금 젊은 성인자녀들의 새로운 지위변화를 인정하고 자녀들과 그러한 관계를 맺을 수 있도록 도움을 주는 것을 포함한다. 이 단계에서의 가족의 주요 과업은 젊은 성인자녀가 독립적인 생활을 하도록 허용하고 이들을 항상 감독하는 것으로부터 벗어남으로써 이전의 의존적인 관계로부터 나타난 부모의 힘과 통제를 점차 줄이는 과정이 된다. 또한 이 단계에서 부모는 자녀의 이성관계의 범위와 그 변화에 인내를 가지고 자녀를 대해야 한다. 따라서 이 단계에서 부모와 젊은 성인자녀는 각자가 서로를 보완할 수 있는 성인으로서 대우해 주어야 하며, 이전의 관계보다는 서로에 대하여 덜 의존하는 관계로 발전시켜야 한다.

가족체계의 관점에서 이 단계를 성공적으로 전환하기 위해서는 첫째, 부모는 지속적으로 자녀와 유대관계를 가지면서 자녀의 분리와 독립을 수용하고, 둘째, 성인자녀의 직업 정체성에 대한 모호함과 부모와의 차이점을 받아들이며, 셋째, 원가족으로부터 벗어나서 타인에 대한 정서적 애착과 부모와 다른 자녀의 생활양식의 차이를 받아들일 수 있는 능력을 필요로 하며, 넷째, 부모가 남편과 아내로서 자신들의 '빈 보금자리'에 대한 친밀성을 재협상하는 데 성공해야 한다. 그렇게 되면, 부모는 자녀가 성(sexuality)관계와 친밀성을 찾는 데서 경험하는 변화와 갈등, 위기 등에 대하여 더 잘 인내할 수 있다.

2) 결혼을 통한 가족들의 합세 : 신혼부부 단계

일반적으로 개인들은 같거나 비슷한 발단 단계 수준에 있는 다른 사람들에게 가장 편안함을 느끼는 경향이 있다(Santrock, 2000). 그러나 보편적으로 결혼이라는 것을 두 개인이 합쳐지는 것으로 잘못 이해하는 경향이 있다. 부부가 된다는 것은 가족생활주기 중에서 가장 복잡하고 힘든 전환 중의 하나이다. 결혼은 서로 적응하는 어려운 과업을 요구하며 결혼생활이 개선되기 위해서 부부의 의도적인 노력이 필요한 기간이기도 하다. 하지만 어떤 이들은 이 시기를 가장 쉽고 즐거운 때라고 생각하는데, 이렇게 생각하는 것은 부부는 물론 가족과 친구들까지 이 시기의 행복한 면만을 보려고 하는 감상적인 시각을 지니고 있기 때문이다. 이러한 시각이 오히려 부부들에게 어려움을 더욱 가중시키는 결과를 낳는다. 실제로 결혼이 의미하는 것은 다른 두 개의 전체체계의 변화이며, 제3의 하위체계를 형성하는 것을 의미한다(Carter & McGoldrick, 1988; Goldenberg & Goldenberg, 2000). 각각의 배우자가족으로부터 분화하고 새로운 결집력 있는 부부 단위로 전환을 하는 데 있어서 가장 중요한 것은 부부간의 협력이다. 각각의 배우자는 원가족으로부터 부부간의 상호작용과 가족생활에 대한 일련의 기대감과 규칙을 습득하여 왔다. 특히 이 시기에 자신의 부모로부터 정서적인 독립을 하지 못한 사람은 자신과 배우자의 다른 점을 인정하고 수용하는 일에 실패한다. 배우자 역시 자신의 두려움을 상대방에게 이야기하는 것을 꺼리게 된다. 따라서 두 배우자 모두 상대방을 통해 자신을 확인하려는 욕구 때문에 의사소통의 내용이 모호해지게 된다. 이러한 과정에서 자신은 상대방이 원하는 대로 해 주고 있다고 잘못 생각하기 때문에 결국 어느 쪽도 원하지 않는 일을 하면서 시간을 보내는 불합리성을 낳게 된다.

신혼부부 단계에 있는 많은 배우자들은 자신들의 가정에서 익숙한 방식대로 생활을 하게 되는데, 상대편의 배우자들은 자신과 다른 가정의 문화에서 나오는 배우자들의 익숙한 방식을 이해하지 못하는 경우가 많다. 예를 들어 보자. 신혼부부 단계에 있는 배우자들은 선호하는 기온, 식성, 취침과 기상 시간, 치약 짜는 방식, 치약의 뚜껑을 닿는 방식, 샤워하는 방식, 심지어 성교 후에 처리하는 방식도 다르다. 또한 친밀한 관계를 추구하는 방식, 화를 내는 방식, 화를 내고 나서 푸는 방식, 의사소통방식도 다르다. 그렇지만 서로의 방식을 인정하지 않고 자신의 방식만이 옳다고 주장하게 되며, 상대방의 방식이 잘못되었다고 비난하는 경우가 많다.

Minuchin, Rosman, 그리고 Baker(1978)는 결혼한 부부는 부부의 공통적인 삶을 위하여 자신들이 가지고 있는 서로 다른 두 개의 패러다임을 조정해야 한다고 하였다. 조정의 과정에서, 배우자들은 새로운 의사거래의 패턴－절충 또는 다투는 것에 대한 무언의 동의－에 도달하게 되며, 그 다음에는 궁극적으로 그러한 패턴이 배우자와 상호작용하는 또는 습관적인 형태를 띠게 된다.

결혼을 하고 나서 배우자들은 자신들의 기본적인 신체적 욕구를 제공해야 할 뿐만 아니라 언제 어떻게 자고, 먹고, 성관계를 가지며, 다투고, 보충할 것인가와 같은 개인적인 문제들에 관하여 끊임없이 함께 협상해야만 한다. 부부는 어떻게 기념일을 축하하고, 휴가 계획을 세울 것인가, 돈을 어떻게 쓸 것인가, 집안일을 어떻게 분담할 것인가 등에 대해서도 결정해야 한다. 부부는 어느 가족의 전통과 의식을 따를지에 대한 것과 자신들의 것으로서 어떠한 것을 개발하기를 원하는지에 관하여도 결정해야만 한다. 부부들이 유지하기를 원하는 자신들의 확대가족과 어느 정도의 친밀감과 거리감을 둘 것인지에 대하여도 결정할 필요가 있다.

Bowen(1978)은 배우자와 융합하려는 일반적인 경향은 원가족으로부터 불완전하게 분화했기 때문이라고 하였다. 즉, 부부는 자기 부모와 해결하지 못한 관계의 일부를 배우자로부터 이루려 한다는 것이다. 이러한 경향은 부부 각자가 자기 자신이 되고, 상대방을 있는 그대로 받아들이지 못한 채 새로운 관계를 형성하게 만든다. 이것은 배우자와 자신의 차이와 서로의 독특성을 인정하지 않는 것으로, 이후에 왜곡된 의사소통을 하게 한다. 이렇게 배우자들이 원가족과 해결하지 못한 문제로 인하여 결혼을 결정했을 경우에 기능적인 부부관계의 균형을 깨뜨릴 수 있다.

Murray Bowen의 가족체계이론을 임상에 적용한 Lerner(1989)는 자아분화가 안 된 사람들이 추구하는 인간관계를 두 가지 유형으로 나누어 설명하였다. 첫째는 지나치게 밀착된 관계를 추구하는 유형이고, 둘째는 거리감을 두는 관계를 추구하는 유형이라고 설명하고 있다. 그러나 이 두 가지 유형의 저변에는 불안을 다루기 위하여 이와 같은 인간관계유형을 취할 수밖에 없다는 것이다(박태영 · 김현경, 1988). 이와 같이 자아분화가 안 된 성인들은 결혼을 했음에도 불구하고 자신과 자신의 배우자가 친밀한 관계를 추구하는 유형이 서로 다르다는 것을 이해하지 못하는 경우가 상당히 많다고 볼 수 있다.

한편, Chapman(1995)은 부부간의 사랑의 언어에는 인정하는 말, 함께하는 시간, 선물, 봉사, 육체적인 접촉 등 다섯 가지 언어가 있다고 하면서, 각자는 자신이 익숙한 사랑의 언어를 사용한다고 했다. 예를 들어 보자. 남편과 부인이 서로 사용하는 사랑의 언어가 다를 때, 각자는 상대방이 사용하는 언어로는 사랑을 느낄 수 없다는 것이다. 즉 남편이 부인의 익숙한 사랑의 언어를 사용할 때 부인은 사랑을 느낄 수 있다는 것이다. 따라서 배우자들은 상대방이 익숙한 사랑의 언어를 알아서 구사하는 것이 필요하다고 했다. 이러한 신혼부부 단계에 있는 배우자들은 상대방의 사랑의 언어를 발견하고 사용하는 것이 매우 필요하다(장동숙 역, 1997, 1998).

부부가 처음 결혼했을 때, 부부간의 체계는 느슨하게 조직되는 경향이 있고, 배우자들의 역할은 융통성이 있으며 종종 상호교환할 수 있다. 자녀가 없는 가족의 구조는 당면한 문제에 대한 다양한 해결책을 제공할 수 있는 융통성을 가지고 있다. 시간이 점차 지나면서 부부의 관계를 강화시키는 중요한 요소는 상호독립성을 늘리는 것과 결혼생활에서 겪는 다양한 사건들을 어떻게 해석하는가 하는 점이다. 부부는 타인들로부터 받는 지지를 통해서 이러한 사건들을 큰 스트레스 없이 대처할 수 있다. 또한 많은 사람들이 신혼 일 년이 가장 행복한 시간이라고 여길지 모르지만, 이때에 이혼율이 가장 높은 경향이 있다. 이 시기에는 친구체계와 확대가족체계에 변화가 생기게 된다. 많은 부부들이 각자의 친구관계를 유지하는 데 어려움을 느끼며, 최소한 일 년 내에 '부부의 친구들'만을 사귀게 된다. 대체적으로 '부부의 친구들'은 융합을 강조하며 각 배우자의 개인적 흥미와 취향을 용납하지 않기 때문에, 상담자는 배우자들이 각자의 친구관계를 유지하도록 격려해야 한다.

한국문화에서 이 단계에 있는 성인자녀들은 원가족으로부터의 물리적·정서적 분리라는 개념과는 거리가 멀다. 성인자녀들이 자신들의 삶을 위해 이성을 만나 새로운 가족을 탄생시킨다는 시각보다는 가계를 계승한다는 시각이 여전히 현대 한국 사회에 만연해 있다(Shon & Ja, 1982; 이선혜, 1998). 따라서 아들이 결혼을 하게 되면 어머니는 아들의 결혼생활에 간섭할 권리가 있다고 생각한다. 대부분의 한국의 어머니들은 자식에 대하여 '간섭'하는 것을 의무, 사랑, 관심으로 생각하기도 한다(송성자, 2001). 한국의 부부문제의 70-80%는 시댁문제가 관련되며, 심지어 대부분의 재미교포들이 지리적으로 시댁으로부터 멀리 떨어져 살고 있다고 할지라도 시댁식구의 영향과 간섭은 여전히 존재한다. 한국의 어머니는 일반적으로 결혼한 아들을 여전히 소유하고 있으며, 며느리에 대하여 비판적이다. 결혼한 아들과 어머니 간의 정서적인 미분리로 인하여 시어머니와 며느리 사이에 때로는 심각한 문제가 일어나게 된다. 며느리는 종종 시어머니의 '도움'을 자신의 부부를 통제하려는 것으로 여긴다. 고부간의 관계에서 변하는 기대감이 두 사람의 차이를 악화시킨다(Kim, 1996).

특히 이 시기에 많은 한국 남성들은 원가족과의 관계변화를 원하지 않는 경우가 비일비재하다. 이러한 배경에는 한국의 '효'에 대한 강조와 부모에 대한 보상심리가 더욱 작용하고 있다고 본다. 상담자로서 대부분의 결혼문제는 확대가족에서의 미해결된 문제에서 발생하며, 배우자들이 흔히 초점을 두고 있는 구체적인 부부갈등 때문만은 아니라고 생각된다. 따라서 시댁과의 문제가 현재의 부부간의 문제와 관련이 있기 때문에 치료자들은 이러한 점에 주의를 기울여야 한다.

3) 어린 자녀를 둔 단계

부모가 된다는 것은 하나의 생물학적인 사건이면서 동시에 심리적이고 사회적인 변화를 초래하며, 두 세대간의 결속 이상의 의미를 지닌다. 부부가 부모가 되는 것과 함께, 가족은 처음으로 영구적인 하나의 삼인조체계가 된다. 만일 자녀가 없는 상태에서 배우자가 떠난다면, 체계는 존재하지 않게 된다. 그러나 만일 자녀가 있게 되면 배우자 중 한 사람이 떠난다고 할지라도, 그 체계는 여전히 존재하게 된다. 따라서 상징적으로 그리고 현실적으로 이 전환이 가족생활주기의 주요한 전환이라고 할 수 있다(McGoldrick, Heinman, Carter, 1993 : 421-422).

가족생활주기의 이 단계는 성인들에게 한 세대 위로 변화되는 것과 젊은 세대를 돌보는 세대가 되어야 한다는 것을 요구한다. 부모가 이러한 요구되는 변화를 할 수 없을 때 발생되는 전형적인 문제들은 자녀들에 대한 부모로서의 행동을 할 수 없거나 거부하고 또는 책임을 배우자에게 전가하게 된다. 결혼한 남성과 여성이 지나치게 '자녀'나 '직업'을 강조하여 결혼생활의 친밀한 경험이 부족하게 되면 그 결과 부부관계가 소홀해지기 쉽다. 이 발달단계에서 남녀 모두가 성취해야 하는 과업은 각자 자신을 더 잘 분화시키고, 친밀감과 상호의존성이 존재하는 가운데 양육능력을 더 잘 발달시키는 것이다. 자녀에게만 초점을 두게 되면 친밀감과 분화뿐 아니라 결혼생활을 어렵게 만드는 원인이 된다. 따라서 부모들은 자녀와 경계선을 두어야 하고, 부모로서 자녀에게 요구되는 권위를 행사할 수 있어야 하며, 자녀가 발달해감에 따라 부모에게 자신들을 표현할 수 있도록 허락해야 한다.

어린 시절의 증상들은 어린이의 기질적인 특징과 발달적인 욕구 이상일 수 있다. 기질적으로 다루기 힘든 어린이들은 부모들에게 더 많은 고통을 주고, 부부와 가족의 기능을 감소시키며 부모 노릇하기에 더 많은 문제를 야기시킨다(Sheeber & Johnson, 1992). 따라서 어린이의 행동이 나타나는 방법이 결정적인 요소가 된다(Combrinck-Graham, 1989).

자녀에게 환경을 형성하는 것으로 가족은 자녀의 성장을 극대화할 수도 있고, 방해할 수도 있다(Kernberg & Chazan, 1991). 예를 들면, 부끄러움을 잘 타는 어린이가 그들을 위하여 이야기하는 부모와 의사소통하기를 꺼려할 수도 있다. 이와 같은 상황에서는, 가족의 지나친 역할기능이 어린이의 특별한 발달욕구에 대한 선의의 무지인지 혹은 독립을 하고자 하는 자녀의 성장욕구와 관련된 생활주기변화를 할 수 없는 무능력의 기능인지를 보기 위하여 개인의 성장발달욕구와 관련하여 가족생활주기 패턴을 평가하는 것이 중요하다(McGoldrick, Heinman, Carter, 1993 : 422).

일반적으로, 전통적인 가족은 자녀를 위한 어머니의 과도한 책임감과 아버지의 상보적인 부족한 책임감 혹은 단절과 같은 역기능적인 것을 격려할 뿐만 아니라 요구하기도 한다(Avis, 1985). 어머니는 아버지와 자녀들 간에 서로 충돌하는 것을 허용하며 그들이 관계를 맺고 발전할 수 있는 기회를 갖도록 도와줄 필요가 있다. 원가족의 지나친 간섭과 과잉보호 속에서 자라난 부부는 이기적이며 자기중심적인 성향을 보이고 있어서 어린아이를 보살피기를 단념하거나 자신의 뜻대로 되지 않으면 어린아이를 학대하는 경우도 있다(이옥주 외, 1996 : 191). 자녀의 출생은 양쪽 부모의 자아분화 정도의 영향을 받게 된다.

전통적인 가족주의에 입각하여 자녀들에게 일방적으로 요구하는 것은 자녀들이 새로운 사회에 적응하는 것을 잃게 만든다. 부모가 자녀들에게 가족 집단주의적인 요구나 기대를 하지 않고 그들로 하여금 자신들의 자발적인 노력과 창의적 잠재성을 최대한 발휘하도록 할 때, 그들은 사회의 요구에 더 잘 적응할 수 있다(홍영택, 1999 : 65).

이 단계에서 가족과 관련된 두 가지 과제가 있는데, 첫째는 자녀의 독립성과 가족에 대한 소속감, 충성심과의 균형을 유지하도록 하는 것이고, 둘째는 자녀가 부모의 지나친 기대감으로 인하여 중압감을 느끼지 않도록 부모와 자녀 사이의 균형을 유지하는 것이다. 따라서 이 단계에서는 부모가 자녀와의 세대경계를 분명히 하게 될 때 자녀와의 관계도 향상되고 자녀들 또한 친구나 학교 등의 가정 밖의 체계와 원만한 관계를 맺게 된다.

이 단계에서 조부모는 자녀(아버지 · 어머니)들에게 손자들을 돌보는 부모의 권위를 인정해 주고, 자신들은 뒤로 물러나야 하며, 반면에 손자들과는 새로운 타입의 돌보는 관계를 형성해야 한다. 한편, 할아버지가 자신이 자녀들과 가졌던 관계보다 손자들과 더 친밀한 관계를 발전시키는 경우가 많다. 이와 같은 경우는 확대가족원들이 새로운 역할에 미숙함을 느끼는 할아버지에게 정서적인 지지를 제공하고 이와 관련된 지식들을 알려줌으로써 부모와 자식 간의 관계를 좀더 수월하게 맺는 데 중대한 역할을 할 수 있다.

이 단계의 생활주기에 있는 가족들을 치료하는 데 있어서, 핵가족과 세대 사이의 경계선과 역할을 탐색하는 것이 중요하다. 이 단계에서 주요한 가족치료의 목표는 성인들이 부모로서의 새로운 신분의 변화를 편안하게 받아들이고 부부의 관계와 다른 가족과의 관계에 효과적으로 적응할 수 있도록 돕는 데 있다.

4) 사춘기자녀를 둔 단계

자녀가 아동기와 성인기 사이의 사춘기가 되면 가족은 어린 자녀를 양육하고 보호하던 역할에서 벗어나 성인의 주된 역할이 되는 책임감을 가질 수 있도록 가족의 구조와 조직을 변화시켜야 한다. 즉 이 단계에서는 가족 내의 자녀에 대한 규정과 자녀와 관련된 부모의 역할에 대한 규정을 새롭게 해야 될 때이다. 또한 이 시기는 세대간의 가족관계에 전체적인 변화가 나타나는 때이기도 하다. 즉 청소년은 신체적으로 성숙하고, 부모세대는 중년기에 접어들며, 조부모세대는 고령화로 인해 여러 가지 문제에 직면하게 된다. 십대의 자녀는 아동기에 형성한 자기상의 일부를 확립해 나가면서 새로운 자기동일성을 확립하는 문제에 직면하게 된다. 부모와 자녀의 관계에서는 자립과 의존의 갈등이 한층 더 심각하게 드러난다.

사춘기자녀를 둔 가족들은 부모와 십대인 자녀들 사이에 여러 가지 불일치한 점들을 보게 된다. 증가된 가족갈등과 긴장이 십대의 자녀가 가족 내에 있는 동안 종종 발생한다(Worden, 1992). 또한 가족 내의 긴장이 일어나는 또 다른 이유는 사춘기 그 자체의 과정과 관련된다. 인생의 이 시기에서 젊은 성인들은 자치적이고 독립적이기 위하여 더 많은 욕구와 주장을 표현한다(Collins, Newman, & McKenry, 1995).

이 단계에서 부모-자녀의 구조적인 유형은 자녀의 성장에 알맞은 형태로 변화해야만 한다. 또한, 부모가 자녀를 이전 단계의 관점으로 보고 모든 면을 통제하려고 하면 가족은 생활주기의 궤도에서 벗어나 진전을 하지 못하게 되어 가족문제에 부딪히게 된다. 예를 들면, 사춘기자녀에게 부모가 자신의 가치관에 따르라고 일방적으로 강요하는 경우가 많다. 김치를 먹는 방식에서 사춘기의 아들이 김치 중 배추만을 먹을 때, 아버지는 배추와 속을 같이 먹어야 몸에 좋다고 하며 자녀를 야단치는 경우가 있다. 또한 자녀들에게 신발 정리와 방 정리를 하라고 강요하는 경우에, 부모들은 자신의 방식이 옳다고 생각하거나 어려서부터 좋은 습관을 들여주는 것이 필요하다는 생각에 자식들에게 자신의 기준을 강요한다. 정리 정돈도 사람마다 기준이 다르며, 정리하는 시간도 다르다. 이러한 부모와 자녀 간의 차이를 부모들이 인정하는 것이 중요함에도 불구하고 부모들이 일방적으로 자식들에게 자신의 방식을 강요할 때, 부모와 자녀 간의 문제는 더욱 심각해지는 경우가 많다.

또 다른 예를 들어 보면, 유방암 3기에 수술을 받은 어머니가 유방 종양수술을 받은 중학교 2학년인 딸이 문제라고 생각하여 상담을 요청하였다. 어머니는 딸이 가정에서 문제라고 보아 치료자에게 딸에 대한 문제와 불평을 늘어놓았다. 그러나 몇 회의 상담 뒤에 문제의 장본인은 어머니였고, 또한 부부가 의사소통이 되지 않는다는 것을 알았다. 특히 어머니는 딸이 어렸을 때부터 딸에게 자신의 방식을 강요하였다. 딸의 공부방식을 어머니의 방식으로 하도록 강요하였고, 심지어 친구들을 사귀는 것까지 사사건건 간섭하였다. 그러한 어머니의 의사소통방식으로 인하여 딸은 어머니와 대화를 회피하였다. 결국에는 어머니가 자녀에 대한 양육방식과 의사소통방식을 변화시킴으로써 딸이 어머니를 대하는 태도가 변하였다. 즉 자녀의 방식을 인정하고 자녀에게 그 이전에 강요하던 방식에서 자녀의 의견을 존중하고 스스로 역할을 할 수 있도록 허용하는 방식으로 변함으로써 자녀와 어머니와의 관계가 향상되었다. 즉, 어머니와 자녀와의 경계선을 좀더 분명하게 함으로써 모녀지간의 관계가 나아졌다고 볼 수 있다.

사춘기자녀를 치료하는 데 있어서 클라이언트의 변화 단계에 대해서 살펴볼 필요가 있다. 부모들이 보통 자녀들이 문제라고 치료자를 찾는 경우가 많은데, 실제로는 부모 중의 한 사람 또는 부부관계가 문제인 경우가 많다. 따라서 가족상담을 할 때, 자녀의 문제로 부모가 방문하였을 경우에 내담자와 부모의 변화 단계를 먼저 파악해야 한다.

Prochaska와 Norcross(1999)는 클라이언트의 변화하는 여섯 가지 단계에 대하여 다음과 같이 서술하고 있다. 첫째, 전인식 단계(precontemplation stage)는 사람들이 문제를 가지고 있다는 것을 의식하지 못하거나 다른 이유 때문에 변하는 것에 대하여 진지하게 생각하지 않는 단계이다. 이 단계는 자신의 행동이 문제가 있다거나 병리적이라는 것으로 인식하려는 것에 대한 저항이 나타나는 단계이다. 둘째, 인식 단계(contemplation stage)는 개인적인 문제가 존재한다는 것을 인식하는 단계이다. 이 단계는 사람들이 문제와 원인, 해결책을 이해하려고 하며 무엇이 잘못되었는가, 그리고 어떻게 자신들의 삶을 통제할 수 있을까 하는 것을 결정하기 위하여 노력하기 시작하는 단계이다. 셋째, 준비 단계(preparation stage)는 자신의 의도와 행동적인 기준을 통합하는 단계이다. 이 단계에 있는 개인들은 즉각 행동을 취하려 하며, 약간의 행동의 변화를 나타낸다. 그렇지만 비록 문제행동에 대한 약간의 변화가 일어나고 있다고 하더라도, 준비 단계에 있는 개인들은 효과적인 행동을 위한 기준에도 도달하지 못한 상태이다. 넷째, 행동 단계(action stage)는 자신들의 문제를 극복하기 위하여 행동·경험·환경을 바꾸는 단계이다. 행동은 가장 현저한 행동의 변화를 포함하며, 많은 시간과 에너지의 투자를 요구한다. 행동 단계에서 이루어진 문제행동의 변화는 분명히 나타나는 경향이 있으며, 엄청난 외부의 인정을 받게 되는 단계이다. 다섯째, 유지 단계(maintenance stage)는 행동 단계에서 얻은 것을 계속하고 더 문제화된 기능의 수준으로 재발되는 것을 막기 위하여 노력하고 있는 단계이다. 이러한 유지 단계는 최소한 6개월 정도 지속되는 경향이 있다. 또한 종종 수년 동안 지속되거나 평생 지속될 수도 있다(Prochaska & Norcross, 1999). 이와 같은 내담자의 변화 단계를 치료자가 미리 알고 상담에 임하면 사춘기자녀 단계에 있는 가족을 치료하는 데 많은 도움이 될 수 있다.

사춘기자녀 단계에서 나타나는 가족의 문제는 크게 두 가지의 경우로 나누어 볼 수 있다. 첫째, 사춘기자녀의 부모가 더 이상 성공적으로 될 수 없음에도 불구하고, 자신이 원하는 것을 자녀에게 하도록 요구하는 경우이다. 둘째, 부모가 자녀가 원하는 것은 무엇이든지 허용하거나 자녀에게 필요한 권위는 전혀 행사하려 하지 않는 경우이다. 이 경우에 자녀는 지나치게 독립적이 되어 성인처럼 행동하거나, 미성숙하게 되어 독립적으로 기능하며 발달적으로 진전할 수 없게 된다. 이와 같은 부모와 자녀의 관계를 Haley는 초보완적인 관계라고 불렀다. 즉 부모가 자녀의 행동을 통제하지 못하는 가족구조에서 권력이나 지위가 낮은 자녀가 가족 내에서 실질적인 통제권을 갖고 있는 관계를 의미한다.

사춘기자녀를 둔 가족은 어린 자녀를 둔 가족과는 질적으로 다른 경계를 수립해야 한다. 부모와 자녀와의 경계는 침투 가능하고 융통성이 있어야만 한다. 이 단계에서 치료는 부모가 사춘기자녀의 자립심을 증진하는 것을 허락할 수 있는 적절한 시각의 변화와 계속된 가족발달을 돌볼 수 있도록 적절한 경계선과 구조를 유지하도록 하는 것이다(McGoldrick, Heinman, Carter, 1993 : 427; Preto, 1988 : 257).

사춘기자녀 단계에서 조부모와 관련하여 여러 가지 문제에 봉착하게 된다. 노부모가 노화하여 허약해지면서 동거문제나 노부모의 간병에 따른 여러 가지 스트레스가 가족에게 부담을 줄 가능성이 많다. 그러나 한편으로는 조부모와의 동거나 교류가 친밀하게 되면서 부모세대의 내면에 여러 가지 변화가 일어나게 되며, 그러한 내면의 변화가 부모를 인간적으로 성숙하게 되는 것을 돕는다. 또한 조부모와 손자세대의 상호작용에도 새로운 관계를 가지게 된다.

사춘기자녀 단계에서 부부관계의 중심 사건은 개인적인 경력을 추구하면서, 결혼생활에 만족과 불만족을 가진 한 사람의 배우자나 혹은 두 사람의 배우자 모두에게 나타나는 '중년기 위기'이다. 사춘기자녀를 둔 부모들은 결혼생활만족도가 가장 낮은 경향이 있기 때문에 특별히 이때가 중요하다. 일반적으로 이 시기는 결혼생활을 재협상하거나 이혼을 결정하는 시기이다. 가족이나 치료자에 의한 부모와 사춘기자녀의 불평에만 문제의 초점을 두는 것은 부부의 불륜관계를 은폐하거나, 몰래 고려되고 있는 이혼을 가릴 수 있다. 이것은 일반적인 사춘기자녀의 증상을 주의 깊게 평가하지 말라는 말이거나 심각하게 다루지 말라는 것은 아니다(McGoldrick, Heinman, Carter, 1993 : 429).

가족이 사춘기자녀의 과업에 대처하는 방법을 평가하는 것이 상담에 가져온 문제를 이해하는 데 핵심이 된다. 가족이 보이는 증상을 진단하기 위해, 상담자는 관점을 넓혀 가족이 기능하는 다양한 방식을 고려하고, 가족에 영향을 미치는 외적인 요소에도 주목할 필요가 있다. 이와 같이 가족생활주기와 3세대를 고려하여 청소년과 그 가족에 대한 중재를 하는 것은 체계 내의 분화를 야기시킨다. 세대를 거친 관계유형을 추적하고, 현재의 갈등을 과거의 미해결 과제와 연결지음으로써 가족이 상호관계유형에 대해 보다 객관적인 시각을 갖게 한다. 상담자는 가족이 새로운 관계를 맺도록 함으로써, 사춘기에 일어나는 관계변화를 협상할 수 있도록 돕고 미래가 험난하지만은 않다는 것을 인식시킬 수 있다.

5) 자녀가 집을 떠나는 단계

이 시기에 자녀는 부모의 품으로부터 떠나 독립된 사람으로서 자율성을 확립하는 단계이다. 자녀를 출가시키고부터 은퇴 단계에 있는 가족은 여러 가지 발달적 어려움과 전환뿐만 아니라 여러 가지 문제에 직면하게 된다. 이 단계에 있는 부모의 나이는 대체로 40대 중반부터 60대 중반 사이이다. 가족생활주기에 있어서 이 단계는 가장 새롭고 가장 긴 단계이며, 이러한 이유들 때문에 여러 가지 면에서 모든 단계 중에서 가장 문제가 많은 단계이다. 일세대 전까지만 해도 대부분의 가족은 노년기 때까지 그들의 활동적인 성인기의 삶을 자녀들을 양육하는 데 시간을 바쳤다. 그러나 지금은 낮은 출생률과 대다수 성인들의 수명 연장으로 인하여, 부모들은 그들이 은퇴하기 20년 전쯤에 자녀들을 떠나보내고 다른 활동을 찾아야만 한다. 특히 자신의 주요 에너지를 자녀에게만 쏟아 왔고 지금은 직업전선에서 새로운 직업을 구하지 않았던 여성들의 경우, 이 변화에 대한 어려움으로 인하여 자녀들을 자신의 품에 붙잡아 두려고 하거나 혹은 공허감과 우울증에 시달릴 수 있다.

이 단계에서 가장 중요한 특징은 가족성원들이 가정에 많이 들어오고 나간다는 것이다. 이 시기는 성장한 자녀가 집을 떠나는 것으로 시작하여 자녀의 배우자와 자녀들이 유입되고, 더 나이 든 부모들은 종종 아프거나 사망하는 때이기도 하다. 이 단계에서 의미 있는 새로운 삶의 활동을 발견해야 하는 어려움과 관련하여 이와 같은 것이 삶을 어렵게 만들 수도 있다. 부모들은 단지 다음 세대에게 자리를 양보해 줌으로써 자신들의 신분에 있어서 변화를 다루어야 하며 조부모의 위치로 이동할 준비를 해야 할 뿐만 아니라 의존적일 수 있는 자신들의 부모들을 돌보아야 할 책임감과 함께 다른 관계의 형태를 다루어야만 한다. 이 시기는 결혼 초창기보다는 재정적인 면에서 가족에 대한 책임이 줄고 자유스러운 시간을 가질 수도 있다. 또한 새롭고 아직까지는 찾지 못한 분야—예를 들어, 여행, 취미, 새로운 경력—에 대해서 잠재성이 있는 시기일 수도 있다. 어떤 가족은 이 단계를 결실과 완성의 시기로 보고 이 단계가 새로운 영역이나 역할을 개척함으로써 부부관계를 강화하거나 확장해 가는 제2의 기회로 간주된다. 어떤 가족들은 이 시기에 가족의 붕괴와 공허감, 엄청난 상실감, 우울증 그리고 일반적인 해체감을 느낀다. 이 단계는 자녀에 대한 부모로서의 책임감이 더 이상 요구되지 않는 시기로, 부부관계의 재구조화가 필요한 시기이다. 만일 부부관계가 강화되지 않았거나 부부관계에 대한 재투자가 불가능하다면, 가족은 막내자녀를 붙잡으려고 한다. 이러한 것이 이루어지지 않을 경우에 부부는 이혼으로 치달을 수 있다(Carter & McGoldrick, 1988 : 18-19).

이 단계에서의 치료는 부부들이 그들이 어린아이였을 때 했던 것과는 다를 수 있는 선택의 폭을 확장시키는 것과 함께, 가족성원이 자신들의 삶과 관계를 재결정하는 것을 돕는 데 목표를 두어야 한다. 그들은 자신들의 부모가 거의 경험해 보지 못한 자신들을 위한 새로운 길을 계획할 필요가 있다. 또한 부모가 우리 시대의 복잡하고 어려운 경제로 인하여 때때로 보금자리로 돌아오는 자녀들을 떠나보낼 수 없을 때 어려운 협상이 요구된다. 자녀와 나이 든 친척들이 보금자리로 돌아오고 다시 떠나감으로써 체계의 경계선의 다양한 팽창과 수축이 필요하기도 하다(McGoldrick, Heinman, Carter, 1993 : 427; Preto, 1988 : 431).

치료자들은 중년기에 관한 3세대 관점을 통해 핵가족과 확대가족 사이에 존재하는 문제에 관심을 갖게 되었다. 부모가 자신의 원가족에서 자율성, 책임감, 관계성 등의 문제를 얼마나 성공적으로 다루었는가 하는 것이 자녀와의 문제를 다루는 데도 결정적인 역할을 한다. 이는 단지 가족의 역사를 살펴보는 정도로 문제를 재구조화하는 것이 아니라 가족구성원의 관점이 문제와 위기 자체보다는 맥락에 초점을 두도록 시각을 변화시키는 것이다.

가족생활주기 관점은 가족구성원이 문제나 위기에 미시적으로 대처하기보다는 연속적인 세대전체에 대한 과정 지향적으로 경험을 변경하고자 하는 것이다. 만약 자신을 커다란 전체의 한 부분으로 느낀다면 압도되는 듯한 느낌이 감소될 것이다. 또한 죄책감도 가족이 어떻게 서로 영향을 미치고 행동하게 되는지에 대한 의식으로 점차 대치될 것이다. 마찬가지로 치료자도 보다 큰 개념을 가짐으로써 가족성원을 양극화하는 힘과 한 세대에서 그 다음 세대로 전수되는 힘에 크게 좌우되지 않게 된다.

6) 노년기 단계

노인에 대한 시각 중 일부분만이 가족과 사회적인 맥락에서 건강한 노후생활의 적응에 대한 긍정적인 이미지를 우리들에게 제공하고 있을 뿐 노후생활에 대한 비관적인 견해가 사회에 만연해 있다. 대부분의 노인들은 가족을 가지고 있지 않고, 가족들과 거의 관계를 가지고 있지 않으며, 일반적으로 시설에 수용되어 있고 모든 가족성원들이 노인들과 최소한으로 상호작용하고 있다(Walsh, 1989). 미국이나 한국은 노년기에 공통적으로 건강문제, 가족과의 관계문제, 부부갈등의 문제가 있었다. 그러나 한국의 경우에는 특히 부양, 거취의 문제, 경제적 의존문제 등이 두드러지는 반면에, 미국의 경우에는 은퇴로 인한 역할상실감이 가장 두드러지는 문제로 나타났다. 가족의 문제는 한국의 경우에 가족 내에서의 소외감, 남편의 불성실, 음주, 외도가 중요한 문제였던 반면에, 미국의 경우에는 배우자의 사망이 주된 문제로 나타났다(정문자, 2001 : 26).

노년기를 맞는 것에 대한 가족의 반응은 초기에 형성된 가족유형에 따라 다르다. 가족과 가족성원에 대한 대처방안은 가족이 오랫동안 형성해 온 체계의 유형과 새로운 요구에 적응하는 체계의 능력과 적응양상에 따라 다르다. 과거에 기능적이었던 특정 유형들은 구성원의 생활주기가 변화하면서 역기능적으로 될 수도 있다.

이 단계에서 성공적인 전환을 위하여 가족이 다루어야 할 문제는 은퇴, 배우자 상실, 조부모역할, 질환과 신체적인 쇠퇴 및 의존성 등을 들 수 있다(Goldin & Mohr, 2000). 또한 은퇴한 사람에게 분명한 공백을 낳을 뿐만 아니라 다른 영역에서 조화될 때까지 결혼생활에 대한 특별한 갈등을 일으킬 수 있는 은퇴에 대한 적응이 이 단계에 있는 가족들의 과업 중의 하나이다. 특히 과거와 현재의 가족관계는 노년기의 주요 심리사회적 과업을 수행하고, 자신의 삶과 죽음을 받아들이는 통정성 또는 절망감을 갖는 데 결정적인 역할을 한다(Erikson, 1959). 인생을 일과 과업 성취에만 몰두해 왔던 사람들은 특히 지금 자신들이 일차적인 정체감과 역할을 빼앗겼다는 것을 느끼면서 힘든 시간을 경험할 수 있다. 강제적인 퇴직을 강요받아 은퇴한 사람들에게는 위기를 맞게 될 수도 있다. 이 단계를 위한 요구된 신분변화를 하는 데 있어서의 어려움은 노인들이 자신의 세력을 단념하는 것을 거부할 때 발생한다.

은퇴 이후 은퇴한 배우자의 가정 내의 합류가 주요 과업이다. 부부는 역할관계를 재구성하고 상호만족을 줄 수 있는 관심과 활동을 개척함으로써 부부관계를 강화시키며 미래를 위해 더 준비할 수 있게 된다. 은퇴가 가져오는 재정적인 불안감이나 재정적 의존에 대한 염려 등도 노년기가족의 어려움이다. 이 단계는 친구나 친척들에 대한 죽음의 상실감을 경험하는 단계로서, 특히 배우자의 상실은 가장 힘든 적응을 요구한다. 이제까지 부부로서 생활해 오던 삶을 지금부터는 혼자 재조직을 해야 하며, 더구나 주위에 있던 사람들의 상실로 인해 배우자의 상실을 대리해 줄 수 있는 인간관계의 수도 더 적다는 데에 이 단계의 어려움이 있다. 비록 노인들이 많은 심리적인 문제를 겪는다 할지라도, 그들 스스로를 위하여 도움을 찾는 경우는 임상적으로 드물다. 연령이 증가함에 따라 정신병리적인 사건도 많아지는데 특히 우울, 불안, 편집증과 같은 뇌질환과 기능적 장애가 증가한다. 특히 노인들의 심리적인 문제 중 일차적인 것은 우울증이다. 노인들은 상황적으로 원인이 있을 수도 있는 신체적인 병에 대하여 의사에게 자문을 요청하는 것 같다. 종종 도움을 청하는 사람들은 다음 세대의 사람들이다. 그들조차 일반적으로 문제를 나이 든 부모와 관련된 것이라고 정의하지 않는다. 가족성원들이 신분의 변화와 새로운 조화 속에서 그들의 관계를 해결할 필요성을 인지하도록 돕는 것이 지금과 나중에 가족의 안녕에 매우 중대할 수 있다(McGoldrick, Heinman, Carter, 1993 : 432-433). 치료자는 노년세대가 아닌 클라이언트가 자신이나 자신의 자녀 때문에 치료를 받으러 왔을 때도, 가족체계의 노년세대 구성원에 대해 질문하는 것이 중요하다. 치료자는 부모세대와 자녀세대가 지위 변화를 깨달을 수 있도록 도와주며, 달라진 지위에 대한 현재의 위치에 서로 맞는 관계를 해결해 감으로써, 가족이 발달적으로 진전해 나갈 수 있도록 돕는다. 이러한 재협상된 세대간의 관계는 개인의 정체감과 자기 가치감에 필수적인 요소인 세대적인 지속성과 연결을 제공한다.

노년세대는 자신의 세력이 약화된 것과 제한된 것에 대하여 현실적으로 수용해야 하며 필요에 따라서는 다른 가족성원에게 의존할 수 있도록 자신을 허용해야 한다. 자녀세대는 자녀의 역할을 수용해서 늙어가는 부모를 위해 자신이 적절히 할 수 있는 책임을 받아들여야 한다. 노년세대 부모가 지나치게 자녀에게 의존적이 되면, 자녀는 불안감으로 인해 더 많은 것을 해 주게 되는데, 이것이 부모를 더 무기력하고 무능하게 하는 악순환을 유발시키게 된다. 그러므로 이 단계에서 노년세대 가족구성원은 노년세대의 부모가 최대한으로 기능할 수 있도록 지원하는 것이 중요하다. 이 단계에서 치료적 개입으로는 피할 수 없는 일들에 대한 수용, 상실을 최소화하며 수용하는 것, 부부가 상호 도움이 되는 역할을 할 수 있도록 돕는 것, 배우자가 먼저 사망한 경우 다른 가족과의 관계를 재조정하는 것 등을 들 수 있다(정문자 · 김연희, 2000 : 6).

Carter와 McGoldrick(1998)은 가족이 전환하는 데 있어서 다양한 스트레스의 영향에 대해 포괄적이고, 세대간의 관점을 제공한다. 그들은 가족 내에 존재하는 불안의 흐름이 "수직적" 및 "수평적" 스트레스

요인 모두에 관련된다고 믿는다. 수직적 스트레스 요인들은 세대들을 통하여 전해져 내려오는 관계와 기능의 유형에 대하여 말하는 것이다. 예를 들어, 이러한 요인들로는 가족 태도, 이야기, 기대감, 금기사항, 그리고 조부모로부터 부모와 자녀에게 내려오는 가족문제 등을 들 수 있다. 수평적인 스트레스 요인들은 시간이 지남에 따라 가족이 겪는 불안을 야기시키는 사건들과 생활주기의 변화와 전환에 대처하는 것들이다. 예를 들어, 이러한 요인들로는 예상치 못한 외상적인 사건(불시의 사망 혹은 만성질환)뿐만 아니라 여러 가지의 예견할 수 있는 발달적인 스트레스를 들 수 있다. 따라서 Carter와 McGoldrick(1998)의 연구로부터 결론 내릴 수 있는 것은 가족치료자들이 현재의 생활주기 스트레스뿐만 아니라 세대에 걸쳐 내려오는 가족문제들과의 관련성에도 관심을 가져야 한다는 것이다(Goldenberg & Goldenberg, 2000 : 30; 김득성 외, 2002).

지금까지 제시된 가족발달의 단계가 개인과 가족의 역기능을 이해하는 데 귀중한 맥락을 제공하는 반면에 가족발달 단계이론은 단점도 가지고 있다는 것을 인정할 수밖에 없다. 그 개념은 본질적으로 설명적이라기보다는 서술적이다. 이 접근법은 오늘날 광범위한 생활스타일에도 불구하고, 중심적인 사건의 시기(예를 들어, 연기된 결혼 혹은 지연된 임신)에서 오는 개인차를 고려하지 못한다(Goldenberg & Goldenberg, 2000 : 30). 즉 각 가족은 고유하므로 발달 단계는 가족에 따라 크게 다를 수 있다. 또한 인종적 배경이 서로 다른 가족에서는 "전형적" 가족생활주기에서 보여지지 않는 문화적 변이가 나타난다(Collins, Jordan, & Coleman, 1999; 이화여자대학교 사회복지연구회 역, 2001 : 114).

Lee Combrinck-Graham(1988)은 가족발달이 직선적일 수도 있는 반면에, 가족생활은 그렇지 않을 수도 있다고 말한다. 즉 가족발달은 어떤 특정한 시점에서 시작하는 것이 아닐 뿐만 아니라 명백하게 끝나는 시점을 가지고도 있지 않다는 것이다. 오히려 그녀는 시간이 지남에 따른 가족의 이동은 주기적이거나 혹은 더 정확히 말하자면, 나선형으로 진행한다고 주장한다. Douglas Breunlin(1988)은 가족발달은 한

생활 단계로부터 임의의 전환에 의하여 분리되어 계속해서 이어지는 단계까지 불연속적인 변화는 거의 이루어지지 않고, 오히려 가족이 다음 발달 단계로 진행되면서 단계들 사이에 점차적인 변동(혹은 미세한 전환)이 이루어진다는 데 동의한다. 그는 가족들은 단계모델이 제시하는 것보다 훨씬 더 복잡하며, 실제로 대부분의 가족들에게서 발달은 다양한 가족구성원들이 서로 맞물리는 생활변화의 다른 정도를 경험함에 따라 복합적이며, 동시에 발생하는 전환을 포함한다고 주장한다.

이러한 수정들이 실제로 발생하는 것에 대하여 더 정확하게 묘사할지라도, 가족생활주기의 개념은 가족 기능을 평가하고 개입을 계획하기 위한 효과적인 틀을 제공한다. 가족치료자들은 가족을 서로간에 지속적이고 상호작용적인 과정에 관여된 상호관련된 개인들로 구성된 것으로 보기 위하여 단계이론의 임의적인 구분을 넘어서서, 사회학적으로 더 많은 초점을 둔 발달적인 준거틀에 사이버네틱적인 인식론을 결합시키려고 노력해 왔다(Goldenberg & Goldenberg, 2000 : 30-31).

한편, 내담자의 가족과 치료자의 생활주기의 적합성이 가족변화를 돕는 과정에서 중요한 역할을 한다. 이러한 적합성이 치료과정에 관련된 모든 사람들의 연령과 단계에 따라 변동하는 끊임없이 변화하는 변수이다. 만일 치료자가 과거나 현재의 생활주기로부터 해결되지 않은 문제들을 같은 생활주기 단계를 겪는 데 갈등하고 있는 가족과의 임상적인 작업 안으로 가져오게 된다면, 예견될 만한 문제들이 일어날 수도 있다(Lerner, 1999 : 512).

치료자와 치료자가 상담하고 있는 가족들 사이가 적합하지 못한 것을 보상하기 위하여 모든 연령과 배경을 가지고 있는 치료자들은 다음과 같은 몇 가지 일을 할 수 있다. 첫째, 치료자들은 특별한 가족과 그와 같은 가족들과의 문제에 민감성을 증가시키는 작업을 할 수 있다. 각각의 가족은 다르며, 만일 치료자들이 가족의 특수한 문제들에 초점을 맞춘다면 연령과 배경에 상관없이 그 가족들을 도울 수 있다. 둘째, 이상적으로 어떤 가족들에게 맞출 수 없는 치료자들은 자신들의 상담에 대하여 감독받을 수 있다. 종종 동료집단의 자문을 통하여 가족치료자들은 자신들의 결점들을 극복할 수 있는 방법들을 배운다. 마지막으로, 치료자와 가족들 간의 적합성의 부족은 치료자들에게 가족 혹은 변수들의 특별한 유형을 다루는 데 있어서 더 많은 지식과 기술을 제공하는 계속되는 교육프로그램에 의하여 보완될 수 있다 (Galdding, 2002).

5. 이혼 및 재혼가족의 가족생활주기 단계

비록 미국 중·상류층 이상 가족들의 대부분이 여전히 지금까지 언급한 전통적인 가족생활주기의 단계를 거친다고 할지라도, 이혼을 겪은 가정은 이와 같은 기준과는 상당히 다른 경우들도 많다. 현재 이혼율이 50%에 이르고, 재이혼율은 61%에 이르고 있는 미국가족에 있어서의 이혼은 대부분의 미국가족에서 발생될 수 있는 점에 가까워지고 있으며, 이혼이 점점 더 일반적인 것으로 인식될 것이다(McGoldrick & Carter, 1989). 우리나라에서도 이혼은 계속 증가하고 있는 추세이며, 3쌍 중 1쌍이 이혼하고 있는 것으로 나타났다. 2000년 한 해 동안 11만 9982쌍이 이혼했다. 인구 1000명당 이혼은 2.5건으로 일본(2.0), 독일(2.3), 캐나다(2.4), 스위스(2.3) 등 웬만한 '이혼 선진국 수준'을 넘어섰다(조선일보, 2001년 7월 4일자). 2001년 이혼한 사람은 하루 평균 370쌍씩 모두 13만 5000쌍으로 전년보다 12.5% 증가했다. 인구 1000명당 이혼 건수를 나타내는 조이혼율은 2.8건, 2000년 2.5건으로 매년 늘고 있으며, 2002년의 이혼율은 사상 최고치를 기록했다(사회복지신문, 2002년 3월 25일자).

이혼 사유도 과거에 가장 큰 비중을 차지했던 배우자 부정은 감소되고, 배우자 학대가 점차 큰 비중을 차지하는 등 과거에 비해 이혼 사유의 특성이 달라지고 다양화되고 있다(조성희, 1999; 신성자, 2000 : 32에서 재인용). 따라서 이혼을 가족성원에서의 변화와 가족성원을 얻거나 잃어버리는 것과 함께 전체적인 가족생활주기를 통하여 관련이 있는 일종의 중대한 불균형을 낳는 것을 의미하는 전통적인 가족생활의 중단 혹은 혼란으로 개념화할 필요가 있다(McGoldrick & Carter, 1988).

부부의 별거, 이혼, 편부모가족, 재혼가족이라는 여러 가지 가족구조의 방법이 이전의 핵가족모델에 합하여 증가되고 있으므로 가족구조의 다양화에 동반된 가족생활주기의 새로운 접근방법이 현 상담분야의 과제가 되고 있다. 편부모가족의 가족구조형태에서는 한쪽의 부모가 아버지와 어머니의 역할을 모두 수행해야 한다는 점과 부모의 피로와 고독감, 자녀가 본의 아니게 자기의 성숙 수준 이상의 역할을 해야 한다는 역기능의 위험을 안고 있다. 이렇게 별거, 이혼, 재혼은 특히 아이들이 포함될 때 가족체계 안에서 혼란이 필연적이다. 다른 생활주기 단계처럼, 이혼하는 가족들이 발달적으로 나아가기 위하여 가족구성원들에 의하여 수행되어야만 하는 중요한 정서적인 과제와 관계상태에 있어서 주요한 변화 단계들이 존재한다. 다른 단계에서처럼, 이 단계에서 해결되지 못한 정서적인 문제들은 장래의 관계에서 방해물로 작용하게 될 것이다.

따라서 이혼을 겪는 가족들은 더 복잡한 수준에서 발달적으로 안정화되고 진척되기 위해서 가족생활주기의 한두 가지 부수적인 단계를 겪어야만 한다. 즉 이혼 후 재혼하지 않는 가족의 경우는 가족생활주기 단계의 한 단계, 재혼하는 가족의 경우는 이혼과 재혼의 두 단계가 가족의 발달 단계에 더 요구된다(Goldenberg & Goldenberg, 1991 : 23).

1) 이혼가족의 가족특성

이혼하는 가족이나 이혼한 가족의 경우, 정서적 긴장이 정점을 이루는 시기는 다음과 같은 시기라 할 수 있다.

① 별거나 이혼하겠다고 결심했을 때
② 이러한 결심을 가족과 친구들에게 알렸을 때
③ 재정과 아동 양육권/아동 면접권을 토의했을 때

④ 실제로 헤어졌을 때
⑤ 실제적인 법적인 이혼이 발생했을 때
⑥ 별거한 배우자나 전 배우자가 재정 혹은 자녀의 일로 만날 때
⑦ 각각의 자녀가 졸업하고, 결혼하고, 자녀를 갖거나 아플 때
⑧ 각각의 배우자가 재혼하고, 이사하고, 아프거나 사망할 때

이혼하는 과정 동안에 방출된 감정은 일차적으로 정서적인 이혼의 작업 즉, 결혼생활로부터 자신을 되찾는 과정과 관련된다. 각각의 배우자는 상대편 배우자와 결혼생활에 투자했던 희망, 꿈, 계획, 그리고 기대감들을 회수해야만 한다. 이것은 잃어버린 것에 대한 애도와 자신과 배우자, 어린이, 확대가족에게 있어서 상처, 분노, 비난, 죄책감, 수치 그리고 상실감을 다루는 것을 요구한다. 특히 이혼 중에 있는 가족들과의 임상경험에서 볼 때, 가족구성원 간의 단절은 정서적으로 해롭다. 그래서 치료자는 이혼 중에 있는 배우자들이 협조적인 부모로서 계속 관계를 맺고 자녀와 친부모, 그리고 조부모들과 가능한 한 최대한의 접촉을 갖도록 허용하는 방향으로 나가야 한다(Carter & McGoldrick, 1988 : 22). 한편 이혼은 전통적인 가족생활주기의 흐름을 방해하며 그 주기를 회복하는 데 최소한 2년 이상이 걸린다. 이혼의 정서적인 문제를 충분히 해결하지 못한 가족들은 수년 동안 정서적으로 곤경에 처한 상태로 남아 있을 수도 있다. 별거나 이혼과정에서 각 배우자는 결혼이 실패할 때 후견인문제, 아이들의 방문, 경제적 문제와 같이 자신들이 해야 할 부분을 타협할 필요가 있다. 이혼 후 그 가족은 사회관계를 재구축하고 부모-자녀관계를 재형성해야 하는 힘든 과제를 접하게 된다.

이혼하는 부부의 자녀들은 일반적인 가족들의 자녀와 비교해볼 때 권위적인 인물에 대하여 더 반사회적이고 과잉행동화(acting out)를 보이며 더 충동적이며 순종하지 못하고, 더 공격적이며 더 의존적인 행동과 더 많은 불안을 보인다. 그리고 더욱 의기소침하며, 동료관계에서도 더 많은 어려움을 겪는다(Robinson, 1994). 특히 처음으로 이혼을

한 1-2년 사이가 스트레스와 혼란이 많은 기간이다. 왜냐하면 많은 사람들이 이혼 직후의 기간보다 1년 후에 더 많은 스트레스를 받기 때문이다. 따라서 이 기간 동안에는 이혼한 사람들은 절망적이고 사기가 많이 저하된다(Walsh 등, 1995 : 348). 그렇지만 장기적인 연구에 따르면, 대부분의 사례에서 이혼 후 2년이 끝나는 시기에서 현저한 회복의 단계를 보여주었다(Hetherington 등, 1993).

〈표 1-2〉 재안정화되고 발전하기 위한 부가적인 단계를 요구하는 가족생활주기의 단계들

단계	변화의 정서적인 과정	발달적인 문제
이혼에 대한 결정	부부관계의 긴장을 해결하고 관계를 충분히 해결할 수 없다는 자신의 무능력을 받아들인다.	• 자신의 결혼이 실패했다는 것을 인정한다.
가족체계의 해체를 계획	가족체계의 모든 부분에 대하여 실행 가능한 준비를 지원한다.	• 자녀양육권, 방문, 경제문제에 대하여 협력적으로 일한다. • 이혼에 대하여 확대가족과 관계한다.
별거	• 협력적인 공동부모관계를 계속하려는 의지와 자녀의 재정적인 지원에 합세한다. • 배우자에 대한 애정을 해결하기 위해 노력한다.	• 함께 한 가족성원을 손실하는 것에 대하여 슬퍼한다. • 부부관계와 부모-자녀관계 및 재정을 재구성하고, 떨어져 사는 것에 적응해 간다. • 확대가족과의 관계를 재조정하고 배우자의 확대가족과도 관련을 맺는다.
이혼	정서적인 이혼을 하기 위하여 더 노력하며, 상처, 분노, 죄책감을 극복한다.	• 함께 한 가족의 손실을 슬퍼하고 재결합에 대한 환상을 단념한다. • 결혼생활에서 얻었던 희망, 꿈, 기대를 회복한다. • 확대가족과 관계를 유지한다.

참고 : Carter, B., & McGoldrick, M. (1988). p.22.

이혼 후 1년간 이혼자녀들은 가장 부정적인 행동으로 반응하나, 그

들의 반응은 연령과 성별에 따라 다르게 나타난다. 아들의 경우는 평소보다 과잉행동하는 경향이 있으나 딸들은 부정적 경험을 내면화함으로써 우울증에 걸리기도 한다. 일반적으로 학령전 아동들은 부모가 집을 떠난 사실에 놀라게 되며, 그들의 자아 중심적인 특성 때문에 자녀들은 죄의식을 느낀다. 학령기에 있는 자녀들은 부모의 이혼상황을 이해하고 이혼이 자신들의 잘못이 아니라는 것을 알지만, 가족의 붕괴가 자신들의 삶에 미칠 충격에 대하여 매우 걱정한다. 사춘기에 있는 자녀들은 일반적으로 자신을 버린 한쪽의 부모나 양쪽 부모에 대하여 몹시 분노를 느낀다(Kaslow, 1981).

이혼 과정에 있는 대부분의 당사자들은 극도의 긴장상태에서 정서적으로 심한 갈등관계에 있으며, 이러한 관계로 인하여 당사자들은 이혼 합의, 아동양육권, 위자료, 재산분할 및 이혼 후의 역할 분담 등의 당면과제를 대화를 통하여 합리적으로 해결하기가 어렵다(신성자, 2000 : 32).

〈표 1-3〉 이혼 후의 가족

편부모 (한쪽의 부모와 자녀로 된 가족)	재정적인 책임감을 유지하려고 하며, 전 배우자와 부모적인 접촉을 계속하고 전 배우자와 전 배우자의 가족과 자녀를 접촉하도록 돕는다.	• 전 배우자와 전 배우자가족과 융통성 있는 방문을 주선한다. • 자신의 재정적인 재원을 재구축한다. • 자신의 사회적인 관계망을 재구축 한다.
편부모 (자녀와 함께 하지 않는 부모)	전 배우자와 부모적인 접촉을 유지하려고 하고 자녀와 양육적인 부모관계를 지지한다.	• 자녀와 효과적인 부모관계를 지속하는 방법을 발견한다. • 전 배우자와 자녀에 대한 재정적인 책임감을 유지한다. • 자신의 사회적인 관계망을 재구축 한다.

참고 : Carter, B., & McGoldrick, M. (1988). p.22.

2) 재혼가족의 특성

한국에서 이혼율이 엄청나게 증가하고 있는 것과 비례하여 재혼율도 증가하고 있다. 전체 혼인유형 중 남녀초혼 비율이 감소하는 추세인 반면에 재혼의 비율은 전체 혼인의 13%를 넘어 계속 증가하고 있다(통계청, 1999). 아직까지 남성이 여성보다 더 많이 그리고 더 빨리 재혼하는 것으로 나타났으며(Ganong & Coleman, 1994), 우리나라의 경우 1995년 현재 남자의 재혼율이 8.8%, 여자가 7.5%로 아직 여성이 남성보다 다소 낮지만 과거에 비하면 급증하는 것으로 파악된다(여성개발원, 1997). 재혼유형으로는 재혼남과 재혼녀의 결합이 가장 많고(6.9%), 그 다음이 초혼남과 재혼녀의 결합이라는 사실에서 재혼의 양상이 크게 달라졌다. 1999년에는 초혼남과 재혼녀의 결합(4.7%)이 재혼남과 초혼녀의 결합(3.5%)에 비해 높게 나타났다(김종숙, 2001 : 124). 과거에 많은 비율을 차지했던 재혼남과 초혼녀의 결합비율은 감소하는 반면, 초혼남과 재혼녀, 그리고 재혼남과 재혼녀의 결합비율은 늘어 여성의 재혼율이 높아지는 추세이다(최경석 외, 2001).

재혼가족은 가족생활주기의 분열인 동시에 새로운 주기의 시작이다. 그전의 가족생활주기의 형태가 일부분 유지되면서 새로운 가족생활주기가 시작된다. 재혼가족구성원은 모든 가족원이 부모의 죽음이나 별거와 같은 중요한 상실경험을 가지고 있으며, 서로 다른 경험, 전통, 가치, 기대를 지닌 사람들이 갑자기 한 가족으로 모여 여러 가지 어려움을 겪는다.

재혼하는 전환 단계에 있는 가족의 정서적인 과정은 새로운 결혼과 새로운 가족성원에 대한 투자에 있어서 자기 자신의 두려움, 새 배우자의 두려움, 한 배우자나 두 배우자의 자녀들의 두려움에 접하게 되며, 자녀, 확대가족, 그리고 전 배우자의 적대적인 혹은 혼동된 반응을 다루어야 하며, 새로운 가족구조, 역할, 관계의 불명확함을 해결해 나가야 한다. 또한 이 단계에서는 자녀의 안녕에 대하여 강한 부모의 죄의식과 걱정 및 전 배우자와의 옛 애정관계(부정적 또는 긍정적인)가

다시 떠오르게 된다(Carter & McGoldrick, 1988 : 23).

또한 새로운 남편과 아내의 관계보다 부모-자녀의 유대가 우선적으로 취급될 수 있는데 이와 같은 경우에 새로운 결혼의 긴장이 일어나기도 한다. 이혼한 성인은 새로운 관계를 맺는데 그들 자신의 두려움에 직면해야 한다. 계부모가족에서는 자주 외로움과 갈등이 교환된다(Nichols & Schwartz, 1998). 그리고 실제이든 기억이든 간에 친부모의 존재는 새로운 관계형성에 끊임없는 영향을 주어서 새로운 관계형성에 어려움을 줄 수 있다. 한편, 자녀들은 동시에 두 가족의 구성원이 될 때 이혼한 부모들 사이의 끝이 나지 않는 싸움에 휘말리는 것을 경험할 수도 있다. 복합가족에서는 의붓자식에 대한 부모역할을 떠맡는 데 어려움이 있을 수 있고, 의붓자식들 사이에서 경쟁심과 질투심이 발생할 수 있으며, 생물학적인 어머니와 계모 사이에서 경쟁관계가 발생할 수 있다(Goldenberg & Goldenber, 1990; Thompson & Rudolph, 1992). 또한 비양육부모와 접촉을 유지하는 아동의 욕구는 완전한 정서적 단절에 대한 양육부모의 희망을 저해할 수 있다(Collins, Jordan, & Coleman, 1999).

분노심과 복수심이 이혼 후에도 남아 있다면 복합가족의 통합을 수년 동안 또는 영원히 방해할 수 있다. 이혼 후에 새로운 가족구조에 적응하는 경우에, 가족구성원들이 정서적으로 서로를 허용할 수 있는 새로운 구조가 되기까지는 최소한 2-3년이 걸린다(Carter & McGoldrick, 1988 : 23; Visher & Visher, 1988). Visher와 Visher(1988)에 따르면, 복합가족의 발달은 각각의 단계에서 발생되며, 발달주기과정에 있는 각 단계는 관계의 복잡하고 역동적인 관계망을 재협상하고 재조직하는 것을 요구한다.

이와 같은 복합가족들에게는 현재의 재혼가족의 패러다임에 있어서 선명성과 가족 간에 사회적인 지지가 부족하다는 것을 인정하는 것이 필요하다. 치료자들은 복합가족성원들에게 다음과 같은 지침과 함께 가족구조의 새로운 형태를 취할 수 있도록 돕는 것이 필요하다. 즉 가족의 옛날 형태의 모델을 단념케 하고, 새로운 형태의 가족의 복잡성

〈표 1-4〉 재혼한 가족의 형성과 발달과정

단계	필요한 태도	발달상의 문제
새로운 관계에 들어감	첫 결혼의 상실감으로부터 회복(충분한 정서적인 이혼)	결혼과 새가족의 복잡성과 불명확성을 다룰 수 있는 준비와 함께 가족을 형성하는 데에 대한 재헌신이 필요하다.
새로운 결혼생활과 가족에 대한 개념화와 계획	자신의 두려움 및 재혼과 복합가족을 형성하는 데에 대한 새 배우자 및 자녀의 두려움을 수용, 다음의 3가지 점에서 복잡성과 불명확성에 적응하기 위한 시간과 인내가 필요하다는 것을 수용 • 다양한 새로운 역할 • 경계선 : 공간, 시간, 권위 • 정서적인 문제 : 죄의식, 부모들에 대한 충절과 관련된 갈등, 상호관계에 대한 바람, 미해결된 과거의 상처	• 거짓의 상호관계를 피하기 위하여 새로운 관계에서 개방적으로 관계를 맺는다. • 이전의 배우자와 협력적인 재정적 및 공동의 부모관계를 유지하기 위한 계획을 수립한다. • 두 개의 가족체계 내에서 두려움, 부모에 대한 충절과 관련된 갈등 및 가족성원을 자녀가 다룰 수 있도록 돕는 계획을 수립한다. • 새 배우자와 자녀를 포함하기 위하여 확대가족과의 관계를 재조정한다. • 이전의 배우자의 확대가족과 자녀와의 접촉을 유지하기 위한 계획을 수립한다.
재혼과 가족의 재구성	이전의 배우자에 대한 애정과 "완전한" 가족의 이상에 대한 최종적인 해결, 투과할 수 있는 경계선을 가진 가족의 다른 모델에 대한 수용	• 새로운 배우자와 계부모를 포함할 수 있는 가족경계선을 재구성한다. • 몇 개의 체계를 서로 혼합하기 위하여 하위체계를 통한 관계와 재정적인 조정을 재편성한다. • 생물학적인 부모, 조부모와 다른 확대가족과 모든 자녀와의 관계를 위한 공간을 확보한다. • 복합가족의 통합을 증진시키기 위하여 추억이나 역사를 공유한다.

참고 : Carter, B., & McGoldrick, M. (1988). p.24.

을 받아들이며, 가족원들의 변화를 허용할 수 있는 융통성 있는 경계선을 유지하게 하며, 친부모, 계부모, 조부모, 그리고 손자 사이의 의사소통을 자유롭게 할 수 있도록 하는 것이 중요하다.

6. 결 론

각각의 가족이 필수불가결하게 거치는 일련의 단계들로 나누는 가족생활주기 관점은 가족을 시간에 따라 이동하는 체계로 보기 위한 조직적인 관점을 제공한다. 지금까지 언급한 전형적인 가족생활주기 모델은 가족이 가족생활주기 단계마다 어떻게, 언제, 그리고 어떤 방법으로 변천하는지에 대한 모든 면에서 문화, 인종, 민족성, 그리고 종교의 많은 영향에 대해서는 설명하지 못하고 있다. 비록 우리가 이론적인 선명성을 위하여 이러한 변수들을 무시하고, 우리의 공통점에 초점을 맞춘다고 할지라도, 실제의 가족을 다루는 치료자들은 이러한 점들을 무시할 수는 없다. 생활주기 단계의 타이밍뿐만 아니라 "가족"의 정의 그리고 다른 변화의 중요성은 가족의 문화적인 배경에 따라 변화한다. 치료자는 어떻게 한국의 민족성과 한국문화의 과거 및 현재가 가족생활주기와 교차하는가를 고려하여야만 한다. 또한 가족생활주기 단계에 대한 가족발달과정을 살펴보았는데, 이러한 발달과정에서 남자와 여자가 자신들의 원가족과 결혼을 통하여 형성한 가족에서 가족생활을 다르게 경험한다는 점을 반드시 고려해야만 한다. 전형적으로 그들은 다른 역할 기대, 신념, 가치, 태도, 목적, 그리고 기회와 함께 양육된다. 치료자들은 문화가 입증하지 못한 변천들(예를 들어, 게이 지역사회의 가족생활주기 패턴 또는 복합문제를 가진 빈곤층)을 포함하여 가족이 자신들의 삶에 실제적인 변천과 일치하는 의식을 발달시킬 수 있도록 돕는 것이 매우 중요하다(Carter & McGoldrick, 1988 : 25; McGoldrick, Heinman, Carter, 1993 : 437-438).

치료자들은 가족생활주기 의식(예를 들어, 가족성원이 한 상태에서 다음의 상태로 좀더 쉽게 변화할 수 있도록 모든 문화에 있어서 가족들에 의하여 계획된 종교적이거나 세속적인 의식들)의 강력하고도 예방적인 의미를 고려해야 한다(Imber Black & Roberts, 1992; Friedman, 1989). 가족의 모든 관계는 이러한 사건(통과의례 : 출생, 성인, 결혼, 죽음 등 인생의 한 대목을 맞을 때의 의식)의 전후 바로 그때 동안에는 열려있는 것처럼 보이며, 일반적으로 수년간의 다툼의 기간에서 들여야 할 노력보다도 이러한 의식이 있는 기간 동안에는 더 적은 노력으로도 패턴을 변화시키는 것이 종종 가능하다(McGoldrick, Heinman, Carter, 1993 : 439).

실제 한국의 임상의 장에서 가족치료를 해 보면, 가족들이 가족생활주기에서 가족성원들의 역할 및 기능의 변화가 필요하고, 과업을 성취해야 함에도 불구하고 변화를 거부하거나 현재의 상태를 고수하고자 할 때, 얼마나 큰 위기가 오는가를 치료자라면 당연히 경험할 수 있으리라고 본다. 비록 가족생활주기의 모델이 미국의 백인 중산층을 대상으로 만들어졌다손 치더라도 임상에서 얼마든지 활용할 수 있으리라고 본다. 따라서 위에서 언급한 일반적인 가족과 이혼 및 재혼가족의 가족생활주기를 이해하여 한국의 치료세팅에서 잘 활용할 수 있기를 기대한다.

참고문헌

김경신(1998). “가족 가치관의 세대별 비교연구－노년, 중년, 청소년세대를 중심으로”. 대한가정학회지, 36(10), pp.145-160.

김득성 외(2002). 가족치료. 서울 : 시그마프레스.

김유숙(1998). “가족치료이론에서 문화적 차원이 갖는 의미와 주요 쟁점”. 한국가족치료학회지, 6(2), pp.131-150.

김종숙(2001). 신재혼 풍속도 : 재혼가족. 이동원 외. 변화하는 사회 다양한 가족(pp.121-148). 서울 : 양서원.

박태영·김현경 역(1998). 여성들의 관계미학. 서울 : 지샘.

사회복지신문, 2002년 3월 25일자.

송성자(2001). 한국문화와 가족치료 : 해결중심 접근. 서울 : 법문사.

신성자(2000). "이혼과정에 있는 부모들을 위한 학제간 팀 이혼중재에 관한 연구". 한국가족치료학회지, 8(1), pp.31-58.

이선혜(1998). "한국에서의 Bowen 이론 적용에 대한 고찰 : 자아분화 개념을 중심으로". 한국가족치료학회지, 6(2), pp.151-176.

이옥주 · 김유숙 · 김용태(1996). 청소년 가족상담. 서울 : 청소년대화의광장.

이은경(1999). "대학생의 가족주의 가치관과 부모노후의 부양의식에 관한 연구". 대한가정학회지, 37(1), pp.45-65.

이화여자대학교 사회복지연구회 옮김(2001). 가족복지실천론. 서울 : 나눔의 집.

장동숙 역(1997). 5가지 사랑의 언어. 서울 : 생명의 말씀사.

장동숙 역(1998). 자녀를 위한 5가지 사랑의 언어. 서울 : 생명의 말씀사.

정문자(2001). "연구와 임상에서 살펴본 한국 가족문제와 관련 변인". 한국가족치료학회지, 9(2), pp.1-34

정문자 · 김연희(2000). "가족생활주기별 내담자의 문제와 가족치료기법 분석". 한국가족치료학회지, 8(1), pp.3-29.

조미숙 · 오선주(1999). "청소년기 자녀가 지각한 가족관계 변인과 청소년의 가족가치관". 한국가족관계학회지, 4(1), pp.67-89.

조선일보, 2001년 5월 14일자.

최경석 외(2001). 한국가족복지의 이해. 서울 : 인간과 복지.

통계청(1999). 98년 인구동태통계결과. http://www.nso.go.kr.

통계청(1999). 한국의 사회지표.

한경순(1999). "남녀대학생의 가족주의 가치관과 부모부양의식". 대한가정학회지, 37(9), pp.13-24.

홍영택(1999). "한국가족의 문화지체 현상과 가족치료적 접근". 한국가족치료학회지, 7(1), pp.53-74.

Avis, J. M. (1985). The politics of functional family therapy : A feminist critique. *Journal of Marital and Family Therapy, 11*(2), 127-138.

Bowen, M. (1978). *Family therapy in clinical practice.* New York : Aronson.

Breunlin, D. C. (1988). *Oscillation theory and family development.* In C. J. Falicov (Ed.). Family transitions : Continuity and change over the life cycle. New York : Guilford Press.

Bryant, W. (2000, April 18). Number of unmarried couples cohabitating continues to increase. *USA Today,* p.D1.

Carter, B., & McGoldrick, M. (1988). *Overview : The changing family life cycle-A framework for family therapy.* In B. Carter & M. Carter (Eds.), The changing family life cycle : A framework for family therapy (2nd ed.) (pp.3-28), Boston : Allyn & Bacon.

Carter, B., & McGoldrick, M. (1999). *The expanded family life cycle* (3rd ed.). Boston : Allyn & Bacon.

Chapman, G. (1995). *The five love languages.* Los Angeles, CA : Word of Life Books.

Collins, D., Jordan, C., & Coleman, H. (1999). *An introduction to family social work.* New York : F. E. Peacock.

Collins, W. E., Newman, B. M., & McKenry, P. C. (1995). Intrapsychic and interpersonal factors related to adolescent psychological well-being in stepmother and stepfather families. *Journal of Family Psychology, 9,* pp.433-445.

Combrinck-Graham, L. (1988). *Adolescent sexuality in the family life cycle.* In C. Falicov (Ed.), Family transitions. New York : Guilford Press.

Combrinck-Graham, L. (1989). *Children in family contexts.* New York : Guilford Press.

Duvall, E. M., & Miller, B. C. (1985). *Marriage and family development* (6th ed.). New York : Harper & Row.

Erikson, E. H. (1959). Identity and the life cycle. *Psychological Issues,* Vol. 1, Monograph 1. New York : International Universities Press.

Falicov, C. J. (Ed.). (1988). *Family transitions : Continuity and change over the life cycle.* New York : Guilford Press.

Freidman, E. H. (1988). *Systems and ceremonies : A family view of rites of passage.* In B. Carter & M. McGoldrick. (Eds.), The changing family life cycle (pp.119-148). New York : Gardner Press.

Ganong, L., & Coleman, M. (1994). *Remarried family relationships.* London : Sage Publications.

Gladding, S. T. (2002). *Family therapy : History, theory and practice.* New Jersey : Merrill Prentice Hall.

Goldenberg, I., & Goldenberg, H. (1990). *Counseling today's families.* Pacific Grove, CA : Brooks/Cole.

Goldenberg, I., & Goldenberg, H. (2000). *Family therapy : An overview.* Pacific Grove, CA : Brooks/Cole.

Goldin, E., & Mohr, R. (2000). Issues and techniques for counseling long-term, later-life couples. *The Family Journal, 8,* pp.229-235.

Haley, L. (1973). *Uncommon therapy : The psychiatric techniques* of Milton H. Erickson, M.D. New York : W. W. Norton.

Hetherington, E. M., Law, T. C., & O'Connor T. G. (1993). *Divorce : Challenges, changes, and new chances.* In F. Walsh (Ed.). Normal family processes (2nd ed. pp.208-234). New York : The Guilford Press.

Imber Black, E., & Roberts, J. (1992). *Rituals*. New York : Basic Books.

Kaslow, F. W. (1981). *Divorce and divorce therapy*. In A. S. Gurman, & D. P. Kniskern (Eds.). Handbook of family therapy (pp.662-696). New York : Brunner/Mazel.

Kernberg, P., & Chanzan, S. (1991). *Children with conduct disorders*. New York : Basic Books.

Kim, B. L. (1996). *Korean families*. In M. McGoldrick, J. Giordano, & J. K. Pearce (Eds.), Ethnicity and family therapy (pp.281-294). New York : The Guilford.

Lerner, H. G. (1989). *The dance of intimacy : A woman's guide to courageous acts of change in key relationships*. New York : Harper & Row.

Lerner, S. (1999). *Interactions between the therapist's and client's life cycle stages*. In B. Carter & M McGoldrick (Eds.), the expanded life cycle (3rd ed., pp.512-519). Boston : Allyn & Bacon.

McGoldrick, M., & Carter, B. (1988). *Forming a remarried family*. In B. Carter & M. McGoldrick (Eds.), The changing family life cycle (pp.399-432). New York : Gardner Press.

Minuchin, S. (1974). *Families & family therapy*. Cambridge, Mass : Harvard University Press.

Minuchin, S., Rosman, B. L., & Baker, L. (1978). *Psychosomatic families : Anorexia nervosa in context*. Cambridge, MA : Harvard University Press.

McGoldrick, M., Heiman, M., & Carter, B. (1993). *The changing family life cycle : A perspective on normalcy*. In F. Walsh (Ed.), Normal family processes (pp.405-443). New York : The Guilford.

Nichols, M., & Schwartz, R. (1998). *Family therapy : Concepts and methods* (4th ed.) Boston : Allyn & Bacon.

Nichols, M., & Schwartz, R. (2001). *Family therapy : Concepts and methods* (5th ed.) Boston : Allyn & Bacon.

Papero, D. V. (1995). *Bowen family systems and marriage*. In N. S. Jacobson, & A. S. Gurman (Eds.), Clinical handbook of couple therapy (pp.31-64). New York : The Guilford Press.

Peterson, K. s. (2000, April 8). Changing the shape of the American family. *USA Today*, pp.D1, D2.

Preto, N. G. (1988). *Transformation of the family system in adolescence*. In B. Carter, & M. McGoldrick (Eds.), *The changing family life cycle : A framework for family therapy*. (pp.255-283). New York : Gardner Press.

Prochaska, J. O., & Norcross, J. C. (1999). *Systems of psychotherapy : A transtheoretical analysis* (4th ed.), New York : Brooks/Cole.

Robinson, K. (1994). *Which side are you on?* Network, 5.

Santrock, J. W. (2000). *Life-span development.* New York : Brown & Benchmark.

Sheeber, L., & Johnson, J. (1992). Child temperament, maternal adjustment, and changes in family life style. *American Journal of Orthopsychiatry, 63,* 178-186.

Shon, S. P., & Ja, D. Y. (1982). Asian families. In M. McGoldrick, J. K. Pearce, & J. Giordano (Eds.), *Ethnicity and family therapy* (pp.208-228). New York : The Guilford Press.

Thompson, C., & Rudolph, L. (1992). *Counseling children* (3rd ed.). Pacific Grove, CA : Brooks/Cole.

Triandis, H. C. (1989). The self and social behavior in differing cultural contents. *Psychological Review. 96* (3), 506-620.

Visher, E. B., & Visher, J. S. (1988). *Old loyalties, new ties : Therapeutic strategies with stepfamilies.* New York : Brunner/Mazel.

Walsh, F. (1989). *The family in later life.* In B. Carter & M. McGoldrick (Eds.), The changing family life cycle, Boston : Allyn & Bacon.

Worden, M. (1992). *Adolescents and their families.* New York : Haworth press.

결혼만족도 측정도구의 고찰 및 평가 2

본 연구는 가족치료의 효과성을 평가할 수 있는 방법으로서 가족문제를 다루는 데 있어서 치료의 효과성을 측정할 수 있는 결혼만족도를 측정하는 도구들에 관한 연구이다. 특히 현재까지 고안된 많은 결혼만족도 측정도구들 중에서 개별적인 또는 두 사람 간의 결혼만족도를 측정하는 도구로서 높은 신뢰도와 타당도를 가지고 있으며 많은 연구자들이 사용하고 있는 8개의 측정도구들을 중심으로 살펴보고자 한다. 또한 8개의 측정도구들에 대하여 평가를 하고 결혼만족도 척도 선택에 있어서 고려해야 할 점들에 관하여 논의한다.

1. 서 론

가족치료자들은 종종 치료를 시작하기 전에 내담자의 결혼만족도를 측정한다. 부부 및 가족치료를 위하여 철저하고 정확한 평가를 한다는 것은 매우 중요하다. 평가가 없는 상태에서 시작하는 치료계획은 잘못 고안될 수 있으며, 치료자는 그때그때의 임기응변적인 방법으로 치료를 진행시킬 수 있는 오류를 범할 수 있다. 만약 이와 같은 경우가 발생하게 된다면, 치료는 더 연장될 수 있으며, 심지어 내담자에게 해를 줄 수도 있다(Hof & Treat, 1989 : 3). 따라서 치료를 시작할 때부터 치료자는 내담자의 결혼관계의 상태를 평가해야만 한다. 실제로 치료자가 결혼만족도를 측정하기 위하여 사용할 수 있는 측정도구 및 목록작성표는 상당히 많은 편이다. 결혼만족도를 측정하기 위한 도구들은 본래의 측정도구가 그대로 사용된 것이거나 세월이 지나면서 본래의 측정도구에서 다소 변화된 것들이다. 이러한 측정도구들이 "결혼생활 만족도", "결혼생활 행복감" 또는 "결혼생활 적응도" 등을 측정하는 데 초점이 맞추어져 있다고 할지라도, 모두 비슷한 기본적인 변수들을 측정하고 있는 것처럼 보인다. 일반적으로 간단하고 신뢰성이 있는 측정도구가 치료자에게 결혼생활 만족도에 관한 클라이언트의 인식도를 잘 보여줄 수 있다. 따라서 이 연구는 개별적인 또는 부부 두 사람 간의 결혼만족도를 측정하기 위한 측정도구들을 연구하는 데 그 목적을 둔다.

결혼만족도에 관한 측정도구를 살펴보기 전에 "결혼만족도"에 관한 다양한 정의들을 고찰해 보고자 한다. 일반적으로 널리 알려져 있고 많이 사용되고 있는 결혼만족도를 위한 8개의 측정도구들을 고찰하고 평가해 보고자 한다. 그리고 마지막에서는 결혼만족도 측정도구에서 고려해야 할 점을 제안한다.

2. 결혼만족도에 대한 정의들

결혼만족도는 부부치료 연구에서 효과를 측정하기 위하여 가장 빈번히 사용된다. 또한 결혼만족도는 "스트레스를 받고 있는 결혼"과 "스트레스를 받고 있지 않는 결혼" 사이를 구별하기 위하여 사용되는 중요한 기준이 된다. 일반적으로 결혼만족도는 자기보고식 설문지를 통하여 측정된다. 부부와 가족에 관련된 연구 중 상당히 많은 부분이 부부관계의 질에 초점을 맞추고 있다. Lewis와 Spanier(1979)는 결혼생활의 질과 결혼생활 적응, 만족, 안정성과 행복감 등의 관련된 개념들이 이 분야에서 가장 빈번히 연구되는 변인이라고 언급하였다. "결혼생활의 응집력", "결혼생활 일치감", "결혼생활 통합", "결혼생활의 질", "결혼생활의 행복감", "결혼생활 적응" 그리고 "결혼생활의 성공" 등 이 모든 단어들은 문헌에서 상호교환적으로 사용되나 실제로 각각의 단어들은 약간은 다른 의미를 내포하고 있다. 결혼생활과 관련된 이와 같은 단어들의 사용과 관련된 문헌에서조차 의미와 정의에 많은 불일치를 보이고 있다.

Stuart(1980)는 결혼만족이란 우리들 각자가 다양한 시기에 다른 중요함을 부가하기 위하여 결혼생활의 다른 면들을 선택하는 개인적인 경험이라고 정의하고 있다(Stuart, 1980 : 4). 또 Roach, Frazier와 Bowden(1981)은 결혼만족을 자신의 부부관계에 대한 더 많은 또는 더 적은 호의성에 관한 태도라고 정의하고 있다. 또한 Bahr, Chappell과 Leigh(1983)에 의하면 결혼만족이란 전반적인 결혼생활의 질에 대한 주관적인 평가이다. 즉, 배우자들이 그들의 욕구, 기대, 그리고 결혼생활에서의 바람 등을 충족시키는 정도라고 할 수 있다. Thompson(1988)은 결혼만족을 결혼한 부부들이 관계의 현실을 경험하는 주관적인 경험이거나 또는 개인적인 태도로 정의하고 있다. 이러한 모든 정의들은 공통적으로 결혼생활의 기능의 질과 범위를 결정하는 것은 배우자의 주관적인 평가라는 것이다. 따라서 비록 결혼만족의 개념에 대하여 일치된 견해는 존재하지 않지만 일반적으로 볼 때, 배우자의 기대치와 상대편 배우자행동에 대한 인식 사이에서 일치감이 들면 들수록 결혼만족도가 더 많아질 것이라고 결론을 내릴 수 있겠다.

3. 결혼만족도를 측정하는 도구들에 대한 기준 및 고찰

본 연구에서 조사한 측정도구들에 대한 기준은 다음과 같다. 첫째, 측정도구들이 결혼만족도를 측정하기 위하여 고안된 것이어야 한다. 둘째, 측정도구들이 심리측정적인 특성들에 있어서 높은 신뢰도와 타당도를 가지고 있어야 한다. 셋째, 측정도구들은 어느 정도의 조사와 임상적인 유용성을 가지고 있어야 한다. 이와 같은 기준을 근거로 하여 8개의 결혼만족도 측정도구를 중심으로 고찰하고자 한다.

1) Locke-Wallace의 결혼적응 테스트

결혼적응 테스트(Marital Adjustment Test : MAT)는 부부가 배우자에 대한 만족도와 수용도의 수준을 평가하기 위하여 구상된 15개의 문항으로 만들어진 질문지이다. MAT는 Locke(1951)가 만든 50문항으로 구성된 결혼생활 설문지(Marital Questionnaire)로부터 만들어졌다. Locke와 Williamson(1958)이 요인분석을 통하여 19개 문항으로 압축시켰고, 다시 Locke와 Wallace(1959)에 의하여 최종적으로 15개 문항으로 만들어졌다. MAT는 각 문항마다 문항의 형태와 점수가 변한다. 첫째 문항은 결혼행복도의 일반적인 색인이며, 점수화에 있어서 더 많은 비중의 점수가 주어진다. 즉 1번 문항에 대한 배점 범위는 0점에서부터 35점에 이른다. 2번 문항에서부터 9번 문항까지는 결혼생활의 상호작용과 시각에 관련된 8개의 주요 항목에서 배우자 간의 일치 정도를 알아본다. 특히 애정표현(4번 문항)과 성관계(6번 문항)에 대한 문항에서 긍정적인 반응은 더 높은 배점을 주고 있으며, 나머지 문항에서는 0점(항상 불일치)에서 5점(항상 일치) 척도로 측정된다. 그외 나머지 문항(10-15번)에서는 배점이 다르게 책정되었다. MAT의 총점의 범위는 2점에서 158점에 이르며, 결혼적응에 대한 기준점은 일반적으로 100점을 사용하며, 높은 점수일수록 결혼적응상태가 더 좋다는 것을 의미한다.

MAT의 Cronbach의 α계수는 .83으로 나타났고 요인분석에 의하여 두 개의 요인이 나타났다. 첫째 요인은 편차의 89%를 설명하는 요인으로서 결혼적응에 대한 일반적인 측정으로 해석되었고, 두 번째 요인은 사회적인 기대치로 해석되었다(Burnett, 1987 : 114).

MAT는 가족과 관련된 문헌에서 가장 폭넓게 사용되어 왔으며 또한 개작된 측정도구 중의 하나이다. 한편 MAT는 결혼생활에 대한 척도를 개발해 온 많은 연구자들이 자신들이 개발해 낸 측정도구의 타당성 검증을 위한 표준으로 사용해 왔다(Touliatos, Perlmutter, & Straus, 1990 : 204-205). Spearman-Brown 공식을 사용한 평가에서 매우 높은 내적 일치도(.90)를 나타내어 매우 높은 신뢰도를 보였고, 결혼생활에 적응한 부부와 적응하지 못하고 있는 부부 사이에 점수의 차이를 나타내는 집단 타당도가 좋다는 것이 입증되었다(Fischer, & Corcoran, 1994 : 131).

다음은 Locke와 Wallace의 결혼적응도 테스트(Marital Adjustment Test)의 질문지 내용이다.

---

1. 모든 것을 고려하여, 당신의 현재 결혼생활의 행복의 정도를 가장 잘 묘사할 수 있는 것을 다음의 점수 중 하나에 0표하십시오. 중간 점수인 "행복한"은 대부분의 사람들이 결혼생활에서 얻는 행복의 정도를 나타냅니다. 그리고 0은 결혼생활에서 매우 불행한 사람들을, 35점은 결혼생활에서 가장 행복한 사람들을 의미합니다.

0 2 7 15 20 25 35

매우 불행한 행복한 완벽하게 행복

	항상 일치	거의 항상 일치	때때로 불일치	자주 불일치	거의 항상 불일치	항상 불일치
2. 가정의 재정적인 면을 다루는 것	5	4	3	2	1	0
3. 오락문제	5	4	3	2	1	0
4. 애정표현	8	6	4	2	1	0

5. 친구	5	4	3	2	1	0
6. 성관계	15	12	9	4	1	0
7. 관습(적합한, 좋은 혹은 적절한 행동)	5	4	3	2	1	0
8. 생활철학	5	4	3	2	1	0
9. 인척관계를 다루는 방법	5	4	3	2	1	0

아래의 문항에서 당신과 배우자 사이에서 일치나 불일치의 정도에 해당되는 점수에 ○표하십시오.

10. 부부 사이에서 불일치가 일어날 때, 일반적으로 누가 양보합니까?
  0 남편이 양보한다.　　2 부인이 양보한다.
  10 상호 주고받는 것에 의하여 일치감에 도달한다.

11. 당신과 배우자는 외부의 일에 함께 관여합니까?
  10 모든 일에 관여한다.　　8 상당히 관여한다.
  3 매우 적게 관여한다.　　0 전혀 관여 안한다.

12. 여가시간에 일반적으로 당신은 무엇을 선호합니까? "활동하는 것" (　)
  "집에 머물기" (　)
  일반적으로 당신의 배우자는 무엇을 선호합니까? "활동하는 것" (　)
  "집에 머물기" (　)

13. 당신은 결혼하지 않았기를 원합니까?
  0 자주　　3 때때로　　8 드물게　　15 전혀 안 그렇다.

14. 만일 당신이 다시 결혼할 수 있다면, 다음 중 어떤 것을 선택하리라 생각합니까?
  15 현재의 남편과 결혼하겠다.　　0 다른 사람과 결혼하겠다.
  1 전혀 결혼을 안 하겠다.

15. 당신은 배우자에게 모든 것을 털어놓습니까?
  0 거의 그렇지 않다.　　2 드물게 털어놓는다.
  10 대부분 털어놓는다.　　10 모든 것을 털어놓는다.

2) Spanier의 두 사람의 적응척도

두 사람의 적응척도(Dyadic Adjustment Scale : DAS)는 결혼한 부부나 결혼하지 않고 동거하고 있는 부부들의 결혼생활의 질을 측정하기 위한 32개의 문항으로 구성된 척도이다. DAS의 총점은 0점에서부터 151점에 달할 수 있으며, 높은 점수일수록 좋은 관계를 의미한다. 이 척도에 대한 요인분석에서 DAS는 ① 두 사람의 만족도, ② 두 사람의 응집력, ③ 두 사람의 일치성, ④ 애정표현 등 부부관계의 4가지 면을 측정하는 도구라는 것을 밝히고 있다. 두 사람의 만족도는 결혼에 대한 부부간의 만족감을 측정하며, 두 사람 간의 일치도는 결혼생활 중에서 발생할 수 있는 일들을 결정하는 데 있어서 부부가 서로 얼마나 일치하는가를 측정하는 것이다. 애정표현은 부부가 서로 얼마나 자주 애정표현을 하는가를 측정하는 항목이다. 위의 4가지 하위척도는 각각 신뢰도나 타당도의 손실 없이 사용될 수 있다(Harrison, & Westhuis, 1989 : 100).

이 도구는 또한 면접용으로도 개작되어 사용될 수 있다(Fischer, & Corcoran, 1994 : 103). DAS는 전체점수를 사용하여 친밀한 관계에서의 일반적인 만족도를 평가하기 위하여 사용될 수 있다. DAS는 문항에 따라 5, 6, 7점 형태의 척도를 사용하고 있으며, 두 문항에서는 '예,' '아니오'를 사용한다. 대부분의 문항에서는 6점 형태의 척도(0점부터 5점)를 사용하고 있으며, "항상 일치한다"에서부터 "항상 불일치한다" 또는 "항상"에서부터 "전혀 아니다"의 선택범위를 사용한다. 한편, DAS는 여러 민족들과 문화집단을 위하여 다양한 언어로 번안되어 사용되었다(Touliatos, Perlmutter, & Straus, 1990 : 222).

DAS의 α값은 .96으로 매우 높은 내적 일치도를 보여주었고, 4개에 대한 하위척도에서 두 사람의 만족도(.94), 두 사람의 응집력(.81), 두 사람의 일치성(.90), 그리고 애정표현(.73)을 보였다(Spanier, 1976 : 24). 타당도에서도 결혼한 부부와 이혼한 부부를 구별해 주는 집단 타당도를 보여주었고, Locke-Wallace 결혼적응척도와 DAS의 상관관계는 결혼한 부부들 사이에서는 .86과 이혼한 응답자들 사이에서는 .88의 공동 타당도를 보여주었다(Spanier, 1976 : 23).

신성자(1981)는 DAS를 번안하여 사용하였고, 김효현(1995 : 21)은 신성자가 번안한 것을 참고하여 수정하여 사용하였는데, DAS의 요인구조를 확인하기 위하여 요인분석을 실시하였다. DAS의 4개 하위척도에 대한 김덕일(1996)은 Spanier의 DAS의 척도를 한국실정에 맞지 않는다고 생각되는 문항을 삭제하거나 수정한 후 32개의 문항 중 26개의 문항을 사용하였는데, 이 수정한 DAS의 하위척도에 대한 각각의 신뢰도의 Cronbach의 α 계수는 만족도가 .72, 응집력이 .80, 일치성이 .79, 그리고 애정표현이 .75를 보였다.

Spanier의 두 사람의 적응척도의 내용은 다음과 같다.

대부분의 사람들은 배우자와의 관계에서 불일치하는 점을 가지고 있습니다. 아래의 각 문항에 대하여 당신과 배우자 사이의 일치 또는 불일치의 적절한 정도를 표시해 주시기 바랍니다.

항상 불일치	거의 항상 불일치	거의 불일치	때때로 불일치	거의 항상 일치	항상 일치
0	1	2	3	4	5

1. 가족경제를 운영하는 것 _____
2. 오락활동에 관한 일 _____
3. 종교적인 문제 _____
4. 애정표현 _____
5. 친구문제 _____
6. 성관계 _____
7. 전통이나 관습에 대한 태도(적절하다고 생각되는 행동기준) _____
8. 인생철학 _____
9. 인척을 대하는 방법 _____
10. 목적과 중요하다고 믿는 것 _____
11. 함께 보내는 시간의 양 _____
12. 주요 결정을 내리는 것 _____

13. 집안일 _____
14. 여가시간관계 _____
15. 직업결정 _____

아래의 질문에서 당신과 배우자(상대) 사이에서 각각의 문항에 있는 일들이 얼마나 자주 일어나는가를 표시하여 주십시오.

항상	대부분	반 이상	때때로	드물게	전혀 안한다
1	2	3	4	5	6

16. 당신은 얼마나 자주 별거 혹은 이혼에 대하여 배우자와 이야기하거나 생각합니까? _____
17. 당신이나 배우자(상대)는 싸우고 난 후에 얼마나 자주 집을 나갑니까? _____
18. 일반적으로 당신은 배우자(상대)와의 일들이 잘 진행되어 가고 있다고 얼마나 자주 생각하십니까? _____
19. 당신은 배우자(상대)에게 비밀을 털어놓습니까? _____
20. 당신은 결혼한(또는 함께 사는) 것을 후회해 본 적이 있습니까? _____
21. 당신은 배우자(상대)와 얼마나 자주 다투십니까? _____
22. 당신과 배우자(상대)는 얼마나 자주 상대방의 신경을 건드리십니까? _____
23. 당신은 배우자(상대)와 키스를 하십니까? _____

매일	거의 매일	때때로	거의 하지 않는다	전혀 하지 않는다
4	3	2	1	0

24. 당신과 배우자(상대)는 외부 일에 함께 관여하십니까? _____

모든 것에 관여한다	대부분 관여한다	때때로 관여한다	매우 드물게 관여한다	전혀 관여 안한다
4	3	2	1	0

당신과 배우자 사이에 다음의 상황들이 얼마나 자주 발생하십니까?

전혀 없다	한 달에 한 번 미만	한 달에 한두 번	하루에 한 번	더 자주
1	2	3	4	5

25. 아이디어의 격려적인 교환이 이루어진다. ______
26. 함께 웃는다. ______
27. 조용히 어떤 것에 대하여 토론한다. ______
28. 어떤 일을 함께 한다. ______

부부(남녀)가 때때로 동의하거나 반대하는 어떤 것들이 있습니다. 만일 아래의 문항에서 지난 몇 주 동안에 당신의 관계에서 의견차이가 났던 문제를 일으켰다면 표시하시오("예" 혹은 "아니오"에 ◯표하시오).

29. 성교하는 것이 너무 싫었다. 예 _____ 아니오 _____
30. 사랑을 보이지 않았다. 예 _____ 아니오 _____
31. 아래 선에 있는 숫자들은 당신의 관계에서 행복의 다른 정도를 나타냅니다. 중간점인 "행복한"은 대부분의 관계에서 행복의 정도를 나타냅니다. 모든 것을 고려하여 당신의 관계의 행복의 정도를 가장 잘 묘사하는 숫자에 ◯표하시오.

매우 불행한	상당히 불행한	약간 불행한	행복한	매우 행복한	대단히 행복한	완벽한
0	1	2	3	4	5	6

32. 아래의 진술 중 미래에 대한 당신의 관계에 대하여 당신이 느끼고 있는 것을 가장 잘 묘사하고 있는 하나의 문장에만 ◯표하시오.

5 나는 관계가 성공하기를 간절히 원하며, 성공하는 것을 보기 위하여 거의 어떠한 짓도 서슴지 않고 하겠다.
4 나는 관계가 성공하기를 대단히 원하며, 성공하는 것을 보기 위하여 내가 할 수 있는 모든 것을 할 것이다.
3 나는 관계가 성공하기를 대단히 원하며, 성공하는 것을 보기 위하여 나의 적당한 몫을 할 것이다.
2 만일 관계가 성공한다면 좋을 것이나, 관계를 성공하기 위하여 현재 내가 유지하고 있는 이상의 것을 나는 할 수 없다.
1 만일 관계가 성공한다면 좋을 것이나, 진행되고 있는 관계를 유지하기 위하여 지금 내가 하고 있는 것 이상을 하는 것을 거부한다.
0 나의 관계는 결코 성공할 수 없으며, 진행되고 있는 관계를 유지하기 위하여 더 이상 내가 할 수 있는 것은 없다.

3) Hudson의 결혼만족도 색인

결혼만족도 색인(Index of Marital Satisfaction : IMS)은 부부관계에서의 문제를 측정하기 위하여 계획된 도구이며, 배우자 한 사람이 부부관계에서 가지고 있는 문제의 정도, 심각성, 양을 평가하기 위한 25개의 항목으로 구성되어 있다. IMS는 부부관계를 단 하나의 실체로서 묘사하는 것이 아니라 배우자 한 사람이 부부관계의 문제를 인지하는 정도를 평가하는 것이다. 이 측정도구는 7점 측정척도를 사용하는 25개 리커트 형태의 항목으로 구성되어 있다. 응답하는 데 소요되는 시간은 약 5-7분 정도 걸린다. IMS는 12세 이상의 연령에 달하는 클라이언트에게 적용될 수 있으며, 점수분포는 0점에서 100점까지 나올 수 있으며, 높은 점수일수록 더 심각한 부부문제가 있음을 의미한다(Touliatos, Perlmutter, & Straus, 1990 : 121). 점수 내는 방법으로서, 항목(1, 3, 5, 8, 9, 11, 13, 16, 17, 19, 20, 21, 23)을 역점수화하고 이 역점수화한 항목들과 나머지 항목들을 더한 다음 응답한 항목수를 빼고 다음에 이 숫자에 100을 곱한 다음 응답한 항목에 6을 곱한 숫자로 나누면 0에서 100 사이에 점수분포가 된다. IMS는 평가하는 데 있어서 두 가지 기준점을 지니고 있다. 첫 번째 기준점은 30점(±5)으로서, 30점 이하는 임상적으로 결혼만족도에 있어서 문제가 없다는 것을 의미하며, 30점 이상은 임상적으로 문제가 존재한다는 것을 의미한다. 두 번째 기준점은 70점으로서 70점 이상은 거의 항상 클라이언트가 극심한 스트레스에 시달리고 있다는 것을 의미하며, 문제를 다루기 위하여 어떤 형태의 폭력이 고려될 수 있거나 사용될 수 있는 가능성을 지니고 있다는 것을 뜻한다(Fischer, & Corcoran, 1994 : 116). IMS의 평균 Cronbach의 α값이 .96으로서 매우 높은 내적 일치성을 보이고 있다. 또한 IMS는 Locke-Wallace 결혼적응 테스트(Marital Adjustment Test)와 상당한 상호관련성이 있는 매우 좋은 일치의 타당성을 가지고 있다. 또한 IMS는 결혼문제를 가지고 있는 부부들과 문제가 없는 부부들 사이를 구별할 수 있는 매우 훌륭한 집단 타당도를 가지고 있다. IMS

는 성적 만족과 결혼문제와 같은 서로 상호관련되어야만 하는 몇 가지의 측정되어야 할 것들과 많은 관련성을 지닌 높은 구성 타당도를 보이고 있다(Hudson, 1982; 1992).

다음은 결혼만족도 색인(Index of Marital Satisfaction)의 질문내용이다. 각각의 질문에 대한 응답은 다음과 같다.

전혀 그렇지 않다	매우 드물다	간혹 그렇다	때때로 그렇다	많이 그렇다	대부분 그렇다	항상 그렇다
1	2	3	4	5	6	7

1. 내 배우자는 다정다감하다. ____
2. 내 배우자는 나를 몹시 심하게 다룬다. ____
3. 내 배우자는 나를 잘 돌보아준다. ____
4. 만일 내가 결혼을 다시 해야 한다면 현재의 배우자를 선택하지 않을 것이라고 느낀다. ____
5. 나는 배우자를 신뢰할 수 있다고 느낀다. ____
6. 나는 부부관계가 나빠지고 있다고 느낀다. ____
7. 내 배우자는 나를 정말로 이해하지 못한다. ____
8. 나는 부부관계가 좋다고 느낀다. ____
9. 나의 부부관계는 매우 행복한 관계이다. ____
10. 우리의 부부생활은 따분하다. ____
11. 부부 모두는 많은 즐거움을 가지고 있다. ____
12. 내 배우자는 나를 신뢰하지 못한다. ____
13. 우리 부부관계는 매우 친밀한 관계이다. ____
14. 나는 내 배우자를 의지할 수가 없다고 느낀다. ____
15. 우리 부부는 공통적으로 충분한 관심사를 가지고 있지 않다고 느낀다. ____
16. 우리 부부는 논쟁과 의견상의 불일치를 매우 잘 처리한다. ____
17. 우리 부부는 재정적인 면을 잘 처리한다. ____
18. 나는 현재의 배우자와 결코 결혼을 하지 말았어야 했다고 느낀다. ____
19. 나와 배우자는 매우 잘 지내고 있다. ____
20. 우리 부부관계는 매우 안정적이다. ____

21. 내 배우자는 나를 정말 편하게 대해준다. ___
22. 나는 더 이상 배우자를 돌보고 있지 않다고 느낀다 ___
23. 나는 우리 부부관계의 미래가 밝다고 느낀다. ___
24. 나는 우리 부부관계가 공허하다고 느낀다. ___
25. 나는 우리 부부관계에서 더 이상 자극되는 것이 없다고 느낀다. ___

4) Roach, Frazier와 Bowden의 결혼만족도 측정도구

결혼만족도 측정도구(Marital Satisfaction Scale : MSS)는 결혼생활에 대한 자신의 만족도의 수준을 평가하고 상담한 후 결혼생활의 변화, 즉 상담의 효과성을 측정하기 위하여 구상된 측정도구이다(Fredman & Sherman, 1987). MSS는 1975년에 개발된 73개 문항으로 구성된 결혼만족색인(Marital Satisfaction Inventory)으로부터 발전되었다. MSS의 최종판은 최초의 73개 문항의 설문지와 .50 이상으로 상호관련이 있는 것으로 판명되었다(실제적인 상호관련성의 범위는 .51에서 .82였다). MSS는 48개의 문항으로 된 설문지이며, 결혼만족도의 일차원적인 구조를 평가하기 위하여 구성되었다. 각각의 문항에 대한 반응은 "매우 동의한다"에서부터 "매우 동의하지 않는다"의 5점 리커트 척도에 의해 평가되며 긍정적 표현 22개 문항과 부정적 표현 16개 문항으로 구성되어 있다.

MSS는 결혼만족도를 측정하기 위하여 4개 하위요인(결혼에 대한 만족, 사회심리적 동질감, 결혼에 대한 불만족, 합리적인 부부관계)으로 구성되며 각각의 하위요인에 대한 특성은 다음과 같다. 첫째, '결혼에 대한 만족' 요인(문항번호 4, 12, 13, 17, 20, 25, 37, 38)은 결혼에 대한 전반적인 만족감을 의미하는 것으로 현재의 결혼생활에 대해 긍정적이고 성공적으로 생각하고 있는 것을 뜻한다. 둘째, '사회심리적 동질감' 요인(문항번호 14, 19, 21, 22, 26, 28, 31, 32, 36)은 배우자와의 일치된 감정과 의사소통을 측정하는 것으로서 생활전반에 걸쳐 조화와 일치를 위한 부부관계를 위한 노력의 상태를 의미한다. 셋째, '결혼에 대한 불만족' 요인(문항번호 2, 3, 5, 6, 10, 11, 15, 16, 27, 30, 33, 34, 35)은 결혼생활에 대하여 걱정이 많고 현재의 결혼생활이 더 이상 지속되기를 원하지 않으며, 결혼생활에 대하여 피곤함을 느끼는 것을 의미한다. 넷째, '합리적인 부부관계' 요인(문항번호 1, 7, 9, 18, 23, 24, 29)은 현재의 결혼생활에 대하여 얼마나 잘 알고 있으며, 결혼생활에 있어서 부부가 서로 상호존중감을 가지고 있는가를 측정하기 위한 것이다. 하위문항 간 신뢰도 계수(Cronbach's α)는 '결혼에 대한 만족'에서 .78, '사회심리적 동질감'에서 .89, '결혼에 대한 불만족'에서 .85, '합리적인 부부관계'에서 .75로 나타났으며, 전체 결혼만족도 척도의 신뢰도 계수는 .84로 나타났다(김해영, 1994 : 23-24). 국내에서도 MSS에 대한 타당화 연구가 이인수와 유영주(1986)에 의해 문항 양호도 및 신뢰도분석 구인 타당도 측정이 이루어졌는데 연구결과 MSS의 내적 일치도의 α계수는 .951이었고, 문항분석과 요인분석과정을 거친 문항의 신뢰도의 α계수는 각각 .956, .949로 매우 높은 내적 일치도를 나타냈다(강인선, 1995 : 22-24에서 재인용). MSS의 Cronbach의 α값은 .982였으며, 이 척도는 매우 높은 내적 일치도를 보여주었고(Roach, Frazier, & Bowden, 1981 : 541), 테스트-재테스트 신뢰도는 .76을 나타내었다(Touliatos, Perlmutter, & Straus, 1990 : 216). 또 다른 연구에서도 이 도구의 신뢰도와 타당도가 입증되었다(Roach, Frazier, & Bowden, 1981 : 545). 따라서 MSS는 결혼만족의 중요한 면들을 측정하는 신뢰성이 매우 높은 측정도구라는 것을 보여주었다.

강인선(1995 : 24)은 MSS를 부분 수정하여 18개의 문항을 선정하고 남편과의 대화유형에 관한 5개의 문항을 첨가하여 23개의 문항으로 구성된 척도를 구성하여 신뢰도를 테스트한 결과 Cronbach의 α계수가 .92를 나타내었다. 최규련(1988)의 연구에서도 MSS의 축소된 형태로 재구성한 12개 문항의 결혼만족도를 사용하였다. 박혜인(1995 : 16)과 문경실(1995 : 24-25)은 최규련(1988)이 재구성한 12개 문항의 척도를 사용하였는데 박혜인의 연구에서 내적 일관성에 대한 Cronbach의 α계수가 .927을 나타냈고 문경실의 연구에서는 남편이 .91, 아내가

.89로 나타났다. 이인수(1986)는 MSS척도에 대한 한국에서의 적용에 대한 타당성 연구에서 높은 신뢰도(Cronbach의 α=.951)를 얻었다. 이인수와 유영주(1986)가 번안한 MSS의 문항 중에 윤영(1990)이 타당화를 통해 노인에게 적절하게 수정한 32개 문항을 사용하였으며, 김혜경(1996 : 29)은 윤영이 사용한 32개 문항 중에 20개 문항을 선별하여 재구성하여 사용하였는데, 이 척도의 신뢰도에 대한 Cronbach의 α계수는 .834였다. 김화자(1990 : 23)와 박태영(1998)의 연구에서도 MSS를 사용하였고, 유은희(1991) 역시 MSS를 압축된 형태로 재구성하여 사용하였다. 또한 김순주(1994 : 23)는 유은희가 재구성한 압축된 형태의 MSS에 대한 신뢰도 검증에서 Cronbach의 α계수가 부인의 경우 .91, 남편의 경우 .89를 보였다. 유은회(1991)와 노명희 · 이숙(1991)도 MSS를 우리 문화실정에 맞게 번안하여 사용하였고, 이영미(1995 : 16)는 노명희와 이숙(1991)이 번안한 MSS에 대한 신뢰도 검사를 하였는데, Cronbach의 α계수가 .96을 보였다. 허윤경(1997 : 28-29)은 MSS의 문항 중에서 18개 항목만을 선별하여 신뢰도를 검증하였는데, 남편에 대한 Cronbach의 α계수가 .9249, 부인은 .9359로 매우 높은 신뢰도를 보여 주었다.

다음은 결혼만족도 측정도구(Marital Satisfaction Scale)의 질문내용이다. 각각의 질문에 대한 응답은 다음과 같다.

매우 동의	동의	모르겠다	동의하지 않음	매우 동의하지 않음
1	2	3	4	5

1. 나는 남편(부인)이 우리 결혼생활에서 나에게 무엇을 기대하는지 알고 있다. ____
2. 내 남편(부인)이 마음만 먹으면 나를 위하여 상황을 더 쉽게 만들 수 있다. ____
3. 나는 내 결혼에 대하여 많은 걱정을 한다. ____
4. 만일 내가 다시 시작할 수만 있다면, 현재의 남편(부인)이 아닌 다른 사람과 결혼하고 싶다. ____

5. 나는 항상 남편(부인)을 신뢰할 수 있다. ___
6. 내 인생은 나의 결혼생활이 없다면 공허할 것이다. ___
7. 나의 결혼생활은 나에게 너무 많은 제약이 된다. ___
8. 나는 틀에 박힌 결혼생활을 하고 있다. ___
9. 나는 남편(부인)과 일치하는 면을 알고 있다. ___
10. 나의 결혼생활이 내 건강에 나쁜 영향을 주고 있다. ___
11. 내 결혼생활에서 발생되는 일들 때문에 나는 의기소침하고, 화가 나며, 짜증이 난다. ___
12. 나는 자신있게 내 결혼생활을 충분히 관리할 수 있다고 느낀다. ___
13. 나의 현재 결혼생활은 평생 지속하고 싶은 결혼생활이 아니다. ___
14. 나는 내 결혼생활이 지속될수록 결혼생활에 더욱 만족한다. ___
15. 나는 내 결혼생활을 잘 해 나가려고 노력하지만 낙담이 된다. ___
16. 나는 내 결혼생활이 즐겁다고 생각된다. ___
17. 내 결혼생활이 내가 하는 어떤 것보다도 나에게 더욱 실질적인 개인적 만족감을 주고 있다. ___
18. 내 결혼생활은 매년 더 어려워지고 있다. ___
19. 내 남편(부인)은 나를 몹시 안절부절못하게 하며 불안하게 한다. ___
20. 내 남편(부인)은 나의 의견을 표현할 충분한 기회를 주고 있다. ___
21. 나는 지금까지 성공적인 결혼생활을 해 오고 있다. ___
22. 내 남편(부인)은 나를 그(녀) 자신과 동등하다고 생각한다. ___
23. 나는 인생을 가치있고 재미나게 만드는 것들을 결혼생활 밖에서 찾아야 한다. ___
24. 내 남편(부인)은 내가 최선을 다할 수 있도록 격려해 준다. ___
25. 내 결혼생활이 나를 숨막히게 한다. ___
26. 내 결혼생활의 미래는 밝다. ___
27. 나는 남편(부인)에게 정말로 관심이 있다. ___
28. 나는 남편(부인)과 잘 지내고 있다. ___
29. 나는 이혼으로 남편(부인)을 잃을까 두려워하고 있다. ___
30. 내 남편(부인)은 지나치게 내 자유시간을 빼앗는다. ___
31. 내 남편(부인)은 나를 대하는 데 있어서 불합리하다. ___
32. 내 결혼생활이 내가 세운 목표를 향하여 가는 데 도움을 준다 ___
33. 내 남편(부인)은 나와 그(녀)와의 관계를 기꺼이 향상시키려고 한다. ___

34. 나와 남편(부인)은 레크리에이션(혹은 휴가) 문제에 관련해서는 서로 의견이 맞지 않아 어려움을 겪는다. ___
35. 나와 남편(부인)은 서로의 애정표현을 적합한 것으로 받아들인다. ___
36. 불행한 성관계가 내 결혼생활을 방해한다. ___
37. 나와 남편(부인)은 무엇이 옳고 적절한 행동인가에 대하여 의견이 같다. ___
38. 나와 남편(부인)은 인생 철학이 서로 다르다. ___
39. 나와 남편(부인)은 서로 좋아하고 즐기는 여러 가지 외적인 관심사를 가지고 있다. ___
40. 나는 때때로 현재의 남편(부인)과 결혼하지 않았으면 좋았을 거라고 생각한다. ___
41. 나의 현재 결혼생활은 정말로 불행하다. ___
42. 나는 남편(부인)과 성행위하는 것을 즐거운 마음으로 기다린다. ___
43. 내 남편(부인)은 나를 존중하지 않는다. ___
44. 나는 남편(부인)에게 내 속마음을 털어놓을 수가 없다. ___
45. 내 남편(부인)은 내가 느끼는 바를 대부분 이해해 준다. ___
46. 내 남편(부인)은 내가 말할 때 경청하지 않는다. ___
47. 나는 남편(부인)과 종종 즐거운 대화를 한다. ___
48. 나는 내 결혼생활에 매우 만족한다. ___

5) Schumm, Jurich와 Bollman의 캔사스 결혼만족도 척도

캔사스 결혼만족도 척도(Kansas Marital Satisfaction Scale : KMS)는 결혼만족도의 단순한 측정을 제공하기 위하여 3개 문항으로 구성된 측정도구이다. KMS는 배우자, 결혼, 그리고 결혼관계와 관련된 질문들 간에 개념적인 차이에 관하여 언급한 Spanier와 Cole(1976)의 이론적인 조사로부터 파생되었다(Shumm et al., 1986). 이 측정도구와 관련된 이전의 연구들이 KMS의 매우 높은 내적 일치 신뢰도, 테스트-재테스트 신뢰도, 구성 타당도, 및 기준 타당도를 입증하였다(Canfield et al., 1990; Chang et al., 1994; Jeong et al., 1992; Schumm et al., 1985). 예를 들어, 내적 일치도를 위한 Cronbach의 α값은 .90 이상을 보였다(Chang et al, 1994; Jeong et al., 1992; Schectman et al., 1985; Grover et al., 1984; Mitchell et al., 1983). 10주의 간격을 두어 실시한 테스트-재테스트 신뢰성도는 .71로 나타났다(Mitchell et al., 1983). 더군다나 KMS의 한국어 번역판의 Cronbach의 α값이 .93을 나타냈고 한국 부인들의 영어 구사력(.36)과 수입(.42)과도 상호관련 되었다(Touliatos, Perlmutter, & Straus, 1990 : 121). 또한 KMS의 중국어 번역판의 α값은 .92를 나타내어 높은 내적 일치도를 나타냈다(Sheck, & Tsang, 1993). KMS의 중국어 번역판은 결혼생활에서 "적응하고 있는 중국인 부부들"과 "적응하지 못하고 있는 중국인 부부들" 집단 간에 중요한 차이를 보여주었으며, 중국인 부부들의 결혼만족도를 평가하는 데 있어서 객관적인 도구로서 사용될 수 있다(Daniel et al., 1993 : 241). 이 측정도구가 개발된 근본 취지는 결혼만족도 측정을 위한 다른 도구들이 어떤 상황에서 사용하기에는 너무 내용이 길 수도 있다는 것이었다. KMS의 문항들은 배우자, 결혼, 그리고 결혼관계에 대한 질문들 간에 개념적인 차이가 있다는 이론으로부터 구상되었다. KMS는 결혼생활의 질의 만족영역을 측정하기에 유용한 도구로서 평가된다(Fischer, & Corcoran, 1994 : 125).

KMS는 면접 또는 조사설문지로 사용될 수 있고, 4점, 5점, 7점 리커트 측정 형태로 사용되어 왔으나, 가장 선호되는 형태는 '매우 불만족한다'에서부터 '매우 만족한다'라는 7점 형태의 응답방법이다. KMS는 응답한 3개의 개별적인 문항을 다 더하는 것으로 쉽게 점수를 계산할 수 있고 총점의 가능한 범위는 3점에서 21점이 되며, 높은 점수일수록 결혼생활에 대한 만족을 의미한다(Touliatos, Perlmutter, & Straus, 1990 : 220).

다음은 캔사스 결혼만족도 척도(Kansas Marital Satisfaction Scale)의 내용이다. 각 질문에 대한 응답은 다음과 같다.

대단히 불만족	매우 불만족	다소 불만족	모르겠다	다소 만족	매우 만족	대단히 만족
1	2	3	4	5	6	7

1. 당신은 결혼에 대하여 얼마나 만족하십니까? ___
2. 당신은 남편(부인)을 배우자로서 얼마나 만족하십니까? ___
3. 당신은 남편(부인)과의 관계에 대하여 얼마나 만족하십니까? ___

6) Kelso, Stewart, Bullers와 Eginton의 결혼만족도 측정

결혼만족도 측정(Measure of Marital Satisfaction : MMS)은 13개 문항으로 구성된 설문지로서 결혼생활과 관련된 문제를 선별하기 위하여 만들어진 도구이다. 질문지의 첫째 부분은 특별한 문제들과 관련하여 부부 사이의 일치감을 다루고, 둘째 부분은 부부 사이의 융화성, 교제, 친밀감과 갈등을 다루며, 마지막 두 질문은 만족도와 관련된다. 다섯 번째 문항에는 부부가 겪고 있는 결혼생활의 문제를 부인이나 남편이 직접 서술할 수 있도록 빈칸으로 되어 있다. MMS에는 과거의 결혼생활과 관련된 감정들에 대한 질문들이 포함된다. 각 문항에 대한 응답 형식은 문항마다 다르며, '예'와 '아니오' 그리고 몇 개의 선택형 응답(각 문항마다 3-5개의 선택) 형식을 포함한다. 설문지의 많은 문항들이 3점 척도에 의하여 점수화되고 가장 낮은 점수는 최대의 만족을 의미한다. MMS의 총점은 26점에서 72점까지 범위를 가지게 되며 높은 점수일수록 결혼생활에서의 불만족이 더 높은 상태를 의미한다(Kelso, Stewart, Bullers, & Eginton, 1984 : 87). MSS의 전체 도구에 대한 Cronbach's α는 .95이며, 2개월에서 6개월 동안에 걸쳐 실시한 테스트-재테스트의 신뢰도는 .81을 보였다. MMS는 결혼한 부부의 집단과 이혼한 통제집단의 부부의 표본을 비교하기 위하여 사용되기도 하였다. 이혼한 남녀집단이 결혼한 부부집단보다 더 높은 결혼불만족을 나타내었다(Touliatos, Perlmutter, & Straus, 1990 : 202).

Kelso, Stewart, Bullers, & Eginton의 결혼만족도 측정(Measure of Marital Satisfaction)의 질문내용은 다음과 같다.

다음 질문 중 적당한 대답에 체크를 하셔서 각 문항을 채워주시기를 바랍니다. 만일 응답을 원하지 않는 문항이 있으면, 공란으로 남겨 놓으시기 바랍니다.

〈문항 1번 점수 내는 방법〉

1 = 1번 내에 있는 5개의 문항에서 모두 '부부가 함께 결정'에 응답한 경우
2 = 1번 내에 있는 5개의 문항 중 '거의 항상 남편' 혹은 '거의 항상 부인'이 2개 이하 있는 경우
3 = 1번 내에 있는 5개의 문항 중 '거의 항상 남편' 혹은 '거의 항상 부인'이 3개 이상 있는 경우

1. 당신의 가족 중에서 다음 각각의 영역에서 누가 결정을 합니까?

	거의 항상 남편	부부가 함께 결정	거의 항상 부인	모르겠다
a) 당신이 어디에 살 것인지에 대하여				
b) 부인이 일을 할 것인지에 대하여				
c) 자녀를 어떻게 다룰지에 대하여				
d) 친척과 인척과 언제 시간을 보낼 것인지에 대하여				
e) 어떻게 돈을 쓸 것인지에 대하여				

2. 당신과 당신의 배우자가 불일치할 때, 일반적으로 어떻게 끝납니까?
   2 부인 또는 남편이 양보한다.
   3 불일치를 피하거나 해결되지 않고 서로가 따로 결정한다.
   1 부부 모두 좋아하는 쪽으로 절충된다.

〈문항 3번 점수 내는 방법〉

1 = 3번 내에 있는 4개의 문항에서 모두 '항상'으로 응답한 경우
2 = 3번 내에 있는 4개의 문항에서 '항상', '보통', 또는 1개의 '때때로'에 응

답한 경우

3 = 3번 내에 있는 4개의 문항에서 '때때로'에 2개 이상 응답한 경우

3. 지난 6개월 동안에 당신과 배우자는 자녀와 관련된 상황을 조절하기 위한 방법에 얼마나 자주 동의를 해 오셨습니까?

	항상	보통	때때로
a) 자녀들이 하는 좋은 일들을 칭찬하는 것에 대하여			
b) 자녀들이 해야될 책임에 대하여			
c) 언제 혹은 어떻게 자녀들을 훈련시킬 것인가에 대하여			
d) 자녀들을 돌볼 책임에 대하여			

4. 지난 6개월 동안, 당신은 집안에서 서로의 신경을 건드려 왔습니까?
   1 전혀 안 건드렸다. 2 간혹 건드렸다. 3 종종 건드렸다.
5. 당신의 결혼생활에서 심각한 문제를 야기시켜 왔던 어떤 문제들이 있어 왔습니까?
   1 없다. 2 한 번 혹은 두 번 3 세 번 이상

만일 당신에게 문제가 있었다면, 그것이 무엇인지 간단히 언급하여 주십시오.

6. 당신은 부부로서 당신의 차이를 이야기하고 해결할 수 있는 당신의 능력에 대하여 얼마나 만족하십니까?
   1 매우 만족 2 다소 만족 3 불만족
7. 지난달에 당신과 배우자 사이에서 얼마나 많은 긴장과 싸움이 있었습니까?
   1 별로 없다. 2 보통이다. 3 상당히 많다.
8. 당신은 마음속에 있는 것들—예를 들어 당신이 걱정하고 있는 것과 당신이 자신에 대하여 불안정하게 만드는 것 혹은 당신의 친구들이 당신에게 나누었던 문제들—에 대하여 배우자에게 이야기를 합니까?
   1 거의 2 보통 3 항상
9. 당신은 현재의 배우자와 결혼하지 않았기를 원합니까?
   1 거의 그렇지 않다. 2 때때로 그렇다. 3 자주 그렇다.
10. 지난 2년 동안에 당신은 갈등 때문에 배우자와 별거해 왔습니까?
   2 아니오 3 예
11. 지난 2년 동안에 배우자와 싸워 서로에게 신체적인 폭력이나 상해를 입힌 적이 있습니까? 2 아니오 3 예

만일, "예" 하셨다면,

당신은 의료적인 치료를 받으셨습니까? 예 아니오

당신은 경찰이나 당국과 관련을 맺었습니까? 예 아니오

12. 당신은 당신과 당신의 배우자가 가족생활 중 다음과 같은 면을 다루는 방법에 대하여 얼마나 행복하십니까?

	항상 행복하다	보통 행복하다	거의 행복하지 않다	모르겠다
a) 서로에게 이야기하는 것				
b) 애정을 보이는 것				
c) 서로를 신뢰하는 것				
d) 성행위하는 것				
e) 자녀들과 외출하는 것				
f) 친 · 인척과 함께 시간을 보내는 것				
g) 자녀들과 시간을 보내는 것				
h) 돈을 관리하는 것				
i) 당신의 가정에 대한 책임을 공유하는 것				

13. 대부분의 부부들이 결혼생활에서 다른 시기에 정도가 다른 행복감을 경험합니다. 아래의 질문들은 지난해에 당신의 결혼생활에 대한 당신의 일반적인 만족도와 관련된 것입니다.

	거의 항상 행복하다	대부분 행복하다	거의 행복하지 못하다
a) 모든 것과 관련하여, 당신은 결혼에 대하여 얼마나 행복하십니까?			
b) 모든 것과 관련하여, 당신은 배우자가 결혼에 대하여 얼마나 행복하다고 생각하십니까?			
c) 당신은 배우자와 함께 보내는 시간이 행복하십니까?			
d) 당신은 배우자가 당신과 함께 보내는 시간에 대하여 어떻게 느낀다고 생각하십니까?			

7) Sabatelli의 결혼생활의 비교 수준 색인

MCLI(Marital Comparison Level Index)는 결혼관계가 배우자들의 기대에 부응하는 정도에 대한 인식도를 평가하기 위하여 32개의 문항으로 구성되어 있고 7점 척도를 사용하는 측정도구이다. MCLI는 부인이나 남편의 결혼관계에 대한 응답자의 불만에 대하여 전반적으로 평가한다. 이것은 단지 자신의 기대에 부응하지 못하는 면이 있을 때 배우자는 결혼생활의 어떤 면에 대하여 불평을 한다는 생각에 입각해 있다(Sabatelli, 1984 : 651). MCLI의 문항은 결혼생활의 질과 안정성에 관련된 Lewis와 Spanier(1979)의 귀납적 이론으로부터 파생되었다(Touliatos, Perlmutter, & Straus, 1990 : 218). 각각의 문항은 응답자들에게 자신들의 경험과 기대를 비교하여 물어본다. 각 문항에 대한 응답은 "내가 기대하는 것보다 못하다"(-3)로부터 "내가 기대하는 것보다 낫다"(+3)의 범위를 갖는다. MCLI는 .93의 α값을 보여 매우 높은 내적 일치성을 보였으며, 관계의 형평성과 결혼생활에 대한 헌신을 측정하는 도구들과 매우 높은 상관관계를 보여 좋은 일치성의 타당도를 나타내었다(Fischer, & Corcoran, 1994 : 16).

Sabateli의 결혼생활의 비교 수준 색인(Marital Comparison Level Index)의 내용은 다음과 같다.

당신의 현재 경험과 당신의 기대감을 비교하여 적절한 숫자에 0표를 하시오.

내가 기대한 것보다 못하다			내가 기대한 것과 비슷하다			내가 기대한 것보다 낫다
-3	-2	-1	0	+1	+2	+3

1. 당신이 경험하는 동료애의 양	-3	-2	-1	0	+1	+2	+3
2. 배우자가 당신을 신뢰하는 양	-3	-2	-1	0	+1	+2	+3
3. 당신이 경험하는 성행위의 양	-3	-2	-1	0	+1	+2	+3

4. 당신과 배우자 사이에서 비밀을 털어놓는 양	−3	−2	−1	0	+1	+2	+3
5. 일상생활에서 갈등의 양	−3	−2	−1	0	+1	+2	+3
6. 당신이 함께 보내는 시간의 양	−3	−2	−1	0	+1	+2	+3
7. 배우자가 당신에게 보여주는 애정의 양	−3	−2	−1	0	+1	+2	+3
8. 가사분담의 양	−3	−2	−1	0	+1	+2	+3
9. 배우자가 당신의 이야기를 경청하려는 양	−3	−2	−1	0	+1	+2	+3
10. 당신이 경험하는 평등한 관계의 양	−3	−2	−1	0	+1	+2	+3
11. 당신이 경험하는 돈에 관한 갈등의 양	−3	−2	−1	0	+1	+2	+3
12. 당신이 경험하는 친화성의 양	−3	−2	−1	0	+1	+2	+3
13. 당신이 경험하는 여가시간의 사용에 대한 갈등의 양	−3	−2	−1	0	+1	+2	+3
14. 당신이 경험하는 친구에 대한 불일치의 양	−3	−2	−1	0	+1	+2	+3
15. 배우자가 표현하는 성에 대한 관심의 양	−3	−2	−1	0	+1	+2	+3
16. 사용되는 돈에 대한 형평성	−3	−2	−1	0	+1	+2	+3
17. 배우자가 표현하는 비판의 양	−3	−2	−1	0	+1	+2	+3
18. 당신이 경험하는 상호존경에 대한 양	−3	−2	−1	0	+1	+2	+3
19. 부부간의 의사소통에 관한 효과성의 정도	−3	−2	−1	0	+1	+2	+3
20. 당신이 경험하는 사랑의 양	−3	−2	−1	0	+1	+2	+3
21. 당신의 욕구가 충족되는 정도	−3	−2	−1	0	+1	+2	+3
22. 다른 우정을 추구하는 데 있어서 당신이 경험하는 자유의 양	−3	−2	−1	0	+1	+2	+3
23. 배우자가 집안의 허드렛일을 받아들이는 책임의 양	−3	−2	−1	0	+1	+2	+3
24. 당신과 배우자가 성에 대하여 이야기하는 양	−3	−2	−1	0	+1	+2	+3
25. 당신이 경험하는 사생활의 양	−3	−2	−1	0	+1	+2	+3
26. 배우자가 당신이 선택한 직업에 대한 지지도	−3	−2	−1	0	+1	+2	+3
27. 당신과 배우자가 당신의 생활스타일에 대하여 일치하는 양	−3	−2	−1	0	+1	+2	+3

28. 당신과 배우자가 낳을 자녀수에 대하여 일치하는 양	−3	−2	−1	0	+1	+2	+3
29. 배우자의 신체적인 매력의 정도	−3	−2	−1	0	+1	+2	+3
30. 당신이 경험하는 사소한 일에 대한 논쟁의 양	−3	−2	−1	0	+1	+2	+3
31. 배우자가 표현하는 질투의 양	−3	−2	−1	0	+1	+2	+3
32. 당신이 배우자로부터 경험하는 헌신의 양	−3	−2	−1	0	+1	+2	+3

8) Bahr, Chappell과 Leigh의 결혼만족도 척도

MS(Marital Satisfaction) 척도는 부인(남편)이 현재의 결혼생활에 대하여 만족하고 있는 정도를 측정하기 위하여 만들어진 10개의 문항으로 구성된 5점 리커트 스타일의 설문지이다. 두 번째 문항에서 응답의 범주는 '훨씬 더 만족한다'에서부터 '훨씬 덜 만족한다'라는 5점 척도로 되어 있으며, 나머지 문항들은 '확실히 예'에서부터 '확실히 아니오'라는 5점 척도로 되어 있다. 자신의 역할수행의 질, 배우자 역할수행의 질 그리고 역할수행의 변수들이 결혼연령과 결혼만족도 사이의 매개변수라는 모델을 테스트하기 위하여 표본으로서 704쌍의 부부가 참가하였다. 위의 연구에서 기존의 결혼만족도와 관련된 연구와 척도를 중심으로 MS척도의 10개의 문항이 선택되었다. 요인분석에 의하여, 남편이나 부인 모두 단 하나의 요인이 결혼만족도 편차의 50% 이상을 설명하여 주는 것으로 나타났다. MS 척도의 신뢰도는 남편들에게 있어서 .89, 부인들에게 있어서 .91로 나타나 매우 높은 신뢰도를 보여주었다(Bahr, Chappell, & Leigh, 1983 : 795-799).

Bahr, Chappell과 Leigh의 결혼만족도(Marital Satisfaction) 척도의 내용은 다음과 같다.

1. 당신에게는 배우자로서의 삶이 얼마나 가치가 있다고 생각하십니까?
2. 현재보다 결혼하기 전에 나는 더 행복하였다.
3. 내 친구와 동료들의 결혼생활과 비교하여, 내 결혼생활이("훨씬 더 만족스럽다"에서부터 "훨씬 덜 만족스럽다"까지 응답할 수 있다)
4. 만일 당신이 다시 결혼을 한다면, 같은 사람과 결혼하기를 원하십니까?
5. 배우자가 당신과 당신의 문제를 이해하고 있는 것처럼 보이십니까?
6. 당신은 배우자에게 속마음과 감정을 털어놓습니까?
7. 당신은 배우자와 함께 즐길 수 있는 많은 것들이 있습니까?
8. 당신이 지지와 격려를 원할 때 배우자를 의지할 수 있다고 느끼십니까?
9. 당신과 배우자는 많은 공통의 관심사를 가지고 있습니까?
10. 다음의 어떤 것이 당신의 현재 결혼생활의 행복의 정도를 가장 잘 묘사하고 있습니까?

4. 결혼만족도 측정도구에 관한 평가

지금까지 결혼만족도와 관련된 8개의 측정도구들을 살펴보았으며, 각각의 측정도구들은 조사연구와 임상환경에 따라 그 사용도가 다르다. Locke-Wallace의 결혼적응 테스트(Marital Adjustment Test)는 아직까지 결혼생활의 안정과 관련된 연구조사에 좋은 도구로 보이나, 현재는 MAT의 원형 그대로를 사용하지 않는 경향이 있다. 예를 들어, Spanier의 두 사람의 적응 측정도구(Dyadic Adjustment Scale)에서 MAT의 11개 문항이 사용되고 있다. MAT는 세 개의 다른 타입의 문항 스타일을 가지고 있고 점수를 매기는 방법이 복잡하다. 각 문항의 배점 비율에서 현저한 불균형이 나타나고 있다. 예를 들어, 첫번째 문항의 배점이 대략 전체 배점의 1/4에 해당된다. 본 연구에서 비교되고 있는 다른 9개의 측정도구에 비하여 특히 각 문항에 대한 배점이 다른 점이 특징이라고 할 수 있다. 질문의 내용이 부부간의 전반적인 내용에 대한 일치의 정도(만족감)를 측정하고 있다고 볼 수 있다.

Spanier의 두 사람의 적응척도(Dyadic Adjustment Scale)는 결혼한 부부와 미혼의 두 사람 간의 관계를 조사하는 데 사용될 수 있는 적절한 측정도구이다. DAS는 비록 매우 간단하게 보이는 도구이나, 두 사람 간의 관계에 대하여 매우 많은 정보를 알아낼 수 있도록 구성되었다. 그렇지만 "애정표현"의 하위척도에 대한 낮은 신뢰도는 이 하위척도를 해석하는 데 유의해야 한다는 것을 의미한다. 한편, 이 척도는 문제를 정확히 지적하지 못하며 관계의 어떤 특별한 면들이 문제를 야기시키는가를 진단하지는 못하고 있다(Fredman, & Sherman, 1987 : 55). Donohue와 Ryder(1982)는 DAS의 문항이 Locke-Wallace의 결혼적응 테스트(Marital Adjustment Test) 척도와 유사하다는 것을 지적하고 있다. Norton(1983)은 두 가지 이유를 들어 이 척도에 대하여 비판하고 있다. 첫째, 문항들에 대한 배점에 있어서 형평성이 맞지 않다는 것이다. 둘째, 어떤 문항들은 한 요인에 대하여 알아보기 위하여 불균형적으로 많은 문항수를 차지하고 있다는 것이다. 예를 들어, "상호간의 동의"의 요인에 대하여 15개의 문항으로, "발생되는 사건의 빈도"의 요인에 대하여 5개의 문항으로, "상호간의 애정"에 대하여 4개의 문항으로 구성되어 있다. DAS는 어법의 사용의 방향과 후광효과(halo effect)의 문제를 가지고 있고, 차이의 빈도와 정도를 평가하는 데 초점을 두고 있으며, 이러한 평가는 애정적이거나 태도적인 반응보다는 인지적이며 회상적인 반응의 사용에 관련될 수 있다(Roach et., 1981). DAS의 기준이 유색인종들에게도 적절할지도 의문이 생긴다(Casas, & Ortiz, 1985). DAS는 결혼만족도의 일반적인 영역을 평가하기 위한 도구이지 결혼만족의 요소들의 타당하고 신뢰할 수 있는 도구로서 4가지의 하위척도를 사용할 수 있는 것은 아니며, DAS의 이상적인 사용 또한 분명하지가 않다(Kazak, Jarmas, & Snitzer, 1988 : 89). DAS의 32개 문항은 쉽게 사용될 수는 있으나 점수화하기는 어렵다. 그러나 연구와 임상에서 적용하기에 적합한 도구이다(Harrison, & Westhuis, 1989 : 101).

Hudson의 결혼만족도 색인(IMS)은 현재 결혼생활을 하는 부부들의 결혼만족도의 정도를 측정하기 위한 척도로서, 임상의 장과 조사연구 환경 모두에서 사용할 수 있는 척도이다. 이 척도는 개인들이 자신들의 결혼에 대한 현재의 인식을 평가하기 위하여 사용될 수 있으며, 결혼만족도에 대하여 총체적으로 측정을 할 수 있고, 치료의 진행상황을 평가하기 위한 반복된 측정도구로서도 사용할 수 있다. 이 척도가 가지고 있는 결혼생활문제에 대한 기준점은 임상가들에게 결혼생활에 정상적으로 만족을 하는 사람들과 만족을 하지 못하는 사람들을 구별할 수 있게 한다. 하지만 이 척도는 임상적 치료프로그램에서 사용할 수 있는 의사소통, 성기능 및 상호작용의 분야에 대해서는 상세한 정보를 제공하지 못하고 있다(Harrison, & Westhuis, 1989 : 99-100).

Roach, Frazier와 Bowden(1981)이 결혼만족도 척도(MSS)는 주로 임상적인 사용을 위하여 만들어졌다고 하였으나, 실제로 MSS는 결혼만족도와 관련된 일반적인 문제는 측정하나 치료개입을 발달시키는 데 사용될 수 있는 결혼생활 기능에 관련된 정보나 더 섬세한 면들은 제공하지 못하고 있다(Harrison, & Westhuis, 1989 : 100). MSS는 진단적 평가를 위하여 사용될 수 있는 임상적인 기준점이 없으므로, 이 척도는 조사연구 차원에서 효과적으로 사용되어 왔다(Westhuis, 1987). MSS는 결혼생활과 관련된 워크숍의 성공여부를 측정하는 데 효과적으로 이용되어 왔으며, 그러한 목적과 연구에 매우 적합한 척도이다(Fredman, & Sherman, 1987 : 61). 또한 결혼만족도 척도(MSS)는 잘 구성된 질문지이지만, 최종적으로 48개 문항으로 이루어진 MSS는 철저하게 평가되지 못하였다(Burnet, 1987). 특히 앞에서 보았듯이 MSS는 결혼만족과 관련된 국내연구에서 압도적으로 많이 사용하고 있고, 원형 그대로 사용하는 것보다 우리문화에 맞게 변형하여 사용하고 있는 경향이 있다.

Schumm, Jurich와 Bollman의 캔사스 결혼만족도 척도(Kansas Marital Satisfaction Scale)는 수입, 연령, 교육, 결혼기간, 그리고 자녀수를 구별하는 데 사용되어 왔다(Touliatos, Perlmutter, & Straus, 1990 : 216). KMS는 내적 일치성 신뢰도를 평가하기 위하여 결혼생활의 질(만족도)의 한 면을 사정할 수 있으며, 더 긴 문항을 가진 척도들이 차지할 분량을 요구하지도 않으면서, 결혼만족도의 차원에서 미묘한 차이를 발견할 수 있는 장점을 가지고 있다(Schumm, et al., 1986 : 382-385). KMS는 치료의 시작에서 가족성원들에 의하여 나타나는 문제를 평가하는 데 이용될 수 있는 반면에, 일반적인 결혼만족도에서의 변화를 평가하고 기본적인 가족조사에 알맞은 개념적으로 1차원적이면서 단순한 결혼만족에 관한 측정으로는 부족하다(Burnet, 1987). 그렇지만 KMS는 부부관계와 관련된 기본적인 조사를 위한 결혼만족도에 관한 간단하고 유용한 도구이다(Schumm et al., 1985 : 719). 척도의 길이가 결혼만족도 조사를 하는 데 있어서 오히려 부정적인 영향을 미칠 수도 있는데, KMS 척도의 짧은 길이가 조사에 긍정적으로 영향을 미칠 수도 있을 것이다. 결혼생활의 적응을 측정하는 다른 기존의 척도들과 비교하여 분별 타당성과 일치 타당성을 검증해야만 할 것이며, 다양한 모집단에서 KMS 척도를 평가해야만 한다. 특히 KMS는 본 연구에서 비교한 다른 7개의 측정도구들에 비하여 미국 내에 거주하는 한국부인들에 대한 연구에서 사용되었다.

Kelso, Stewart, Bullers와 Eginton의 결혼만족도 측정(Measure of Marital Satisfaction)도구는 정신과 임상소에 오는 아동들의 양쪽 부모들을 위하여 만들어졌다. MMS는 바쁜 공적인 임상소 내에서 부모들을 감별하기 위하여 사용될 수 있으며(Kelso, Stewart, Bullers, & Eginton, 1984), 또한 치료자가 스트레스를 받는 가정환경과 결혼생활을 인식하고 개입하기 위한 도구이기도 하다(Touliatos, Perlmutter, & Straus, 1990 : 202). 한편, MMS는 임금노동자의 부부만족도를 측정하는 데 사용될 수 있으며, 현실적이며 일상적인 상황을 포함하는 단순한 질문들을 포함하고 있다. 또한 본 연구에서 비교한 다른 측정도구들과는 달리 부부가 겪고 있는 결혼생활의 문제를 부부가 직접 서술할 수 있도록 하는 칸을 두고 있다(5번 문항 참조). 특히, MSS는 결혼생활에 대한 자녀의 영향에 대한 문항들을 포함하고 있어, 임상에서 부모들의 결혼만족도를 평가하는 데 유용하게 쓰일 수 있다.

Sabateli의 결혼생활의 비교 수준 색인(Marital Comparison Level Index)

은 점수 내는 방법에서 다른 7개의 결혼만족도에 관련된 척도와 비교해서 마이너스(-) 척도를 사용하고 있다. 또한 응답하는 방식에서도 결혼생활 영역에서 "자신이 기대했던 바"와 현재의 수준을 비교하는 방식을 취하고 있다. 비록 Sabateli(1984)는 MCLI가 결혼생활의 여러 영역에서 개인이 평가할 수 있는 신뢰할 만한 측정도구라고 주장하고 있지만, 다른 7개의 측정도구들에 비하여 MCLI에 관한 신뢰성과 타당도 연구는 아직까지 활발하지 않은 상태이다.

Bahr, Chappell 그리고 Leigh의 결혼만족도(Marital Satisfaction) 측정도구는 자기보고식 설문지의 형태를 취하고 있으며 결혼만족의 질을 측정하는 것이다. MS는 모든 연령, 교육수준, 직업, 수입과 관련된 집단의 부부들에 대한 결혼만족도를 평가할 수 있다. 따라서 비록 이 측정도구가 10개의 문항을 가지고 있다고 할지라도 측정하는 범위가 너무 넓다고 볼 수 있다. 결론적으로, MS는 자기 자신의 결혼에 대한 부부들의 현재 인식도를 평가하기 위하여 사용될 수 있는 결혼만족도에 대한 전반적인 측정도구라 할 수 있다.

5. 요약 및 결론

지금까지 결혼만족도와 관련된 8개의 측정도구들에 관하여 살펴보았고, 각각의 측정도구에 관하여 심리측정의 특성들과 연구와 실무에서의 유용가능성에 대하여 고찰하였다. 위에서 언급한 8개의 측정도구들은 모두 자기보고식 측정도구들이었다. 특히 행동분석가들은 설문지를 포함하여 자기보고식의 평가방법에 대하여 이론적·경험적 이유에서 비판하여 왔다. 주관적인 자기보고에 입각한 데이터들은 많은 편견적인 요인들에 특히 민감한 편이다(Jensen, & Haynes, 1986 : 150). 따라서 결혼생활 영역에서의 자기보고식 타입의 척도에 대한 빈번한 의존을 피하기 위한 방법으로 다음과 같은 두 가지 방법이 추천될 수 있다. 연구와 실무 영역에서 사용이 증가하고 있는 단일사례연구설계는 시간이 지남에 따라 실제적이고 신뢰성과 타당성이 있는 도구를 요구하고 있다. 이와 같은 측정도구에 관한 문제는 척도선택과 미래의 결혼만족도에 관한 척도의 개발에서 고려되어야 한다.

척도선택에 있어서 또 다른 고려해야 될 점은 개인이나 부부들의 특별한 능력이다. 예를 들면, 읽고 쓸 수 있는 능력의 정도문제와 통찰의 수준의 문제들이 고려되어야만 할 것이다. 또한, 자기보고식의 측정도구들은 개인들과 부부들의 주관적인 인식, 판단, 그리고 느낌들을 평가할 수 있을 뿐이지 이러한 반응에 대한 것들에 대하여 설명을 하지는 못한다. 부부들이 결혼관계에 대하여 가지고 있는 이러한 주관적인 인식들에 기여할 수 있는 요인들이 다른 측정도구의 자원을 통하여 좀더 심도 있게 조사되어야 할 것이다.

이러한 고려해야 될 점 외에도, 결혼만족도를 평가하기 위해서는 친밀한 관계에 대한 인식에서의 남녀 차이와 가족치료에서의 성별의 중요성에 대한 의식이 고려되어야만 한다. 한쪽의 성(즉, 남성이나 여성)의 경험에 대해서만 측정하는 편견이 있는 도구보다는 양쪽 성의 결혼생활에 대한 경험을 측정하는 데 민감하여야 한다. 한편, Witkin과 Gottschalk(1988)은 결혼만족도를 측정하는 도구들은 성(gender)과 성역할문제에 민감해야 할 뿐만 아니라 결혼관계의 형태와 의미에서 나타나고 있는 역사적 · 문화적 · 정치적 상황에 대한 의미들을 파악할 수 있는 접근법을 포함해야 한다고 말하고 있다. 따라서 결혼과 가족에 대한 남성과 여성과의 이론적으로 의미 있는 차이와 역사적 · 문화적 · 정치적인 시각의 차이점을 반영하는 도구들을 발전시킬 필요가 있다고 본다. 특히 결혼만족의 특별한 요소에 대한 이론적 · 경험적 확인작업이 필요하다(Kazak, Jarmas, & Snitzer, 1988). 결혼만족도를 평가하기 위한 척도를 구상하는 데 있어서, 사회 · 경제적인 상태는 반드시 고려되어야만 할 것이다. 더군다나 요즈음과 같은 IMF시대에 경제적인 문제로 인하여 남편들이 자살을 하는 가정이 늘고 있고 가정이 파탄되는 상황에서는 이러한 사회 · 경제적인 문제의 영향은 더욱 심각하리라 본다. 또한 하위집단 부부들에게서 나타나는 관심과 중상류

집단의 부부들에게서 나타나는 관심은 다르며, 이러한 차이는 결혼만족도의 척도를 구성하는 문항의 내용에서 고려되어야만 할 것이다. 결혼만족도의 척도를 구상하는 데 있어서 고려되어야 할 점은 가족생활주기 단계와 한국문화의 특성을 반영하는 것이다. 이와 같은 점을 고려하여 먼저, 본 연구에서 고찰하여 본 결혼만족도 척도들의 한국 부부들과 결혼하지 않은 커플들의 적용 가능성을 살펴볼 수 있는 연구들이 계속되기를 바란다. 한편, 이와 같은 연구를 토대로 한국문화와 부부들에게 적합한 척도들이 개발되기를 기대한다.

참고문헌

강인선(1995), "어머니의 결혼만족도가 유아의 대화유형에 미치는 영향", 대구대학교 석사학위논문.

김덕일(1996), "애착유형에 따른 부부간의 사랑유형과 결혼만족도", 전남대학교 석사학위논문.

김순주(1994), "가정 내 남편의 역할 수행에 대한 부부의 기대 및 평가와 결혼만족도", 서울대학교 석사학위논문.

김해영(1994), "저소득층 어머니의 결혼만족도, 양육행동 및 아동의 사회적 능력", 숙명여자대학교 석사학위논문.

김혜경(1996), "노년기 부부관계에 따른 결혼만족도 연구", 성신여자대학교 석사학위논문.

김화자(1990), "가족생활주기에 따른 부부의 의사소통 효율성과 결혼만족도에 관한 연구 : 국민학교, 중, 고등, 대학교의 학부모를 중심으로", 동덕여자대학교 석사학위논문.

김효현(1995), "성생활 만족도가 부부적응에 미치는 영향 : 도시의 기혼 남녀를 중심으로", 연세대학교 석사학위논문.

노명희 · 이숙(1991), "어머니의 결혼만족도 및 양육행동과 아동의 성취동기 간의 연구", 대한가정학회지, 제29권 4호.

박태영(1998), "결혼만족도에 영향을 미치는 변인들에 관한 연구", 정신보건과 사회사업, 제5권, 27-51.

이영미(1995), "성역할 정체감, 사회적지지 및 일상적인 스트레스가 결혼만족도에 미치는 영향". 전북대학교 석사학위논문.

유은희(1991), "기혼 자녀의 부모에 대한 애착 및 자율성과 결혼만족도에 관한 연구", 이화여자대학교 박사학위논문.

이인수(1986), "결혼만족도 척도의 타당화 연구", 경희대학교 석사학위논문.

이인수 · 유영주(1986), "결혼만족도 척도의 타당화 연구". 한국가정관리학회지, 제4권 1호, 1-13.

최규련(1988), "한국 도시 부부의 결혼만족도 요인에 관한 연구", 고려대학교 박사학위논문.

허윤경(1997), "부부관계 유형에 따른 결혼만족도 연구 : 의사소통과 갈등해결방식을 중심으로", 성신여자대학교 석사학위논문.

홍정희(1995), "도시 주부의 배우자 역할 평가와 결혼만족도", 계명대학교 석사학위논문.

Bahr, S. J., Chappell, C. B., & Leigh, G. K. (1983). "Age at marriage, role enactment, role consensus, and marital satisfaction", *Journal of Marriage and the Family*, *45*, 795-803.

Burnet, P. (1987). "Assessing marital adjustment and satisfaction : A review", *Measurement and Evaluation in Counseling and Development*, *20*(3), 113-121.

Canfield, K. R., Schumm, W. R., Swihart, J. J., & Eggerichs, E. E. (1990). "Factorial validity of brief satisfaction scales in surveys of Mormon, Roman Catholic, and Protestant Fathers" *Psychological Reports*, *67*, 1319-1322.

Casas, J., & Oritz. S. (1985). "Exploring the applicability of the dyadic adjustment scale for assessing level of marital adjustment with Mexican Americans". *Journal of Marriage and the Family*, *47*, 1023-1027.

Chang, L. W., Schumm, W. R. Coulson, L. A., Bollman, S. R., & Jurich, A. P. (1994). "Dimensionality of brief family interaction and satisfaction scales among couples from eight Western and Midwestern States". *Psychological Reports*, *74*, 131-144.

Daniel, T. L., Shek, M. C., Lam, K. W., Tsoi, C. M., & Lam, C. M. (1993). "Psychometric properties of the Chinese version of the Kansas marital satisfaction scale", *Social Behavior and Personality*, *21*(3), 241-250.

Donohue, K. C., & Ryder, R. G. (1982). "A methodological note on marital satisfaction and social variables", *Journal of Marriage and the Family*, 743-747.

Fischer, J., & Corcoran, K. (1994). "*Measures for clinical practice. : A sourcebook*" New York : The Free Press.

Follette, W. C., & Jacobson, N. S. (1988). "Behavioral marital therapy in the treatment of depressive disorders", In I. H. Falloon (Ed.). *Handbook of hehavioral family therapy*, New York : The Guilford Press.

Fredman, N., & Sherman, R. (1987). "*Handbook of measurements for marriage &*

family therapy", New York : Brunner/Mazel.

Grover, K. J., Paff-Bergen, L. A. Russell, C. S., & Schumm, W. R. (1984). "The Kansas marital satisfaction scale : A further brief report", *Psychological Reports, 54*, 629-630.

Harrison, D. F., & Westhuis, D. J. (1989). "Rating scales for marital adjustment", *Journal of Social Service Research., 13*, 87-105.

Hof, L., & Treat, S. R. (1989). "Marital assessment : Providing a framework for dyadic therapy", In G. R. Week (Ed.). Treating couples : *The intersystem model of the marriage council of Philadelphia.* New York : Brunner/Mazel.

Hudson, W. W. (1992). "*The WALMYR assessment scales scoring manual.* Tempe", AZ : WALMYR Publishing Co.

Hudson, W. W. (1982). "*The clinical measurement package : A field manual*" Chicago : Dorsey Fress.

Jeong, G. J., Bollman, S. R., & Schumm, W. R. (1992). "Self-reported marital instability as correlated with the Kansas marital satisfaction scale for a sample of Midwester wives", *Psychological Reports, 70*, 243-246.

Jensen, B. J. & Haynes, S. N. (1986). "Self-report questionnaires and inventories" In A. R. Ciminero, K. S. Calhoun & H. E. Adams (Eds.). *Handbook of behavioral assessment*, New York : John Wiley & Sons.

Kazak, A. E., Jarmas, A., & Snitzer, L. (1988). "The assessment of marital satisfaction : An evaluation of the dyadic adjustment scale", *Journal of Family Psychology, 2*(1), 82-91.

Kelso, J., Stewart, M. A., Bullers, L., & Eginton, R. (1984). "The measure of marital satisfaction : A questionnaire to screen parents for marital problem", *Child Psychiatry Human Development, 5*, 86-103.

Lewis, R., & Spanier, G. (1979). "Theorizing about the quality and stability of marriage". In W. Burr, F. Nye & I. Reiss (Eds.). *Contemporary theories about the family*, New York : The Free Press.

Locke, H. J. (1951). "*Predicting adjustment in marriage : A comparison of a divorced and a happily married group.*", New York : Holt.

Locke, H. J., & Wallace, K. M. (1959). "Short marital adjustment and prediction tests : Their reliability and validity", *Marriage and Family Living, 21*, 251-255.

Locke, H. J., & Williamson, R. C. (1958). "Marital adjustment : A factor analysis study", *American Sociological Review, 21*, 562-569.

Mitchell, S. E., Newwel, G. K., & Schumm, W. R. (1983). "Test-retest reliability of the Kansas marital satisfaction scale", *Psychological Reports, 53*, 545-546.

Norton, R. (1983). "Measuring marital quality : A critical look at the dependent variable", *Journal of Marriage and the Family, 45*, 141-151.

Roach, A., L. Frazier, & Bowden. S. (1981). "The marital satisfaction scale : Development of a measure for intervention research", *Journal of Marriage and the Family, 43*, 537–546.

Sabatelli, R. M. (1984). "The marital comparison level index : A measure for assessing outcomes relative to expectations", *Journal of Marriage and the Family, 46*, 651–662.

Schumm, W. R., Anderson, S. A., Benigas, J. E., Mccutchen, M. B. Griffin, C. L., Morris, J. E., & Race, G. S. (1985). "Criterion-related validity of the Kansas marital satisfaction scale", *Psychological Reports, 56*, 719–722.

Schumm, W. R., Paff-Bergen, L. A., Hatch, R. C., Obiorah, F. C. Copeland, J. M., Meens, L. S., & M. A. Bugaighis. (1986). "Concurrent and discriminant validity of the Kansas marital satisfaction scale", *Journal of Marriage and the Family, 48*, 381–387.

Shectman, K. L., Bergen, M. B., Schumm, W. R., & Bugaighis, M. A. (1985). "Characteristics of the Kansas marital satisfaction scale among female participants in community childbirth education classes", *Psychological Reports, 56*, 537–538.

Sheck, D. T. L., & Tsang. S. K. (1993). "The Chinese version of the Kansas marital satisfaction scale : Some psychometric and normative data", *Social Behavior and Personality, 21*(3), 205–214.

Spanier, G. B. (1976). "Measuring dyadic adjustment : New scales for assessing the quality of marriage and similar dyads", *Journal of Marriage and the Family, 38*, 15–28.

Spanier, G. B., & Cole, C. L. (1976). "Toward clarification and investigation of marital adjustment", *International Journal of Sociology and the Family, 6*, 121–146.

Stuart, R. (1980). "*Helping couples change : A social learning approach to marital therapy*", New York : The Guilford Press.

Thompson, L. (1988). "Women, Men and Marital Quality". *Journal of Family Psychology, 2*, 95–100.

Touliatos, J., Perlmutter, B. F., & Straus, M. A. (1990). "*Handbook of family measurement techniques*", Newbury Park, CA : Sage Publications.

Westhuis, D. (1987). "An analysis of the relationship between the wife's marital satisfaction and husband's work environment variables", Unpublished doctoral dissertation. Florida State University.

Witkin, S. L., & Gottschalk, S. (1988). "Alternative criteria for theory evaluation", *Social Service Review, 62*, 211–224.

결혼만족도에 영향을 미치는 변인들에 관한 연구 : 재미교포 기혼자들을 중심으로 3

본 연구에서는 재미교포 기혼자들의 결혼만족도에 영향을 미치는 변인들에 관하여 조사하였다. 결혼만족도가 문화수용도의 수준, 미국에서의 거주기간, 신분 불일치, 연수입, 교육 수준, 결혼생활의 결정권, 가사의 분업, 의사소통문제에 의하여 예견될 수 있으리라고 가정했다. 눈덩이 표집(snowball sampling)방법을 사용하였으며, 응답자는 304명이었다. 본 연구의 결과에 의하면, 문화수용도의 수준이 재미교포 기혼 남성들의 결혼만족도와 상관관계가 있는 반면에, 재미교포 기혼 여성들에게는 무관하였다. 결혼생활의 결정권은 재미교포 기혼 여성들의 결혼만족도와 상관관계가 있는 반면에, 재미교포 기혼 남성들에게는 관련이 없었다. 문화수용도의 수준과 결혼생활의 결정권의 두 개의 변수가 단지 결혼만족도의 3%를 설명하였다. 남성과 여성 모두에게 부부간의 의사소통문제가 결혼만족도를 설명하는 제1의 변수였다. 부부간의 의사소통문제가 남성의 결혼만족도의 16%, 여성의 결혼만족도의 37%를 각각 설명하였다.

1. 서 론

지난 수십 년 동안 재미교포들의 수는 1970년에 70,000명에서 1992년에는 799,000명으로 엄청나게 빠른 증가를 보여왔다(U.S. Bureau of the Census, 1992). 현재 재미교포의 인구는 지난 20년 동안 꾸준히 증가하여 미국 내에서 세 번째로 많은 아시안 민족이다(Takeuchi & Young, 1994). Min(1993b)에 따르면, 2000년에는 재미교포의 수가 약 백만명으로 추산된다. 따라서 재미교포들은 미국국민의 상당한 부분을 차지하는 민족으로서 연구될 필요성이 있다고 생각된다.

재미교포 부부들은 미국에 이민온 후 상당한 스트레스를 겪게 되며, 그들의 생활에 많은 변화를 겪게 된다. 그들은 상당한 문화적인 적응과정을 겪으며, 이러한 문화적인 적응과정은 재미교포들이 직면하게 되는 주요한 어려움 중의 하나라는 것이 확인되었다(Murase, 1992; Ross-Sheriff, 1992; Thomas & Althen, 1989). 이러한 문화적인 적응은 언어, 실직 혹은 불완전 고용, 문화적인 차이와 개인상호 간의 갈등 등에서 야기된다.

대학교육을 받은 대부분의 재미교포들은 언어적인 문제와 부분적으로는 한국에서 받은 학력이나 전문적인 자격증을 인정받지 못하기 때문에 그들의 교육과 필적할 수 있는 일자리를 찾을 수가 없다(Kim, 1992; Okamura & Agbayani, 1991). 많은 재미교포들은 사무직 계급에서 노동직 계급으로 중요한 신분 하락을 경험한다(Min, 1990; Nah, 1993). 접대부나 천한 노동자로서 일하는 대학을 졸업한 재미교포 부인들은 한국에서 그들이 이민 전에 가졌던 신분과 비교하여 상대적인 신분상의 하락감을 느낀다. 일반적으로 그들의 과거의 업적은 미국 내에서 인정을 받지 못하고, 신분상의 위계에서 훨씬 더 낮은 불안정한 위치에 있게 된다(Howe, 1990; Shin & Change, 1988). 불완전 고용에 의하여 발생되는 이러한 신분상의 불일치는 재미교포 부부들이 겪는 주요 스트레스 중의 하나이다.

일반적으로 재미교포 가족들은 한국에서는 효과적으로 잘 기능을 하였지만, 미국에서 접하는 새로운 문화가 능숙하게 기능할 수 있는 그들의 능력을 감소시키며, 그들은 자아존중감을 잃게 된다(Song-Kim, 1992). 재미교포 가정 내에서, 성역할의 변화가 부부갈등의 중요한 요인 중 하나이다(Nah, 1993). 따라서 재미교포 부부들은 언어적인 장벽, 문화적 갈등, 신분상의 불일치, 변화하는 역할 구분 등으로 인하여 미국사회에 적응하는 데 있어서 많은 어려움을 겪게 되며, 이러한 경험이 심리·사회적인 문제와 부부간의 갈등을 유발시킨다.

그렇지만 재미교포와 관련된 대부분의 연구가 미국 내에 있는 한국 가족과 지역사회, 재미교포들의 미국문화에 동화되는 형태 그리고 재미교포들의 도움을 찾는 형태에 대한 문제들에 관한 것이다. 또 다른 연구자들은 재미교포들의 부부간의 폭력, 정신건강문제, 그리고 미국 내에 있는 한국노인에 관한 연구들이다.

본 연구에서는 재미교포 기혼자들의 결혼만족도에 관한 연구로서, 교육배경, 거주기간, 수입, 신분불일치, 결혼생활의 결정권, 문화수용, 가사의 분업, 그리고 의사소통의 변수와 관련하여 재미교포 기혼자들의 결혼만족도에 대한 주관적인 인식을 살펴보고자 한다.

2. 결혼만족도에 대한 이론적인 준거틀

비록 결혼만족도를 설명할 수 있는 어떤 유일한 이론은 존재하고 있지 않다고 할지라도, 많은 이론들이 결혼만족에 영향을 미치는 요소에 대한 중요한 통찰력을 제공할 수 있다. 본 연구에서는 결혼만족도를 설명할 수 있는 이론들로서 역할이론, 사회교환이론, 문화수용이론, 의사소통이론을 포함하여 각각의 이론들에 대하여 살펴보고자 한다.

1) 역할이론

역할이론은 사회학에서 구조적-기능적 이론과 관련된다. 이 이론은 사람들은 사회구조 안에서 지위를 가지게 되며, 각각의 지위는 그 지위와 관련된 역할을 가지게 된다는 것을 가정하고 있다. Barker(1987)는 역할이론을 "사람들이 가지고 있는 다양한 사회적 지위와 그러한 지위에 수반되는 다른 기대치에 의하여 사람들의 행동에 영향을 미치는 방법과 관련된 개념이며, 이것은 사회문화적·인류학적인 조사에 입각한 개념"이라고 정의하고 있다(p.142). '역할'이란 사회적 지위와 관련된 사람들에 의하여 행해지는 특징적인 행동으로 정의된다(Davis, 1986). 따라서 '역할기대감'이란 한 사람의 행동이나 혹은 어느 특정인이나 일반적인 사람들이 지닌 지위에 대한 일종의 기대치를 의미한다고 할 수 있다.

가족 내에서 역할은 개인 간의 상호작용과 관계의 발전을 촉진시키고 개인과 가족집단의 전체적인 기능을 이끌어 가는 것으로 설명된다. 가족성원은 가족과 가족성원의 발달에 필요한 역할들을 결정한다(Pearson, 1989). 사람들의 역할행동과 역할기대치가 조화를 이룰 때는 역할상보성이 생긴다. 만일 사람들 사이에 역할상보성이 존재하게 되면, 그들의 역할관계는 만족될 것이다. 한편, 역할상보성이 부족하게 되면, 그들의 역할관계는 불만족스럽고 스트레스를 받게 될 것이다(Davis, 1986).

가족은 사회적 규범에 의하여 정의되고 가족상호작용으로부터 오는 역할체계로서 간주된다(Burr et al., 1979; Nye, 1976; Rollins & Galligan, 1978). 배우자의 역할수행과 자신의 역할수행 두 가지 모두가 자신의 결혼만족도에 긍정적으로 관련되어 있다. 특히 자신의 역할수행보다 배우자의 역할수행이 결혼만족도에 더 많은 관련을 가지고 있다는 것이 나타났다(Burr et al., 1979; Rollins & Galligan, 1978).

한국문화는 가족체계와 특별한 역할을 수행하고 가족 내에서 적절한 관계를 맺는 것을 대단히 강조한다. 가족의 맥락에서 역할관계의 위계적인 체계와 조상과 나이 많은 가족 및 남자에 대한 존경심이 중요한 요소로 간주되어야 한다. 한국문화에서 조상과 나이 많은 남자 및 부모는 위계질서에서 가장 높은 우선 순위를 두어야 하는 것으로서 여겨진다.

역할이론은 재미교포 부부들이 받는 스트레스의 중요한 요소가 될 가능성이 있는 신분-역할 요구를 확인하는 데 도움이 될 수 있다. 따라서 역할이론은 재미교포 부부들과 가족들이 미국사회에서 겪고 있는 스트레스 중 많은 것을 이해할 수 있는 매우 유용한 관점을 제공할 수 있을 것이다.

2) 사회교환이론

사회교환이론에 의하면, 모든 사회적 행동은 일종의 교환인 것이다. 사람들은 사회적 상호작용으로부터 얻을 수 있는 최상의 이익을 얻기 위하여 보상을 최대화하고 벌(혹은 '비용')을 최소화하려고 하여 보상을 추구하고 벌을 회피하는 동물이라고 간주된다(Lindzey & Aronson, 1985 : 429). 사회적 상호작용을 보상이 비용을 초과하는 한, 상호작용을 지속시키도록 동기화된 개인들 사이에서 다소 보상적인 행동의 교환으로 간주된다(Homans, 1974). 따라서 사회교환이론에서는 어떤 것을 주지 않고서는 받을 수 없기 때문에 모든 인간관계 속에 이러한 교환관계가 존재한다고 본다. 또한 사람들은 자기가 원하는 욕구를 성취하기 위해서 다른 사람과 교환하는 것이 필수적이며, 목표달성은 인간 상호간의 에너지 교환을 통하여 달성될 수도 있다는 것이다.

사회교환이론에 의하면 부부는 상대방으로부터 보상을 최대한 받으려는 시도를 한다(Yogev & Brett, 1985). 결혼관계에서 남편과 부인은 그들이 함께 긍정적인 상호작용을 자주 하고 부정적인 정서를 드물게 겪는 정도에 따라 결혼만족도가 높은 것으로 나타난다(Gilford, 1984). 애정, 인정, 존경 그리고 동료애의 교환에 관하여 사회교환이론은 결혼만족의 편차를 설명하는 데 효과적이다(Rettig & Bubolz, 1983). 함께 활동하는 것(예를 들면, 많은 상호작용과 자신을 표출하는 것을 포함하는 활동, 즉 유머를 함께 나누거나 애정적인 한담을 나누는 것 혹은 배우자를 위하여 감사하는 행동을 하는 것 등)이 결혼만족도와 많은 관련이 있었다(Palisi, 1984). 이와 같이 볼 때, 사회교환이론은 결혼만족도를 설명하는 주요한 이론이라 볼 수 있다.

3) 문화수용모델

사회적 과정에 있어서, 한 인종적 집단의 변화에 미치는 문화적인 요소는 주요한 사회의 문화에 의하여 영향을 받는다. 문화적인 변화를 '문화수용' 혹은 '문화적 동질화'라고 부른다. Gordon(1964)에 따르면, 문화수용은 일차적인 집단수준에 그 주인사회의 문화에 이민자들의 문화적인 패턴에서의 변화를 말한다. 민족성이란 집단성원이 다른 사람들과 자신들의 공통성을 인식하든 못하든 상관없이 인종, 종교, 문화적인 역사 그리고 공유된 가치로부터 야기된 집단의 '국민성'으로 정의될 수 있다(McGoldrick, 1993).

재미교포의 미국문화수용, 사회경제적인 신분과 미국에서의 체류연도와 상관없이 그들은 미국사회로부터 구조적으로 분리되고 인종적으로 제한을 받을 수도 있다. 그와 같은 구조적인 제한에 대한 재미교포들의 인식이 미국사회에서 재미교포들을 사회적으로 수용해 주기를 바라는 그들의 열망을 제지할 수도 있다. 따라서 이주민들은 그들의 안전과 일차적 집단의 만족, 사회적인 인정 및 정체감을 유지하기 위하여 인종적인 애착관계를 계속하거나 또는 증가시키려고 노력한다. 즉, 이민자의 강하고 지속적인 인종적 애착관계는 비자발적인 요소들—즉 미국 사회구조 내에 본래부터 존재하는 인종적 분리, 이민자의 억제된 적응능력 및 어떤 특별한 시기에서 주인사회의 경제·생태학적 조건들—중 하나의 기능으로 간주될 수 있다(Hurh & Kim, 1984).

Hurh와 Kim(1984)에 따르면, 재미교포의 적응의 형태를 '접착성의 적응'이라고 부를 수 있다. 이 '접착성의 적응'이라는 용어는 한국문화에 대한 재미교포의 강한 애착심을 언급하나, 또 한편 새로운 문화 중 어떤 것에 대한 애착을 말하기도 한다. 재미교포들은 문화적으로나 사회적으로 미국화될 수 있다. 그와 같은 미국화는 한국의 전통적인 문화와 사회망의 어떤 중요한 면들을 대체시키거나 약화시킬 수 없다(Hurh & Kim, 1984). 따라서 재미교포 남자들은 일반적으로 일차적, 이차적인 집단수준의 양면에서 미국인들로부터 분리되거나 혹은 떨어져 있다(Hurh & Kim, 1990).

Connor(1974)는 아시안 이민자들을 연구하였는데, 그는 미국문화의 어떤 면을 받아들인다는 것이 반드시 어떤 인종집단에게 그들 자신들의 문화를 그 주인사회의 문화로 대체하도록 영향을 미치는 것은 아니라고 말했다. 광범위한 문화수용에도 불구하고, 가족체계와 가치는 몇 세대에 걸쳐 유지되어 왔다. 재미교포들의 낮은 문화수용도 수준이 여전히 비전통적인 혹은 아시안 건강진료소를 찾게 만들고, 서양적인 정신건강진료소를 이용하는 것을 삼가하게 한다(Browne & Broderick, 1994).

재미교포 가족체계가 서양문화를 받아들이는 쪽으로 변화하고 있으며, 전통적인 확대가족체계로부터 수정된 핵가족체계로 변화하고 있는 실정이다. 미국 내에서 재미교포들의 문화수용에도 불구하고, 그들은 여전히 한국인으로서 높은 민족성을 유지하고 있다. 그렇지만 세대에 따라 재미교포들의 문화수용의 과정은 다를 것이다.

4) 의사소통이론

의사소통이론은 클라이언트의 제기되는 문제가 현존할 때 관련되는 반복적인 의사소통 패턴을 발견하는 데 초점을 맞춘다. 이러한 반복적인 패턴이 상호작용을 지배하는 규칙인 것이다(Greene, 1996). 의사소통이란 다른 사람을 이해하며 의미를 나누는 해석의 과정이다(Pearson, 1989). 다른 사람과 의사소통을 하는 것은 매우 복잡한 과정이며, 많은 사람들은 의사소통과 관련된 문제를 겪는다. 때때로 의사소통문제는 무엇을 말하기를 원하는가를 알지 못하거나 혹은 문제에 대해서 철저하게 생각하지 못하는 송신자에 의하여 야기된다. 다른 의사소통문제는 단어의 선택이나 사용과 관련된다. 메시지를 전달하기 위하여 사용된 단어가 수신자에게 오해를 받거나 혼동될 수 있다(Whittaker & Tracy, 1989). 의사소통이론은 무엇이 사람들로 하여금 자연스럽게 혹은 치료적인 중재에 반응하여 변화하게 하는가를 설명하려고 하는 것이다(Nelson, 1986).

의사소통이론은 부부와 가족의 사회사업 치료에 상당한 영향을 미쳐왔다. 부부문제의 일차적인 요소는 친밀한 관계에 있는 배우자들이 다루어야만 하는 문제를 해결하기 위한 의사소통을 잘 할 수 없는 무능력으로부터 발생된다고 가정한다. 가족 내에서 분명하고 혼동된 의사소통의 매개변수를 좀더 명확하게 정의함으로써, 송신자의 부적합성과 수신자의 당혹감은 의사소통을 분류하고 배열하는 데 있어서 혼동으로 인한 것으로 이해될 수 있다(Guttman, 1991). 대부분의 의사소통은 패턴을 형성하며, 그 패턴은 세력과 지배와 복종을 나타낸다. 따라서 의사소통이론은 관계에 있어서 통제와 관련된다(Payne, 1991).

부부간의 의사소통의 패턴은 결혼만족도와 대단히 관련되어 있다. 예를 들면, Noller와 Fitzpatrick(1990)은 결혼만족을 위하여 부부간의 의사소통의 중요성을 강조하였다. 결혼생활에 만족하는 부부들은 불만족스러운 부부들보다 더 자주 서로에게 동의하는 경향이 있다(Schaap, Buunk, & Kerkstra, 1988). 또한 결혼생활에 만족하는 부부들은 불만족하는 부부들보다 상대편 배우자들의 비언어적인 메시지를 더 정확히 해석하는 경향이 있다(Noller, 1984). 행복한 부부들은 불행한 부부들보다 더 많은 시간을 함께 보내는 경향이 있다(Kirchler, 1989). 남편과 부인 혹은 양쪽 배우자 모두 일자리를 가지고 있든지 없든지에 상관없이, 부부들이 상대편의 배우자에게 보고하는 시간의 양이 결혼생활만족도와 확실히 관련이 있다(Vangelisti & Banski, 1993). 따라서 불충분한 의사소통, 불분명한 메시지, 그리고 제삼자를 통한 간접적인 의사소통은 병리적인 의사소통으로 보일 수 있다. 이러한 각각의 특성들이 종종 한국가족들에게서 나타난다(Kim, 1987).

그렇지만 의사소통 그 자체가 결혼만족도의 모든 편차를 설명할 수는 없다. 의사소통은 많은 다른 요소들에 의하여 영향을 받는 매우 복잡한 구조이다. 따라서 앞에서 설명한 4가지의 이론 중 어느 한 이론이 모든 부부들의 결혼만족도를 설명할 수는 없다. 재미교포의 결혼만족도를 설명하는 데 도움이 되기 위해서는 위에서 설명한 4가지 이론을 절충하여야 할 것이다.

3. 연구가설

본 연구는 다음과 같은 가설들을 검증하고자 한다.

- 가설 1. 문화수용의 수준이 재미교포 기혼자들의 결혼만족에 긍정적으로 상관관계가 있을 것이다. 영어의 장벽이 간접적 혹은 직접적으로 부부관계에 영향을 미칠 수도 있다. 대학교육을 받은 재미교포들의 대부분이 언어적인 문제로 인하여 그들이 받은 교육과 어울릴 수 있는 일자리를 발견할 수가 없다. 따라서 문화수용도가 높으면 높을수록 결혼만족도가 높을 것이라고 생각된다.
- 가설 2. 미국 내의 거주기간이 오래될수록 재미교포 기혼자들의 결혼만족의 수준이 높을 것이다.
- 가설 3. 교육과 직업의 상태가 불일치할수록 재미교포 기혼자들의 결혼만족의 수준이 낮을 것이다.
- 가설 4. 재미교포 기혼자들의 수입이 많을수록 결혼만족의 수준이 높을 것이다.
- 가설 5. 재미교포 기혼자들의 교육수준이 높을수록 결혼만족의 수준이 높을 것이다.
- 가설 6. 결혼생활의 결정권이 결혼만족의 수준과 상호 관련될 것이다. 부부간의 결정권에 관한 연구들은 부인-지배적

인 결혼생활은 결혼생활이 가장 덜 행복하였고, 남편-지배적인 부부들은 결혼만족도 수준에서 평등한 부부와 같거나 더 높았다(Blood & Wolfe, 1960; Centers et al., 1971). Gary-Littel(1982)는 결혼한 흑인부부들의 권력구조와 결혼만족도 사이의 상호관계를 조사하였는데, 그는 결정권에서 남편-지배적인 부부가 가장 높은 결혼만족도 수준을 나타냈다고 말하였다. 따라서 재미교포 기혼자들에게 있어서 결정권에 대한 남편-지배적인 태도가 높을수록, 결혼만족의 수준이 높을 것이다.

- 가설 7. 본 연구자는 가사의 분업과 관련하여 두 개의 다른 가설을 세웠다. 첫째, 재미교포 부인들은 남편이 가사를 공유하면 할수록 결혼만족이 높을 것이다. 가사분담에서의 인식된 공평성이 단지 부인들의 결혼만족도와 관련이 있었다(Ward, 1993). 즉 만일 남편들이 여자들의 전통적인 허드렛일을 나누어 한다면 부인들은 결혼생활에 더욱 만족할 것이다(Benin & Agostinell, 1988). Suitor(1991)는 가사분담에 만족을 하면 할수록 결혼만족이 높았다는 것을 보고하였다(Suitor, 1991). 그렇지만 미국에 거주하는 이슬람 남편들의 결혼만족도는 남편들이 그들의 결혼생활이 부인들과 교우관계로서 인식될 때 가장 낮았다. 다시 말하면, 이슬람 남편들은 부인들이 집안일의 대부분을 한다고 인식할 때 남편들의 결혼만족도가 높았다(Ali, 1992). 따라서 재미교포 남편들도 부인이 집안일을 더 많이 할수록 결혼만족도 수준이 높을 것이다.
- 가설 8. 재미교포 배우자들은 의사소통문제가 많을수록 결혼만족도 수준이 낮을 것이다.

1) 독립변인

본 연구에서 독립변인은 교육배경, 거주연도, 연수입, 신분 불일치, 결혼생활의 결정권, 문화수용, 가사의 분업, 그리고 의사소통의 문제를 포함한다.

2) 종속변인

위에서 언급한 8개의 독립변인들에 대한 종속변인은 결혼만족도이다.

4. 조사방법론

이 장에서는 용어의 조작적 정의와 측정도구, 표본축출방법 및 자료수집, 질문지에 대한 신뢰도와 타당도 테스트와 자료분석전략에 대하여 언급한다.

1) 용어의 정의와 측정도구의 설정

(1) 결혼만족도

결혼만족도란 결혼생활의 전반적인 질에 대한 배우자의 주관적인 평가로 정의된다. 결혼만족도는 Roach, Frazier와 Bowden(1981)에 의하여 개발된 결혼만족도 측정도구(Marital Satisfaction Scale)에 의하여 측정된다. 특히 결혼만족도의 개념은 다음의 3가지 질문에 대한 동의의 수준에 의하여 측정된다. 이 측정도구에 포함하고 있는 항목은 다음과 같다. “나의 결혼에 대한 미래는 나에게 희망차다”, “나는 배우자와 잘 지내고 있다”, “나는 확실히 결혼에 대하여 만족하고 있다” 결혼만족도 측정도구(MSS)에서 특히 이 세 가지 항목이 가장 높은 항목대 전체 상관관계(item-to-total correlation)의 계수(.82, .79, .77)를 보이고 있기 때문(Schumm, 1990)에 결혼만족도를 측정하기 위하여 위 세 항목을 채택하였다.

조사자는 위의 세 가지 항목을 더해서 평균을 냈으며, 점수가 5에 가까울수록 결혼만족도가 높은 것을 나타내며, 점수가 1에 가까울수록 결혼만족도가 낮은 것을 나타낸다.

(2) 문화수용도

문화수용도는 미국문화의 형태, 언어, 관습 및 생활방식에 대한 적응이라고 정의된다. 문화수용에 의하여 발생되는 변화를 가장 쉽게 측정하는 방법 중의 하나는 언어사용을 살펴보는 것이다. 언어사용의 측정이 문화수용도를 평가하기 위한 신뢰할 수 있는 빠른 측정방법 중의 하나이다(Marin & Marin, 1991). 따라서 "문화수용도"의 개념은 단기 문화수용도 측정도구(Short Acculturation Scale)에 의하여 측정되었다(Marin, Sabogal, Marin, Otero-Sabogal, & Perez-Stable, 1987). 단기 문화수용도 측정도구(SAS)는 적절한 심리측정 특성을 지니고 있는 언어에 관련된 4가지 항목으로 구성된 측정도구이다. 이 측정도구에 포함하고 있는 항목은 다음과 같다. "당신은 일반적으로 어떤 언어로 읽고 말합니까?", "당신은 일반적으로 집에서 어떤 언어로 말하십니까?", "당신은 일반적으로 어떤 언어로 생각하십니까?", "당신은 일반적으로 어떤 언어로 친구와 이야기하십니까?" 이러한 항목들은 "단지 한국어로만(1)"으로부터 "단지 영어로만(5)"의 5점짜리 리커트 측정방식으로 구성된다. 4가지 항목에 대한 응답자의 답들을 평균을 내는데, 5에 가까울수록 높은 문화수용도를 나타내며, 1에 가까울수록 낮은 문화수용도를 나타낸다.

(3) 결혼생활의 결정권

결혼생활의 결정권은 상대편의 배우자가 결정권에 대하여 더 많은 세력을 가지고 있다는 배우자의 인식으로 정의된다. 부부간의 세력은 일반적으로 다양한 영역 내에서 부부 중 누가 대부분의 결정을 하는가에 관련된 질문들에 의하여 측정된다(Pyke, 1994).

본 연구자는 결혼생활의 결정권을 측정하기 위하여 Blood와 Wolfe(1960)가 개발한 결정권 색인(Decision Power Index)을 사용하였다. 이 결정권 색인(DPI)은 부부간에 결정을 하는 데 있어서 누가 세력을 더 행사하는가의 범위를 평가하기 위하여 5점짜리 8개의 항목으로 구성된 리커트 질문지이다. 응답자는 8가지 항목과 관련해서 "누가 최종적으로 결정을 합니까?"라는 질문에 응답하도록 되어 있다. 가능한 응답의 범위는 "항상 남편①"으로부터 "항상 부인⑤"이다. 이 척도에 포함되어 있는 8가지 항목은 다음과 같다.

① 어떤 차를 살 것인가에 대한 최종 결정을 누가 합니까?
② 생명보험에 가입할 것인가 아닌가에 대한 최종 결정을 누가 합니까?
③ 가족이 아플 때 어떤 의사를 택할 것인가에 대한 최종 결정을 누가 합니까?
④ 휴가를 어느 곳으로 갈 것인가에 대한 최종 결정을 누가 합니까?
⑤ 집이나 아파트를 구입하실 때 최종 결정을 누가 합니까?
⑥ 음식비의 지출에 대한 최종 결정을 누가 합니까?
⑦ 남편의 직업선택에 대한 최종 결정을 누가 합니까?
⑧ 부인이 일을 할지 안 할지에 대한 최종 결정을 누가 합니까?

위의 8가지 항목들을 평균 내는데, 1에 가까울수록 남편 지배적이며, 5에 가까울수록 부인 지배적임을 나타낸다.

(4) 가사분업

가사분업이란 집안일이 남편과 부인에 공유된 정도라고 정의된다. 가사분업을 측정하기 위하여 Blood와 Wolfe(1960)가 개발한 업무참가 색인(Task Participation Index)을 사용하였다. 이 측정도구는 5점짜리 8개의 항목으로 구성된 리커트 질문지이다.

이 척도에 포함되어 있는 8가지 항목은 다음과 같다.

① 누가 시장을 보십니까?
② 누가 아침식사를 준비합니까?
③ 누가 저녁식사 설거지를 합니까?
④ 누가 방정리와 청소를 합니까?
⑤ 누가 잔디를 깍습니까?
⑥ 누가 집안에서 삽질을 합니까?
⑦ 누가 물건들을 수선합니까?
⑧ 누가 돈과 청구서를 관리합니까?

이 척도에서 특히 도시에 사는 응답자들 중 상당수가 5번(N=123, 전체응답의 40.5%)과 6번(N=82, 전체응답의 27%) 항목에 응답하지 않았다. 그 이유는 도시에 사는 많은 사람들이 단독주택보다는 아파트에서 거주하기 때문인 것 같다. 따라서 이 두 개의 항목을 뺀 나머지 항목을 평균냈으며, 5에 가까울수록 "부인이 항상 집안일을 한다"를 나타내며, 1에 가까울수록 "남편이 항상 집안일을 한다"를 나타낸다.

부인 응답자들을 위하여 답이 1=1, 2=2, 3=3, 4=2, 5=1로 리코딩되었다. 응답 중 1은 가사분업에 있어서 남편과 부인 사이에서 절대적인 불평등의 관계를 나타내고 있고, 3은 가사분업에 있어서 남편과 부인 사이에서 완전한 평등의 관계를 나타낸다.

(5) 신분불일치

신분불일치는 응답자의 교육과 현재의 직업 간의 부조화로 정의된다. 이 개념은 "당신의 현재 직업은 당신이 받은(한국이나 미국에서) 교육의 수준과 맞다고 생각하십니까?"라는 질문에 의하여 측정되었다.

(6) 부부간의 의사소통

부부간의 의사소통은 배우자를 이해하고 서로 의미를 나누는 이해의 과정이라고 정의된다(Pearson, 1989). 부부간의 의사소통의 개념은 deTurk과 Miller(1986)가 개발한 부부의 이해 측정도구(Conjugal Understanding Measure)에 의하여 측정되었다. 이 측정도구는 부부간의 의사소통과 관련하여 부부간의 경향을 평가하기 위하여 구상된 12가지 항목으로 구성된 5점 리커트 척도이다. 응답 중 1은 배우자와 최악의 의사소통을 하고 있다는 것을 나타내며, 5는 배우자와 최상의 의사소통을 하고 있다는 것을 나타낸다.

2) 표본 절차와 자료수집방법

본 연구자는 비확률표집법 중의 하나인 눈덩이(snowball) 표본 절차를 통하여 미국 내 23개 도시에 살고 있는 교포 기혼자들에게 400부의 설문지를 우송하였다. 32명의 조사 보조자들이 설문지를 친구나 친척들에게 우송하였으며, 설문지들은 미리 지불한 우편봉투와 함께 조사자에게 직접 되돌아왔다. 우송한 400부 중 304부의 설문지가 회수되어 76%의 높은 회수율을 보였다.

본 연구는 결혼한 남자와 여자들로부터 자료를 수집하였으나 분석의 단위는 남자와 여자를 따로따로 하였다. 한편, 한국인이 아닌 사람과 국제결혼한 재미교포들은 배제하였다. 그 이유는 국제결혼한 사람들의 결혼만족도를 측정하기 위해서는 또 다른 변수들을 고려해야 하기 때문이다.

3) 인구학적 그리고 일반적인 질문에 관련된 척도의 신뢰도와 타당도 테스트

인구학적 그리고 일반적인 항목에 대한 전체적인 적절성에 대하여 재미교포와 관련된 5명의 전문가들(즉, 표면 타당도)에 의하여 평가되었다. 전문가들은 각 질문항목에 대하여 "받아들일 수 있는가"와 "받아들일 수 없는가"를 체크하였다. 일반적인 질문에 대한 모든 항목이 5명의 전문가 중 최소한 4명이 "받아들일 수 있다"라고 보도하였다. 따라서 조사자는 일반적인 질문에 대한 모든 항목을 사용하기로 결정하였다.

일반적인 질문에 대한 항목들이 응답자들에게 명백한가에 대하여 조사하기 위하여 재검사법(test-retest)이 실시되었다. 일반적인 정보에 대한 대부분의 질문사항이 분명해서, 신뢰성의 문제가 있을 가능성이 있는 세 가지 항목만을 재검사하였다. 이 세 가지 질문은 다음과 같았다. ① "한국에 계실 때 당신의 생활수준은?" ② "미국에서 현재 당신의 생활수준은?" ③ 당신의 현재 직업은 당신이 받은(한국이나 미국에서) 교육수준과 맞다고 생각하십니까?"

준비조사(pilot study)가 20명의 재미교포 기혼자(남자 10명, 여자 10명)들에 의하여 실시되었다. 1차 테스트를 실시한 후 한 달이 지난 후 같은 기혼자들에게 2차 테스트를 실시하였다. 항목 ①, ② 그리고 ③에 대한 상관관계는 각각 .75, .93 그리고 .90이었다. 신뢰도 테스트는 특히, 항목 ②와 ③에 대하여 상당히 좋은 결과를 보여주었다.

4) 자료분석방법

본 연구는 표본의 특성을 분석하기 위하여 기술적 통계학과 종속변인인 결혼만족도에 대한 독립변인인 문화수용의 수준, 미국 내의 거주연수, 교육 배경, 연수입, 가사분업, 결혼생활의 결정권, 신분 불일치, 의사소통문제와의 관계를 분석하기 위하여 중다회귀분석을 사용하였다.

부분간의 횡단적 자료를 이용하는 회귀분석모델이 적절하다는 것을 나타내기 위하여, 본 연구자는 다공선성(multicollinearity) 문제를 평가하였다. 다공선성을 위하여 가장 흔히 사용되는 테스트는 단순 상관관계(bivariate correlations)의 매트릭스를 조사하는 것이다. 본 연구에서는 독립변수들의 각 쌍의 상관관계를 조사하였다. Berry와 Feldman (1990)는 만일 어떤 상관관계가 약 .8 이상을 초과하지 않으면, 다공선성은 문제가 되지 않는다고 결론을 내리고 있다. 따라서 본 연구자는 이 연구에서 다공선성 문제를 정의하기 위하여 .8을 기준으로 사용한다.

5. 조사결과

1) 조사 대상자의 일반적인 특성

조사 대상자는 미국 내에 23개 도시지역에 거주하는 304명의 재미교포 기혼자로 구성되었다. 조사 대상자는 남자가 147명(18.4%), 여자가 157명(51.6%)으로 구성되었다. 응답자 중 완벽하게 답한 설문지는 남자가 115명이었으며, 여자는 83명이었다. 특히 많은 여성응답자가 수입(N=35, 15.9%), 신분불일치(N=20, 12.7%), 가사분담(N=14, 15.9%) 및 결혼생활의 결정권(N=20, 12.7%)에 대하여 응답하지 않았다. 한편, 남성응답자 중에서 가사분담(N=14, 9.5%)과 결혼생활의 결정권(N=12, 8.2%)에 대하여 응답하지 않은 사람도 있었다.

조사 대상자의 연령분포를 보면 여자의 평균연령은 40세, 남자는 42세였다. 종교를 살펴보면, 기독교인이 230명(75.7%), 천주교인이 40명(13.2%), 불교인이 6명(2%)을 차지하였고 나머지는 종교가 없다고 응답하였다. 교육수준은 전체 대상자 중 219명(72%)이 대학 이상을 졸업하였으며, 성별로 나누어 보았을 때 남자의 82%, 여자의 62%에 해당하는 분포도를 나타내었다.

조사 대상자의 현재 거주지는 〈표 3-1〉에 나타나 있다. 응답자의 46.1%(N=107)가 로스앤젤레스, 뉴욕, 시카고 등의 대도시에 살고 있다.

미국 내 거주기간은 수개월에서부터 39년까지 분포되었다. 평균 거주연도는 11년이었고, 응답자의 27%(N=82)가 5년 미만 동안 미국에 거주하였고 54.1%(N=164)가 6년에서 15년 거주하였다고 응답하였다. 취업상태를 살펴보면 응답자 중 60.9%(N=164)가 완전고용, 19.9%(N=60)가 부분고용되었다. 남녀구성비를 보면, 남자의 93.9%(N=138), 여자의 76.7%(N=107)가 완전 또는 부분고용되었다.

〈표 3-1〉 응답자의 거주지역

거주지역	남자		여자		합계	
	N	%	N	%	N	%
로스앤젤레스	29	19.7	33	21.0	62	20.4
뉴욕	23	15.6	25	15.9	48	15.8
시카고	17	11.6	13	8.3	30	9.9
탤러해시	14	9.5	13	8.3	27	8.9
워싱턴	10	6.8	12	7.6	22	7.2
애틀랜타	7	4.8	10	6.4	17	5.6
아마노엘	7	4.8	8	5.1	15	4.9
피츠버그	7	4.8	7	4.5	14	4.6
샌프란시스코	6	4.1	6	3.8	12	3.9
호놀룰루	2	1.4	9	5.7	11	3.6
포트리	4	2.7	6	3.8	10	3.3
보스턴	3	2.0	3	1.9	6	2.0
벨트	5	3.4	0	.0	5	1.6
랜싱	2	1.4	2	1.3	4	1.3
기타지역	11	7.5	10	6.4	21	6.9
합계	147	100.0	157	100.0	304	100.0

미국과 한국에서의 직업을 살펴보았을 때, 한국에 있었을 때의 직업은 응답자의 2%(N=6)만이 노동자였다고 응답한 반면에 현재 미국에서는 응답자의 16.1%(N=49)가 노동자로서의 직업을 갖고 있다고 하였다. 한편, 응답자의 8.2%(N=25)가 한국에서 개인사업을 한 반면에 미국 내에서는 17.4%(N=53)가 개인사업을 운영하고 있다고 하였다.

연수입은 개인과 가족별 수준으로 조사하였는데, 응답자의 개인별

연수입은 남자가 평균 $34,241, 여자가 $23,110이었으며, 두 집단의 평균 연수입은 $29,157이었다. 가족 연수입을 볼 때, 응답자의 48.7%(N=148)가 $40,000이상이었으며, 남자 응답자의 평균 가족수입은 $43,439, 여자는 $47,671이었다. 두 집단의 평균 가족 연수입은 $45,592를 나타내었다.

응답자의 교육수준과 현재 직업을 비교한 신분불일치를 살펴보았을 때 응답자의 43.7%(N=125)가 그들의 직업이 자신들이 받은 교육과 맞는다고 대답하였으며 14.5%(N=44)가 "모르겠다", 36.2%(N=110)가 "맞지 않는다"라고 응답하였다. 특히, "맞지 않는다"라고 응답한 36.2% 중, 남자가 42%(N=63), 여자가 30%(N=47)를 차지하였다.

문화수용도에 있어서, 응답자의 73%(N=222)가 영어보다 한국어를 사용한다고 보고하였다. 문화수용도에서, 남자가 여자보다 약간 더 높은 점수를 보였다(2.03 대 1.79). 결혼연도수를 살펴보면, 응답자의 74%(N=225)가 최소한 6년 이상을 살았고, 26%가(N=78) 20년 이상을 현재 배우자와 살고 있다고 응답하였다.

2) 조사 대상자의 결혼생활과 관련된 특성

응답자들 중 44.4%가 중매결혼을 하였고, 47.7%가 연애결혼을 하였다고 하였다.

가사분담에 있어서, 결혼생활에서 남편이 부인보다 더 많은 집안일을 일관성 있게 수행한다고 응답한 사람은 거의 없다. 많은 남자 응답자들(N=78, 53.%)이 부인과 집안일을 분담하고 있다고 응답한 반면에 여자 응답자의 58.4%(N=87)는 자신들이 남편보다 더 많은 집안일을 하고 있다고 하였다.

결혼생활의 결정권에 있어서 응답자의 54%(N=164)가 배우자와 결정권을 공유하고 있다고 하였으며, 결정권에 있어서 불평등한 관계를 갖고 있다고 응답한 사람들 중 대부분 여자가 더 많은 결정을 한다고 하였다.

의사소통의 문제에 있어서, 응답자의 6.9%가 배우자와 의사소통을 할 때 문제를 가지고 있다고 하였으며, 35%(N=108)가 모르겠다고 하였고, 50.5%(N=154)가 배우자와 별문제 없다고 하였다.

결혼생활의 갈등을 해결하기 위한 참고인으로서 응답자의 83.4%(N=253)는 그들 스스로 또는 배우자와 해결하려고 시도하였다. 단지 응답자의 16%(N=48)만이 다른 사람의 도움을 받았는데, 남자 응답자와 비교하여 상당한 수의 여자 응답자가 친구와 이야기하였다(2.0% 대 12.7%). 응답자들이 부부간의 문제를 가지고 있을 때, 그들은 상담자로서 어떠한 정신건강전문가들도 이용하지 않았다. 단지 응답자의 약 5%(N=15)만이 목사나 신부를 상담자로 활용하였다.

결혼만족도와 관련하여, 응답자의 68.3%(N=208)가 결혼생활에 만족한다고 대답하였다. 그러나 남자 응답자의 75.4%(N=111)가 결혼생활에 만족하고 있다고 응답한 반면에, 여자 응답자는 61.8%(N=97)가 결혼생활에 만족한다고 말하였다. 따라서 성별에 따라 차이가 분명히 나타나고 있다.

〈표 3-2〉 남자 응답자에 대한 독립변인과 종속변인 간의 상관계수

	결혼 만족도	문화 수용도	의사소통 문제	결혼생활의 결정권	가사의 분업	교육 배경	거주 기간	신분 불일치	연수입
결혼만족도	1.00	.23	.41	-.01	-.04	.11	.07	-.06	.01
문화수용도		1.00	.12	.19	-.01	.37	.40	-.18	.35
의사소통 문제			1.00	-.01	.09	.23	.05	-.23	.06
결혼생활의 결정권				1.00	.22	.14	.19	-.11	.01
가사의 분업					1.00	.08	-.01	-.09	.09
교육배경						1.00	.21	-.42	.12
거주기간							1.00	-.21	.50
신분불일치								1.00	-.19
연수입									1.00

3) 변인들 간의 다공선성 문제

(1) 남자 응답자에 대한 다공선성 문제

〈표 3-2〉에서 보여지듯이, 거주기간은 연수입과 .50의 약간 높은 상관관계를 보이고 있고, 문화수용도와는 .40의 상관관계를 나타내고 있다. 교육배경의 변수는 신분불일치는 -.42, 문화수용도와는 .37의 상관관계를 보이고 있다. 앞에서 이미 언급하였듯이, Berry와 Feldman의 기준에 의거하여, 남자 응답자들의 독립변인에 대한 다공선성(multi-collinearity) 문제는 없는 것으로 밝혀졌다.

(2) 여자 응답자에 대한 다공선성 문제

〈표 3-3〉에서 보여지듯이, 문화수용도는 교육배경과 .35, 거주연도와 .46의 상관관계를 보이고 있다. 거주기간은 연수입과 .39의 상관관계를 나타내고 있다. 따라서 독립변인간의 특별히 높은 상관관계를

〈표 3-3〉 여자 응답자에 대한 독립변인과 종속변인 간의 상관계수

	결혼 만족도	문화 수용도	의사소통 문제	결혼생활의 결정권	가사의 분업	교육 배경	거주 연도	신분 불일치	연수입
결혼만족도	1.00	.13	.64	-.22	.14	.13	-.00	-.09	.11
문화수용도		1.00	.11	.10	.03	.35	.46	-.15	.32
의사소통 문제			1.00	.02	.10	.22	.09	-.10	.06
결혼생활의 결정권				1.00	.01	-.00	.03	-.04	.02
가사의 분업					1.00	.09	-.18	.05	.06
교육배경						1.00	.32	-.20	.13
거주기간							1.00	-.31	.39
신분불일치								1.00	-.22
연수입									1.00

나타내고 있지 않아 다공선성(multicollinearity)의 문제가 없는 것으로 보인다.

4) 결혼만족도에 관련된 변인의 분석

(1) 남자 결혼만족도의 분석

〈표 3-4〉에서 보여지듯이, 중다회귀분석의 결과는 단지 문화수용도와 의사소통문제가 통계학적으로 유의미하다고 나타났다(P<.05). 문화수용도에 대한 R^2는 .034였으며, 따라서 문화수용의 수준이 남자들의 결혼만족도와 긍정적으로 관련이 있는 것으로 나타났다. 이 결과는 언어장벽이 재미교포 남자들의 결혼만족도에 직접적으로 영향을 미칠 수 있다고 해석될 수 있다.

〈표 3-4〉 남자에 대한 독립변인과 종속변인 간의 상관계수

변 수	B	SE B	Beta	T	PT T	R^2
문화수용도	.224	.113	.203	1.973	.050	.0339
의사소통의 문제	.573	.128	.406	4.496	.000	.1640
결혼생활의 결정권	-.017	.185	-.009	-.093	.926	.0001
가사의 분업	-.091	.127	-.065	-.718	.475	.0041
교육배경	-.023	.084	-.027	-.267	.790	.0005
거주기간	-.003	.012	-.031	-.292	.771	.0008
신분불일치	.029	.050	.058	.589	.557	.0048
연수입	.014	.037	.040	.381	.704	.0008
항수	1.837	.869		2.115	.037	

주 : Multiple R=.457, R^2=.209, Adjusted R^2=.149, F=3.498, p=.001, PT : Probability

의사소통문제에 대한 R^2는 .164였으며, 이 변인은 남자 결혼만족도를 가장 잘 설명해 주는 변수였다. 따라서 "재미교포 기혼남들에게

있어서 의사소통의 문제가 많을수록 결혼만족이 낮을 것이다"라는 가설이 입증되었다. 결론적으로, 재미교포 기혼남들에게 있어서 결혼만족도의 19.8%가 의사소통문제와 문화수용도의 변인에 의하여 설명된다. 이와 같은 결과에 입각하여 남자들의 예측된 결혼만족도는 다음과 같이 계산될 수 있다.

▪ 남자들의 예측된 결혼만족도
   =1.638+.204(문화수용도)+.542(부부간의 의사소통의 문제)

(2) 여자 결혼만족도의 분석

〈표 3-5〉에서 보여지듯이, 의사소통문제와 결혼생활의 결정권이 재미교포 기혼녀들의 결혼만족도와 중요하게 관련되어 있다. 결정권에 대한 t 값은 $P<.05$ 수준에서 의미가 있었다. 결혼생활의 결정권에 대한 변수(t=−1.99)는 여자의 결혼만족도와 부정적으로 관련이 있었다. 따라서 "재미교포 기혼녀들에게 있어서 결혼생활의 결정권에 대한 남편 지배적인 태도가 높을수록 부인들의 결혼만족도가 높을 것이다"라는 가설이 입증되었다. 이 변인에 대한 R^2는 .03이었다.

〈표 3-5〉 여자에 대한 독립변인과 종속변인 간의 상관계수

변 수	B	SE B	Beta	T	PT T	R^2
문화수용도	.106	.134	.082	.795	.429	.004
의사소통의 문제	.727	.112	.584	6.615	.000	.372
결혼생활의 결정권	−.353	.155	−.198	−2.290	.025	.030
가사의 분업	.189	.212	.084	.891	.376	.007
교육배경	.107	.096	.110	1.107	.272	.011
거주기간	−.022	.016	−.148	−1.367	.176	.019
신분불일치	−.032	.061	−.047	−.523	.603	.002
연수입	.059	.042	.132	1.407	.164	.013
항수	1.627	.810		2.009	.048	

주 : Multiple R=.678, R^2=.460, Adjusted R^2=.401, F=7.867, p=.000 PT : Probability

의사소통문제에 대한 t값은 6.62였으며, R^2는 .372였다. 의사소통의 문제는 결혼만족도와 상당히 중요하게 관련되어 있다는 것을 보여준다. "재미교포 여자들에게 있어서 의사소통문제가 많을수록 결혼만족도가 낮을 것이다"라는 가설이 입증되었다. 결론적으로 재미교포 여자들의 결혼만족도에 관한 중다회귀분석은 의사소통문제가 결혼만족도의 편차를 설명하여 주는 제1의 중요한 변수라는 것을 보여주었고, 결혼생활의 결정권은 재미교포 여자들의 결혼만족도를 예측할 수 있는 제2의 중요한 변수였다. 전체적으로 이 두 변인이 재미교포 여자들의 결혼만족도의 40%를 설명하였다. 따라서 남자와 여자 모두에게 있어서, 의사소통문제가 결혼만족도의 편차를 설명하여 주는 제일 중요한 변인이었다. 이와 같은 결과에 입각하여 여자들의 예측된 결혼만족도는 다음과 같이 계산될 수 있다.

▪ 여자들의 예측된 결혼만족도
=2.117−.309(문화수용도)+.783(부부간의 의사소통의 문제)

6. 결 론

1) 요약과 결론

본 연구에서는 재미교포 기혼자들의 결혼만족도와 관련된 예측할 수 있는 변인들에 관하여 살펴보았다. 연구의 결과는 재미교포 남편들에게 있어서, 문화수용도의 수준이 결혼만족도와 중요한 상관관계가 있었으나 재미교포 부인들에게는 상관관계가 나타나지 않았다. 그렇지만 문화수용도의 수준은 결혼만족도 편차의 단지 3%만을 설명하였다.

이와 비교하여, 부부간의 결혼생활의 결정권은 재미교포 남편들의 결혼만족도에는 별로 상관관계가 없는 것으로 나타났지만, 재미교포 부인들의 결혼만족도를 설명하는 데는 중요한 변인으로 나타났다. 그러나 이 변인은 부인들의 결혼만족도 편차의 단지 3%만을 설명하였다.

남편과 부인 모두에게 부부간의 의사소통의 문제가 결혼만족도의 편차를 설명할 수 있는 가장 중요한 변인이라는 것이 발견되었다. 즉 부부간의 의사소통이 재미교포 기혼자들의 결혼만족도에 영향을 미치는 가장 중요한 변인이다. 재미교포 남편들에게는 부부간의 의사소통의 변인이 결혼만족도 편차의 13%, 부인들에게는 32%를 설명하고 있다는 것을 보여주었다. 결혼만족도를 설명하는 데 있어서 부인과 남편 간의 이와 같은 차이는 친밀감의 정도와 관련하여 남편과 부인 사이의 다른 기대감으로부터 나올 수 있다고 생각된다. 유럽 아메리칸 가족들과 비교하여, 재미교포 가족들에게 있어서 말로 표현하는 의사소통을 상대적으로 억제하는 경향이 있다. 전통적인 한국문화는 남편들이 부인들에게 애정을 표현하는 것을 삼가하게 한다. 따라서 재미교포 남편들은 더 말이 없고 말로 표현하는 것을 거북스러워하는 경향이 있으며, 그들의 삶의 만족을 집밖의 외부활동으로부터 보상받을 수 있다. 이와 같은 문화적인 요소들이 의사소통에 있어서 재미교포 남편과 부인 사이의 차이를 설명할 수 있다고 본다.

2) 연구의 한계성 및 제안

본 연구에서 비확률 표출방법이 사용되었기 때문에, 이 표본이 재미교포 기혼자들의 대표성을 나타내는 데는 한계가 있다. 한편, 75.3%(N=111)의 남자 응답자와 61.8%(N=79)의 여자 응답자가 결혼생활에 만족한다고 응답하여 비대칭적인 분포를 가지고 있다. 본 연구와 비교하여, Nah(1990)의 연구결과에 의하면, 57%의 응답자가 부부간의 문제를 가지고 있다고 보고하였다. 따라서 본 연구의 응답자들이 결혼만족에 대한 편향된 표본일 가능성을 배제할 수 없다. 또한 본 연구의 표본은 높은 학력과 매우 종교적인 배경을 지닌 표본으로서 일반적으로 재미교포 기혼자들의 대표성을 나타내는 데는 한계가 있다.

비록 본 연구가 성격상 임상적이지는 않지만, 본 연구의 발견이 아시안 아메리칸 배우자들과의 임상실험에 의미를 가질 수 있다고 본다. 예를 들면 이러한 결과는 직접적인 절충과 결정권에 있어서 부부의 대화기술을 고양시켜야 할 중요성을 제안한다. 따라서 재미교포 부부들은 배우자와의 결혼관계를 고양시키기 위하여 부부의사소통기술을 배울 필요가 있다.

본 연구에서, 재미교포 기혼자들이 결혼생활의 문제로 인하여 외부로부터 도움을 받을 때 다른 사람들보다도 목사나 신부의 도움을 구하는 경향이 있다는 것이 발견되었다. 따라서 종교단체와 관련된 사회사업가들은 재미교포 부부들을 위한 결혼상담에 특별한 역할을 할 수 있으리라 본다. 한국어로 번역된 기존의 측정도구들에 대한 신뢰도와 타당도 테스트가 이루어지지 않았으며, 마지막으로 부부 결혼만족도에 대한 분석이 불가능하다. 따라서 본 연구의 결과를 해석하고 일반화시킬 때 주의를 하여야 한다.

본 연구의 발견은 다음의 연구를 위하여 몇 가지의 의미를 제안한다. 본 연구의 주요한 발견 중의 하나는 재미교포 기혼자들에게 있어서 의사소통의 문제가 결혼생활만족도에 중요한 역할을 한다는 것이다. 다음의 연구자들은 이 요소를 좀더 심도 있게 연구하기를 바란다. 후속의 연구에서는 재미교포 부부들의 결혼문제와 역기능적인 의사소통 패턴 사이의 관계를 조사할 수 있을 것이다.

또한 "Short Acculturation Scale"이 신뢰할 만한 측정도구라 할지라도 재미교포 부인들에게 충분한 측정도구가 아닐 수도 있다는 것이다. 따라서 후속의 연구에서는 문화수용의 개념에 문화적인 스트레스, 문화적인 갈등, 부부관계에서 문화적인 차이 등의 변인들을 포함할 것을 제안한다.

본 연구에서는 직업이 있는 사람과 없는 사람 사이의 결혼만족도에 대한 차이를 고려하지 않았다. 따라서 후속의 연구에서는 재미교포 배우자들에게 있어서 직업이 있는 사람과 없는 사람의 결혼만족도의 차이를 연구하기를 제안한다.

참고문헌

Ali, M. S. (1992). *Household task performance and marital satisfaction of Muslim migrants.* Unpublished doctoral dissertation, Adelphi University.

Barker, R. L. (1987). *The social work dictionary*. Silver Spring, National Association of Social Workers, Inc.

Benin, M. H., & Agostinell, J. (1988). Husbands' and wives' satisfaction with the division of labor. *Journal of Marriage and the Family, 50*(2), 349-361.

Berry, W. D., & Feldman, S. (1990). *Multiple regression in practice.* Newbury Park, Sage Publications.

Blood, R. O., & Wolfe, D. M. (1960). *Husbands and wives : The dynamics of married living.* New York, Free Press.

Browne, C., & Broderick, A. (1994). Asian and Pacific Island elders : Issues for social work practice and education. *Social Work, 39*(3), 252-259.

Burr, W. R., Leigh, G., Day, R., & Constantine, J. (1979). Symbolic interaction and the family. In W. R. Burr, R. Hill, F. I. Nye, & I. Reiss (Eds.), *Contemporary theories about the family,* Vol 2. New York, The Free Press.

Centers, R., Raven, B., & Rodrigues, A. (1971). Conjugal power structure : A reexamination. *American Sociological Review, 36*(2), 264-278.

Davis, L. V. (1986). Role theory. In F. J. Turner (Ed.), *Social work treatment : Interlocking theoretical approaches.* New York, The Free Press.

deTurck, M., A., & Miller, G. R. (1986). Conceptualizing and measuring social cognition in marital communication : A validation study. *Journal of Applied Communication Research, 14*(2), 69-85.

Gordon, M. M. (1984). *Assimilation in American life.* New York, Oxford University Press.

Gray-Little, B. (1982). Marital quality and power processes among black couples. *Journal of Marriage and the Family, 44*(3), 633-646.

Green, G. J. (1996). Communication theory and social work treatment, In F. J. Turner Ed.), *Social work treatment : Interlocking theoretical approaches.* New York, The Free Press.

Guilford, R. (1984). Contrasts in marital satisfaction throughout old age : An exchange theory analysis. *Journal of Gerontology, 39*(3), 325-333.

Guttman, H. A. (1991). Systems theory, cybernetics, and epistemology, In A. S., Gurman, & D. P. Kniskern (Eds.), *Handbook of family therapy.* New York, Brunner/Mazel.

Homans, G. C. (1974). *Social behavior : Its elementary forms.* New York, Harcourt,

Brace, Jovanovich.

Howe, M. (1990, August 12). For Soviet eigre scientists, a difficult job humt. *New York Times, Section 1*, p.26.

Hurh, W. M., & Kim, K. C. (1990). Adaptation stages and mental health of Korean male immigrants in the United States. *International Migration Review, 24*(3), 456-479.

Hurh, W. M., & Kim, K. C. (1984). *Korean immigrants in America : A structural analysis of ethnic confinement and adhesive adaptation.* Madison, Fairleigh Dickinson University Pres.

Kim, J. W. (1992). Korean American families' care behavior for their frail parents, Unpublished doctoral dissertation. The University of Chicago, Chicago, Illinois.

Kim, Y. S. E. (1987). *Korean families and family therapy : Projection of a therapeutic paradigm for Korean urban middle-class families.* New York, Verlag Peter Lang.

Kirchler, E. (1989). Marital happiness and interaction in everyday surroundings : A time-sample diary approach for couples. *Journal of Social and Personal Relationships, 5*, 375-382.

Linzey, G., & Aronson, E. (1985). *Handbook of social psychology.* New York, Random House.

McGoldrick, M. (1993). Ethnicity, cultural diversity, and normality. In F. Walsh (Ed.), *Normal family processes.* New York, The Guilford Press.

Marin, G., & Marin, B. V. (1991). *Research with Hispanic populations.* Newbury Park, Sage Publications.

Marin, G., Sabogal, F., Marin, B. V., Otero-Sabogal, R., & Perez-Stable, E. J. (1987). Development of a short acculturation scale for Hispanics. *Hispanic Journal of Behavioral Science, 9,* 183-205.

Min, P. G. (1993). Koran immigrants in Los Angeles. In I. Light, & P. Bhachu (Eds.), *Immigration and entrepreneurship : Culture, capital, and ethnic network.* New Brunswick, Transaction Publishers.

Min, P. G. (1990). Problems of Korean immigrant entrepreneurs. *International Migration Review, 24*(3), 436-455.

Murase, K. (1992). Models of service delivery in Asian American communities. In S. M. Furuto, R. Biswas, D. K. Chung, K. Murase & F. Ross-Sheriff (Eds.), *Social work practice with Asian Americans.* Newbury Park, Sage Publications.

Nah, K. H. (1993). Perceived problems and service delivery for Korean immigrants. *Social Work, 38*(3), 289-296.

Nah, K. H. (1990). Korean immigrants in New York : Needs, problems and help-seeking behavior. *Unpublished doctoral dissertation.* New York,

Columbia University.

Nelson, J. C. (1986). Communication theory and social work treatment, In F. J. Turner (Ed.), *Social work treatment : Interlocking theoretical approaches*. New York, The Free Press.

Noller, P. (1984). *Nonverbal communication and marital interaction*. New York, Pergamon Press.

Noller, P., & Fitzpatrick, M. A. (1990). Marital communication in the eighties. *Journal of Marriage and the Family, 52*, 832-843.

Nye, F. I. (1976). *Role structure and analysis of the family*. Beverly Hills, Sage Publication.

Okamura, J., & Agbayani, A. (1991). Filipino Americans. In N. Mokuau (Ed.), *Handbook of social services for Asian and Pacific Islanders*. New York, Greenwood Press.

Palisi, B. J. (1984). Marriage companionship and marriage well-being : A comparison of metropolitan areas in three countries. *Journal of Comparative Family Studies, 15*(1), 43-57.

Payne, M. (1991). *Modern social work theory : A critical introduction*. Chicago, Lyceum.

Pearson, J. C. (1989). *Communication in the family : Seeking satisfaction in changing times*. New York, Harper & Row.

Pyke, K. D. (1994). Women's employment as a gift or burden? : Marital power across marriage, divorce, and remarriage. *Gender & Society, 8*(1), 73-91.

Rettig, K. D., & Bubolz, M. M. (1983). Interpersonal resource exchange as indicators of equality of marriage. *Journal of Marriage and the Family, 45*(3), 497-509.

Roach, A. J., Frazier, L. P., & Bowden, S. R. (1981). The marital satisfaction scale : Development of a measure for intervention research. *Journal of Marriage and the Family, 41*, 537-545.

Rollines, B. C., & Galligan, R. (1978). The developing child and marital satisfaction of parents. In R. M. Lerner & G. B. Spanier (Eds.), *Child influences on marital and family interaction*, 71-105.

Ross-Sheriff, F. (1992). Adaptation and integration into American society : Major issues affecting Asian Americans. In S. M. Furuto, R. Biswas, D. K. Chung, K. Murase & F. Ross-Sheriff (Eds.), *Social work practice with Asian Americans*. Newbury Park, Sage Publication.

Schumm, W. R. (1990). Intimacy and family values, In J. Touliatos, B. F., Perlmutter, & M. A. Straus (Eds.), *Handbook of family measurement techniques*. Newbury Park, Sage Publications.

Schaap, C., Buunk, B., & Kerkstra, A. (1988). Marital conflict resolution. In P.

Noller, & M. A. Fitzpatrick (Eds.), *Perspective on marital communication.* Clevedon, Multilingual Matters.

Shin, E. H., & Change, K. (1988). Peripherization of immigrant professionals : The case of Korean physicians in the United States. *International Migration Review 22*, 609-626.

Song-Kim, Y,. I. (1992). Battered Korean women in urban United States. In S. M. Furuto, R. Biswas, D. K. Chung, K. Murase & F. Ross-Sheriff (Eds.), *Social work practice with Asian Americans.* Newbury Park, Sage Publication.

Suitor, J. (1991). Marital quality and satisfaction with division of household labor. *Journal of Marriage and the Family 53*, 221-230.

Takeuchi, D. T., & Young, K. N. J. (1994). Overview of Asian and Pacific Islander Americans, In N. W. S., Zane, D. T. Takeuchi, & K. N. J. Young (Eds.), *Confronting critical health issues of Asian and Pacific Islander Americans.* Thousand Oak, Sage Publications.

Thomas, K., & Althen, G. (1989). Counseling foreign students. In P. Pedersen, J. Draguns, W. Lonner, & J. Trimble (Eds.), *Counseling across cultures.* Honolulu, University of Hawaii Press.

U. S. Bureau of the Census. (1992). *Statistical abstract of the United States* (112th ed.), Washington, DC, U. S. Government Printing Office.

Vangelisti, A. L., & Banski, G. E. (1993). Is the u-curve of marital satisfaction an illusion? A 40-year study of marriage. *Journal of Marriage and the Family, 55*(1), 230-239.

Ward, R. A. (1993). Marital happiness and household equity in later life. *Journal of Marriage and the Family, 55*(2), 427-438.

Whittaker, J. K., & Tracy, E. M. (1989). *Social treatment : An introduction to interpersonal helping in social work practice.* New York, Aldine de Gruyter.

Yogev, S., & Brett, J. (1985). Perceptions of the division of housework and child care and marital satisfaction. *Journal of Marriage and the Family, 47*, 609-618.

한국 개신교 남자 목회자들의 결혼만족도에 영향을 미치는 변인들에 관한 연구: 의사소통, 신앙심, 역할분담, 결정권을 중심으로

4

1. 서 론

결혼만족도와 관련된 연구들이 국내에서도 어느 정도 활발히 진행되고 있다. 1990년대에 발표된 결혼만족도와 관련된 논문으로, 김화자(1990)의 학부모들에 관한 결혼만족도연구, 홍정희(1995)의 도시 주부의 결혼만족도연구, 이화진(1995)의 아버지의 결혼만족도연구, 정은미(1995)의 청소년기 자녀들의 결혼만족도연구, 강인선(1995)의 어머니의 결혼만족도연구, 노익상(1997)의 한국도시부부의 결혼만족도연구, 서광희와 조병은(1993)의 농촌 주부의 결혼만족도연구, 문경실(1995)의 전업주부 부부들에 대한 결혼만족도 연구, 허윤정(1997) · 홍윤정(1996) · 정지숙(1993)의 일반부부들의 결혼만족도연구, 김혜경(1996)의 노년기부부들의 결혼만족도연구, 임영란(1992)의 한국 개신교 교인의 결혼만족도 연구를 예로 들 수 있다. 그렇지만 실제로 목회자들의 결혼생활에 대한 연구는 거의 전무한 실정이다. 그 이유는 목회자라는 특수한 직으로 인하여 자신의 가정에 대하여 언급하기를 꺼리는 경향 때문이라고 볼 수 있으며, 한편으로 연구자들이 목회자들의 결혼생활의 만족도에 관한 연구의 필요성을 느끼지 못해서 이 분야에 대한 연구가 없다고도 할 수 있다. 따라서 아직까지는 한국 남자 목회자들의 결혼만족과 관련된 연구를 찾아보기가 힘들다.

미국의 경우를 살펴보면, 미국의 10개 지역에서 405명의 목회자들을 대상으로 한 연구에서 Benner(1992)는 성직자의 84%가 최근 가장 중요한 문제가 결혼과 이혼문제라고 지적했다. Mills와 Koval(1971)은 가장 다루기 어려운 문제는 목회자들의 결혼문제와 관련된 것이라고 지적했다. Blanton(1992)은 목회자는 적어도 다섯 가지의 외부적인 스트레스가 있으며, 그것은 바로 유동성과 경제적 보상, 기대와 시간의 요구, 가족 경계선의 혼란과 사회적 지지라고 지적했다.

한국 개신교 목회자부부의 갈등에 대해 상담한 사례들을 살펴보면 다음과 같다. 아내의 전문직 요구와 사모의 위치에서 오는 갈등(조길순 · 김종환 · 이만홍, 1996; 1995b), 자녀문제(조길순 · 김종환 · 이만홍, 1995a; 조길순 · 김종환 · 최영민, 1996), 개척교회의 재정문제와 친족 및 가족간의 갈등문제(조길순 · 김용태 · 최혜숙, 1998; 조길순 · 이만홍 · 최영민, 1996), 담임 목회자와의 갈등문제(조길순 · 김용태 · 차준구, 1997b), 자신의 열등감(조길순 · 김종환 · 이만홍, 1997), 아내와의 성격적인 갈등(조길순 · 김종환 · 차종구, 1996), 가정에서 종교적인 역할을 갖지 못하는 데서 오는 부부간의 갈등(조길순 · 김용태 · 차준구, 1997a), 목회자의 중년의 위기(조길순 · 김종환 · 이만홍, 1996) 등이다. 결국 이러한 갈등 요소들이 목회자부부의 결혼만족에 영향을 미치고 있다.

일반적으로 1970년대 이전의 결혼만족도에 관한 연구는 교육수준, 수입, 결혼기간, 자녀수 등과 같은 사회 · 인구학적인 변수들을 중점적으로 다루었다. Hicks와 Platt(1970)는 남편의 수입과 교육수준, 부부간의 사회적 지위의 유사성, 나이, 종교가 결혼만족도와 관련이 있다는 것을 발견했다. 다른 연구자들은 수입이 결혼만족도를 증가시키고(Goode, 1962; Locke, 1951), 이 수입은 삶의 질에 있어서 중요한 부분임을 발견했다(Berry & Williams, 1987).

사회 · 인구학적인 변수들이 결혼만족도에 영향을 미치지 않는다는 연구(Nah, 1993; Park, 1995)가 나타나면서 1970년대 이후에는 애정, 성, 동료의식, 의사소통 등의 상호작용 요인과 성역할태도, 자아개념 등의 사회 · 심리적인 요인에 비중을 두고 있다(Spanier & Lewis, 1980).

본 연구에서는 한국 개신교 목회자들의 부부 갈등해소와 결혼만족도에 영향을 미치는 많은 변수들 중 부부간의 의사소통, 신앙심, 가사의 역할분담과 결혼생활에서의 결정권을 중심으로 연구하고자 한다.

2. 결혼만족도를 설명하는 이론적 배경 및 선행연구

1) 부부간 의사소통과 결혼만족도

의사소통이론은 부부 및 가족치료에 많은 영향을 미쳐왔고, 부부문제의 일차적인 요소로서 의사소통의 문제를 들고 있다. 즉 배우자들간에 문제를 해결하기 위한 의사소통을 잘 할 수 있는 능력이 결여되었을 때 부부간의 문제가 일어날 수 있다.

타인과 의사소통을 하는 것은 매우 복잡한 과정으로서, 의사소통문제는 무엇을 말하기를 원하는가를 알지 못하거나 문제에 대해서 명확하게 생각하지 못하는 송신자에 의하여 일어날 수 있다. 또한 다른 의사소통문제는 단어의 선택이나 사용과 관련된다. 즉 메시지를 전달하기 위하여 사용된 단어가 수신자에게 오해받거나 혼동될 때 일어난다(Pearson, 1989; Whittaker & Tracy, 1989).

대부분의 의사소통은 패턴을 가지고 있으며, 의사소통 패턴은 세력과 지배와 복종을 나타낸다. 따라서 의사소통이론은 관계에 있어서 통제와 관련된다(Payne, 1991). 또한 불충분한 의사소통, 불분명한 메시지, 그리고 제삼자를 통한 간접적인 의사소통은 병리적인 의사소통으로 보여진다. 따라서 의사소통이론은 클라이언트가 가지고 있는 문제들이 표출될 때 반복적인 의사소통 패턴을 발견하는 데 초점을 둔다.

이러한 반복적인 패턴이 상호작용을 지배하는 규칙이다(Greene, 1996). 부부의 의사소통은 부모의 의사소통과 가족구성원 간의 모든 의사소통의 기준을 설정한다. 부부가 심리적 문제를 가지고 있거나 가족체계의 문제로 의사소통이 원활하지 못할 때 그 가정은 병들고 부부체계의 경계가 와해되며 부부가 서로를 적대시하여 자녀와 협력관계를 맺게 된다든지 혹은 자녀의 문제에 지나치게 간섭하여 병적인 자녀를 만들게 된다(오경희, 1997).

효과적인 의사소통에 관계되는 요소는 듣는 태도, 상대를 이해하려는 능력, 목소리의 억양, 자신의 표현능력 등이다. 따라서 부부간의 의사소통을 원활하게 하기 위해서는 정확한 상황판단과 함께 자신의 성격, 태도, 능력 등을 파악해야 한다. 그러므로 의사소통이론은 사람들로 하여금 무엇이 자연스러운 치료적 개입이며 또 이러한 개입에 어떻게 반응하여 변화하는지를 설명하려고 하는 것이다.

의사소통과 결혼만족도와는 많은 관련성을 가지고 있는 것으로 나타나고 있다. 예를 들어, Noller와 Fitzpatrick(1990)은 결혼생활의 만족을 위하여 부부간의 의사소통의 중요성을 강조하였다. Schaap, Buunk와 Kerkstra(1988)는 결혼생활에 만족하는 부부들은 불만족하는 부부들보다 더 자주 상대방에게 동의하는 경향이 있으며, 상대편 배우자들의 비언어적인 메시지를 더 정확히 해석하는 경향이 있다고 하였다(Noller, 1984). 행복한 부부들은 불행한 부부들보다 더 많은 시간을 함께 보내는 경향이 있다(Kirchler, 1989). 남편과 부인 혹은 양쪽 배우자 모두 일자리를 가지고 있든지 없든지에 상관없이, 부부들은 상대편의 배우자에게 불충분한 의사소통, 불분명한 메시지, 그리고 제삼자를 통한 간접적인 의사소통은 병리적인 의사소통으로 보일 수 있다.

이러한 각각의 특성들이 종종 한국 가족들에게서 나타난다. 김수연 · 김득성(1993)은 부부간에 응집력과 적응력이 좋을수록 의사소통이 효율적이라고 했다. 정은미 · 김명자(1996)는 부부가 자기 개방에 대한 지각이 높을수록 결혼만족도가 높다고 했다. 송말희 · 이정우(1986)도 부부간의 의사소통 이해도와 결혼만족도 사이에는 긍정적인 상관관계가 있다고 한다. 최규련(1993)은 취업부부 가정의 경우 부부간의 대화만족이 결혼만족도에 영향을 미친다고 보고하였다. 정용재(1985), 김화자(1990)와 김혜경(1996)의 연구에서도, 의사소통 효율도가 높을수록 결혼만족도가 높다는 결과가 나왔으며, 윤영(1990)은 노인들이 의사소통이 잘 이루어질수록 결혼만족도가 높게 나타난다고 하였다. 박태영(1998)은 남편들의 결혼만족도를 설명해 주는 제1의 중요한 변수가 의사소통이라고 하였다. 이와 같은 연구들의 결론은 의사소통의 변수가 결혼만족도를 설명할 수 있는 중요한 변수라는 것을 입증하고 있다.

그렇지만 한국에서는 가족의 조화가 강조되고, 개인의 감정은 억압되었으며 가능한 한 가족의 갈등을 회피하여 왔다. 부부간에 갈등이 일어났을 경우, 남편과 부인은 의사소통을 통한 협상이나 협력을 통하여 문제를 해결하지 못하고 배우자 한 사람, 특히 부인의 양보나 희생을 통하여 문제를 해결하려고 한다. 따라서 그들은 결혼문제의 실제적인 해결이 없이 일시적인 방법으로 결혼생활의 갈등을 끝내는 경향이 있다.

2) 역할이론 및 가사분담 · 결혼생활의 결정권과 결혼만족도

역할이론은 사회학에서 구조적-기능적 이론과 관련된다. 이 이론은 사람들은 사회구조 안에서 지위를 가지게 되며, 각각의 지위는 그 지위와 관련된 역할을 가지게 된다는 것을 가정하고 있다. 역할이란 사회적 지위와 관련된 사람들에 의하여 행해지는 특징적인 행동을 의미하며, 역할기대는 사회구조와 역할행동 사이를 연결시켜 주는 개념으로서 일반적으로 특정한 지위를 가진 사람이 다른 지위를 가진 사람과 관련하여 갖는 권리, 특권, 의무, 책임 또는 역할 담당자에 대한 타인의 요구나 평가기준으로 정의된다. 따라서 역할기대감이란 한 사람의 행동이나 혹은 어느 특정인이나 일반적인 사람들이 지닌 지위에 대한 일종의 기대치를 의미한다고 할 수 있다.

가족 내에서 역할은 서로의 상호작용을 원활하게 하며 관계를 발전시킨다. 집단과 개인의 기능도 향상시킨다. 가족의 구성원들은 각자가 가족 내에서 개인과 가족의 발전에 필요한 역할을 결정한다(Pearson, 1989). 개인의 역할행동과 역할기대가 조화를 이루면 보충적인 역할이 남게 된다. 개인들 사이에 보충적인 역할이 존재한다면 그들의 역할관계에 대하여 만족하게 될 것이며, 보충적인 역할이 부족하게 된다면 역할관계는 불만족스러워 스트레스만 쌓이게 될 것이다(Davis, 1996).

부부간의 세력관계는 가사분담으로 파악될 수 있으며, 가사분담에 대한 변화는 부부간의 갈등을 일으킬 수 있다. 일반적으로 가사분담과 결혼만족도와 관련된 연구에서는 가사분담에 대한 인식된 공평성이 결혼만족도와 관련이 있다고 하였다. 예를 들면, Ward(1993)는 노인부부에게 있어서 가사노동의 분담과 공평성 인지가 결혼만족에 영향을 미친다고 했다. 부부가 모두 직업을 가진 사람들의 결혼만족도와 가사분담과의 관계를 연구한 Benin과 Agostinell(1988)은 만일 남편의 가사분담에 관여하는 시간이 길지만 않는다면, 남편들은 공평한 가사분담을 할 때 결혼생활에 가장 만족을 한다고 하였다. Suitor(1991)의 연구에 의하면, 가사분담에 만족을 하면 할수록 결혼만족이 높았다.

홍윤정(1996)은 남편의 가사노동 참여가 부인의 결혼만족도를 증가시키는 것뿐 아니라 남편 자신의 결혼만족도를 증가시키는 요소임을 지적하였다. 또한 남편의 상대적인 가사노동 참여보다 전체 노동분담에 대한 공평성 인지가 결혼만족도에 더 큰 영향을 미치는 것으로 나타났다.

그렇지만 이와 같은 연구결과와는 다르게, Ahn(1986)은 가사를 돕는 남편들은 부인들이 직업을 가지고 있고 집안에서 다른 여자성인들이 없을 경우 그들이 할 수 없어서 가사에 참여하게 된다고 하였다. 따라서 부부들에게는 부부간의 관계에서 배우자에 대한 서로의 다른 기대치가 주요한 결혼문제를 일으킨다고 하였다. 한편, 이슬람의 남편들은 부인들이 대부분의 가사를 담당할 때 결혼만족도가 높다고 하였다(Ali, 1992). 또한 김혜경(1996)은 노년기부부들에게는 가사분담의 공유여부가 결혼만족도와는 상관관계가 없다고 하였다. 이와 같이 볼 때,

가사분담과 결혼만족도 간의 연구에서는 문화와 연령에 따라서 차이가 있는 것으로 볼 수 있으며, 가사분담의 기대치와 결혼만족도 간의 관계에서 상반된 연구결과를 보여주고 있다.

흑인들의 결혼생활의 의사결정권과 결혼만족도의 관계를 연구한 Gray-Little(1982)에 의하면, 남편지배적인 부부가 종종 가장 높은 결혼만족도를 보여주었다. Park(1995)의 연구에서 부인들의 결혼만족도는 결혼생활결정권이 남편지배적일 때 더욱 높은 것으로 나타났으나, 남편들의 경우는 결혼만족도와 결혼생활결정권 사이에 관련성이 없는 것으로 나타났다. Hong(1982)의 연구에 따르면, 부부들의 결혼만족도와 부부간의 의사결정권과는 관련성이 없다고 하였다. 정지숙(1993)은 부부가 공평한 의사결정권을 가질 때 결혼만족도가 높다고 하였다. 유주희(1993)에 따르면, 결혼생활의 의사결정에서 부인의 참여가 다소 증가하고 있고 많은 영역에서 부부가 서로 공동결정을 하는 경향이 있으나, 여전히 남편과 부인의 결정영역이 분리되어 있다. 이것은 사회환경과 가치관의 변화에도 불구하고 아직까지 부부간에 대한 한국의 전통적인 사고방식이 작용하고 있다고 할 수 있겠다. 이와 같이 볼 때, 여전히 결혼생활의 결정권과 결혼만족도와의 상관관계에 대한 연구에서 불일치를 보이고 있다.

한국문화에서 목회자들은 자신의 가정보다는 성도의 가정을 우선시하는 문화 속에서 교육을 받아왔고, 많은 시간을 교회와 관련된 업무에 할당하고 있는 실정이다. 따라서 실제로 목회자는 가정 밖에서의 역할은 어느 정도 수행하고 있는 반면에 가정 내에서의 남편과 아버지로서의 역할은 이러한 문화적·교육적 영향으로 부족하다고 볼 수 있다. 따라서 역할이론은 목회자들이 받는 스트레스의 중요한 요소가 될 가능성이 있는 신분-역할 요구를 확인하는 데 도움이 될 수 있을 것이며, 목회자부부들이 겪고 있는 스트레스 중 많은 것을 이해할 수 있는 중요한 관점을 제공할 수 있을 것이다.

3) 신앙심과 결혼만족도

많은 가족치료 전문가나 정신건강 전문가들은 그들이 상담하는 사람들의 종교를 깊이 있게 고려하지 않는다. 하지만 최근의 여론 조사에 의하면 미국인의 5명 중 4명은 자신의 가족유대를 강화시키는 종교를 가지고 있다고 한다(Abbott, Berry, & Meredith, 1990). Hansen(1992)은 종교가 결혼의 만족과 행복, 조절을 예언할 수 있는 중요한 요소임을 밝혔고, Filsinger와 Wilson(1984)은 종교가 결혼생활을 조절하는데 사회·경제적인 요소보다 더 많은 역할을 한다고 하였다.

아직까지 목회자들의 신앙심과 결혼만족도와의 상관관계에 대한 연구를 찾아볼 수는 없다. 따라서 본 연구에서는 일반인을 대상으로 한 신앙심과 결혼만족도와 관련된 연구를 중심으로 살펴보겠다. Adams (1951)의 연구에서는 신앙심과 신앙심의 실천이 행복한 결혼생활에 직접적인 관련이 있었다. Schumm(1982)은 신앙심과 결혼만족도 사이에는 정적인 상관관계가 있다고 하였으며, 신앙심이 결혼만족도를 예측할 수 있는 중요한 변수라고 지적하였다. Goode(1962)는 부부가 동일 종교를 가질 때 그 가족의 안정성이 높다고 주장하였는데 이는 종교의 일치여부가 결혼만족도에 가장 큰 영향을 미치는 변수라는 김미숙(1989)의 연구결과와 일치한다. 임영란(1992)은 교회에 다니고 있는 기혼남녀의 신앙심과 부부간의 결혼만족도가 유의미한 상관관계를 가지고 있다고 하였다. 김혜경(1996)의 연구에 따르면 종교를 가지고 있을수록 결혼만족도가 높은 것으로 나타났다.

위의 연구에서 볼 수 있듯이 결혼한 부부에게 신앙은 도덕적인 지침을 제공하고, 결정을 원활하게 하고, 갈등을 감소시키며, 인내를 증가시키고, 조절을 증진시킨다(Robinson, 1994). 특히 한국 남자 목회자의 경우는 일반 남자들과는 달리 신앙을 삶의 기초로 하고 산다. 목회자는 부부의 갈등을 종교적인 행위들을 통해 극복하고 조절하고자 노력한다. 따라서 남자 목회자의 경우에도 종교가 부부관계에 긍정적인 영향을 미칠 수 있으리라 가정한다.

3. 연구가설

본 연구는 다음과 같은 가설들을 검증하고자 한다.

- 가설 1. 한국 개신교 남자 목회자들의 의사소통과 결혼만족도 간에 정적인 상관관계가 있을 것이다.
- 가설 2. 한국 개신교 남자 목회자들의 신앙심과 결혼만족도 간에 정적인 상관관계가 있을 것이다.
- 가설 3. 한국 개신교 남자 목회자들의 가사분담의 정도와 결혼만족도 간에 상관관계가 있을 것이다.
- 가설 4. 한국 개신교 남자 목회자들의 결혼생활의 결정권의 정도와 결혼만족도 간에 상관관계가 있을 것이다.

4. 방법론

1) 용어의 정의와 측정도구의 설정

(1) 신앙심

종교에서 신앙심이란 다양한 영적인 의미를 내포하고 있는 포괄적인 개념이므로 이것을 조작화(operationalization)하는 데는 많은 어려움이 따른다. 신앙심이란 영적 안녕으로 하나님, 개인, 지역사회, 환경 간의 관계를 향상시켜 주고 그 전체성을 통합하게 하는 삶의 긍정적인 상태라고 정의하고자 한다.

신앙심에 대한 척도는 총 15문항으로 이루어진 Ellison의 영적 성숙 척도(Spiritual Maturity Scale)를 임영란(1992)이 번안한 것을 사용하였다. 응답범주는 5점 리커트 척도로 부정적인 질문인 1, 3, 15번 문항은 역으로 계산하였다. 이 측정도구는 점수가 높을수록 신앙심이 좋다는 것을 의미하며 내적 일관성 신뢰도(Cronbach's α)는 .83이다.

(2) 결혼생활의 결정권

결혼생활의 결정권은 상대편의 배우자가 결정권에 대하여 더 많은 세력을 가지고 있다는 배우자의 인식으로 정의된다. 부부간의 세력은 일반적으로 다양한 영역 내에서 부부 중 누가 대부분의 결정을 하는가에 대한 질문들에 의하여 측정된다(Pyke, 1994).

본 연구에서는 결혼생활의 결정권을 측정하기 위하여 Blood와 Wolfe(1960)가 개발한 결정권 색인(Decision Power Index)을 사용하였다. 이 결정권 색인(DPI)은 부부간에 어느 배우자가 결정을 하는 데 있어서 세력을 더 행사하는가의 범위를 평가하기 위하여 5점짜리 8개의 항목으로 구성된 리커트 질문지이다. 1에 가까울수록 남편지배적이며, 5에 가까울수록 부인지배적인 것을 나타낸다. 본 연구에서 이 척도에 대한 내적 일관성 신뢰도(Cronbach's α)는 .74였다.

(3) 부부간의 역할분담

부부간의 역할분담이란 남편과 아내에 의해 가사를 분담하는 범위로 정의하고자 한다. 부부간의 역할분담에 관한 척도는 각각 8문항으로 이루어진 Blood와 Wolfe의 가사참여 색인(Task Participation Index)을 사용하였다. 응답범주는 리커트의 5점 척도이다. 이 척도에서 5번("누가 잔디를 깍습니까?")과 6번(누가 집안에서 삽질을 합니까?)은 한국의 상황과 본 연구의 표본과는 동떨어진 질문이기 때문에 생략하였다. 이 2가지 질문을 뺀 6가지 질문에 대한 내적 일관성 신뢰도(Cronbach's α)는 .65였다.

(4) 부부간의 의사소통

부부간의 의사소통은 배우자를 이해하고 서로 의미를 나누는 이해의 과정이라고 정의된다. 부부간의 의사소통에 관한 척도는 deTurck

과 Miller가 개발한 부부이해척도(The Conjugal Understanding Measure)를 사용하였다. 이 척도는 부부간의 의사소통과 관련하여 부부간의 경향을 파악하기 위하여 12가지 항목으로 구성되어 있는데, 여기서는 결혼생활의 특별한 수준을 평가하기 위한 8개 항목만을 선택했으며, 리커트의 5점 척도로 구성되어 있다. 이 척도의 내적 일관성 신뢰도(Cronbach's α)는 .87이다. 부정적인 질문인 4, 7, 8번은 역으로 계산하였다. 응답 중 1은 배우자와 가장 원활하지 못한 의사소통을 하고 있음을 나타내며, 5는 가장 원활한 의사소통을 하고 있음을 나타낸다.

(5) 결혼만족도

결혼만족도란 결혼생활의 전반적인 질에 대한 배우자의 주관적인 평가로 정의된다.

결혼만족도에 대한 측정도구는 총 3문항으로 구성된 Schumm이 만든 캔사스 결혼만족척도(Kansas Marital Satisfaction Scale)를 사용하였다(Fischer & Corcoran, 1994). 응답범주는 리커트의 7점 척도이며, 점수가 높을수록 높은 결혼만족도를 나타낸다. 이 측정도구의 내적 일관성 신뢰도(Cronbach's α)는 .93이다.

2) 표본 절차와 자료수집방법

본 연구자는 눈덩이(snowball)표본 절차를 통하여 서울·경기 지역 내에 거주하는 남자 목회자 300명에게 설문지를 우송하였다. 조사기간은 1998년 4월 13일부터 5월 12일까지였으며 300부 중 116부가 회수되어 39%의 회수율을 보였다.

3) 자료분석방법

본 연구는 표본의 특성을 분석하기 위하여 기술적 통계학과 종속변수인 남자 목회자의 결혼만족도에 대한 독립변수인 신앙심, 결혼생활에 대한 결정권, 가사의 역할분담, 부부간의 의사소통과의 관계를 분석하기 위하여 중다회귀분석을 사용하였다.

5. 조사결과 및 분석

1) 사회 · 인구학적 특성

〈표 4-1〉에 따르면, 응답한 목회자는 모두 남성이고, 목회자의 평균연령은 35세이며, 목회자들의 결혼형태는 연애결혼이 61%를 차지한다. 또한 평균 결혼지속기간은 7년 미만으로 나타나고 있는데, 이런 결과는 응답자의 연령이 낮은 데 있다.

자녀의 수는 1-2명 정도가 응답자의 77%를 차지하고 있고, 목회자와 그 배우자의 학력은 대체로 높게 나타났다. 이것은 목회자가 되기 위해서는 대졸 이상의 학력을 요구하기 때문에 나타나는 현상이라고 볼 수 있다.

목회의 연한은 5년 미만의 목회경력을 가진 목회자가 전체 응답자의 50%나 차지하고 있는데, 목회경력이 전체적으로 낮은 이유는 응답자의 연령이 대체로 낮은 것과 관련이 있다고 본다. 목회자들의 직위형태를 보면 전적으로 교회의 일에 종사하는 목회자(전임, 담임)는 전체 응답자의 68%를 차지하고 있다.

목회자 가정의 한 달 평균 수입은 80만원 이상에서 160만원 미만이 전체 응답자의 64%로 가장 많았다(그림 4-1 참조). 부부의 공동여가빈도를 묻는 질문에는 "자주 갖는다"에 14.7%가 응답해서 부부가 여가

〈표 4-1〉 사회 · 인구학적 특성

구분		빈도	%	누적(%)
연령	31세 이하	26	22.4	22.6
	32-35세	45	38.8	61.7
	36-39세	28	24.1	86.1
	40세 이상	16	13.8	100.0
	Missing	1	.9	
결혼 형태	중매	16	13.8	13.9
	중매연애	27	23.3	37.4
	연애	71	61.2	99.1
	기타	1	.9	100.0
결혼 지속 기간	1-5년	57	49.2	50.0
	6-10년	38	32.7	83.3
	11-15년	14	12.1	95.6
	16-20년	5	4.3	100.0
	Missing	2	1.7	
자녀 수	자녀 없음	17	14.7	14.7
	1명	36	31.0	45.7
	2명	53	45.7	91.4
	3명	10	8.6	100.0
학력	고졸	1	.9	.9
	대졸	29	25.0	25.9
	대학원	79	68.1	94.0
	박사	1	.9	94.8
	기타	6	5.2	100.0
배우자 학력	고졸	1	.9	.9
	대졸	29	25.0	26.1
	대학원	75	64.7	91.3
	박사	9	7.8	99.1
	기타	1	.9	100.0
목회 연한	5년 미만	58	50.0	50.0
	10년 미만	48	41.4	91.4
	20년 미만	10	8.6	100.0
교회의 직위	파트타임	37	31.9	31.9
	전임	65	56.0	87.9
	담임	14	12.1	100.0
합 계		116	100.0	

를 같이 갖는 빈도가 낮았다(그림 4-2 참조).

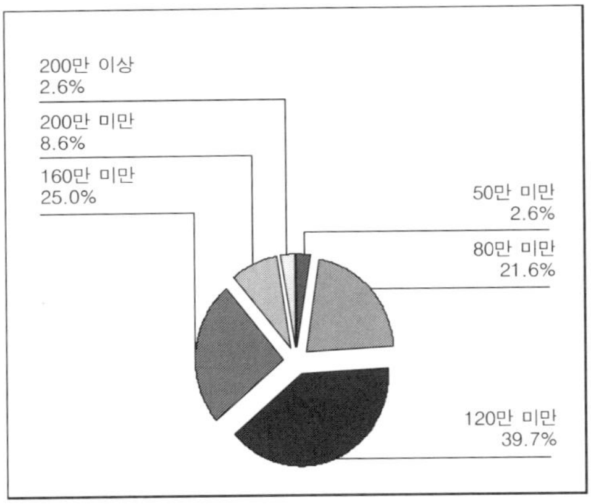

〈그림 4-1〉 한 달 수입

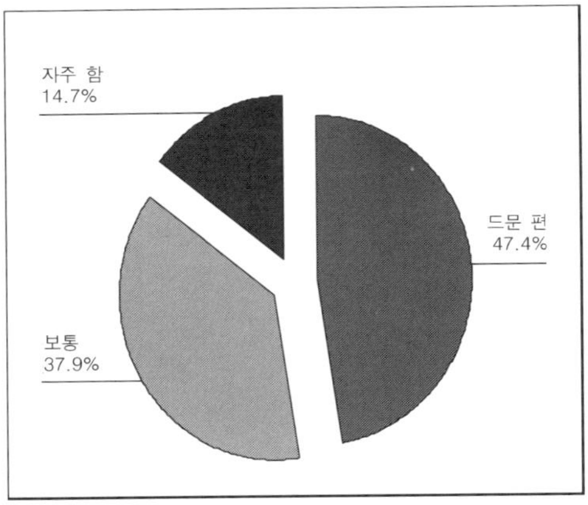

〈그림 4-2〉 공동여가

목회자부부의 행복한 결혼생활에 걸림돌이 되는 것이 무엇인지 묻는 질문에는 부부간의 성격차이와 같은 심리적인 문제보다 교회의 직무에서 기인된 것이 더 많은 비율을 차지하고 있다. 교회의 과다업무가 33.6%, 사생활의 미보장이 7.8%로 나타나고 있다(그림 4-3 참조). 목회자부부 사이에 문제가 발생했을 때 문제를 해결하는 방식은 본

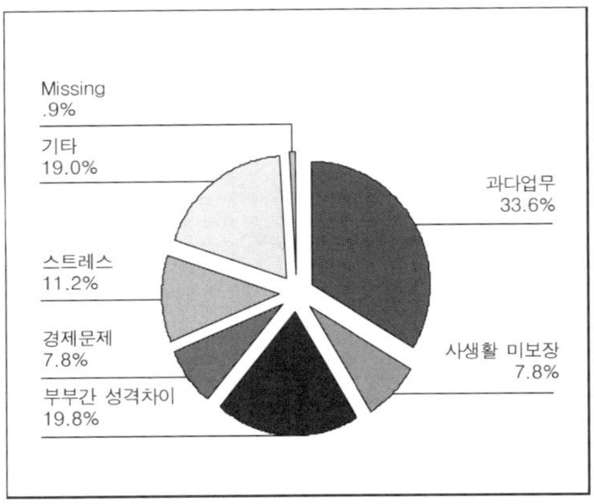

〈그림 4-3〉 부부관계 걸림돌

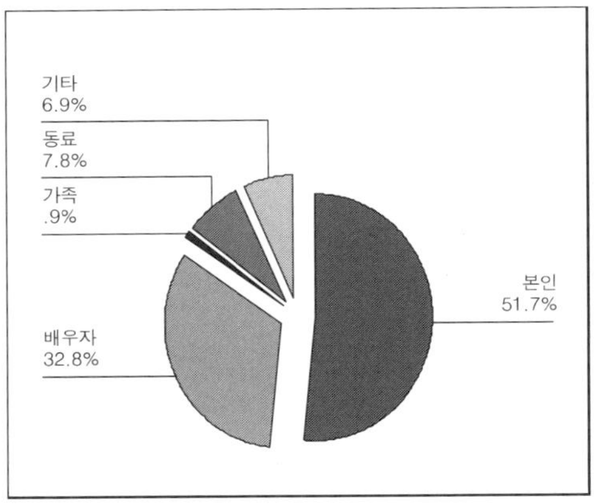

〈그림 4-4〉 문제발생시 대처

인이 51.7%, 배우자와 함께 해결이 32.8%로 대체로 가족 내에서 문제를 해결하고 있다(그림 4-4 참조).

2) 결혼만족도와 독립변수들

각 변수들의 평균과 표준편차는 〈표 4-2〉와 같다. 5점 척도인 신앙성숙도는 평균이 거의 4점으로 높은 신앙성숙도를 나타내고 있다. 5점 척도인 역할분담은 평균이 3.11으로 가사분담을 부부가 서로 공평하게 하는 것으로 나타났으며, 결정권에서도 평균 2.90으로 부부가 어느 정도 평등한 결정권을 가지고 있는 것으로 나타났다. 이러한 결과는 응답자의 86.1%가 40세 미만(평균 연령이 35세)이고, 평균 결혼지속기간이 7년 미만인 젊은 층이기 때문에 나타나는 현상이라고 추측된다. 5점 척도인 의사소통도 평균이 3.62로 의사소통이 어느 정도는 원활한 편이라고 나타났다. 7점 척도인 결혼만족도는 응답자의 평균이 5.73으로 '매우 만족'에 가까운 것으로 나타났다.

〈표 4-2〉 변수들의 평균과 표준편차

구분	신앙성숙도	역할분담	결정권	의사소통	결혼만족도
평균	3.98	3.11	2.90	3.62	5.73
표준편차	.414	.444	.473	.604	.878

부분 간의 횡단적 자료를 이용하는 회귀분석모델이 적절하다는 것을 밝히기 위해 다공선성(multicollinearity) 문제를 평가했다(표 4-3 참조). Berry와 Feldman(1990)은, 만일 어떤 상관관계가 약 .8 이상을 초과하지 않으면 다공선성에 문제가 되지 않는다는 결론을 내리고 있다. 따라서 본 연구자는 이 연구에서 다공선성 문제를 해결하기 위해 .8을 기준으로 사용한다. 〈표 4-3〉에 의하면, 독립변수들의 상관계수가 매우 낮게 나타나고 있으므로 다공선성에는 문제가 없는 것으로 밝혀졌다.

〈표 4-3〉 변수들의 피어슨 적률 상관계수

구분	신앙성숙도	역할분담	결정권	의사소통	결혼만족도
신앙성숙도	1.000	-.195*	-.001	.339**	.189*
역할분담		1.000	-.192	-.156	-.015
결정권			1.000	-.017	-.057
의사소통				1.000	.608**
결혼만족도					1.000

* $p < 0.05$, ** $p < 0.01$

결혼만족도를 종속변수로 하고 신앙성숙도와 역할분담, 결정권, 의사소통을 독립변수로 하여 단계별(Stepwise) 다중회귀분석을 한 결과는 표 4와 같다. 한국 남자 목회자들의 결혼만족도를 설명할 수 있는 각 독립변수들의 R^2값은 단순회귀분석을 통해 얻었다. R^2값을 단순회귀분석을 통해 얻은 것은 결혼만족도에 각 변수들이 어느 정도의 설명력을 지니고 있는지를 보기 위해서이다.

〈표 4-4〉 단계별(Stepwise) 다중회귀분석 결과

구분 / 변수	B	SE B	Beta	T	Sig T	$\triangle R^2$
의사소통*	.871	.132	.634	6.608	.000	.369
신앙성숙도			.132	1.291	.201	.039
결정권			.013	.138	.891	.003
역할분담			.115	1.195	.237	.000
상수	2.496	.478		5.316	.000	

주 : Mutiple R=.634, R^2=.402, Adjusted R^2=.393, F=43.666, Sig F=.000

〈표 4-4〉에서 보여지듯이 신앙성숙도, 가사의 역할분담, 결혼생활의 결정권의 변수는 통계학적으로 유의미하지 않게 나타나고 있다. 부부간의 의사소통에 대한 t값은 6.608($P < .01$)이었으며, R^2는 .369였다. 그

러므로 의사소통변수는 결혼만족도와 대단히 중요한 관계가 있다는 것을 보여주었다. 이 연구에서 본 4개 변수들 중에서 의사소통변수가 한국 개신교 남자 목회자들의 결혼만족도를 설명하여 주는 제1의 중요한 변수로서 "한국 개신교 남자 목회자들의 의사소통과 결혼만족도 간에 정적인 상관관계가 있을 것이다"라는 가설을 입증하였다. 이러한 연구결과는 의사소통 효율성이 높을수록 부부의 결혼만족도가 높고, 부부간의 만족스런 의사소통과 결혼만족도 사이에 정적인 상관관계가 있다(박태영, 1998; 송말희 · 이정우, 1986; 최규련, 1993)는 연구결과와 일치하고 있다.

신앙성숙도를 측정하는 도구의 범위가 1에서부터 5까지였으며, 본 조사의 응답자들의 신앙성숙도는 전체 평균점수가 3.98로서 상당히 높은 수준의 신앙성숙도를 가지고 있음에도 불구하고, 결혼만족도에 영향을 미치지 못하고 있는 것으로 나타났다. 따라서 "한국 개신교 남자 목회자들의 신앙심과 결혼만족도 간에 정적인 상관관계가 있을 것이다"라는 가설은 거부되었다. 이와 같은 결과는 지금까지 논의된 신앙심과 신앙심의 실천이 행복한 결혼생활에 관련된다는 연구결과들과 일치하지 못하고 있다.

비록 가사의 역할분담에 관한 측정에서 평균점수가 3.11(부부간의 평등한 역할분담)이었으나, 가사의 역할분담은 한국 개신교 목회자들의 결혼만족도에 영향을 미치지 못하고 있었다. 이러한 결과는 홍윤정(1996)의 연구에서 나타난 "남편의 가사노동 참여가 부인의 결혼만족도를 증가시킬 뿐 아니라 남편 자신의 결혼만족도를 증가시킨다"는 결과와는 전혀 일치하지 않고 있다. 오히려 "가사의 역할분담이 남편들의 결혼만족도에 영향을 미치지 못하였다"는 연구결과와 일치하고 있다(박태영, 1998). 이것은 유교주의적이며 가부장적인 한국의 풍토와 가정의 문화로부터 교육받아 온 목회자들이 집안일은 당연히 부인들의 몫이라는 기존의 관념에서 벗어나지 못하고 있는 실정을 반영하고 있다고 볼 수 있다. 또한 현재 한국의 목회자들은 가사분담보다는 교회의 사역을 우선시하는 목회풍토와 과도한 업무로 인하여 집안에서 가족들과 함께 보낼 수 있는 시간이 절대적으로 부족한 데서 연유되는 것이 아닌가 하는 추측도 가능하리라 본다.

결혼생활에 대한 결정권의 측정에서도 역시 응답자들의 평균점수가 2.9(부부가 함께 결정하는 것)를 의미하고 있으나, 결혼생활에 대한 이러한 동등한 결정권이 목회자들의 결혼만족도에 영향을 미치지 못하고 있다는 결과가 나왔다. 이러한 결과는 남편들에게서도 결혼생활의 결정권이 결혼만족도를 설명하는 데 통계학적으로 유의미하지 못하였다(박태영, 1998)는 연구결과와 일치하고 있다. 한편, 본 조사에 응답한 남자 목회자들이 비록 자신들이 가사의 역할분담과 결혼생활에서의 결정권에 어느 정도 평등한 관계를 가지고 있다 할지라도 부인 입장에서도 평등한 관계를 가지고 있는지 의문스럽다.

결론적으로, 한국 개신교 목회자들의 결혼만족도에 신앙심과 가사의 역할분담, 결혼생활에 대한 결정권, 의사소통의 변수들 중에서 의사소통만이 영향을 미치고 있었고, 목회자들의 경우에도 예외 없이 결혼생활에 있어서 의사소통이 대단히 중요한 변수라는 것이 입증되었다.

6. 결론 및 제언

1) 결 론

본 연구는 한국 개신교 목회자들의 결혼만족도에 영향을 미치는 변수들 중에서도 의사소통, 신앙성숙도, 가사의 역할분담과 결혼생활에 대한 결정권을 중심으로 살펴보았다. 이러한 연구의 결과는 다음과 같다.

첫째, 한국 개신교 목회자의 결혼만족도에 의사소통이 이 연구에서 살펴본 4개의 변수 중에서 가장 큰 영향을 미치는 변수였다. 따라서 목회자들에게 있어서도 일반적으로 입증된 부부생활에서 의사소통의 중요성을 다시 한 번 확인할 수 있는 연구였다.

둘째, 목회자들의 신앙심은 결혼만족도에 별다른 영향을 미치지 못하는 변수로 판명되었다. 이러한 결과는 개신교의 목회자들은 신앙을 종교적인 영역에만 국한시키고 실제로 가정생활에까지 연결이 안 된다는 추측을 하게 된다.

셋째, 한국 개신교 목회자들의 결혼만족도에 가사분담은 영향을 미치는 변수가 되지 못했다. 한국 개신교 목회자들은 교회의 보수적인 분위기와 동양의 유교적인 사상의 영향으로 가사는 당연히 아내의 몫으로 생각하는 경향이 있다고 할 수 있다.

넷째, 한국 개신교 목회자들의 결혼만족도에 결혼생활에 대한 결정권은 영향을 미치지 못했다.

2) 제 언

본 연구의 결과를 토대로 다음과 같은 네 가지 제언을 하고자 한다.

첫째, 본 연구에서 의사소통만이 한국 개신교 목회자들의 결혼만족도에 영향을 미치는 변수임을 알 수 있다. 이것은 목회자들에 대한 사회사업적 개입 가능성을 암시한다고 볼 수 있다. 즉, 성직자란 전문직종에 종사하는 사람들이라 할지라도 종교심보다는 의사소통이 결혼만족도에 더 큰 영향을 미치는 변수라는 사실은 의사소통기술을 증진시키는 가족치료개입의 필요성을 나타냈다고 볼 수 있다.

현재까지도 한국문화는 남편들이 부인들에게 애정을 표현하는 것을 삼가하며 불편해 하는 경향이 있다. 직업은 목회자라 할지라도 실제로 남자 목회자들이 부인들과 어떻게 대화를 해야 하는지에 대하여 모르는 경우가 많다고 볼 수 있다. 따라서 신학을 전공하는 학생들에게 의사소통기술을 가르칠 수 있는 과목들을 개설해야 할 필요가 있다. 더군다나 목회상담을 해야 하는 목회자를 위하여 가족과 관련된 과목(예를 들어, 가족상담, 가족치료 등)을 필수적으로 이수하게 할 필요가 있다.

남자 목회자들의 신앙심이 결혼만족도에 거의 영향을 미치지 못하고 있다는 사실은 "신앙 따로 결혼생활 따로"라는 한국 기독교의 이원적인 사고방식에서도 기인한다고 볼 수 있겠다. 이러한 연구결과를 토대로 볼 때, 일반 성도들에게도 이러한 이원적인 사고방식이 적용되리라고 추측된다. 따라서 가족과 가정을 중심으로 신앙생활의 중요성을 강조할 필요가 있다고 본다. 또한 교회사회사업의 프로그램으로 전문적인 상담자를 통한 가정상담 또는 가족치료를 실시한다.

둘째, 본 연구에서 목회자 부부관계에서의 의사소통의 중요성을 다시 한 번 확인하였는데, 이러한 연구를 토대로 다음의 연구에서는 목회자 부인들의 결혼만족도에 대한 연구를 할 필요성이 있다고 본다. 또한 목회자들의 부부들이 사용하고 있는 의사소통유형에 관한 연구를 제언한다.

셋째, 본 연구에서 사용된 척도의 문항들이 한국의 목회 상황에 적합하지 않은 것들이 있었으리라 본다. 한국사람들은 전통적으로 가족문제를 밝히기를 꺼리는 유교문화가 지배하고 있으며, 특히 목회자는 교회의 지도자로 완벽한 리더십을 가져야 한다는 의무감 때문에 가정의 문제를 밝히기를 더욱 꺼려하고 있는 실정이다. 따라서 한국의 목회상황에 맞는 측정도구들이 필요하다고 본다.

넷째, 추후 연구에서는 목회자들의 결혼만족도를 설명할 수 있는 변수들 중에 이 연구에서 포함되지 않은 변수들 특히, 성만족도와 친・인척과의 관계 및 자녀와의 관계 등의 변수를 포함하여 연구하기를 제언한다.

참고문헌

강미선(1991). "단독가구 노인부부의 결혼만족도에 관한 연구". 연세대학교 석사학위논문.

강인선(1995). "어머니의 결혼만족도가 유아와의 대화유형에 미치는 영향". 대구대학교 석사학위논문.

김미숙(1989). "도시부부의 결혼안정성 및 그 관련변수 연구". 숙명여자대학교 석사학위논문.

김수연 · 김득성(1993). "부부응집 및 적응과 의사소통의 관계 : 순환모델의 곡선성과 선형성". 한국가정관리학회지, 11(2), 30-39.

김혜경(1996). "노년기 부부관계에 따른 결혼만족도 연구". 성신여자대학교 석사학위논문.

김화자(1990). "가족생활주기에 따른 부부의 의사소통 효율성과 결혼만족도에 관한 연구 : 국민학교 · 중 · 고등 · 대학교의 학부모를 중심으로". 동덕여자대학교 석사학위논문.

노익상(1997). "한국 도시 부부의 상호만족에 관한 연구(I)". 한국사회문화연구원 세미나 자료집, 1-20.

문경실(1995). "남편의 직업만족도와 결혼만족도가 아내의 결혼만족도에 미치는 영향 : 전업주부 부부를 대상으로". 이화여자대학교 석사학위 논문.

박태영(1998). "결혼만족도에 영향을 미치는 변수들에 관한 연구". 정신보건과 사회사업, 5, 27-50.

서광희 · 조병은(1993). "농촌주부의 배우자 역할평가와 결혼만족도". 대한가정학회지, 31(1).

송말희 · 이정우(1986). "도시주부의 커뮤니케이션 이해도와 결혼만족도간의 관계연구". 한국가정관리학회지, 4(1), 33-47.

오경희(1997). "의사소통양식, 의사소통만족도 및 결혼생활만족도". 한국가정관리학회지, 15(4), 201-220.

유주희(1993). "도시부부의 부부간 의사소통이 가정생활에서의 의사결정에 미치는 영향". 숙명여자대학교 석사학위 논문.

이우복(1993). "노인의 생활만족도에 영향을 주는 요인에 관한 연구". 이화여자대학교 석사학위논문.

이화진(1995). "아버지의 역할수행에 관한 연구 : 결혼만족도 직업만족도와의 관계를 중심으로". 이화여자대학교 석사학위논문.

임영란(1992). "한국 개신교 교인의 결혼만족도에 관한 연구". 이화여자대학교 석사학위논문.

정은미(1995). "청소년기 자녀를 둔 부부의 감정적 노출유형과 결혼만족도". 숙명여자대학교 석사학위논문.

정은미 · 김명자(1996). "청소년기 자녀를 둔 부부의 감정적 자기노출 유형과 결혼만족도". 한국가정관리학회지, 14(1), 47-64.

조길순 · 김용태 · 차준구(1997A). 가정예배를 드리지 못해 괴롭습니다. 목회와 신학. 서울 : 두란노 출판사.

조길순 · 김용태 · 차준구(1997B). 담임 목회자와의 갈등으로 계속 교회를 옮겨야 하는데요. 목회와 신학. 서울 : 두란노 출판사.

조길순 · 김용태 · 최혜숙(1998). 친족 때문에 시작된 교회갈등 어떻게 하지요. 목회와 신학. 서울 : 두란노 출판사.

조길순 · 김종환 · 이만홍(1996). 사모의 자리가 너무 힘듭니다. 목회와 신학. 서울 : 두란노 출판사.

조길순 · 김종환 · 이만홍(1995A). 아들 때문에 살고 싶지 않습니다. 목회와 신학. 서울 : 두란노 출판사.

조길순 · 김종환 · 이만홍(1995B). 저로 인해 목회를 포기해야 할 입장입니다. 목회와 신학. 서울 : 두란노 출판사.

조길순 · 김종환 · 이만홍(1996). 중년의 위기를 슬기롭게 극복하십시오. 목회와 신학. 서울 : 두란노 출판사.

조길순 · 김종환 · 이만홍(1997). 자신에게 실망과 좌절을 느낍니다. 목회와 신학. 서울 : 두란노 출판사.

조길순 · 김종환 · 차종구(1996). 나와 아내는 맞지 않습니다. 목회와 신학. 서울 : 두란노 출판사.

조길순 · 김종환 · 최영민(1996). 큰 딸이 제 마음을 아프게 합니다. 목회와 신학. 서울 : 두란노 출판사.

조길순 · 이만홍 · 최영민(1996). 부모님이 목회에 걸림돌이 됩니다. 목회와 신학. 서울 : 두란노 출판사.

최규련(1993). "맞벌이 부부의 결혼만족도와 우울증에 관한 연구". 대한가정학회지, 31(1), 99-113.

허윤정(1997). "부부관계 유형에 따른 결혼만족도 연구 : 의사소통과 갈등해결방식을 중심으로". 성신여자대학교 석사학위논문.

홍윤정(1996). "부부간 가사노동 분담과 공평성 인지도가 결혼만족도에 미치는 영향". 이화여자대학교 석사학위논문.

홍정희(1995). "도시 주부의 배우자 역할 평가와 결혼만족도 : 대구시 주부를 중심으로". 계명대학교 석사학위논문.

Abbott, D. A., Berry, M., & Meredith, W. H. (1990). Religious belief and practice : A potential asset in helping families. *Family Relation,. 39*, 443-448.

Adams, C. R. (1951). *Preparing for marriage*. New York : Dutton and Co.

Ahn, B. C. (1986). *The impact of resources and values on men's changing roles in the family.* Unpublished doctoral dissertation, Cornell University.

Ali, M. S. (1992). *Household task performance and marital satisfaction of Muslim migrants.* Unpublished doctoral dissertation, Adelphi University.

Benin, M. H., & Agostinell, J. (1988). Husbands' and wives' satisfaction with the division of labor. *Journal of Marriage and the Family, 50*(2), 349-361.

Benner, D. G. (1992). *Strategic pastoral counseling : A short-term structure model.* Grand Rapid, MI : Baker.

Berry, R. E., & Williams, F. L. (1987). Assessing the relationship between quality of life and marital and income satisfaction : A path analytic approach. *Journal of Marriage and the Family, 49*(2), 107-116.

Berry, W. D., & Feldman, S. (1990). *Multiple regression in practice.* Newbury Park : Saga Publications.

Blair, S. L., & Johnson, M. P. (1992). Wives' perceptions of the fairness of the division of household labor : The intersection of housework and ideology. *Journal of Marriage and the Family, 8*, 570-581.

Blanton, P. W. (1992). Stress in clergy families : Managing work and family demands. *Family Perspective, 26*, 315-330.

Blood, R. O., & Wolfe, D. M. (1960). *Husbands and wives : The dynamics of married living.* New York : The Free Press.

Burr, W. R., Leigh, G., & Constantine, J. (1979). Symbolic interaction and the family. In W. R. Burr, R. Hill, F. I. Nye, & I. Reiss (Ed.), *Contemporary theories about the family.* New York : The Free Press.

Davis, L. V. (1996). Role theory and social work treatment. In F. J. Turner (Ed.), *Social work treatment : Interlocking theoretical approaches* (pp.581-600). New York : The Free Press

Filsinger, E. F., & Wilson, M. R. (1984). Religiosity, socioeconomic rewards, and family development : Predictors of marital adjustment. *Journal of Marriage and the Family, 46*, 663-670.

Fischer, J., & Corcoran, K. (1994). *Measures for clinical practice.* New York : The Free Press.

Goode, W. J. (1962). Marital satisfaction and instability : A cross-cultural analysis of divorce rates. *International Social Science Journal, 14*, 793-806.

Gray-Little, B. (1982). Marital quality and power processes among black couples. *Journal of Marriage and the Family, 44*(3), 633-647.

Green, R. J. (1996). Communication theory and social work treatment, In F. J. Turner (Ed.), *Social Work Treatment : Interlocking theoretical approaches* (pp.116-145). New York : The Free Press.

Hansen, G. L. (1992). *Religion and mental health.* New York : Oxford University

Press.

Hicks, M. W., & Platt, M. (1970). Marital happiness and stability : A review of the research in the sixties. *Journal of Marriage and the Family, 40*, 269-150.

Hong, L. K. (1982). The Korean family in Los Angeles. In E. Y. Yu, E. H. Phillips, & E. S. Yang (Eds.), *Koreans in Los Angeles* (pp.99-132). Los Angeles : Koryo Research Institute and Center for Korean-American and Korean Studies.

Kirchler, E. (1989). Marital happiness and interaction in everyday surrounding : A time-sample diary approach for couple. *Journal of Social and Personal Relationships, 5*, 375-382.

Locke, H. J. (1951). *Predicting adjustment in marriage : A comparison of a divorced and happily married group*. New York : Holt Rinehart.

Mills, E., Koval, J. (1971). *Stress in ministry*. Washington, DC : Ministry Studies Board.

Nah, K. H. (1993). Perceived problems and service delivery for Korean immigrants. *Social Work, 38*(3), 289-296.

National Interfaith Coalition on Aging (1975). *Spiritual well-being : A definition*. Athens, GA : NICA.

Noller, P. (1984). *Nonverbal communication and marital interaction*. New York : Pergamon Press.

Noller, P., & Fitzpatrick, M. A. (1990). Marital communication in the eighties. *Journal of Marriage and the Family, 52*, 832-843.

Park, T. Y. (1995). *Marital satisfaction among Korean immigrant spouses in the United States*. Unpublished doctoral dissertation, Tallahassee, Florida : The Florida State University.

Payne, M. (1991). *Modern social work theory : A critical introduction*. Chicago : Lyceum.

Pearson, J. C. (1989). *Communication in the family : Seeking satisfaction in changing times*. New York : Harper & Row.

Perry-Jenkins, & Folk, K. (1994). Class, couple, and conflict : Effects of the division of labor on assessments of marriage in dual-earner families. *Journal of Marriage and the Family, 2*, 165-180.

Pyke, K. D. (1994). Women's employment as a gift or burden? : Marital power across marriage, divorce, and remarriage. *Gender & Society, 8*(1), 73-91.

Robinson, L. C. (1994). Religious orientation in enduring marriage : An Exploratory study. *Review of Religious Research, 35*, 207-218.

Rollines, B. C., & Galligan, R. (1978). The developing child and marital satisfaction of parents. In R. M. Lerner & G. B. Spanier (Ed.). *Child influences on the marital and family interaction* (pp.71-105). New York : Academic Press.

Schaap, C., Buunk, B., & Kerkstra, A. (1988). Marital conflict resolution. In P. Noller, & M. A. Fitzpatrick (Eds.), *Handbook of family measurement techniques* (pp.420-492). Newbury Park : Sage Publications.

Schumm, W. R., Bollman, S. R. & Jurich, A. P. (1982). The marital conventionalization argument : Implications for the study of religiosity and marital satisfaction. *Journal of Psychology and Theology, 10,* 236-241.

Spanier, G., B., & Lewis, R., A. (1980). Marital quality : A Review of seventies. *Journal of Marital and Family Therapy, 42,* 825-839.

Suitor, J. (1991). Marital quality and satisfaction with division of household labor. *Journal of Marital and Family Therapy, 53,* 221-230.

Ward, R. A. (1993). Marital happiness and household equity in later life. *Journal of Marriage and the Family, 55*(2), 427-438.

Whittaker, J. K., & Tracy, E. M. (1989). *Social treatment : An introduction to interpersonal helping in social work practice.* New York : Aldine de Gruyter.

5. 발달장애아동 자녀를 둔 어머니의 결혼만족도에 영향을 미치는 변인들에 관한 연구: 특수학교에 재학 중인 발달장애아동의 어머니를 중심으로

본 연구는 발달장애아동 어머니들의 결혼만족도에 영향을 미치는 변인들에 관한 연구로서 선행연구들의 이론적 고찰을 바탕으로 결혼만족도에 영향을 미치는 변수들을 사회인구학적인 변수와 사회심리학적인 변수 그리고 장애아동 어머니로서의 특성으로 구분하여 이들과 발달장애아동 어머니의 결혼만족도와의 관련성을 조사하였다.

연구방법으로는 설문지에 의한 조사방법을 사용하였으며, 조사도구의 설문지는 문항에 대한 신뢰도를 검증함으로써 비교적 안정된 측정도구의 신뢰성이 입증되었다. 표집방법은 본 연구목적에 따라 서울·경기 지역에 위치한 특수학교에 재학 중인 발달장애아동의 어머니들을 대상으로 편의표집하였다. 자료처리를 위한 분석방법은 기술통계방법, 변량분석, 중다회귀분석, 상관관계를 사용하였다.

본 연구의 연구결과를 요약하면 발달장애아동 어머니들의 결혼만족도에 가장 큰 영향을 미치는 사회심리학적 변수는 의사소통이었으며 사회인구학적 변수 가운데 교육수준이 높을수록, 월평균 수입·공동여가활동 빈도가 많을수록, 결혼지속연수가 낮을수록 자녀수가 작을수록 발달장애아동 어머니들의 결혼만족도가 높았다. 발달장애아동 어머니의 특성은 자녀에 대한 양육태도가 자율적일수록, 심리적 상태가 긍정적일수록 결혼만족도가 높은 것으로 밝혀졌다.

마지막으로 이 연구를 통해 장애아동을 가진 부부의 결혼만족도에 영향을 미치는 각각의 요인들을 살펴보았으며 장애인가족의 경우 장애를 가진 아동에게만 그 초점이 맞추어져 있는 사회사업적 개입에서 전적으로 아동의 양육부담을 맡고 있는 어머니를 돕는 것으로 개입의 초점을 넓히기 위한 사회사업적 개입방안을 제시하였다.

1. 서 론

역사적으로 가족의 구조와 기능은 꾸준히 변해 왔으며 현대사회에서 가족은 친족주의적 확대가족에서 부부 중심의 핵가족으로 그 형태가 변하고 있다. 오늘날 부부 중심의 핵가족에서는 부부관계가 가족의 핵을 이루고 있다고 말할 수 있으며 결국 부부관계와 결혼생활의 만족여부는 부부 자신뿐 아니라 가족의 안정과 지속성에 중요한 영향을 미치며 나아가 사회의 안정에도 지대한 영향을 미친다.

장애아동의 가족에 대한 연구를 보면 부부관계와 결혼생활의 만족여부는 장애아동의 가족에게도 중요한 영향을 미칠 수 있다고 밝히고 있으며 구체적인 연구 내용은 다음과 같다. 실제로 장애아동을 가진 가족의 스트레스는 그 가족을 육체적, 심리적으로 지치고 건조하게 만들 수 있으며 특히 장애아동의 어머니는 가족의 스트레스를 모두 받아들여야 하고 그 스트레스로부터 다른 가족을 보호해야 할 때 더욱 많은 어려움을 겪을 수 있다(Seligman & Darling, 1997 : 90). Seligman과 Darling(1997)에 따르면, 장애아동을 가진 가족들 사이에서 더 많은 부부간 스트레스가 존재한다고 하였는데, 특히 아동이 어릴 때 혹은 유아기에 장애를 가져 주의가 필요하게 될 때 배우자로부터 제공되는 지지체계가 없다면 그 어머니는 배우자로부터 거리감을 느끼고 좌절된 감정을 느낄 가능성이 많다. 이러한 이유로 장애아동이 있는 가족에 대한 치료적 개입은 아동에게 초점을 맞추는 것에서 발전하여 어머니-아동체계로 옮겨지고 있다. 어머니와 장애를 가진 아동은 지나치게 얽혀 있거나 적절하지 못하게 포함되어 있는 경계선을 가질 수 있는데 이를 감소시키는 것은 부부간 상호작용의 질에 달려있다.

Bristol과 Schopler(1984)는 장애아동이 있는 가족의 역기능으로 자주 부부간의 친밀감, 성관계, 커뮤니케이션, 가치 공유 등의 어려움을 보고하고 있는데 이러한 연구는 장애아동에 대한 양육부담을 전적으로 맡고 있는 어머니에게 배우자로부터 제공되는 지지체계가 성립되지 않는다면 그 어머니는 많은 어려움을 경험하게 되므로 성공적인 어머니의 적응을 위해서는 배우자의 지지체계가 중요하다는 것을 보여주고 있다.

나아가 많은 연구들은 아동의 장애상태에 따라 가족의 스트레스 정도가 달라진다는 결론을 밝히고 있는데 특히 지체장애가 아닌 발달장애아동의 경우는 성장 이후에도 자립도가 떨어지기 때문에 더욱 많은 스트레스를 유발시킨다고 말한다(Seligman & Darling, 1997 : 104-113). 우선 자폐증의 경우, 아동의 어머니는 자녀의 장애에 대한 죄의식을 자주 느끼며 사회적 낙인화로 인하여 많은 스트레스를 경험하고, 정서장애를 가진 아동의 가족 역시 부부관계에 대단히 부정적인 영향을 받을 수 있다. Cantwell과 Baker(1984)는 그들의 연구에서 자폐증아동의 복합적인 실패로 인해 가족 전체 체계는 영향을 받으며 가족은 아동이 더 성장할 때까지도 그 어려움이 감소되지 않는다고 말하고 있으며 이로 인해 부부간의 정서적인 문제를 연속적으로 갖게 될 가능성이 많다고 보고함으로써 발달장애아동을 가진 부부에게 발생될 수 있는 여러 문제점에 대해 지적하고 있다. 이와 같이 발달장애아동의 어머니는 그들의 특수한 상황으로 인해 발생될 수 있는 부부문제에 노출될 가능성이 많기 때문에 배우자에 대한 지지체계 및 결혼만족 여부는 이들에게 매우 중요한 의의를 갖는다고 말할 수 있겠으나 현재 우리나라에서 진행된 발달장애아동 어머니의 결혼만족도에 대한 연구는 없는 것으로 보인다.

또한 1995년 한국보건사회연구원에서 실시한 장애인 실태조사에 의하면 우리나라 장애인의 출현율은 전 인구의 2.35%(약 105만 3000명)로 추정할 수 있으며 이 중 정신지체는 32.8%로 이들의 대부분이 선천적인 장애로 영·유아 시기부터 장애가 확인된다고 한다.[1] 이러한 상당수의 장애아 출현은 곧 그 아동의 양육부담을 전적으로 맡게 되는 어머니들의 숫자 역시 상당수임을 설명하고 있다.

이와 같이 해마다 증가되고 있는 장애아의 출현율과 발달장애아동 어머니에 대한 배우자 지지체계 및 결혼만족여부의 중요성, 특수 가족을 대상으로 한 결혼만족도 연구의 미흡함 등을 고려해 볼 때 발달장애아동 어머니의 결혼만족도에 관한 연구가 필요하다고 생각된다. 따라서 본 연구는 사회사업가가 발달장애아동의 가족, 특히 어머니의 결혼만족도에 대한 성향을 이해하고 이에 영향을 미치는 변수들을 고찰함으로써 아동의 치료뿐 아니라 양육에 대한 전적인 책임을 맡고 있는 어머니에게 있어서 배우자 지지체계의 중요성 여부를 밝히고 발달장애아동 어머니들의 결혼문제 및 가족을 위한 사회사업적 개입을 제공하는 데 기여할 수 있으리라 본다.

2. 이론적 배경

1) 결혼만족도의 개념

결혼만족도는 결혼생활 전반에 대한 개인의 행복과 만족에 대한 주관적이고 개인적인 현상이므로, 객관성을 가지고 이를 측정하는 데는 많은 문제점이 있다. 이러한 문제점에도 불구하고 부부간의 결혼만족도에 대한 개념화는 많은 학자들에 의해 그 중요성이 제기되어 왔고

1) 발달장애아 중 정신지체아의 경우 59.5%가 12개월 이전에 발생하고 있으며, 1-4세가 28.1%, 5세 이후가 12.4%를 차지하여 전체 87.6%가 4세 이전에 장애가 확인된다고 한다.

많은 관심을 받아 왔다. Lewis와 Spanier(1979)는 결혼만족도란 "한 개인의 결혼에 대한 기대수준과 실제로 받는 보상 사이의 일치 정도"라고 정의했다. 한편, Thompson(1988)은 결혼만족도란 "결혼생활에 관련된 개인의 주관적 감정과 태도로서 행복, 기쁨, 만족 등을 포함하는 결혼에 대한 호감"이라고 정의하였다. 본 연구자는 결혼만족도를 결혼생활의 전반적인 질에 대한 배우자의 주관적인 평가로 정의하고자 한다(Park et al., 2000 : 37; 박태영, 1998 : 34).

2) 발달장애아동 어머니로서의 특성과 결혼만족도

장애아동의 부모와 가족구성원들은 다양한 측면으로 문제를 가질 수 있는데 그것은 주로 장애아동이 장기간의 주의 깊은 교육적 배려를 필요로 하며 사회 적응을 하기까지는 많은 어려움을 겪어야 하기 때문이다(최은정, 1986 : 16). 장애아동의 부모와 가족에 대한 연구에서 부부간 적응도 및 가족기능에 대해 영향력을 갖는 요인들을 밝히고 있는데 많은 여러 요인들 중 특히 장애자녀에 대한 현재의 심리적 상태와 장애자녀를 대하는 양육 태도가 중요한 변수임을 알 수 있다(서화자, 1999 : 121-124).

(1) 장애자녀에 대한 양육태도

정서장애아동 가족의 구조적 특성을 밝히기 위해 가족상호작용 특징에 있어 구조화된 진단방법을 사용한 Minuchin은 장애아동의 가족들이 가질 수 있는 역기능에 대해 설명하고 있다(Seligman, 1991 : 378-401). 즉, 장애아동에 대한 과도한 집착으로 이는 단지 '가깝다'라는 것을 의미하지 않고 서로 지나치게 얽혀 있거나[2] 혹은 부부간의 결핍된 관계가 부모와 아동 간의 관계에 부적절하게 관여하여 부부간

2) Minuchin과 Bowen은 이와 동일한 개념으로 부부관계에 있어 '밀착된 관계'나 '미분화된 관계'라는 용어를 사용하고 있으며 이는 부부적응에 실패한 즉, 갈등해소방법에 있어서의 취약함을 나타내는 부부관계를 의미한다.

의 갈등 속에 아동을 연루시킴으로써 일종의 '과잉보호'의 형태로 나타나게 될 수 있다. Minuchin은 부부간의 역기능이 장애를 가진 아동에 대한 양육태도를 결정짓는 중요한 변수로 작용한다고 말하고 있는데 부부간의 갈등은 아동에 대해 지나친 밀착이나 분리상태, 과잉보호, 갈등 회피 등으로 표현되어 아동의 나이에 맞는 자율성의 정도를 규정하는 경계가 약해질 수 있다.

어머니의 결혼와 자녀의 양육태도와의 관계를 조사한 선행연구들은 결혼에 만족하는 어머니일수록 자녀에 대한 양육태도가 가장 바람직한 형태라고 하는 수용적·자율적 태도를 가지고 있음을 밝히고 있는데 서화자(1999)는 결속력이 강한 부부일수록 장애자녀를 양육하는 태도가 자율적이라는 실천적 연구를 제시하고 있다. Seligman과 Darling(1997) 또한 부부가 장애자녀에 대해 지나치게 간섭하거나 관심을 보이는 양육태도를 가질 경우 부모의 시간과 에너지가 상당량 요구되므로 결과적으로 부부의 결혼만족도는 감소된다고 말하고 있다.

어머니의 결혼만족도와 자녀의 양육태도와의 관계를 조사한 선행연구결과를 유추해 볼 때 장애자녀에 대한 양육태도가 결혼만족도에 중요한 영향을 미칠 수 있는 변수일 것이라고 추측해 볼 수 있다.

(2) 장애자녀에 대한 현재의 심리적 상태

장애자녀에 대해 갖는 어머니의 심리적 상태는 각 단계마다 적응과정을 가지며 이는 곧 부부체계에 중요한 영향을 미칠 수 있다. 서화자(1999)에 따르면, 장애아동 어머니의 심리적 상태는 다음과 같은 단계를 가진다. 첫째, '부인(Denial)'의 단계이다. 이는 자녀의 장애를 인정하지 않는 심리적 상태를 의미하며 자신의 자녀는 아무 문제도 없고 다만 의사(혹은 관련 전문가)가 진실되지 않다고 믿는 심리적 상태이다. 둘째, '혼란(Bargaining)'의 단계로서, 이는 원조를 구하는 것에 대해서 어디로 가야하는가를 고민하거나 자녀가 정상아로 회복될 수 있다는 기적 또는 환상을 기대하는 심리적 상태이다. 셋째, '분노(Anger)'

의 단계이다. 이는 '왜 우리 아이에게 이런 일이 일어나는가?'라는 심리적 상태를 의미하며 주위 사람들과 잦은 마찰과 갈등을 일으키는 시기이다. 넷째, '절망(Depression)'의 단계이다. 이는 자녀의 장애에 대해 슬픔과 시련을 경험하게 되는 단계이다. 다섯째, '수용(Acceptance)'의 단계로서, 이 단계에서는 자녀의 성장 중에 자기 자신의 성장을 맛보면서 자녀의 치료나 기타 사회생활에 참여하는 단계이다.

위와 같은 단계는 각 적응과정에 따라 부부체계에 영향을 미치게 되는데, Kübler-Ross(1969)는 부인(Denial)의 단계에서 부부는 아동의 장애에 대한 세부적인 이야기를 서로 듣거나 공유하는 감정을 갖지 않음으로써 발생되는 의사소통의 결여에 대해 말하고 있으며, 분노(Anger)의 단계에서 느끼는 과도한 죄책감은 부부가 서로를 비난하는 갈등 회피의 상호작용과 장애자녀 외의 일상생활에서 발생한 분노는 아예 표현하지 않으려는 의사소통방식을 발생시킨다고 말하였다. 또한 이러한 분노의 감정은 부부가 상호작용할 때 부정적인 감정의 원인이 되어 서로에게 고립되어 가는 절망(Depression)의 단계로 발전될 수 있다고 지적하였다. 반면, 수용(Acceptance)의 단계로 발전된 부부는 서로 그들의 자녀가 가지고 있는 약점에 대해 토론할 수 있으며 자녀에 대한 양육방식을 협조적으로 의논할 수 있다고 말하였다. 서화자(1999)는 자녀의 장애를 처음 발견한 부인(Denial)의 단계와 혼란(Bargaining)의 단계에서는 자녀의 장애상태에 대한 인식이 엇갈림으로써 대립하여 부부관계가 불안과 긴장의 관계가 될 수 있으나 수용(Acceptance)의 단계로 발전될 경우 부부의 상호작용이 친밀해지고 같은 목표를 가지려는 태도로 변환하여 적응과정에 성공할 수 있다고 하였다. 반면, 분노(Anger)의 단계의 부부는 인간관계가 단절되는 경우가 많고 이혼과 죽음에 이를 수 있다고 말하였다. 이와 관련하여 American Developmental Disability Research Center(1996) 역시 결속력이 강한 부부는 자녀의 장애에 대해 수용적인 태도를 나타내며 특히 남편으로부터의 지지가 장애자녀에 대해 수용하고 적응하는 데 있어 매우 중요한 영향을 미치고 있음을 밝히고 있다. 이러한 연구결과들을 종합해 보면

장애자녀에 대한 현재의 심리적 상태는 결혼만족도에 영향을 미칠 수 있는 중요한 변인임을 알 수 있다.

3) 의사소통과 결혼만족도

밀접한 의사소통의 중요성은 현대의 핵가족에 있어서 대단히 중요하게 강조되고 있으며, 특히 가정생활의 지속과 안정이 부부관계에 의해 좌우되고 있는 현 상황에서 부부상호간의 의사소통 패턴은 결혼만족도와 대단히 관련이 있다(박태영, 1997 : 124). Noller와 Fitzpatrick (1990)은 결혼만족을 위하여 부부간의 의사소통의 중요성을 강조하였으며, Vangelisti와 Banski(1993)는 남편과 부인 혹은 양쪽 배우자 모두 일자리를 가지고 있든지 없든지에 상관없이 부부들이 상대편의 배우자에게 보고하는 시간의 양이 결혼만족도와 확실히 관련이 있다고 말하고 있다. 국내의 선행연구들을 살펴볼 때 이와 같은 견해들을 지지해 주고 있음을 볼 수 있으며(박태영, 1998 : 27-50) 이상의 연구를 살펴보면 결혼만족도와 의사소통은 아주 밀접한 관계가 있음을 알 수 있다.

4) 역할분담 및 결정권과 결혼만족도

전통적으로 성에 따라 엄격하게 역할 구분을 하여 "권위적 가장으로서의 남편 vs 순종이 요구되는 아내"의 철학이 지배적인 한국의 전통가족체제(Lee, 1992 : 258-275)에서 최근 여성들의 성역할태도가 변화되고 좀더 평등한 부부관계를 원하는 경향이 증가됨에 따라 이러한 차이에서 오는 갈등이 종종 부부문제의 원인으로 나타나고 있다(조형, 1986). 많은 연구들은 부부간 역할분담 및 결정권이 결혼만족도에 중요한 영향을 미치는 요인임을 밝히고 있는데 Fowlekes(1987)은 불균형적인 가사분담이 결혼생활에서 불공평성을 느끼게 하고 그 결과 여성의 결혼만족도에 부정적인 영향을 줄 수 있다고 했다. Pina와 Bengston

(1993)은 50 대 50의 가사분담이 부인의 결혼만족도에 중요한 예측 요인임을 발견하였는데 이에 대해 Blair(1993), Perry-Jenkins & Folk(1994)은 전반적으로 가사의 50 대 50의 분담 여부나 책임지는 가사량 그 자체가 언제나 결혼만족도를 설명한다고는 할 수 없으며 오히려 그 분담이 공평한지에 대한 인식이 결혼만족도를 예측하는 중요한 요소라고 하였다. 그럼으로써 남편의 가사노동의 참여와 성역할의 평등성은 가족의 결정권에 영향을 미칠 뿐만 아니라 결혼만족도와 밀접한 상관관계가 있음을 알 수 있다.

5) 사회인구학적 변수와 결혼만족도

선행연구의 고찰을 통해 부부간 결혼만족도에 영향을 미친다고 밝혀진 사회인구학적 변수를 살펴보면 부부간의 교육수준, 결혼지속연수, 결혼형태, 월평균 수입, 자녀수, 공동여가활동 빈도로 요약될 수 있다.

학력에 따른 결혼만족도는 정적 상관관계를 보임으로써 학력이 높을수록 결혼만족도가 높게 나타난다는 선행연구들이 있으며(이신숙, 1997 : 43). 결혼지속연수에 대한 연구는 크게 두 가지로 분류될 수 있는데 결혼지속연수가 길어질수록 결혼만족도가 감소한다는 연구결과(한남제, 1988 : 19-35)와 결혼지속연수가 경과할수록 전반적인 만족도는 감소하나 결혼생활 말기에 다시 상승하는 U자형의 곡선관계를 이룬다는 연구결과(손정숙, 1999 : 18; 김수현, 1999 : 12)가 있다. 특히 장애아동을 가진 가족의 경우 부부간 친밀감이나 적응력에 영향을 줄 수 있는 변인들을 설명하고 있는 몇몇 연구들을 살펴보면 Seligman(1997)의 연구에서는 장애아동 부모의 결혼지속연수와 결혼적응과의 관계는 중요한 요인임을 밝히고 있다. Bristol과 Schopler(1984)은 장애아동이 있는 부부의 역기능으로 장애아동의 항시보호로 인해 부부간 친밀감을 공유할 수 있는 시간적 여유가 없음을 보고하고 있으며 성공적인 가족의 적응을 위해서는 부부간 친밀감을 나눌 수 있는 공동여가활동이 중요하다는 것을 알려주고 있다. 월평균 수입과 결혼만족도는 대체적으로 정적인 관계를 나타낸다고 보고하고 있는데 Seligman과 Darling(1997)은 장애아동이 있는 가족의 기능에 영향을 미치는 요인으로 가족의 월수입을 설명하고 있어 아동의 장애로 인해 전문적인 치료와 교육이 계속적으로 필요한 가족의 경우에는 경제적 긴장이 수반될 가능성이 크다는 것을 밝히고 있다.

3. 연구문제

이 연구는 다음과 같은 가설들을 검증하고자 한다.

- 가설 1. 발달장애아동 어머니의 결혼만족도는 사회인구학적 변수에 따라 의미 있는 차이가 있을 것이다.
- 가설 2. 발달장애아동 어머니의 결혼만족도는 장애아동 어머니로서의 특성에 따라 의미 있는 차이가 있을 것이다.
- 가설 3. 발달장애아동 어머니의 결혼만족도는 사회심리학적 변수와 의미 있는 상관관계가 있을 것이다.

4. 연구방법

1) 연구대상

본 연구의 대상은 자녀가 발달장애아동이라는 의학적 진단을 받은 어머니들로서, 서울·경기 지역에 위치한 특수학교를 선정하여 거기에 소속된 발달장애아동의 어머니 300명을 대상으로 하였다. 조사대상의 선정방법은 비확률표집인 편의표집으로 한다. 실제 연구대상으로서의 발달장애아동 어머니를 표본추출하는 것은 어려움이 있어 기존의 특수학교에 소속된 발달장애아동의 어머니만을 대상으로 하기로 한 것이다.

2) 측정도구 및 용어의 정의

이 연구의 종속변수는 결혼만족도이며 이에 영향을 미치는 독립변수들은 사회인구학적 변수와 사회심리학적 변수, 발달장애아동 어머니가 갖는 특성으로 나눌 수 있다.

사회인구학적인 변수는 부부의 교육수준, 결혼지속연수, 결혼형태, 월평균 수입, 자녀수, 여가활동 빈도를 포함한다. 그리고 사회심리학적 변수는 부부간의 의사소통과 역할분담, 결정권을 포함한다. 마지막으로 발달장애아동 어머니로서 갖는 특성으로는 장애자녀에 대한 현재의 심리적 상태(장애자녀의 수용정도)와 장애자녀를 대하는 태도(양육태도)로 나누어 이들이 결혼만족도에 영향을 미칠 것이라는 가정하에 이를 포함시켜 발달장애아동 어머니의 결혼만족도를 측정하였다.

이 연구에서 사용한 조사도구는 설문지로서 응답자의 사회인구학적인 특성을 묻는 질문들과 의사소통에 관한 12문항, 역할분담과 결정권에 관한 16문항, 결혼만족도에 관한 12문항, 장애자녀에 대한 심리적 상태를 묻는 5문항과 양육태도를 묻는 4문항으로 이루어진 조사도구가 사용되었다.

(1) 결혼만족도에 관한 척도

본 연구에서는 "결혼만족도란 결혼생활 전반에 대한 주관적이고 개인적인 감정이며, 일종의 태도로서 심리적 요인과 환경적 요인에 의해 영향을 받는다고 할 수 있다"라는 조작적 개념정의를 하였으며, Roach와 그의 동료들의 결혼만족도를 토대로 하여, 최규련이 축소된 형태로 재구성한 결혼만족도 척도를 사용하였다(최규련, 1993 : 107). 응답범주는 "매우 그렇다(5점)"에서 "전혀 그렇지 않다(1점)"의 5점 리커트 척도로서 그 범위는 12점부터 60점까지이다. 점수가 높을수록 결혼만족도가 높은 것으로 해석되며 부정적인 질문인 2, 3, 7, 8, 9, 10번은 역으로 계산하였고, 이 측정도구의 신뢰도는 .93이다(최규련, 1993 : 101).

(2) 부부간의 역할분담과 결정권에 관한 척도

본 연구에서는 결정권을 "배우자가 결정권을 행사하는 데 대한 인식"으로, 역할분담은 "남편과 아내에 의해 가사를 분담하는 범위"로 조작적 개념정의를 하였으며, 부부간의 역할분담과 결정권에 관한 척도는 각각 8문항으로 이루어진 Blood와 Wolfe의 가사참여 색인(Task Participation Index)과 결정권 색인(The Decision Power Index)을 사용하였다(Blood & Wolfe, 1960 : 21). 본 설문의 문항은 5점 리커트 척도이나 이를 완전불평등형, 불평등형, 부부공동형의 3점 리커트 척도로 기록하여 분석하였다. 응답의 범위는 16점에서 48점이고 완전불평등형 1점, 불평등형 2점, 부부공동형 3점으로 해석되며 이 측정도구의 신뢰도는 각각 .62와 .61이다(박성은 · 박태영, 1998 : 240).

(3) 의사소통에 관한 척도

본 연구에서는 의사소통에 대한 개념을 "부부 사이에서 사실, 생각, 의견, 감정의 교환을 통하여 공통적으로 이해를 이룩하고 수용자 측의 의식이나 태도 혹은 변화를 일으키게 하는 일련의 행동"이라고 정의하였으며, 부부간의 의사소통과 관련하여 부부간의 경향을 파악하기 위해 deTurck과 Miller가 개발한 부부이해척도(The Conjugal Understanding Measure)를 사용하였다(deTurck & Miller, 1986 : 69-85). 응답범주는 "절대 동의 못함(5점)"에서 "매우 동의함(1점)"의 5점 리커트 척도로 그 범위는 8점에서 40점이다. 점수가 높을수록 배우자와 가장 원활한 의사소통을 하고 있음을 나타내며, 점수가 낮을수록 배우자와 가장 원활하지 못한 의사소통을 하고 있음을 나타낸다. 부정적인 질문인 4, 7, 8번은 역으로 계산하였고 이 측정도구의 신뢰도는 .87이다(박성은 · 박태영, 1998 : 240).

(4) 장애자녀에 대한 현재의 심리적 상태

본 연구에서는 장애자녀에 대해 갖게 되는 심리적 상태를 Kübler-Ross(1969)의 분류에 따라 부인(Denial)·혼란(Bargaining)·분노(Anger)·우울(Depression)·수용(Acceptance)의 다섯 단계로 나누어 측정하였으며 응답자의 정확한 이해를 돕기 위하여 본 연구에서 사용하고 있는 각 심리적 상태에 대한 개념적 정의를 설명한 후 이에 응답하도록 하였다.

(5) 장애자녀에 대한 양육태도

본 연구에서는 양육태도란 실제 생활에서 자녀를 대하는 구체적인 행동양식으로 개념적 정의를 하였으며 Becker(1964)와 Kuczynski & Kochanska(1991)의 분류에 따라 자율적 태도/권위적 태도·무관심(방임)/과잉보호의 두 차원으로 나누어 측정하였으며 1문항은 과잉보호, 2문항은 자율적 태도, 3문항은 무관심(방임), 4문항은 권위적 태도로 양육하고 있음을 나타낸다.

(6) 발달장애아동

발달장애아동이란, 개인에게 영향을 주는 실질적인 장애를 성립하는 조건[3)]들이 22세가 되기 이전에 발생한 아동(American Developmental Disabilities Research Center, 1996)을 말하며 발달장애의 범주에 들어가는 장애유형은 정신장애의 진단 및 통계편람 제4판(DSM-Ⅳ)에 의해 정신지체(IQ 70이하), 전반적 발달장애(자폐증, 기타 전반적 발달장애), 특수발달장애(학습장애, 의사소통장애, 운동기술장애)를 말한다(이근후, 1995 : 62-104). 이 연구에서는 발달장애아동을 특수학교에 재학 중인 만 12세 이하의 아동 중 정신지체, 자폐, 다운증후군, 뇌성마비로 진단된 아동으로 정의하였으며 현재 특수학교에 재학 중인 아동의 어머니를 편의표

3) 여기에서 개인에게 영향을 주는 실질적인 장애를 성립하는 조건이라 함은, 정신지체나 뇌성마비, 간질, 자폐증 또는 일반적인 지적 기능의 손상을 가져오는 기타 신경학적인 장애를 가지거나 정신지체인과 유사한 적응행동을 포함하는 조건들과 관련이 있다.

집하였으므로 정신지체 2, 3급의 장애판정을 받은 경한 장애를 가진 아동으로 범위를 제한하여 연구하였다.

3) 조사방법

본 조사에 앞서 예비조사를 통해 질문지에 대한 신뢰도를 측정한 뒤 본 조사에 착수하였다.

(1) 예비조사

예비조사는 2000년 8월 21일-25일 동안 송파구에 거주하는 발달장애아동의 어머니를 대상으로 40명에게 질문지를 배포하여 그 중 27부를 회수하였다. 예비조사의 목적은 본 조사를 실시하기 이전에 측정도구의 신뢰도를 검증하기 위해서였는데 결혼만족도 척도는 α=0.939, 부부간 의사소통 척도는 α=0.703, 부부간 역할분담 척도는 α=0.744, 부부간 결정권 척도는 α=0.654, 장애자녀에 대한 현재의 심리적 상태 척도는 α=0.831, 양육태도 척도는 α=0.769로 비교적 안정된 신뢰도를 나타내었다. 따라서 예비조사를 통해 본 연구에서 사용하고자 하는 척도의 신뢰도에 대한 안정성을 입증할 수 있었다.

(2) 본 조사

예비조사를 통해 안정된 신뢰도를 나타낸 측정도구를 가지고 본 조사를 실시하였다. 본 조사의 실시기간은 2000년 9월 4일-22일이며 총 350부를 배포하여 247부를 회수하였으나 그 중 실제 통계에 유효한 설문지는 232부였다.[4]

---

4) 총 247부의 설문지 중 내용 기재가 부실한 설문지 등 실제 통계에 유효하지 않다고 판단된 설문지 15부를 제외하고 총 232부를 최종 분석자료로 사용하였다.

4) 분석방법

수집된 자료는 SPSS 8.0 for WIN 통계 패키지를 이용하여 통계 처리하였으며 구체적인 통계기법은 다음과 같다. 첫째, 연구 대상자의 사회인구학적 특성과 장애아동 어머니로서의 특성, 결혼만족도 및 사회심리학적 변수에 따른 연구 대상자의 일반적 경향을 알아보기 위해 기술통계방법을 사용하였다. 둘째, 결혼만족도, 의사소통, 역할분담 및 결정권의 측정도구에 대한 신뢰도를 측정하기 위해 Cronbach's α계수를 산출하였다. 셋째, 대상자의 사회인구학적 특성과 발달장애아동 어머니로서의 특성(장애 자녀에 대한 현재의 심리적 상태 및 양육태도)과 결혼만족도와의 관련성을 각각 검증하기 위해 변량분석(ANOVA)을 실시하였고 추후검증을 위해 Duncan's Multiple Range Test를 사용하였다. 넷째, 결혼만족도와 사회심리학적 변수들과의 영향력을 검증하고 결혼만족도에 영향을 미치는 변수들의 상대적인 중요도를 검증하기 위해 중다회귀분석을 실시하였다.

5. 조사결과의 분석

1) 조사 대상자의 일반적인 사항

조사 대상자의 일반적인 사항을 알아보기 위하여 측정된 연령, 교육수준, 결혼지속연수, 결혼형태, 월평균 수입, 자녀수, 공동여가활동 빈도의 분포는 다음과 같다.

조사 대상자들의 연령은 35-39세가 44.8%로 가장 많았으며 30-34세가 34.5%, 40-44세가 13.8%, 45세-49세와 50세 이상이 각각 3.4%의 순으로 나타나 조사 대상자의 연령은 대부분 30대임을 알 수 있다. 교육수준은 고졸이 41.4%로 가장 많았으며 그 다음은 대졸이 37.9%로 조사 대상자의 대부분(79%)이 고졸 이상이었다. 결혼지속연수는 6-10년이 48.7%, 11-15년이 29.7%였으며 1-5년은 11.2%, 16-20년은 6.9%, 21-25년은 3.4%로 그 빈도수가 낮았다. 결혼형태를 살펴보면 연애인 경우가 39.7%, 중매인 경우가 34.1%로 고른 분포를 이루고 있었으며 연애 반, 중매 반인 경우가 24.1%였다. 월평균 수입을 통해 소득수준을 살펴본 결과 160-200만원 28.0%, 200만원 이상 24.6%, 120-160만원 17.2%, 80-120만원 12.1%로 고른 소득분포를 이루고 있었다. 자녀수의 경우 자녀가 2명인 경우가 71.6%로 가장 많았으며 3명이 15.9%, 1명이 11.6%, 4명이 0.9%로 나타났다. 마지막으로 부부가 함께 참여하는 공동여가활동 빈도에 관해 살펴본 결과 '드문 편이다'가 65.1%, '보통이다'가 22.4%, '자주 갖는 편이다'가 8.6%로 나타났다. 부부가 함께 자주 여가활동을 즐긴다고 여기기에는 그 수가 상당히 낮다는 점으로 보아 이는 장애자녀를 가진 부부들이 장애아동의 항시보호로 인해 부부간 친밀감을 공유할 수 있는 시간적 여유가 없음을 보고한 많은 선행연구들의 결과와 일치함을 알 수 있다.

2) 장애아동 어머니로서의 특성

장애아동 어머니로서의 특성을 알아보기 위하여 측정된 장애자녀에 대한 현재의 심리적 상태와 양육태도의 분포는 다음과 같다.

장애자녀에 대한 현재의 심리적 상태로는 수용이 59.9%로 가장 많았으며 절망 19.0%, 혼란 10.3%, 분노 7.3%, 부인 2.2%의 순으로 나타났다. '수용'이라는 대답에는 자녀의 바람직한 변화를 위해서 전문가와 협조하고 지속적인 노력을 하리라는 의지가 담긴 상태라고 해석되며 '분노', '부인'의 비율이 낮아 대체적으로 장애자녀에 대한 인식이 건전하다는 것을 알 수 있다. 반면 '절망'의 단계가 19%나 되는 것으로 보아 장애자녀로 인해 슬픔과 시련을 계속적으로 경험하고 있는 응답자들도 많음을 알 수 있다.

장애자녀의 양육태도를 통해 자녀를 실제 생활에서 어떻게 대하는

가를 조사한 결과 '아동이 할 수 있는 일은 스스로 하도록 한다'가 58.6%로 자율적 태도가 가장 많았으며 '매사를 보살펴 주고 간섭한다'가 28.9%로 과잉보호의 태도가 비교적 높았고, '아동의 행동에 거의 상관하지 않는다'는 방임적 태도와 '아동에게 엄격하고 권위적으로 대한다'는 권위적 태도는 각각 2.2%, 9.2%였다. 자율적인 양육태도가 높은 비율을 보이는 한편 과잉보호적인 양육태도 역시 수위를 차지한 이유는 자녀의 장애유형별 특징과 실제 생활에서 필요한 교육에 대한 정보를 알지 못하고 아동의 신체적 발달에 따른 처리를 주먹구구식으로 하는 경우가 많기 때문이라고 생각된다.

3) 결혼만족도와 사회심리학적 변수에 대한 일반적 경향

본 연구의 종속변수인 결혼만족도와 사회심리학적 변수인 역할분담, 결정권, 의사소통 효율성의 각 척도별 조사 대상자들의 평균 점수는 다음과 같다.

조사 대상자의 결혼만족도에 관한 척도에서 평균 점수는 3.4점으로 나타났다. 5점에 가까울수록 결혼만족도가 높은 것으로 해석되므로 발달장애아동 어머니들의 결혼만족도는 약간 높은 편이다. 역할분담과 결정권에 관한 척도는 1점에 가까울수록 완전불평등형, 2점에 가까울수록 불평등형, 3점에 가까울수록 부부공동형으로 해석되므로 역할분담이 1.8점, 결정권이 2.3점으로 발달장애아동 어머니들은 부부사이에서 결정할 문제들이나 역할분담이 불평등의 형태로 나타났음을 알 수 있다. 마지막으로 조사 대상자들의 의사소통 효율성에 관한 평균점수는 3.3점으로 나타났다. 이 역시 5점에 가까울수록 부부간의 의사소통이 원활한 것이므로 평균을 조금 넘는 점수로 보아 의사소통이 약간 원활한 편임을 알 수 있다.

4) 사회인구학적 변수와 결혼만족도와의 관계

〈표 5-1〉 사회인구학적 변수에 따른 결혼만족도

사회인구학적 변수 \ 부부의 결혼만족도		N	M	SD	F	D	
교육 수준	국 졸	17	2.99	1.21	3.38*	A	
	중 졸	20	3.32	0.89		A	B
	고 졸	96	3.57	0.67			B
	대 졸	88	3.56	0.77			B
결혼 지속 연수	1-5년	26	3.60	1.08	6.77***	A	
	6-10년	113	3.50	0.69			B
	11-15년	69	3.18	0.81			B
	16-20년	16	3.57	0.78			B
	21-25년	8	2.20	0.84			B
결혼 형태	중 매	79	3.23	1.03	2.09	A	
	연 애	92	3.53	0.78		A	
	중매 반, 연애 반	56	3.32	0.56		A	
	기 타	2	3.83	0.00		A	
월평균 수입	50만원 미만	12	3.34	1.06	2.43*	A	
	50만원 이상-80만원 미만	20	2.93	0.44		A	B
	80만원 이상-120만원 미만	28	3.45	0.96		A	B
	120만원 이상-160만원 미만	40	3.26	0.93		A	B
	160만원 이상-200만원 미만	65	3.39	0.50			B
	200만원 이상	57	3.63	0.98			B
자녀수	1명	27	3.99	0.83	33.48***	A	
	2명	166	3.50	0.65		A	B
	3명	37	2.41	0.77			B
	4명	2	2.50	0.35			
공동 여가활동 빈도	드문 편이다	151	3.36	0.79	3.36*	A	
	보통이다	52	3.57	0.65		A	B
	자주 갖는 편이다	20	3.76	0.66			B

* P＜.05 ** P＜.01 ***P＜.001 (D : Duncan's Grouping)

〈가설 1〉에 대한 검증은 다음과 같다.

결혼만족도를 종속변수로 하고 사회인구학적 변수의 각 영역을 독립변수로 하여 변량분석을 실시하였으며 추후검증으로 Duncan's Multiple Range Test를 실시한 결과는 다음 〈표 5-1〉과 같다.

〈표 5-1〉에서 보는 바와 같이 결혼만족도는 사회인구학적 변수에 따라 부분적으로 차이가 검증되었다. 즉 결혼만족도는 교육수준 F=3.38, P<.05, 결혼지속연수 F=6.77, P<.001, 월평균 수입 F=2.43, P<.05, 자녀수 F=33.48, P<.001, 공동여가활동 빈도 F=3.36, P<.05에서 집단 간의 차이를 보이고 있다. 그러나 결혼형태에서는 차이를 나타내지 않음으로써 이 변수에 대한 가설은 부정되었다. 따라서 교육수준, 결혼지속연수, 월평균 수입, 자녀수, 공동여가활동 빈도에 따른 결혼만족도에 관한 차이 검증이 유의미하게 나타남에 따라 가설 1은 부분적으로 채택되었다.

5) 장애아동 어머니로서의 특성과 결혼만족도와의 관계

〈가설 2〉에 대한 검증은 다음과 같다.

〈표 5-2〉에서 보듯이 결혼만족도는 장애아동 어머니로서의 특성에 따라 차이가 검증되었다. 즉 부부의 결혼만족도는 장애자녀에 대한 현재의 심리적 상태 F=22.20, P<.001, 양육태도 F=41.74, P<.001에서 집단 간의 차이를 보이고 있다. 따라서 장애자녀에 대한 심리적 상태, 양육태도에 따른 결혼만족도에 관한 차이 검증이 유의미하게 나타남에 따라 가설 2는 모두 검증되었다. 장애자녀에 대해 자율적인 양육태도를 가지며 현재의 심리적인 상태가 '수용'의 단계로 긍정적인 상태일 때 결혼만족도가 높은 것은 전문가의 진단을 통해 자신의 자녀에게 장애가 있음을 객관적으로 받아들이게 되고 자녀의 치료나 기타 사회생활에 참여하는 과정을 통해 어머니의 억눌린 심리상태가 줄어

듣고 부부간 관계도 좋아지게 된다는 주장을 뒷받침한다고 볼 수 있겠다.

〈표 5-2〉 장애아동 어머니로서의 특성에 따른 결혼만족도 차이 검증

장애아동 어머니로서의 특성 \ 부부의 결혼만족도		N	M	SD	F	D	
장애자녀에 대한 현재의 심리적 상태	부 인	5	1.68	0.59	41.73***	A	
	혼 란	24	2.77	0.41		A	
	분 노	17	2.53	0.79		A	
	절 망	44	2.95	0.52		A	
	수 용	139	3.79	0.67			B
양육태도	과잉보호	67	2.98	0.82	22.20***	A	
	자율적 태도	136	3.73	0.66			B
	방 임	5	3.08	0.18		A	
	권위적 태도	21	2.51	0.69		A	

* P＜.05 ** P＜.01 ***P＜.001 (D : Duncan's Grouping)

6) 결혼만족도에 영향을 미치는 변수

먼저, 부분 간의 횡단적 자료를 이용하는 회귀분석모델이 적절하다는 것을 밝히기 위해 다공선성(multicollinearity) 문제를 〈표 5-3〉과 같이 평가했다. Berry와 Feldman(1990)에 따르면 상관관계가 약 .8 이상을 초과하지 않고 VIF값이 10을 넘지 않으면 다공선성에 문제가 되지 않는다고 결론을 내리고 있다. 따라서 다공선성의 기준을 상관계수 0.8, VIF값 10으로 사용하였다.

〈표 5-3〉에서 보여지듯이, 독립변수들의 상관계수가 0.8을 초과하지 않고 VIF값 역시 10을 넘지 않는 것으로 나타나고 있으므로 다공선성에는 문제가 없는 것으로 밝혀졌다.

〈표 5-3〉 독립변수과 종속변수 간의 상관계수 및 VIF & Tolerance 값

	상관계수	VIF	Tolerance
의사소통	.78	1.667	.600
결정권	.17	2.062	.485
역할분담	.01	1.656	.604
교육수준	.14	1.622	.616
월평균 수입	.20	1.417	.706
결혼지속연수	−.14	1.129	.885
장애자녀에 대한 현재의 심리적 상태	.26	1.714	.583
양육태도	.08	1.074	.931

다음으로 결혼만족도에 영향을 미치는 제반 요인들 간의 상대적인 기여도 및 〈가설 3〉을 검증하기 위해 중다회귀분석을 한 결과는 〈표 5-4〉와 같다.

〈표 5-4〉 중다회귀분석 결과

구 분 / 변 수	B	SE B	Beta	T	sig T	R^2
의사소통	1.145	.059	.709	15.746	.000	.583
결혼지속연수	−.121	.032	−.138	−3.729	.000	.055
교육수준	.264	.042	.279	6.278	.000	.024
월평균 수입	9.29E−03	.023	.001	.403	.688	.028
역할분담	−.215	.098	−.099	−2.205	.079	.003
결정권	.210	.099	.046	2.924	.057	.030
장애자녀에 대한 현재의 심리적 상태	.237	.033	.660	7.223	.000	.158
양육태도	.932	.039	.008	3.320	.001	.084
상수	1.048	.264		3.971	.000	

주 : Multiple R=.829, R^2=.687, Adjusted R^2=.678, F=75.635, Sig F=.000

〈표 5-4〉에서 보여지듯이, 중다회귀분석의 결과는 의사소통, 결혼지속연수, 교육수준, 장애자녀에 대한 현재의 심리적 상태, 양육태도가 통계학적으로 유의미하다고 나타났다($P<.05$). 교육수준과 결혼지속연수에 대한 R^2는 각각 .024와 .055였으며, 교육수준에 대한 변수(t=6.278)는 결혼만족도와 긍정적으로 관련이 있고 결혼지속연수에 대한 변수(t=-3.729)는 결혼만족도와 부정적으로 관련이 있는 것으로 나타났다. 장애자녀에 대한 현재의 심리적 상태와 양육태도에 대한 R^2는 각각 .158과 .084였으며, 자녀에 대한 심리적 상태에 대한 변수(t=7.223)와 양육태도에 대한 변수(t=3.320)는 결혼만족도와 긍정적으로 관련이 있다. 의사소통에 대한 R^2는 .583였으며, 이 변수는 결혼만족도를 가장 잘 설명해 주는 변수였다. 따라서 발달장애아동 어머니들에게 있어서도 선행연구의 결과와 마찬가지로 결혼만족도에 가장 중요한 변수가 의사소통이었다는 결론을 확인하게 되었다. 결론적으로 발달장애아동 어머니들의 결혼만족도에 관한 중다회귀분석은 의사소통이 결혼만족도의 편차를 설명하여 주는 제1의 중요한 변수라는 것을 보여주었고, 자녀에 대한 어머니의 심리적 상태, 양육태도, 결혼지속연수, 교육수준의 순으로 설명된다. 이와 같은 결과에 입각하여 예측할 수 있는 발달장애아동 어머니들의 결혼만족도는 〈표 5-5〉와 같이 계산될 수 있다.

〈표 5-5〉 결혼만족도에 대한 공식

구 분	공 식
결혼만족도	.264×(교육수준) - .121×(결혼지속연수)+.932×(양육태도) +.237×(장애자녀에 대한 심리적 상태) +1.145×(의사소통) +1.048

6. 요약 및 사회사업 실천적 함의

이 연구는 발달장애아동 어머니들의 결혼만족도에 영향을 미치는 변수들을 연구한 것이다. 결혼만족도에 영향을 미치는 변수들은 크게 사회인구학적인 변수와 사회심리학적인 변수 그리고 장애아동 어머니로서의 특성으로 나눌 수 있다. 사회인구학적인 변수로는 교육수준, 결혼지속연수, 결혼형태, 월평균 수입, 자녀수, 공동여가활동 빈도를 포함한다. 사회심리학적인 변수로는 의사소통, 결정권, 역할분담을 들 수 있고 장애아동 어머니로서의 특성에는 장애자녀에 대한 현재의 심리적 상태, 양육태도를 포함한다.

수행된 연구과제의 결과를 요약하면 다음과 같다.

첫째, “발달장애아동 어머니의 결혼만족도는 사회인구학적 변수에 따라 의미 있는 차이가 있을 것이다”라는 가설은 부분적으로 채택되었다. 다시 말해서 결혼만족도는 교육수준이 높은 집단과 낮은 집단 간의 의미 있는 차이를 나타냄으로써 교육수준이 높을수록 높은 결혼만족도를 나타내었다. 이러한 연구결과는 김혜경(1996), 이미란(1993) 등의 연구에서 학력에 따른 부부간의 결혼만족도는 정적 상관관계를 보인다는 연구결과를 지지해 주고 있다. 월평균 수입의 경우에는 소득수준이 높을수록 높은 결혼만족도를 나타냈으며, 공동여가활동 빈도에 있어서 함께 여가를 즐기는 빈도수가 많으면 많을수록 높은 결혼만족도를 나타냈다. 반면 결혼지속연수와 자녀수의 경우는 결혼만족도와 부적 상관관계를 보이고 있어 결혼지속연수와 자녀수가 적을수록 높은 결혼만족도를 나타냈다. 반면 결혼형태는 집단 간의 차이가 나타나지 않음으로써 의미 있는 상관관계가 없음이 밝혀졌다.

둘째, “발달장애아동 어머니의 결혼만족도는 장애아동 어머니로서의 특성에 따라 의미 있는 차이가 있을 것이다”라는 가설은 유의미한 것으로 나타났다. 장애자녀에 대한 양육태도가 자율적일 때 가장 높은 결혼만족도를 나타냈는데 이는 최은정(1986)과 서화자(1999)의 연구에서 장애아동자녀를 자율적인 태도로 대할수록 부부간 결속력이 높게 나타난다는 연구결과를 지지해 주고 있다. 장애자녀에 대한 심리적 상태의 경우에는 '수용(Acceptance)'의 단계일 때 결혼만족도가 가장 높게 나타났다. 이러한 연구결과는 Bristol(1979)의 연구에서 결속력이 강한 부부는 장애자녀에게 대처하는 능력이 매우 높다는 연구결과와 최은정(1986)의 연구에서 장애자녀에 대한 현재의 심리적 상태가 긍정적일 때 부부 적응도가 높게 나타난다는 연구결과를 지지해 주고 있다.

셋째, "발달장애아동 어머니의 결혼만족도는 사회심리학적 변수에 따라 의미 있는 상관관계가 있을 것이다"라는 가설은 부분적으로 채택되었다. 즉 의사소통의 효율성이 높을수록 결혼만족도는 증대한다는 점이 연구결과 밝혀졌으며 이는 총 변량의 58.3% 설명력을 나타냈다. 이러한 연구결과는 Noller(1990)와 Fitzpatrick(1990), Banski(1993) 등 결혼생활을 연구하는 학자들에 의해서 밝혀진 바와 같이 의사소통 효율성이 높을수록 결혼만족도와는 매우 높은 정적 상관관계를 나타낸다고 보고하는 연구와 일치한다. 반면 결정권과 역할분담은 결혼만족도 편차의 각각 3.0%, 0.3%만을 설명함으로써 발달장애아동 어머니의 결혼만족도에는 큰 영향을 미치지 못하는 것으로 밝혀졌다.

이상의 연구를 토대로 몇 가지 사회사업적인 제언을 하고자 한다.

첫째, 본 연구에서 대상자의 일반적 사항 중 공동여가활동 빈도에 관해 살펴보았는데 부부가 함께 자주 여가활동을 즐긴다고 하기에는 그 수가 상당히 낮게 나타났다. 이는 장애자녀를 가진 부부들은 아동의 항시보호로 인해 부부간 친밀감을 공유할 수 있는 시간적 여유가 없음을 보고하고 있으며, 따라서 사회사업가는 부모 모임 등의 프로그램을 통해 부부가 함께 참여할 수 있는 여가활동의 기회를 제공해 줄 수 있도록 도와야 할 것이다.

둘째, 교육수준과 결혼지속연수는 결혼만족도와 관련이 있으므로 사회사업가는 교육수준이 비교적 낮은 장애아동의 어머니들을 돕는데 주력하는 부모교육 및 가족치료적 프로그램을 고안함에 있어 가족치료전문가, 의료진, 교사와 함께 협력해야 한다. 또한 결혼지속연수가 많은 어머니들을 도와야 하며 이를 위해 다른 장애아동 부모들과의 모임을 더욱 조직화시키고 활성화시켜 각자의 결혼생활에 대한 경험을 공유할 수 있는 방안을 고려해야 한다.

셋째, 사회사업가는 장애아동의 어머니들이 자녀를 대하는 태도가 보다 더 "자율적인 태도"가 될 수 있도록 도와야 한다. 그리고 장애아동자녀에게 엄격한 태도를 취하거나 지나치게 방임적인 태도를 취하는 어머니들에 대한 상담을 집중적으로 실시하여 그들의 양육태도를 개선해 주도록 노력할 필요가 있다. 또한 자녀에 대한 심리적 상태를 보면 "분노"나 "부인"의 비율이 낮아 대체적으로 장애자녀에 대한 인식이 건전하다는 것을 알 수 있으나 반면 "절망"의 단계가 응답자의 19%를 차지해 장애자녀로 인해 슬픔과 시련을 계속적으로 경험하고 있는 응답자들도 많음을 알 수 있다. 이러한 결과는 곧 부부사이에도 밀접한 영향을 미치고 있음이 연구결과 나타났으므로 장애자녀에 대한 심리적 상태가 "수용"의 단계로 발전할 수 있는 대처방안을 모색할 필요가 있겠다.

넷째, 사회심리학적인 변수 중 의사소통이 발달장애아동 어머니들의 결혼만족도에 영향을 미치는 변수임을 알 수 있는데 이는 부부간 의사소통기술을 증진시키는 사회사업적인 개입이 필요함을 시사해 준다.

끝으로 이 연구의 대상은 발달장애아동의 어머니들인 데 비해 실제 대상은 특수학교에 재학 중인 장애아동의 어머니들만을 대상으로 하였다. 따라서 정신지체 2, 3급의 판정을 받은 경한 장애를 가진 아동의 어머니들만으로 그 대상이 제한되어 중증 장애를 가진 아동의 어머니들에 대한 연구결과를 제시해 주고 있지 못하다. 또한 어머니의 취업유무나 장애자녀의 양육으로 인해 투자하고 있는 평균적인 시간을 그 변수로 고려하지 않아 자녀의 양육시간과 결혼만족도에 따른 차이를 검증하지 못하였다. 따라서 후속연구에서는 자녀의 장애 정도 및 양육시간에 따른 변수를 함께 고려한 연구가 계속되어야 할 것이다.

참고문헌

김수현(1999). "노년기 부부의 결혼만족도 연구", 한양대학교 대학원 석사학위논문.

박성은 · 박태영(1998). "한국 개신교 목회자들의 결혼만족도에 영향을 미치는 변수들에 관한 연구", 한국 가족치료 학회지, 제6권 2호, pp.233-250.

박태영(1997). "재미교포 부부 가족문제에 대한 구조적 가족치료모델의 적용", 한국가족치료학회지, 제5권, pp.117-140.

박태영(1998). "결혼만족도에 영향을 미치는 변수들에 관한 연구", 정신보건과 사회사업, 제5권, pp.27-50.

서화자(1999). 장애인가족원조론, 홍익제.

손정숙(1999). "결혼초기 무자녀 맞벌이 부부의 역할 갈등과 결혼만족도에 관한 연구", 중앙대학교 대학원 석사학위논문.

이근후(1995). 정신장애의 진단 및 통계편람, 제4판, 하나 의학사.

이신숙(1997). "노인의 성역할 태도와 부부적응에 관한 연구", 한국노년학회, 제17권 2호, pp.46-59.

조홍식(1997). 가족복지학, 학지사.

조 형(1986). '현대의 부부관계-남녀평등과 인간화', 연세대학교 여학생처(편).

최규련(1993). "맞벌이 부부의 결혼만족도와 우울증에 관한 연구", 대한가정학회지, 제3권 1호, pp.99-113.

최은정(1986). "자폐아동 부모의 특성과 부부적응도에 관한 연구", 이화여자대학교 대학원 석사학위논문.

한국보건사회연구원(1996). '1990년도 장애인 실태조사보고서', 서울 : 한국보건사회연구원.

한남제(1988). "한국 도시 주부의 적응에 관한 일 연구", 효성여대 여성문제연구소, 제16권, pp.19-35

American Developmental Disabilities Research Center (1996). *Developmental Disabilities.*

Becker, W. C. (1964). "Consequence of different kinds of parental discipline", *Journal of child development research, 1*, pp.169-208.

Berry, W. D., & Feldman, S. (1990). *Multiple regression in practice*, Newbury Park : Saga Publication.

Blood, R. O., & Wolfe, D. M. (1960). *Husband and Wives : The Dynamics of married living*, New York : Free Press.

Blair, S. L. (1993). "Employment, family and perceptions of marital quality among husbands and wives", *Journal of Family Issues, 14*, pp.189-212.

Bristol, M. (1979). *Maternal coping with autistic children : The effect of child characteristics and interpersonal support*, Unpublished doctoral dissertation & University of North Carolina at chapel Hill.

Bristol, M., & Schopler, E. (1984). *A developmental perspective on stress and coping in families of autistic children*, Orlando, FL : Academic Press.

Cantwell, D. P., & Baker, L. (1984). *Research concerning families of children with autism*, New York : Plenum.

deTurck, M. A., & Miller, G. R. (1986). "Conceptualizing and measuring social cognition in marital communication : A validation study", *Journal of Applied Communication Research, 14*(2), pp.69-85.

Fowlkes, M. R. (1987). *The myth of merit and male professional careers : the roles of wives*, Families and work, Philadelphia : Temple University Press.

Kuczynski, L., & Kochanska, G. (1991). "Maternal autonomy granting : Predictors of normal and depressed mother's compliance and noncompliance with requests of five-years-old", *Child development, 62*, pp.1449-1459.

Kbler-Ross, E. (1969). *On death and dying*, New York : Macmillan.

Lee. D. O. (1992). "Commodification of ethnicity : The sociopatial reproduction of immigrant entrepreneurs", *Urban Affairs Quarterly, 28*(2), pp.258-275.

Lewis, R. A., & Spainer, G. B. (1979). *Theorizing about the quality and stability of marriage*, New York : The Free Press.

Noller, P., & Fitzpatrick (1990). "Marital communication in the eighties", *Journal of Marriage and The family, 52*(2), pp.832-843.

Park, T. Y., Harrison, D. F., & Bailey, M. A. (2000). Predictors of marital satisfaction among Korean immigrant spouses in the United States. *Journal of Family Social Work, 4*(1), pp.35-45.

Perry-Jenkins, M., & Folk, K. (1994). "Class, couples and conflict : effect of the division of labor on assessments of marriage in dual-earner families", *Journal of Marriage and the Family, 56*, pp.165-180.

Pina, D. L., & Bengtson, V. L. (1993). "The division of household labor and wives' happiness : ideology, employment and perceptions of support", *Journal of Marriage and the Family, 55*, pp.901-912.

Seligman, M., & Darling, R. B. (1997). *Ordinary families special children*, New York : The Guilford Press.

Seligman, M. (1991). *The family with handicapped child*, Bostont : Allyn & Bacon.

Shea, T. M., & Bauer, A. M. (1991). *Parents and teachers of children with exceptionalities*, University of Cincinnati.

Thompson, L. (1988). "Women, men and marital quality", *Journal of Family Psychology, 2*(1), pp.95-100.

Vangelisti, A. L., & Banski, G. E. (1993). "Is the U-curve of marital satisfaction an illusion? A 40-years study of marriage", *Journal of Marriage and the Family, 55*(1), pp.230-239.

집단 따돌림을 당하는 고등학생에 대한 가족치료모델의 적용 6

1. 서 론

본 사례는 7년 전부터 학교의 급우와 교회의 주일학교 동료들로부터 따돌림을 당하고 있는 고등학교 1학년인 클라이언트의 가족을 치료한 사례이다. 클라이언트는 4년 전에 자살을 시도한 경험이 있다. 클라이언트는 분노와 함께 삶에 대한 부정적인 시각을 가지고 있었고 사회성과 집중력이 결여되어 있었다. 클라이언트는 2남 1녀 가정에서 장남으로서 어머니와 밀착되어 있으면서도 스트레스를 받는 관계를 가지고 있었으며, 아버지와는 갈등관계에 있었다. 클라이언트는 자신이 어렸을 때부터 부모들이 교회생활에 너무 열중하여 자신과 동생들을 돌보는 시간이 적었다고 하였으며, 특히 부모들은 매일 새벽기도와 가정예배를 강요해 왔다고 한다. 또한 클라이언트는 아버지가 원하는 삶을 자신에게 강요하고 있다고 하였으며, 자신이 가지고 있는 인간상을 인정해 주기를 바란다고 하였다. 클라이언트와 어머니와의 관계에서도 어머니는 사사건건 간섭을 해 오고 있었으며, 모자간에 모호한 경계선을 가지고 있었다. 집에서 클라이언트는 장남임에도 불구하고 늘 동생들로부터 권위를 인정받지 못하고 있었으며, 이러한 배경에는 부모님들이 동생들 앞에서 자신을 인정하기는 고사하고 오히려 구박을 했기 때문이다. 클라이언트의 급우들은 처음에는 클라이언트가 약하게 보여 집단 따돌림을 시켰으나, 이제는 클라이언트가 급우들에게 따돌림을 당하기 싫어 무서운 눈을 하고 욕을 하면서 강한 척하려는 반대의 행동을 함으로써 친구들은 이전과는 또 다른 차원의 집단 따돌림을 하고 있었다.

2. 집단 따돌림에 대한 이론적 고찰

1) 집단 따돌림의 정의

최근 학교 내 집단 따돌림으로 인하여 자살하는 청소년들이 늘어나는 등 피해가 계속해서 확산되고 있으며, 학교뿐만 아니라 직장에서도 유행처럼 번지고 있는 실정이며, 한국에서도 하나의 사회현상으로 나타나고 있다. '왕따'란 '왕 따돌림'의 준말로 청소년들 사이에서 은어로 소통되는 용어이다. 이는 급우들로부터 소외되고 괴롭힘을 당하는 따돌림 행위와 따돌림을 받는 피해학생을 지칭하는 이중적 의미를 가지고 있다. 학자에 따라서 왕따라는 용어 대신에 '집단 따돌림' 혹은 '집단 괴롭힘'이라는 용어를 사용하기도 한다. Olweus(1993)는 집단폭력을 반복적이고 지속적으로 이루어지며, 가해학생과 피해학생 간의 불균형적인 힘의 관계에서 발생하는 것으로 규정하고 있다. 이에 따돌림은 집단폭력의 하위유형에 속한다고 볼 수 있다(이상균, 1999).

'집단 괴롭힘'이라는 의미로 일본어로 '이지메'라는 용어가 사용되기도 하는데, 이러한 괴롭힘은 고립과 따돌림의 결과를 낳게 된다. Roland(1988)는 괴롭힘을 "실제 상황에서 자신을 방어할 수 없는 개인에게 장기적이고 조직적인 정신적, 신체적 폭력을 사용하는 것"이라고 정의 내리고 있다. 강진령과 유형근(2000)은 괴롭힘은 "공식적으로 또는 사회적으로 정의된 강자의 위치에 있는 사람들이 자신들의 목적이나 만족을 위해 스트레스를 유발할 의도로 저항할 힘이 없는 사람들을 신체적, 심리적, 사회적, 언어적으로 반복하여 공격하는 행위"로 정의 내리고 있다. 구본용(1997)은 '집단 따돌림'을 "두 명 이상이 집단을 이루어 특정인(혹은 특정 집단)을 그가 소속해 있는 집단 속에서 소외시켜 구성원으로서의 역할 수행에 제약을 가하거나 인격적으로 무시 혹은 음해하는 언어적, 신체적 일체의 행위"라고 정의하고 있다. Schuster(1996)에 따르면, 집단 따돌림은 집단에서 같이 어울리기를 원하는 사람이 적고, 같이 어울리고 싶지 않은 사람들이 많을 때 발생한다. 이러한 집단 따돌림은 사회적 관계의 소외라는 성격을 가지고 있다.

따라서 이와 같은 여러 학자들의 정의를 종합해 볼 때, 집단 따돌림이란 두 명 이상의 집단으로부터 정신적, 신체적, 언어적, 인격적으로 피해를 당하고 있는 것으로 이러한 피해는 사회적으로 소외를 당하게 만드는 결과를 낳는 것으로 정의 내릴 수 있다.

2) 집단 따돌림을 당하는 개인적 행동특성들

집단 따돌림을 당하는 학생들을 크게 두 종류로 나눌 수 있다. 첫째, 약한 학생으로서 심신장애가 있거나, 지적 능력이 떨어지거나, 체격이 작고 왜소하거나 힘이 약하고, 정서적인 장애를 가진 학생을 말한다. 둘째, 평범한 학생으로서 보통 튀는 행동을 하거나 남을 무시하고 이기적으로 행동하는 학생을 말한다. 따라서 집단 따돌림을 당하는 학생들은 '척'하거나, 이기적이고 남을 무시하거나, 믿을 수 없는 특징을 지니고 있다. 서영창(1999 : 44-45)에 따르면, 집단 따돌림을 당하는 개인적인 특성을 첫째, 학교환경에 능동적으로 대처하지 못하고 공상이나 잡념 등 자신만의 세계에 몰입하는 경우, 둘째, 유행, 연예인, 관심도 등의 또래문화환경에 맞지 않는 엉뚱한 행동, 소극적인 회피행동 등으로 능동적으로 대처하지 못하는 경우, 셋째, 내성적인 성격으로 자기 주장을 잘 하지 못하는 경우(내숭을 떠는 것으로 오해), 넷째, 친구들이 놀리거나 괴롭힐 때 묵묵히 당하고도 가만히 있거나 상황에 맞지 않는 과민 반응과 공격적 행동이나 거친 반응을 보이는 경우, 다섯째, 대인관계에서 경계와 피해의식이 많고, 상대방의 입장에 대한 이해나 공감이 부족한 경우로 보았다.

본 사례의 클라이언트는 어려서부터 체력이 떨어졌으며, 힘이 매우 약한 경우였고, 상대적으로 지적인 능력이 뛰어났다. 따라서 어려서부터 친구들과 놀거나 운동 등을 하며 어울리지 못한 대신에 독서에 몰두하여, 또래의 친구들보다는 지적인 면에서 탁월하여, 친구들과 대화하는 데 문제를 지니고 있었다. 따라서 또래의 친구들을 무시하는 경향이 있었으며, 이러한 남을 무시하는 행동이 친구들에게는 튀는 행동을 하는 것으로 보여졌다고 생각된다. 이러한 결과 교회의 친구들과 학교 친구들로부터 집단 따돌림을 당하게 되어 클라이언트는 더욱 자신만의 세계에 몰입하게 되었다고 볼 수 있다. 또한 클라이언트는 처음에는 친구들로부터 집단 따돌림을 당할 때 묵묵히 있었으나 나중에는 오히려 과민 반응을 보이고 연필이나 컴퍼스 등으로 괴롭히는 친구들을 찔러버리기도 하였다. 결과적으로 클라이언트는 대인관계에 많은 피해의식을 가지고 있었으며, 이러한 피해의식은 가정에서 특히 아버지로부터 수용되지 못한 데에서 기인하였다.

3) 집단 따돌림을 당하는 원인

황성숙(1998)에 의하면, 집단 따돌림의 피해, 가해경험에 영향을 미치는 요인에서 부모의 감독, 부모와의 의사소통, 부모에 대한 적대적 감정이 가정과 관련된 중요한 변인으로 나타났다. 특히 부모-자식간의 대화 단절로 일반적으로 '왕따'로 지목되어 따돌림 당하는 아이들은 부모에게 말하지 못하는데, 부모로부터 이해받기보다는 오히려 꾸중만 들을지도 모른다는 걱정이 앞서기 때문이다. 즉 이것은 부모와의 대화문제로 인한 것이다. 이런 가정환경에 의한 경험이 또래집단에서도 비슷한 행동으로 나타나서 결국 따돌림의 개인의 특성에 따라 가해자나 피해자로 나타나고 있어 부모의 의식이나 가치관이 무엇보다 중요한 영향을 주고 있다.

본 사례에서 클라이언트는 출생시 아버지가 해외에서 직장생활을 했기 때문에 아버지와 함께 할 수 있는 시간이 없었으며, 아버지가 귀국한 이후에도 소원한 관계를 가지게 되었다. 또한 어려서는 조부모와 함께 생활하였다. 한편, 아동기에는 부모님이 교회생활에 너무 열중한 나머지 집을 비우는 시간이 잦았고, 형제들만이 집에서 함께 있었다고 하였다. 이러한 부모님의 자식에 대한 소홀함에 대하여 클라이언트는 불만을 토로하였다. 클라이언트는 특히 부모 중 아버지와 갈등관계를 가지게 되었고, 자신의 삶의 방식을 이해하지 못하고 일방적으로 아버지가 원하는 삶을 강요당함으로써 아버지와 의사소통이 되지 못하고 있었다. 한편으로는 자신의 욕구불만을 수용해 주지 못하는 아버지에 대하여 적대적인 감정이 표출되기도 하였다.

3. 문제점 및 치료목표

클라이언트의 부모는 클라이언트의 부정적인 사고에 문제가 있다고 보아 이러한 부정적인 사고를 긍정적인 사고로 전환하기를 원하였고, 클라이언트는 사회성과 집중력이 떨어진다고 보아 이 상담에서 클라이언트의 사회성과 집중력의 증진을 원하였다. 이에 반하여 치료자는 클라이언트의 부모님이 원하는 바를 달성하기 위하여 다음과 같은 치료목표를 설정하였다.

첫째, 클라이언트와 부모와의 의사소통방법을 관찰하여, 지금까지의 문제를 해결하기 위하여 시도하였던 방법을 조사한다.

둘째, 아버지의 클라이언트에 대한 일방적인 강요방식을 전환한다. 즉 여기서는 아버지가 클라이언트에게 지금까지 강요해 왔던 '인간상'에 대한 인지적인 변화를 시도하고, 클라이언트가 생각하는 자신의 '인간상'을 인정하고 수용하도록 한다.

셋째, 어머니와의 밀착된 경계선에서 명확한 경계선이 되도록 하고, 아버지와는 좀더 친밀한 관계를 추구하도록 한다.

넷째, 부부체계와 자녀하위체계 간의 경계선을 설정하고, 형제하위체계에서 클라이언트를 장남으로서 위계 질서에서 우위에 놓도록 한다.

4. 치료모델

1) MRI의 상호작용적 가족치료

내적인 심리 역동에 초점을 두지 않는 의사소통 이론가들은 사람의 언어적, 비언어적 의사소통방법을 연구함으로써 가족체계에 대하여 배울 수 있다는 것을 가정하고 있다. 따라서 의사소통 이론가들은 가족성원들의 개인적인, 역사적인 분석에 초점을 두는 것이 아니라 가족체계 내의 관찰할 수 있는 현재의 상호작용(관계)에 초점을 둔다. 특히 의사소통 훈련은 결혼관계에서 갈등문제에 대하여 배우자에게 의사표현할 수 있는 능력을 고양시키는 데 그 목적이 있다(Jacobson, 1986). 특히 행동주의 부부치료자들은 문제해결과 행동변화를 위하여 경청하는 것과 표현하는 것을 가르쳐 왔다(Baucom et al., 1995; Christensen et al., 1995).

가족치료의 창시자들은 정신분열증 환자들을 중심으로 가족치료와 관련된 많은 개념들을 발견하였는데, 그 중 Palo Alto에 위치한 MRI (Mental Research Institute) 집단의 여러 학자들의 연구로부터 의사소통 가족치료의 중요개념, 이론적인 틀, 치료적 기법 등이 나왔다. 특히 MRI 집단의 의사소통 이론가들은 메시지를 받아들이는 사람에게는 메시지가 단순한 메시지가 아니라는 것을 지적하였다. 사람들은 언어적인 채널과 비언어적인 채널의 두 가지를 통하여 끊임없이 복합적인 메시지를 보내거나 받아들인다(Weakland, 1976). 수신자는 말하여지는 것과 송신자의 음조 혹은 몸짓으로 표현되는 것 사이에 모순이 나타날 때 혼란스러워할 수 있다. 이중구속(속박, double-bind) 메시지는 역설적인 명령 중에 특히 파괴적인 형태의 메시지를 나타낸다. 이중구속 메시지는 특히 힘 있는 위치에 있는 사람이 수신자에게 역설적인 상황을 낳게 되는 논리적으로 일치하지 않고 모순되는 요구나 혹은 동시에 두 가지 수준의 메시지를 담고 있는 명령을 말할 때 발생된다(Goldenberg, & Goldenberg, 2000).

MRI 집단은 의사소통과 체계개념에 기반을 두고 있으며, 클라이언트에게 나타나는 증상에 초점을 맞춘 단기치료 접근법이다. 치료의 목적은 클라이언트가 생활을 잘 해 나갈 수 있도록 가능한 한 빨리 그리고 효과적으로 클라이언트가 제시하고 있는 불평을 해결하는 데 있다(Shoham et al., 1995). MRI 집단은 Watzlawick와 그의 동료들에 의하여 개발된 상호작용적 치료의 이론적 토대에 기여하였다. 이 접근법은 수많은 문제를 다루는 실제적인 치료모델이며(박인철 역, 1995; Watzlawick et al., 1974; Weakland et al., 1974), 클라이언트의 문제를 병리적인 시각으로 설명하는 것을 지양하고 클라이언트의 불평과 변화를 위한 목표의 두 가지 측면에서 클라이언트 중심의 치료방식을 사용한다(Duncan et al., 1992). MRI 단기치료모델은 현재 클라이언트에게 나타나고 있는 문제에 초점을 두며(Schlanger & Anger-Diaz, 1999), 문제와 변화에 대하여 두 가지의 상호연결된 가정에 입각해 있다. 문제의 기원과 원인과는 상관없이, 만일 클라이언트와 클라이언트가 상호작용하는 사람들이 현재의 문제행동을 계속하게 되면 클라이언트들이 심리치료자에게 가지고 오는 문제들은 계속해서 유지되는 것이다. 반면에, 만일 문제를 유지시키는 행동이 적절하게 변화되거나 제거될 때 그 문제의 성질이나 기원, 혹은 기간에 상관없이 그 문제는 해결되거나 사라질 것이다(Weakland et al., 1974). 따라서 이러한 면에 있어서 MRI

의 상호작용적 가족치료모델은 행동의 변화에 초점을 둔 모델이라고 할 수 있겠다.

MRI 집단에 따르면, 가족의 문제는 문제를 해결하려는 가족의 시도에 의해 오히려 유지되고 있다는 것이다. MRI 집단은 문제를 둘러싸고 있는 상호작용의 과정을 강조하고 일반적인 시각에서 모든 행동은 사회체계 내에서 더 폭넓게 진행되는 의사소통의 교류 가운데 설명할 수 있는 것으로 본다(Duncan et al., 1992). MRI 집단은 인간은 두 가지 방법으로 '문제'를 발달시키는 것으로 본다. 첫째, 어려움을 잘못 다루는 것이다. 둘째, 문제를 해결하려는 시도의 실패와 똑같은 문제해결 방식의 계속적인 적용이다(Watzlawick et al., 1974). MRI 모델은 '문제'란 오랫동안 그 문제를 변화시키려고 계속해 온 바람직하지 못한 행동들로 이루어진 것으로 본다. 그러한 문제행동들이 지속되는 것은 일차적으로 사람들이 그 문제행동들을 변화시키려고 행하여 왔던 방법, 즉 사람들의 '시도된 해결'에 있다고 본다. 또한 사람들이 자신들의 문제를 감소시키려고 시도해 온 해결책이 종종 문제를 유지시키거나 혹은 그 문제를 더욱 악화시키기까지 한다(Goldenberg, & Goldenberg, 2000). 따라서 치료자의 일차적인 임무는 새롭고, 다른 행동을 기존의 행동과 대체하거나, 본래의 문제행동을 '하찮은 문제'로 재평가하여 클라이언트에게 지금까지 시도해 온 해결책을 소개하는 것이다(Weakland, 1993). 또한 문제를 유지시켜 왔던 차례를 변화시키기 위하여 MRI 모델에서는 가족들에게 상식과는 반대되는 일들을 하게 하거나 혹은 믿을 수 있도록 하게 한다(Nichols, & Schwartz, 2001).

MRI 모델의 치료의 초점은 해결책에 있고, 치료의 중심된 과업은 다음 세 가지로 나눌 수 있다. 첫째, 클라이언트에 의해서 제안되고 있는 문제에 대하여 행동적인 용어로 구체적이고 분명한 묘사를 얻는 것이다. 둘째, 모든 시도된 해결책의 공통의 특징과 중요한 취지를 발견하는 것이다. 셋째, 클라이언트가 말로나 행동으로 완전히 다른 어떤 것을 하도록 치료자의 영향력을 사용하는 것이다(Schlanger & Anger-Diaz, 1999).

여기서는 MRI의 상호작용적 치료모델을 적용하여 지금까지 클라이언트와 부모가 문제를 해결하려고 시도해 왔던 방법을 찾아본다. 예를 들면, 부모는 클라이언트에게 날마다 가정예배를 강요하여 왔는데, 이러한 강요된 가정예배로 인하여 클라이언트는 오히려 하나님으로부터 더욱 멀어지는 결과를 가져왔다. 따라서 상담을 시작한 이후부터는 클라이언트가 원할 때까지 가정예배를 드리지 않기로 하였다. 아버지가 클라이언트가 추구하는 자아상을 상담 이전에는 전혀 수용해 주지 않았으나, 상담 이후로는 아버지의 클라이언트에 대한 인식의 변화로 인하여 클라이언트의 자아상에 대해서 인정해주기 시작하였다. 아버지는 클라이언트의 욕에 대해서도 상담 이전에는 무조건 야단을 쳤으나, 상담을 받으면서부터는 일방적으로 야단을 치는 방식을 변화시키기 시작하였다.

2) Salvador Minuchin의 구조적 가족치료모델

구조적 가족치료모델은 가족체계 자체의 역동적 질서에 관심을 두고, 진단과 치료를 위한 명확한 지침을 제공하는 아주 기본적인 구조와 체계를 가지고 가족을 묘사하는 모델이다. 구조적 가족치료자들은 개인을 사회적인 존재로서 파악하여 개인을 둘러싼 구조에 초점을 두었다. 가족의 구조가 변하면 동시에 가족의 지위가 변하며, 결국에는 각 가족성원들의 경험도 변할 수밖에 없다는 것이다. 이 접근법의 주된 특징은 치료의 목적으로 가족 내의 구조적 변화를 강조하는 데 있다. 이 접근법에서 치료자는 개인변화, 가족체계, 가족역동을 잘 이해하여 가족의 재구조화를 행하는 역할을 한다(Colapinto, 1991).

Minuchin에 의하면 가족체계는 하위체계로 분화되고, 하위체계를 통해 가족체계의 기능을 수행한다. 하위체계는 가족구성원들의 경계와 규칙에 의해 규정된다. 또한 가족의 하위체계는 부부하위체계, 부모하위체계, 형제하위체계, 부모-자녀 하위체계로 나뉘어질 수 있다. 잘 기능하는 가족에서는 가족체계에서 개별화와 통합성을 중요시하는 방법으로 작용한다. 만일 가족성원들이 그들의 걱정을 말하고, 문제에 직면하며 그들 스스로 해결하려고 노력하면 더 건강해질 수도 있겠지만, 대부분의 가족들은 이미 존재하고 있는 가족체계에 적응하려고 하며 그들의 실제 감정을 숨기려고 한다(Lewis, 1992).

클라이언트의 부모는 좋은 부부관계를 유지하고 있었으나, 자녀의 양육방식에서는 다소 의견차이가 있었다. 클라이언트는 어머니와는 밀착된 경계(enmeshed boundary)를, 아버지와는 분리된 경계(disengaged boundary)를 유지하고 있었다. 클라이언트는 형제하위체계에서도 부모로부터 장남으로서의 권위를 부여받지 못하고 있었다. 따라서 가족 내에서 스트레스를 받고 있었다. 치료자는 어머니와의 밀착된 경계를 좀더 명확하게 하는 반면에, 아버지와는 클라이언트와 좀더 친밀한 관계를 유지하도록 치료목표를 세웠다. 한편, 이러한 부모들과의 관계 변화로 인하여 클라이언트가 형제하위체계에서 장남으로서 권위를 인정받을 수 있도록 하였다.

3) 초이론적 모델

초이론적 모델(Transtheoretical Model)은 클라이언트가 변화하는 데 있어서 다음과 같은 5가지 단계가 있다는 것이다. 전인식 단계(precontemplation stage), 인식 단계(contemplation stage), 준비 단계(preparation stage), 행동 단계(action stage), 유지 단계(maintenance stage)이다.

첫째, 전인식 단계는 사람들이 문제를 가지고 있다는 것을 의식하지 못하거나 다른 이유 때문에 변하는 것에 대하여 진지하게 생각하지 않는 단계이다. 이 단계에서는 자신의 행동이 문제가 있다거나 병리적이라는 것으로 인식하려는 것에 대한 저항이 나타난다.

둘째, 인식 단계는 개인적인 문제가 존재하는 것을 인식하는 단계이다. 이 단계에서는 사람들이 문제와 원인, 해결책을 이해하려고 하며 무엇이 잘못되었는가 그리고 어떻게 자신들의 삶에 대해 통제를 할 수 있을까를 결정하기 위하여 노력하기 시작하는 단계이다.

셋째, 준비 단계는 자신의 의도와 행동적인 기준을 통합하는 단계이다. 이 단계에 있는 개인들은 즉각 행동을 취하려고 의도하고 약간의 행동의 변화를 알린다. 그렇지만 비록 문제행동에 대한 약간의 변화가 일어나고 있다고 하더라도, 준비 단계에 있는 개인들은 효과적인 행동을 위한 기준에 도달하지 못한 상태이다.

넷째, 행동 단계에서는 자신들의 문제를 극복하기 위하여 행동, 경험, 환경을 바꾸는 단계이다. 행동은 가장 현저한 행동의 변화를 포함하며, 엄청난 시간과 에너지의 투자를 요구한다. 행동 단계에서 이루어진 문제행동의 변화는 확실히 보여지는 경향이 있으며, 굉장한 외부의 인정을 받게 되는 단계이다.

다섯째, 유지 단계는 행동 단계에서 얻은 것을 계속하고 더 문제화된 기능의 수준으로 재발되는 것을 막기 위하여 노력하고 있는 단계이다. 이러한 유지 단계는 최소한 6개월 정도 지속되는 경향이 있다. 또한 종종 수년 동안 지속되거나 평생 동안 지속될 수도 있다 (Prochaska & Norcross, 1999).

부모는 상담 처음에는 학교생활에 적응하지 못하는 클라이언트의 문제를 개인의 문제로 생각하였으나 상담을 진행하는 동안에 어려서부터 클라이언트의 의지와는 무관하게 자신들이 지나치게 신앙생활을 강요해 왔다는 것을 깨닫게 되었으며, 부모와 함께 할 시간에 교회생활에 바빠 클라이언트와 대화할 시간을 갖지 못하였다는 것을 인식하게 되었다. 즉, 상담이 진행되는 동안에 클라이언트의 부모는 전인식 단계에서 인식 단계로 변화하기 시작하였으며, 어머니의 경우는 클라이언트와의 관계가 밀착된 관계에서 명확한 경계를 두는 쪽으로 변화하기 시작하였다. 아버지의 경우는 자신의 인간상을 클라이언트에게 강요하였던 것으로부터 클라이언트의 의견을 존중하고 클라이언트가 추구하는 인간상을 인정하는 행동 단계로 변화하기 시작했다. 이러한 변화 단계에서 부모는 어느 정도 이러한 변화를 유지하는 모습을 보였다. 따라서 클라이언트는 부모의 변화와 더불어, 원하지 않았던 학교생활을 자퇴하고 주변으로부터 별 스트레스를 받지 않게 됨으로써 가정 내에서 욕을 덜 하게 되고, 형제관계에서도 동생들로부터 인정을 받게 되었다.

5. 치료과정

본 사례는 2000년 5월 6일부터 시작하여 6월 10일까지 총 6회의 상담으로 이루어졌다.

Session 1회(2000년 5월 6일)

클라이언트는 부모와 함께 치료자의 연구실에 오자마자 불만스런 표정으로 소파에 앉으면서 치료자에게 인상을 쓰고 자신은 부모님 때문에 마지못해 이곳에 오게 되었으며, 다음에는 이곳에 오지 않겠다며 상담을 시작하였다.

T : 뭐가 불편하니?
C : 별로 불편한 것은 없어요. 가끔 습관적으로 눈이 내려가요.
T : 무엇 때문에 그러니?
C : 왜냐하면… 눈을 이렇게 하고 다니니까 애들이 안 건드리고 길도 비켜 주고 그래요. 또 요즘에는 약간 사악하게 하고 다니면 인기가 높아져요.
T : 언제부터 그렇게 하게 되었니?
C : 언제부터냐고요? 2달 전부터요.
T : 그러면 너는 지금 뭐가 문제라고 생각하니?
C : 전 예전에 죽으려고 했거든요.
T : 무엇 때문에?
C : 무엇 때문이냐고요? 예전에 부모님하고 이야기를 하는데 누구도 나하고 시간을 가져주지 않고 제 편이 없었어요. 아무도 제 말을 안 들어줘요. 그래서 '이 상황에서 더 이상 살아갈 수가 없다, 차라리

죽자'라고 생각했어요.

T : 초등학교 3학년 때부터 이지메를 당한 이유가 뭐라고 생각하니?

C : 이유 없이 괴롭힘을 당했어요. 중학교 때는 착해 보이니까 애들이 괴롭힌 것 같아요.

T : 집에서 부모님과 대화할 수가 없었니?

C : 네.

T : 한번 네 편을 들어주지 않았던 경우를 생각해서 이야기해 줄 수 있겠니?

C : 기억하면 수도 없어요. 예전에 중학교 때 선생님이 자꾸 저를 가지고 뭐라고 그랬어요. 별로 엄청난 잘못도 아니었거든요. 그런데 엄마, 아빠가 제 말이 아니라 선생님 말만 100%로 믿어요. 중학교 때는 엄마, 아빠와 굉장히 말이 안 통했고요. 지금은 아버지하고 생각의 차이가 상당히 커요. 아버지가 생각하는 인격적인 인간상과 제가 생각하는 인격적인 인간상의 거리가 상당히 크거든요. 아버지의 인간상이란 것은 예수와 부처의 전인적인 인간상인데요. 저는 그렇지가 않아요. 제가 생각하는 인간상은 자기 할 일에 최선을 다하고, 없는 사람 도와주면 된다고 생각해요. 그리고 제가 담임을 죽이는 생각을 하는 것을 가지고 자꾸 뭐라고 하는데 사람에게는 누구나 스트레스 해소를 위한 카타르시스적인 것이 있는 거예요. 그래서 저는 그 카타르시스적으로 해소하는 방법을 현실 속에서 할 수 없는 것으로 약간 잔인하게 하는 것뿐인데 부모님은 그것이 안 된다는 거예요.

T : 네가 부모님께 원하는 것이 무엇이니?

C : 지나친 간섭을 안 했으면 좋겠어요. 간섭이 사랑의 표현이라는 것도 알고 또 체험도 했지만 지나치면 오히려 해가 될 수도 있거든요.

T : 어느 분이 간섭이 심하니?

C : 양쪽 다 심한데 아버지가 간섭이 더 심해요. 조크를 조크로 안 받아들이고 화를 내서 어이없는 해프닝이 벌어져요.

F : 우리 아이가 자라온 과정에서 저는 항상 공부보다도 사람다운 사람이 되라는 것을 강조했죠. 지금 저희 아이에 대하여 걱정되는 것은 사회성이 부족하고 행동이 그 나이에 비해 더디고 집중력이 결여된다는 것입니다.

M : 제가 결혼하고 민형이 낳기 바로 1주일 전에 남편이 민형이를 못 본

체 해외로 발령받아서 다녀왔어요. 그동안에 저희가 8남매인데 다 결혼을 시키고 부부만 사시는 친정에 가서 할머니, 할아버지 밑에서 아이를 낳고 1년 10개월 동안 양육을 했어요. 민형이는 자라면서 할아버지, 할머니께 굉장히 귀여움을 받고 자랐죠. 그후 아빠가 돌아와서 함께 살게 되었는데 아빠 얼굴을 처음 보니까 아빠한테 적대감이 생겨서 아빠 얼굴을 긁어 놓기까지 한 거예요. 민형이는 아는 얼굴(할아버지, 할머니)만 좋아했고 그외의 사람들은 굉장히 싫어했어요. 민형이는 책을 굉장히 좋아하고 영특했어요. 그런데 지적인 것이 발달하는 대신 아이들하고 어울리지 못했어요. 그런 문제에 있어서 저희가 잘못한 것은 교회에서도 그렇고 유치원에서도 사람들이 이러한 민형이가 너무 영특해서 이해하지 못하는 거예요. 심지어는 민형이를 밖에다 하루종일 세워두기도 했는데 그 당시에는 잘못된 신앙 때문에 그래도 교회문턱이라도 밟아야 한다고 생각하고 그대로 1년 동안 민형이를 방치해 둔 거예요. 그런데 학교에 보내도 유치원 때 받았던 상처받은 감정이 하나도 잊혀지지 않았어요. 학교에서 공부는 아주 잘했지만 학교생활에 재미를 전혀 느끼지 못했죠. 하지만 민형이의 의식 속에는 자신이 세상을 살아가면서 잘 되어야 한다는 즉 튀어야겠다는 생각이 있었기 때문에 선생님들의 갖은 수모를 겪으면서도 학교를 다닌 거예요. 그래서 아직도 선생님들을 엄청나게 미워해요

T : 민형이 어머니께서는 민형이의 문제가 무엇이라고 생각하십니까?

M : 제가 염려해서 온 것은 이 아이의 마음의 분노, 앞날에 대한 부정적인 생각으로부터 자유롭게 해 주고 싶어서 온 거예요. 아이들이 민형이의 말을 듣고 악귀가 연상된다고 하는데 민형이는 말을 무섭게 함으로써 그 속에서 스트레스를 푸는 거예요.

C : 그게 아니라 제가 너무 순수했기 때문에 아이들한테 당한 것이라는 생각이 들었어요. 그래서 때로는 악이라는 것이 필요하다고 생각하고 악이란 것을 배웠어요. 옛날에는 아이들이 사악해서 내가 애들을 피했는데 요즘은 애들이 제가 악하다고 피해요.

T : 너는 네게 무슨 문제가 있다고 생각하니?

C : 저는 완벽한데 애들이 저를 이유 없이 괴롭히면서 희열을 느끼는 것 같아요. 그런데 아빠와 대립하는 것은 아빠랑 저랑 바라는 인간상이

틀리기 때문이고, 엄마와 대립하는 것은 나의 사악한 면 때문인 것 같아요. 저는 부모님보다는 사회에서 괴로움을 많이 당했어요. 특히 교회에서요. 교회에서 저한테 "지옥에나 가라" 그러고 부모님은 하나님께서 모든 것을 해결해 주실 거라고 그러면서 제가 교회 안 다닌다고 그러면 부모님 자식이 아니라고 그러셔서 교회는 억지로 다니고 있어요. 특히 아버지는 용돈으로 협박을 하면서 은근히 교회 다니라고 강요하고 있어요.

1회 상담에서 클라이언트는 가정 내에서 대화를 나눌 상대가 없었으며, 부모가 특히 아버지가 지나친 간섭을 하고 있다고 하였다. 또한 교회에서 많은 상처를 받았고, 이러한 상처를 부모들은 하나님께서 다 치유해 주실 것이라고 응답함으로써, 상처를 입은 자녀의 마음에 더욱 상처를 입히는 결과를 낳았다.

Session 2회(2000년 5월 10일)

T : 엄마, 아빠하고의 대화는 어떠니?

C : 괜찮아요. 가족 내에서는 별 문제가 없는데 종교적인 부분에서는 문제가 있어요. 두 분 다 종교를 강요하는데요, 특히 아빠가 금전적인 것으로 저한테 강요해요.

T : 금전적인 것으로 어떻게?

C : 교회에서 불성실하게 하면 용돈을 줄여버려요. 아빠 말씀대로 안 하면 제가 원하는 것을 못하게 한다든지 용돈을 줄여버리는 피해가 오기 때문에 사춘기 때도 반항을 안 했어요.

T : 네가 이지메를 당하는 주된 원인이 뭐라고 생각하니?

C : 저는 어머니 말씀대로 어렸을 때 책을 많이 읽었어요. 그래서 저는 애들한테 잘난 체 하는 녀석이면서 동시에 만만해 보이는 녀석으로 통했어요. 제가 유순해 보인데다가 운동도 싫어하고… 아무튼 가장 큰 원인은 애들하고 취미가 안 맞은 거예요. 요즘은 게임이 대중화되어서 제가 설 수 있는 기반이 섰지만 그 당시에는 안 그랬거든요.

T : 그러면 너는 애들하고 기본적으로 이야기가 안 되겠구나?

C : 네. 애들이 밖에 나가서 야구하고, 축구하고 놀 때 저는 책을 봤어요. 그렇게 되다 보니까 머리가 나쁜 친구들하고 사귀기가 힘들었어요. 그것이 친구가 적어지는 계기가 된 것 같아요. 초등학교 때는 단순하게 노는 것이 좋은데 제가 너무 복잡하게 노니까 왕따가 된 것 같아요.

T : 언제부터 너는 왕따가 되기 시작했다고 생각되니?

C : 네. 유치원 때부터 중학교 때까지는 무조건 애들한테 당했지만, 그 이후에 고등학교 때부터는 처세술을 깨달았어요. 언젠가는 제가 책을 안 훔쳤는데 저한테 누명을 씌웠어요. 그때 그 녀석을 죽이고 싶다는 일념으로 도서관에 가서 어떻게 하면 인간을 잘 다루고 죽일 수 있는지에 관한 책들을 읽고 처세술로써 일부러 사악하게 다녀요. 제가 7년간 왕따로 지내다 보니까 성격이 약간 신경질적으로 변했거든요. 그래서 애들이 건드리니까 짜증이 나서 또 다시 눈이 도끼눈으로 변했어요.

T : 그렇구나. 민형아, 가족하고 대화하는 데는 문제없니?

C : 엄마하고 대화는, 충돌은 없지만 성적에 집착하시는 것 같아요. 대학만 가면 모든 것이 안정된다고 생각하세요. 그러나 제 생각은 달라요. 그리고 아빠는 모든 말에 종교를 넣어서 말씀하세요.

클라이언트는 어려서부터 친구들과 대화가 되지 않았고, 친구들이 왕따를 시키면서, 왕따가 되지 않기 위하여 '도끼눈'을 하고 다니게 되었으며, 이러한 '도끼눈'으로 인하여 친구들은 또 다른 왕따를 시키는 악순환을 낳았다. 한편, 엄마는 모든 것을 대학에, 아빠는 종교에 귀결시켜 대화함으로써, 클라이언트는 가정 내에서 자신의 스트레스를 이야기할 수 있는 대화상대자가 없었음을 시인하고 있다.

Session 3회(2000년 5월 16일)

T : 민형이하고 이야기를 나누면서 엄마, 아빠가 새벽기도를 데리고 다녔다는 이야기가 나왔어요.

M : 어렸을 때에는 민형이가 당연히 새벽기도를 다녀야 되는 줄 알고 따

라다녔는데, 조금 성장해서는 안 가려고 했습니다. 그래서 아빠가 용돈이라든지 선물 등의 조건부로 교회를 데리고 갔어요. 그런데 그 당시에는 그것이 민형이에게 부담이 되는 것인 줄 몰랐어요.

T : 민형이문제가 외부적인 원인도 있겠지만, 근본적으로 가족 내부에 원인이 있다고 생각해요. 민형이는 새벽기도에 가는 것 자체를 싫어했는데, 조건부로 데리고 다닌 거예요. 문제 있는 가족의 문제는 규칙이 엄격하다는 거예요.

M : 민형이가 학교에 적응하지 못하니까 수많은 노력을 했어요. 그런데 주위에서 영적인 성장이 있어야 한다고 해서 그렇게 했던 거예요. 그리고 저는 신앙 면에서는 민형이를 자유롭게 키운 것 같은데 민형이는 그렇게 생각 안 했나 봐요. 민형이가 말도 안 했고요.

T : 문제는 부모님들이 하나님께 영광을 돌리기 위한 좋은 방법이라고 생각했지만 당사자의 의견을 무시한 거예요. 민형이문제는 엄마, 아빠가 민형이를 대하는 태도가 변하면 민영이도 변할 것이라고 저는 생각합니다.

M : 교수님 말씀을 들어보니까 아이의 입장에서 전혀 생각하지 못한 것 같네요. 저희는 민형이문제를 하나님께 기도하고, 교회를 열심히 다니면 하나님께서 해결해 주신다고 믿고 있었거든요. 민형이가 유아세례를 받기 싫어했지만, 아빠의 강요로 할 수 없이 세례를 받았지요. 교회에서 시키는 대로 양육하는 것보다 지금의 상황에서는 아이 입장에서 생각하고 아이에게 정말 필요한 것이라면 그것도 버려야겠다는 생각이 드는 거예요(엄마가 전인식 단계에서 인식 단계로 변화하는 모습을 볼 수 있다.

T : 교회생활 너무 열심히 하는 사람들의 자녀가 잘못된 경우가 많아요. 가족과 함께 하는 시간이 부족한 거예요.

M : 저희 같은 경우에는 아빠가 시간에 얽매이는 직업이 아니어서 굉장히 가정적인 분이에요. 그런데 민형이와 충돌하는 이유는 민형이가 정상적인 애들하고 달리 조금 튀는 행동을 하는 것을 하지 말라고 해서예요. 그리고 아빠는 민형이의 성격에 문제가 있다고 생각하는 거예요. 아빠는 민형이가 사회성이 부족하다고 학교에서나 교회에서 문제가 있을 때 사회생활을 하기 위해서는 무조건 이겨내라고 강요해요. 민형이는 학교에서 튀는 행동을 해서 전체의 관심을 끌고 자

기 자신을 나타내려고 하는데 아빠는 화가 나는 거죠.

T : 민형이문제를 놓고 보면 민형이의 인생의 목표는 컴퓨터 프로그래머가 된 후 벤처를 창업하는 거예요. 그 수단으로 OO정보고등학교를 갔는데 자신이 기대했던 기대치를 학교에서 충족시킬 수 없었기 때문에 실망이 컸어요. 하지만 자신이 선택한 길이었기 때문에 말을 못하고 학교에서 적응하기가 더욱 힘들었던 거예요. 하지만 민형이 아빠는 민형이에게 자신의 인간상을 강요하고 있었던 것 같아요.

M : 저는 우리 아이에 맞는 교육을 해야 한다고 생각하고 초등학교 때부터 학교를 안 보내고 제가 공부를 시켰으면 하는 생각도 했지만, 아빠는 사회생활을 해야 한다고 생각해서 계속 아빠의 방식대로 밀어붙이고 있어요.

T : 민형이는 아빠가 자신의 방식을 강요하고 있기 때문에 아빠하고 대화가 안 된다고 그래요. 민형이가 변화하려면 아빠가 변화해야 해요. 아빠의 기본 틀을 가지고 강요하면 민형이는 더 튀게 돼요(다음 주에는 클라이언트와 아빠를 상담하기로 하였다).

Session 4회(2000년 5월 27일)

클라이언트는 검정고시를 치기로 하고 학교를 자퇴하기로 결정하였고, 부모 또한 클라이언트의 결정을 받아들였다.

T : 민형아, 학교를 그만두니까 기분이 어떠냐?

C : 일단 정신적으로 압박하는 것에서 해방되었고요. 이제 공부만 하면 될 것 같아요.

T : 학교를 그만두고 나서 어떤 변화가 생겼니?

C : 저는 학교에서의 스트레스를 집에서 푸는 경우가 많았는데, 이제는 부모님과의 갈등이 거의 없어졌어요. 그런데 친구가 없어서 조금 심심해요. 10월 달부터 학원 다니면서 검정고시 공부할 거예요.

T : 민형아, 아빠와의 관계는 어떠니?

C : 호전됐어요. 예전에는 “하지 마라” 위주로 때리시거나 말씀하셨는데, 지금은 안 그러세요. 크게 마찰은 없어요.

여기에서 클라이언트와 아빠와의 관계에 변화가 있었는데, 그 이면에는 아빠가 지금까지 아들의 행동에 변화를 주기 위해서 시도해 왔던 역기능적인 방법인 "하지 마라" 또는 "때리는" 방식에서 새로운 방법 즉, 아들의 행동을 허용하는 방법으로 변화됨으로써, 클라이언트와 아빠의 관계가 호전되었음이 나타나고 있다.

T : 아버님께서는 민형이와의 관계에서 그전에 비해서 어떤 변화가 있다고 생각하십니까?

H : 훨씬 좋아졌어요. 학교를 다닐 때에는 되도록 계속 학교를 다니게 하려고만 했는데 학교를 그만두고 나서는 오히려 때로는 친구처럼 때로는 아빠처럼 지낼 수가 있어요.

T : 민형이에 의하면, 자신은 아빠의 인간상을 인정하지만 아빠는 자신의 인간상을 인정하지 않고 자꾸 아빠의 인간상만을 강요한다고 하던데. 그 점에 대해서는 어떻게 생각하십니까?

H : 아까 민형이하고 차를 타고 오면서 차가 막힐지 안 막힐지 아는 것처럼 아빠가 인생을 살아봤기 때문에 어떻게 가야 하는 것을 알고 있기 때문에 너한테 강요하는 것이라고 말했어요.

T : 민형이는 아빠한테 그런 말을 들었을 때 어땠니?

C : 아빠 말씀에 인정하는 것도 있지만 아빠의 시대와 지금의 시대는 많이 변했기 때문에 반 정도는 먹힌다고 생각해요. 아버지가 주장하시는 인간상은 욕하지 않고 인간답게 사는 것이지만, 제가 생각하는 인간상은 필요한 경우에 따라서 반항이나 욕을 할 수 있다고 생각해요.

T : 민형이가 이제 많이 변한 것 같구나. 특히 눈이 많이 정상적으로 돌아온 것 같다.

C : 그것은 얽매여 있던 것을 풀어버렸기 때문이에요. 사회에서 받은 스트레스를 표출하지 못했기 때문에 눈이나 성격 또는 기타 다른 언행에 큰 영향이 작용했어요. 그런데 지금은 그것들을 풀어버려서 괜찮아요.

처음에 상담실에 왔을 때 보였던 클라이언트의 무서운 눈이 오늘은 거의 완전히 사라지고 일반적인 학생들이 보여주는 눈빛을 가지고 있어서, 클라이언트에게 엄청난 변화가 나타났다.

T : 동생들과의 관계는 어떠니?

C : 부모님은 제가 동생들에게 조그만 행동을 해도 과민반응을 해요. 저희 집은 위계질서가 파괴됐어요. 제가 말을 하면 동생들이 막 무시해요. 그래도 여동생하고는 말이 통하는데, 남동생하고는 마찰이 심해요. 남동생이 고집이 세요.

T : 상담을 하고 나서 아버님께서는 민형이와의 관계가 어떻게 변했습니까?

F : 좋아졌죠. 민형이가 학교라는 굴레를 벗어난 후 관계가 많이 좋아졌어요. 사실 학교문제로 엄마하고 의견차이가 있었어요. 초등학교・중학교 때부터 학교를 그만두게 하자는 말이 있었지만 제가 학교도 사회이기 때문에 적응을 하는 데까지는 해 보고 최소한 중학교는 나와야 한다고 학교를 보냈어요. 그런데 더 이상 방치를 하면 사고가 날지도 모른다는 생각이 들어 다른 길을 가는 것이 본인에게도 좋다고 생각해서 자퇴를 시켰어요. 앞으로 민형이를 강압적으로 키우지 않으려고요. 그전에는 강압적으로 해서라도 견딜 수 있도록 강하게 했지만, 지금은 제가 그런 방법을 사용하지 않기로 결심했습니다(지금까지 아들에게 강요하였던 방식, 즉 역기능적으로 시도해 왔던 방식에서 아들의 의견을 존중해 주는 새로운 문제해결방식으로 변화되었음을 볼 수 있다).

여기서 클라이언트와 아빠와의 관계에 혁신적인 변화가 있었다는 것을 볼 수 있다. 특히, 그 저변에는 아빠의 클라이언트에 대한 양육방식의 변화가 있음을 관찰할 수 있다(클라이언트의 아버지가 전인식 단계에서 인식 단계로 그리고 행동 단계로 변화한 모습이 나타나고 있다).

Session 5회(2000년 6월 3일)

T : 너 학교 그만두고 지금 상태가 어떠냐?

C : 보다 안정적이고 아빠하고도 별로 마찰이 없어요. 아빠가 이제는 저

의 이야기를 잘 받아주세요. 엄마하고는 여전히 사이는 좋지만, 제가 욕을 하기 때문에 가끔 마찰이 생겼어요. 하지만 지금은 제 욕이 많이 줄어서 사이가 더 좋아졌어요(클라이언트와 부모와의 관계의 변화가 보이며, 클라이언트 또한 욕하는 것이 줄어들었다고 말하고 있다).

T : 민형이 참 많이 좋아졌구나. 그런데 가족관계에서 욕구불만이 있니?

C : 가족들에게 불만은 없어요.

T : 민형아, 너 요즘 가족예배는 어떻게 드리니?

C : 이제는 더 이상 가족예배를 드리지 않고 있어요.

M : 저희가 가족예배는 드리고 싶어하는데 각자 생활이 바쁘고 그래서 안 드린 지 오래 됐어요. 아빠는 가족예배를 드렸으면 하는데 저희가 환경적으로 조금 힘들어요. 앞으로 해야 겠다고는 생각해요.

C : 그런데요. 엄마, 아빠의 광적인 태도를 보면 저는 그렇게 되지 말아야 겠다는 생각이 들어요. 만약에 제가 암에 걸려서 사경을 헤매고 있어도 엄마, 아빠는 새벽예배를 드리고 온 후 병원에 갈 것 같아요. 엄마, 아빠는 너무 맹신적이예요. 제가 3살 때부터 7살 때까지 저랑 동생을 집에다 두고 저녁예배를 다녀왔어요. 그때 집에서 남동생이랑 집에서 울고 있었어요. 그때부터 교회에 반감을 가졌어요. 그리고 억지로 교회에서 만든 유치원에 넣었어요. 저는 저를 괴롭히는 애들을 교회에 가면 또 만났어요. 다른 교인들은 사회에서 받는 스트레스를 교회에서 풀면서 행복해하지만 저에게 교회는 지옥 그 자체예요. 저는 교회에 가면 애들이 때리고 괴롭혔어요. 교회서 스트레스를 받다 보니까 신경도 날카로워지고 욕도 늘고 거짓말도 하게 됐어요. 그래서 예전에는 엄마, 아빠에게 교회 안 간다고 그랬는데 엄마, 아빠는 맹신적으로 '가지 않으면 제가 죽는 것'처럼 이야기를 해서 무조건적으로 보낸 거예요. 지금도 교회는 저에게 있어서 지옥이예요. 교회는 저에게 악을 심어준 곳이예요. 학교에서 받는 스트레스가 교회에서 2배가 됐어요. 제가 욕을 하게 된 것은 사람을 때리는 것보다 덜 맞기 때문이에요. 그런데 엄마, 아빠는 욕을 하면 야단치시니까 짜증이 배가 돼서 담배나 술을 배우려고까지 했어요. 제가 장남이기 때문에 부모님은 저한테 많은 기대를 하셨어요. 그때부터 저는 자연이나 사회학에 대해 많이 깨우쳤고 그러다가 천재라는 기괴한 소문이 돌았어요. 그런데 거기에 대한 중압감도 장난이 아니었어요.

그런데 지금은 제가 보통인간이라고 깨닫고 나서 거기서 어느 정도 벗어났어요.

T : 지금도 아버님이 민형이에 대한 기대가 큰가요?

M : 민형이에게는 특별히 그런 게 있었어요. 다른 아이들한테는 굉장히 잘했는데 민형이에게는 남자답게 키워야 한다면서 권위적이었어요.

상담으로 인하여 클라이언트는 부모님들의 높은 기대에서 벗어나고, 자신이 평범한 인간 중의 하나라는 것을 인식하게 되었다. 아버지 또한 자식을 키우는 데 있어서 자신이 클라이언트에게 권위적이었다는 것을 깨닫게 되었다.

Session 6회(2000년 6월 10일)

T : 처음에 왔을 때와 달리 민형이 얼굴이 많이 변했어요.

F : 민형이는 지금 지극히 정상적인 생활을 하고 있어요. 오전 10시부터 12시까지 과외를 하고, 오후 2시부터 6시까지 학원에 갑니다.

M : 대학 가는 데 도움을 얻기 위해 일어공부를 하고 있어요. 지금 현재 민형이는 잡지는 다 보고 있는데 게임에 대한 지식을 가장 빨리 얻을 수 있는 것이 일본잡지고, 또 게임을 하기 위해서는 반드시 일본어를 읽어야 하거든요. 그리고 학교에서는 강압적으로 공부를 하게 했지만, 학원을 갔더니 선생님들이 모두 경어를 쓰고 인격적으로 대해주고 민형이의 가능성과 능력을 인정해 줘서 학원 가는 것이 즐겁데요.

T : 아빠하고 대화는 어떠세요?

F : 전혀 지장 없어요.

M : 아침에 아빠랑 같이 나가고 들어올 때도 함께 만나서 오기도 하는데 돈을 타기 위해서 최대한 아빠한테 애교를 떨어요(하하하). 사실 학교를 그만두면서 민형이가 마음의 상처를 받았을 것 같아서 굉장히 염려했어요. 그런데 제가 어제 민형이한테 물어봤는데 그동안의 삶은 굉장히 꽉 막혔고 인생에 대해서 회의를 가졌는데 요즘은 '내가 살아서 할 일이 많구나' 라는 생각이 든다고 해요.

T : 요즈음 민형이가 욕하는 것은 어떻습니까?

M : 저와 제 남편은 자라면서 가족간에 욕 없이도 좋게 잘 지냈어요. 그런데 요즘 민형이를 보면 성격이 급해서 욕을 잘 뱉어요. 지금은 욕의 필요성을 느끼지는 않은데 급하면 뱉어요. 한순간에 고쳐지는 것은 아니기 때문에 지금은 얼마든지 그럴 수 있다고도 생각해요. 그런데 저희가 욕에 대해서 굉장히 민감한 것 같아요.

F : 저희가 욕에 대하여 민감하다기보다는 민형이가 굉장히 욕이 심했어요. 그런데 지금은 민형이가 욕하는 것이 95%정도 없어진 거예요 (클라이언트의 욕을 하는 정도가 엄청나게 변화되었다는 것을 볼 수 있다).

T : 민형이를 보면 '상황 속의 인간'이라는 것을 느껴요. 외부에서 스트레스를 워낙 많이 받기 때문에 그것을 배출할 수 있는 방법이 욕을 하고 과격한 게임을 하는 거예요.

F : 민형이는 인상을 쓰고 욕을 하는 것이 자신의 방어능력이라는 거예요. 그런데 이제는 다 옛날 이야기죠. 지금은 안 그래요.

M : 그 환경에서 끊어주니까 공부하는 시간을 지루해하지 않고 공부하는 것을 즐기려고 해요.

T : 형제관계는 어때요?

M : 다행스러운 것은 동생이 성격이 워낙 좋아요. 어렸을 때 형이 부딪히는 것을 많이 봐서 형이 안 하는 쪽을 하는데 오히려 제가 보기에는 이해가 안 되는 것도 동생이 유머스럽게 넘겨서 형을 웃게 만들어요. 그래서 형이 이 애만 만나면 무조건 웃어요. 그래서 둘이 잘 어울리면서 친구가 없는 외로움을 제가 굉장히 염려했는데 방학동안에 동생이 있으니까 외롭지가 않은 거예요. 그리고 자기 친구들 중에 오락에 관심이 있는 애들은 많은데, 형보다 더 뛰어난 사람은 없고 그것에 대한 정보를 형이 제공해 주니까 친구들이 형을 모두 존경해요. 그런 면에서 형을 아주 존경해요. 그리고 형의 욱하는 성격을 잘 이해하고 융화를 시켜요. 그래서 동생하고 껴안고 자기도 하구요.

T : 여동생 한 명 있잖아요. 민형이가 상담 때마다 와서 하는 이야기가 형제들 사이에서 자기 권위가 안 선다는 거예요. 그것에 대해서 불만을 갖고 있더군요.

M : 그런 면은 있었어요. 왜냐하면 욕하고 과격하니까 자꾸 부딪치고, 학교 가기 싫다고 그러니까 동생은 그렇게 안 하는데 왜 너만 그러냐는 식이 됐어요. 지금 생각하기에 문제를 해결하는 좋은 방법은 아이를 아빠가 이해해 주는 거라고 생각해요. 민형이의 문제는 가정의 문제가 아니라 학교의 문제였어요. 학교에서 부딪히고 학교생활이 어려우니까 거기에 적응하기 위해서 모든 방법을 다했는데, 우리는 그 방법을 이해할 수 없었다는 문제가 있었어요. 그런데 이제는 학교에서 부딪히는 문제가 없으니까 민형이가 욕도 안 하고 편안해지고, 또 우리가 보기에도 아이에게 변화가 생기니까 좋고 인정해 주니까 동생들도 민형이에 대해서 잘못 생각하지 않고 질서가 제대로 잡혀가요. 그리고 또 거기에 아빠가 빨리 결정하고 대처를 해 주었죠.

T : 아버지께서 지혜롭게 잘 대처하신 것 같네요. 민형이의 변화가 거기서 온 거죠.

M : 솔직히 저는 그 결정에 대해서 큰 충격을 받았어요. 저도 생각은 하고 있었지만 결정은 못 내렸거든요. 그런데 아빠가 용기 있게 결정을 내렸고, 지금은 민형이 뒷바라지를 엄청 하고 있어요. 옛날에 말씀 드렸죠. 애들이 컴퓨터 한 대 가지고 서로 하려고 싸운다고. 하지만 지금은 아빠가 컴퓨터 두 대를 더 사서 컴퓨터 세 대를 네트워크에 연결해서 똑같이 인터넷을 하니까 싸울 일도 없어요. 그리고 또 필요한 것은 사주고 하니까.

T : 아버지께서 무척 노력을 많이 하셨군요.

M : 무척 노력 많이 했죠. 처음에는 제대로 학교를 졸업시키려고 했지만 도저히 안 되겠다 싶으니까 용단을 내리고 그때부터 완전히 교육방법에 대하여 또 다른 결정을 내린 거죠.

T : 그러시기가 보통 어려운 것이 아니에요. 아버지 나름대로 굉장히 많은 갈등이 있었을 것입니다. 정말 아버님이 대단하신 것입니다.

M : 이제는 민형이 아빠가 어디 나갔다 들어오면 민형이를 보며 웃어요. 민형이도 이제는 아빠에게 개구쟁이 표정을 짓고 들어와요. 지금은 민형이가 아빠를 웃기게 하고 나서 용돈을 타요. 이제는 아들을 보면서 감사하고 있습니다.

6. 결 론

클라이언트가 집단 따돌림을 당하는 문제를 해결하기 위하여 치료자는 먼저 가정 내에서 부모와 상담 전에 문제를 해결하려고 시도해왔던 의사소통방식을 관찰하였다. 클라이언트가 학교에서 집단 따돌림을 당함으로써 받게 되는 스트레스를 집에서 동생들에게 지나친 욕을 하거나 인상을 씀으로써 스트레스를 해소하는 것에 대해 과민하게 반응을 하였는데, 치료자는 상담실에서 역설적으로 클라이언트와의 관계에서 오히려 클라이언트의 욕을 받아들이고, 그러한 행동은 단지 클라이언트의 분노를 표출하는 하나의 방법으로 인정하게 함으로써 부모들 또한 클라이언트의 행동을 이해하게 되었다. 이러한 변화로 인하여 클라이언트는 부모와의 관계가 개선되기 시작하였다. 또한 클라이언트는 자신이 원하지 않았던 학교를 자퇴함으로써 집단 따돌림으로 인해 받는 스트레스를 차단하게 되었으며, 이러한 환경적 변화와 더불어 가족 내에서 부모와의 관계변화로 인하여 클라이언트는 자신을 수용해 주는 가족 내의 분위기를 느낄 수 있었다. 이러한 결과는 클라이언트가 부모와 의사소통이 가능하도록 만들었다. 또한 어머니의 지나친 간섭으로부터 좀더 명확한 경계선을 확립할 수 있게 되었으며, 아버지와는 의사소통이 가능해짐으로써 분리된 경계에서 좀더 친밀한 관계를 가질 수 있게 되었다. 이러한 관계변화로 인하여 부모는 클라이언트를 장남으로서 인정하게 되었고, 형제들 또한 클라이언트의 권위를 받아들이는 변화를 보였다. 상담이 종결된 지 4개월 후 클라이언트 어머니로부터 클라이언트가 이제는 안정되고 집에서도 웃음이 많아져 너무 감사하다는 전화가 왔다.

참고문헌

강진령 · 유형근(2000). 집단괴롭힘. 서울 : 학지사.

구본용(1997). "청소년의 집단 따돌림의 원인과 지도방안". 서울 : 청소년상담문제 연구보고서.

박인철 역(1995). 변화. 서울 : 동문선.

서영창(1999). "청소년 집단 따돌림 학교에서 어떻게 할 것인가?" 서울가정법원 소년자원보호협의회, 제14회 청소년 상담세미나 자료집.

이상균(1999). "중학생 또래 따돌림(왕따)의 예측요인", 한국사회복지학, 37, 357-379.

황성숙(1998). "학교 내 집단 괴롭힘에 대한 연구", 고려대학교 대학원 사회학과 석사학위논문.

Baucom, D. H., Epstein N., & Rankin L. A. (1995). Cognitive aspects of cognitive-behavioral marital therapy. In N. S. Jacobson, & A. S. Gurman (Eds.), *Clinical handbook of couple therapy.* New York : The Guilford Press.

Christensen, A., Jacobson N. S., & Babcook J. C. (1995). Integrative behavioral coupletherapy. In N. S. Jacobson, & A. S. Gurman (Eds.), *Clinical handbook of couple therapy.* New York : The Guilford Press.

Colapinto, J. (1991). Structural family therapy. In A. S. Gurman & D. P. Kniskern(Eds.), *Handbook of family therapy* (Vol. 2). New York : Brunner/Mazel.

Duncan, B. L., Solovey A. D., & Rusk G. S. (1992). *Changing the rules : A client-directed approach to therapy.* New York : The Guilford Press.

Goldenberg, I., & Goldenberg H. (2000). *Family therapy : An overview* (5th ed.). Pacific Grove, Ca : Brooks/Cole.

Jacobson, N. S. (1986). Marital therapy : A social learning-cognitive perspective. In N. S. Jacobson, & A. S. Gurman (Eds.), *Clinical handbook of marital therapy.* New York : The Guilford Press.

Lewis, J. A. (1992). Treating the alcohol-affected family. In L. L'Abate, J. E. Farrar, & D. A. Serritella (Eds.), *Handbook of differential treatments for addictions.* Needham Heights : Allyn and Bacon.

Nichols, M. P., & Schwartz R. C. (2001). *Family therapy : Concepts and methods* (5th). Boston : Allyn and Bacon.

Nichols, M. P., & Schwartz R. C. (1995). *Family therapy : Concepts and methods* (3rd). Boston : Allyn and Bacon.

Olweus, D. (1993). Bullying at school. Cambridge, MA : Blacwell.

Prochaska, J. D., & Norcross J. C. (1999). *Systems of psychotherapy : A transtheoretical analysis* (4th ed.). New York : Brooks/Cole.

Roland, E. (1988). *Reported in council for cultural cooperation report of the European Teachers Seminar on bullying schools.* Strasbourg : CCC.

Schlanger, K., & Anger-Diaz B. (1999). The brief therapy approach of the Palo Alto Group. In DM. Lawson & FF. Prevatt. *Casebook in family therapy.* New York : Brooks/Cole.

Shoham, V., Rohrbaugh M., & Patterson J. (1995). Problem-and solutions-focused couple Therapies : The MRI and Milwaukee models. In NS. Jacobson & AS. Gurman (Eds.). *Clinical handbook of couple therapy.* New York : The Guilford Press.

Schuster, B. (1996). Mobbing, bullying and peer rejection http:/www.apa.org/psa/julagu96/sb.html.

Watzlawick, P., Weakland J., & Fisch R. (1974). *Change : problems formation and problem resolution.* New York : W. W. Norton.

Weakland, J. H. (1993). Conversation-but what kind? In S. Gilligan & R. Price (Eds.). *Therapeutic conversations.* New York : Norton.

Weakland, J. H. (1976). Communication theory and clinical change. In PJ. Guerin, Jr. (Ed.). *Family therapy : Theory and practice.* New York : Gardner Press.

Weakland, J., Fisch R., Watzlawick P., & Bodin A. M. (1974). "Brief Therapy : Focused Problem Resolution." *Family Process, 13,* 141-168.

7 자녀의 그림을 통하여 본 가족치료의 효과성 연구

1. 서 론

본 사례는 아들과 어머니의 문제로 인하여 의뢰된 사례이다. 이 가족의 구조를 살펴보면 어머니는 딸과 좋은 관계를 맺고 있었고, 아들은 아빠와 원만한 관계를 맺고 있었다. 부부관계를 보았을 때, 두 사람은 전혀 대화를 하지 못하고 있었으며, 자녀를 통하여 우회적으로 대화하고 있었다. 즉 이 가족은 부부의 역기능적인 의사소통으로 인하여 두 개의 삼각관계를 가지고 있었다.

부인은 집안에서 남편과의 불편한 관계로 인하여 의욕상실증을 겪고 있었으며, 남편은 늘 직장에서 밤늦게 귀가하고 과음하는 버릇이 있었다. 상담을 받을 당시에는 남편의 몸에 이상이 나타나기 시작했는데, 수전증과 식은땀 및 열이 나는 것이었다. 여러 병원을 다녔지만 그 병의 원인을 찾을 수 없었다. 아들은 어머니와 아버지가 이혼할 것 같다고 불안해하였고, 딸은 아버지가 집에 들어오면 어머니와 자주 싸움을 한다고 대답하였다.

2. 문제점 및 치료목표

1) 문제점

본 사례의 문제점은 다음과 같다.

첫째, 클라이언트와 어머니 간에 갈등이 있었다. 클라이언트는 어머니의 잔소리와 간섭으로 인하여 어머니와의 의사소통을 회피하고 있었다. 이에 비하여, 클라이언트와 아버지와의 관계는 원만한 편이었다. 클라이언트의 누나인 딸과 아버지 간에 갈등이 있었다. 그에 비하여, 딸과 어머니의 관계는 원만한 관계를 유지하고 있었다. 즉 부모를 중심으로 두 자녀 간에 두 개의 삼각관계가 나타나고 있었다. 딸에 의하면, 아버지와 어머니는 자주 싸움을 한다고 하였다. 클라이언트는 집안에서 늘 긴장된 모습을 하고 있었으며, 부모님이 이혼할 것 같다고 하였다.

둘째, 클라이언트의 부모인 두 부부 사이에는 거의 대화가 되지 않았고, 자녀를 통하여 우회적인 의사소통을 하고 있었다. 부인은 남편과의 불편한 관계 때문에 늘 집에서 잠만 자는 상태였고, 의욕상실증을 겪고 있었다. 또한 남편은 직장에서 늘 밤늦게 귀가하였고, 과음하는 습관이 있었다. 이러한 부부간의 의사소통 부재로 인하여 남편은 심리·신체적 증상으로 수전증과 식은땀 및 열이 나기 시작하였으며, 병원에서도 그 원인을 모른다고 하였다.

셋째, 두 부부는 방을 따로 사용하였고, 거의 성생활을 해 오지 않고 있었다. 특히 신혼초에 시부모님과 함께 살아오면서 두 사람만이 함께 할 시간이 없었고, 시부모와 함께 살고 있을 때, 강도가 침입하여 시아버지가 살해당하는 사건이 발생하였는데, 이 사건으로 부부간에 해결되지 못한 오해가 있었다.

2) 치료목표

첫째, 클라이언트와 어머니 간의 관계 개선을 위하여 지금까지 두 사람 간에 문제를 해결하려고 시도해 왔던 방식을 살펴보고, 새로운 의사소통방식으로 변화를 시도한다.

둘째, 부부가 이제까지 문제를 해결하려고 시도해 왔던 역기능적인 방식을 찾아 지금까지 시도해 보지 않았던 새로운 방식의 의사소통방식을 시도한다. 이러한 새로운 의사소통으로 인하여 자녀를 통하여 지금까지 우회적으로 해 왔던 대화방식을 I-message를 사용하여 두 부부 간에 직접적으로 대화하도록 한다. 또한, 부부가 살아오면서 지금까지 이야기되지 않았던 부분들, 즉 허술한 틈새를 찾아서 애매모호하게 표현되었다거나, 생략된 언어를 찾아 서로에 대한 오해를 풀도록 한다.

셋째, 이러한 부부하위체계의 강화와 더불어 자녀하위체계의 강화를 시도한다. 즉 부부하위체계와 자녀하위체계 간에 명확한 경계선을 둠으로써 자녀가 부모님의 눈치를 보지 않고 형제간에 자유롭게 생활하도록 한다.

3. 치료모델

클라이언트 가족을 치료하기 위한 모델로서는 MRI의 상호작용적 가족치료모델, Savador Minuchin의 구조적 가족치료모델과 Prochaska와 Norcross의 초이론적 모델을 활용하였다.

1) MRI의 상호작용적 가족치료

가족치료의 창시자들은 정신분열증 환자들을 중심으로 가족치료와 관련된 많은 개념들을 발견하였는데, 그 중 Palo Alto에 위치한 MRI

(Mental Research Institute) 집단의 여러 학자들의 연구로부터 의사소통 가족치료의 중요개념, 이론적인 틀, 치료적 기법 등이 나왔다. 변화의 이론을 발달시킨 MRI 집단은 의사소통과 체계개념에 기반을 두고 있으며, 클라이언트에게 나타나는 증상에 초점을 둔 단기치료접근법이다. MRI 집단의 의사소통 이론가들은 메시지를 받아들이는 사람에게는 메시지가 단순한 것이 아님을 지적하였다. 사람들은 언어적인 채널과 비언어적인 채널 두 가지를 통하여 끊임없이 복합적인 메시지를 보내거나 받아들인다(Weakland, 1976). 수신자는 말하여지는 것과 송신자의 음조 혹은 몸짓으로 표현되는 것 사이에 모순이 나타날 때 혼란스러워할 수 있다. 이중구속(속박, double-bind) 메시지는 역설적인 명령 중에 특히 파괴적인 형태의 메시지를 나타낸다. 이중구속 메시지는 특히 힘 있는 위치에 있는 사람이 수신자에게 역설적인 상황을 낳게 되는 논리적으로 일치하지 않고 모순되는 요구나, 동시에 두 가지 수준의 메시지를 담고 있는 명령을 말할 때 발생된다(Goldenberg, & Goldenberg, 2000 : 222).

치료의 목적은 클라이언트가 생활을 잘 해 나갈 수 있도록 가능한 한 빨리 그리고 효과적으로 클라이언트가 제시하고 있는 불평을 해결하는 데 그 목적이 있다(Shoham et al. 1995). MRI 집단은 Watzlawick와 그의 동료들에 의하여 개발된 상호작용적 치료의 이론적 토대에 기여하였다. 이 접근법은 수많은 문제를 다루는 실제적인 치료모델이며(박인철 역, 1995; Watzlawick et al., 1974; Weakland et al., 1974), 클라이언트의 문제를 병리적인 시각으로 설명하는 것을 지양하고 클라이언트의 불평과 변화를 위한 목표라는 두 가지 측면에서 클라이언트 중심의 치료방식을 사용한다(Duncan et al., 1992). MRI 단기치료모델은 현재 클라이언트에게 나타나고 있는 문제에 초점을 두며(Schlanger, & Anger-Diaz, 1999), 문제와 변화에 대하여 두 가지 상호연결된 가정에 입각해 있다. 문제의 기원과 원인에는 상관없이, 만일 클라이언트와 클라이언트가 상호작용하는 사람들이 현재의 문제행동을 계속하게 되면 클라이언트들이 심리치료자에게 가지고 오는 문제들은 계속해서 유지되는 것이다. 반면에, 문제를 유지시키는 행동이 적절하게 변화되거나 제거된다면 그 문제의 성질이나 기원, 혹은 기간에 상관없이 그 문제는 해결되거나 사라질 것이다(Weakland et al., 1974 : 144).

MRI 집단에 따르면, 가족의 문제는 문제를 해결하려는 가족의 시도에 의해 오히려 유지되고 있다는 것이다. MRI 집단은 문제를 둘러싸고 있는 상호작용의 과정을 강조하고 일반적인 시각에서 모든 행동은 사회체계 내에서 더 폭넓게 진행되는 의사소통의 교류 가운데 설명할 수 있는 것으로 본다(Duncan et al., 1992). MRI 집단은 인간은 두 가지 방법으로 문제를 발달시키는 것으로 본다. 첫째, 어려움을 잘못 다루는 것이다. 둘째, 문제를 해결하려는 시도의 실패와 똑같은 문제해결 방식의 계속적인 적용이다(Watzlawick et al., 1974). MRI 모델은 '문제'란 오랫동안 그 문제를 변화시키려고 계속해 온 바람직하지 못한 행동들로 이루어진 것으로 본다. 그러한 문제행동들이 지속되는 것은 일차적으로 사람들이 그 문제행동들을 변화시키려고 행하여 왔던 방법, 즉 사람들의 '시도된 해결'에 있다고 본다. 따라서 치료자의 일차적인 임무는 새로운 또는 다른 행동을 기존의 행동과 대체하거나, 본래의 문제행동을 '하찮은 문제'로 재평가함으로써 클라이언트에게 지금까지 시도해 온 해결책을 소개하는 것이다(Weakland, 1993). 또한 문제를 유지시켜 왔던 차례를 변화시키기 위하여 MRI 모델에서는 가족들에게 상식과는 반대되는 일들을 하게 하거나 믿을 수 있도록 하게 한다(Nichols, & Schwartz, 2001).

클라이언트와 어머니 사이와 부부 사이에서 문제를 해결하려고 시도해 왔던 방식을 발견하고 지금까지 시도되지 않았던 새로운 방식을 모색한다.

2) Salvador Minuchin의 구조적 가족치료모델

구조적 가족치료모델은 가족체계 자체의 역동적 질서에 관심을 두고, 진단과 치료를 위한 명확한 지침을 제공하는 아주 기본적인 구조와 체계를 가지고 가족을 묘사하는 모델이다. 구조적 가족치료자들은 개인을 사회적인 존재로서 파악하여 개인을 둘러싼 구조에 초점을 두었다. 가족의 구조가 변하면 동시에 가족의 지위가 변하며, 결국에서는 각 가족성원들의 경험도 변할 수밖에 없다는 것이다. 이 접근법의 주된 특징은 치료의 목적으로 가족 내의 구조적 변화를 강조하는 데 있다. 이 접근법에서 치료자는 개인변화, 가족체계, 가족역동을 잘 이해하여 가족의 재구조화를 행하는 역할을 한다(Colapinto, 1991).

Minuchin에 의하면 가족체계는 하위체계로 분화되고, 하위체계를 통해 가족체계의 기능을 수행한다. 하위체계는 가족구성원들의 경계와 규칙에 의해 규정된다. 또한 가족의 하위체계는 부부하위체계, 부모하위체계, 형제하위체계, 부모-자녀하위체계로 나뉘어질 수 있다. 잘 기능하는 가족에서는 가족체계에서 개별화와 통합을 중요시하는 방법으로 작용한다. 만일 가족성원들이 그들의 걱정을 말하고 문제에 직면하며 그들 스스로 해결하려고 노력하면 더 건강해질 수도 있겠지만, 대부분의 가족들은 이미 존재하고 있는 가족체계에 적응하려고 하며 그들의 실제 감정을 숨기려고 한다(Lewis, 1992).

클라이언트 부모는 두 사람 간에 의사소통이 안됨으로써 부인은 클라이언트와 지나치게 밀착된 관계를 가지게 되었고, 그 결과 클라이언트를 사사건건 간섭하게 되었다. 이러한 관계로 인하여 클라이언트는 어머니의 눈치를 보게 되었고, 어머니와 의사소통하는 것을 피하게 되었다. 한편, 클라이언트의 누나는 아버지와의 관계가 힘들었다. 즉 부부관계로 인하여 어머니와 딸이, 아버지와 아들이 밀착관계를 가지게 됨으로써, 두 개의 삼각관계를 가지게 되었다. 치료자는 이러한 두 개의 역기능적인 삼각관계를 해체시킬 수 있는 방법으로 부부하위체계의 강화와 더불어 자녀하위체계와의 분리를 목표로 하였다. 즉 부모와 자녀하위체계 간에 세대선(generational line)을 중심으로 명확한 경계선을 두는 것을 치료목표로 하였다.

3) 초이론적 모델

초이론적 모델(Transtheoretical Model)은 클라이언트가 변화하는 데는 다음과 같은 5가지 단계가 있다는 것이다.

첫째, 전인식 단계(precontemplation stage)는 사람들이 문제를 가지고 있다는 것을 의식하지 못하거나 다른 이유 때문에 변하는 것에 대하여 진지하게 생각하지 않는 단계이다. 이 단계에서 자신의 행동이 문제가 있다거나 병리적이라는 것으로 인식하려는 것에 대한 저항이 나타나는 단계이다.

둘째, 인식 단계(contemplation stage)는 개인적인 문제가 존재하는 것을 인식하는 단계이다. 이 단계에서는 사람들이 문제와 원인, 해결책을 이해하려고 하며 무엇이 잘못되었는가 그리고 자신들이 어떻게 자신의 삶에 대한 통제를 할 수 있을까 하는 것을 결정하기 위하여 노력하기 시작하는 단계이다.

셋째, 준비 단계(preparation stage)는 자신의 의도와 행동적인 기준을 통합하는 단계이다. 이 단계에 있는 개인들은 즉각 행동을 취하려고 의도하고 약간의 행동의 변화를 알린다. 그렇지만 비록 문제행동에 대한 약간의 변화가 일어나고 있다고 하더라도, 준비 단계에 있는 개인들은 효과적인 행동을 위한 기준에도 도달하지 못한 상태이다.

넷째, 행동 단계(action stage)에서는 자신들의 문제를 극복하기 위하여 행동, 경험, 환경을 바꾸는 단계이다. 행동은 가장 현저한 행동의 변화를 포함하며, 엄청난 시간과 에너지 투자를 요구한다. 행동 단계에서 이루어진 문제행동의 변화는 확실히 보여지는 경향이 있으며, 상당한 외부의 인정을 받게 되는 단계이다.

다섯째, 유지 단계(maintenance stage)는 행동 단계에서 얻은 것을 계속하고 더 문제화된 기능의 수준으로 재발되는 것을 막기 위하여 노력하고 있는 단계이다. 이러한 유지 단계는 최소한 6개월 정도 지속되는 경향이 있다. 또한 종종 수년 동안 지속되거나 평생 지속될 수도 있다(Prochaska, & Norcross, 1999).

4. 치료과정

본 사례는 1997년 3월 19일부터 1998년 5월 23일까지 총 15회의 상담으로 이루어졌다.

Session 1회(1997년 3월 19일)
클라이언트 : 민수 어머니(M)

T : 아드님과의 문제를 말씀해 주세요.
M : 민수는 아직 어려서 겉으로 드러나는 문제는 없는데, 요즘에는 제가 아이를 붙잡고 시키면서 하나하나 체크하고 틈을 주지 않아요. 예전에는 보험회사 다니느라 집에 없어서 애를 그냥 두었더니 혼자 알아서 할 생각을 안 해요.
T : 엄마와의 관계는 어때요?
M : 딸과 같지는 않아요. 딸과는 한마디만 해도 서로의 마음상태를 아는데 아들은 좀 엉뚱해요. 아들은 '나와 성이 달라서 그런가' 아니면 '내가 엄마로서 부족해서 그런가' 하는 생각이 들어요.
T : 민수와 아빠의 관계는 어떤가요?
M : 민수는 아빠와 대체적으로 잘 지내고 딸은 저하고 잘 지냅니다. 아빠는 민수에게 상당히 너그러워요.

여기에서 자녀와 부모의 관계에서 2개의 삼각관계가 존재하고 있다는 것을 볼 수 있다. 즉, 아들과 아빠, 그리고 딸과 엄마의 관계가 밀착되어 있고, 더불어 아들과 아빠 및 엄마와 하나의 삼각관계가 형성되어 있으며, 딸과 엄마 및 아빠의 또 다른 삼각관계가 있다.

Session 2회(97년 3월 24일)
클라이언트 : 민수 어머니(M)

T : 전에는 민수와 어떻게 대화를 하셨어요?
M : 생각해보니까 민수와 대화를 한 적이 별로 없어요. 주로 제가 얘기를 많이 해 주는 편이었죠. 제가 민수를 제재만 한 것 같아요.
T : 민수 어머니께서는 가족관계나 친구관계에서 원만하십니까?
M : 아닌 것 같아요. 어느 선까지는 말을 다 하는데, 자존심 때문에 가정의 불화는 얘기 안 해요. 그래도 옛날보다는 많이 나아졌어요. 옛날에는 제가 모나게 굴었던 것 같아요.
T : 두 아이가 다툴 때에는 어떻게 하십니까?
M : 작은애가 주로 문제를 일으키니까 작은애를 제지시키죠. 애 아빠는 신경이 무뎌서 나중에 한 번씩 화를 내죠. 애 아빠가 화내기 전에 제가 미리 해결을 시키죠. 그런데 애 아빠는 그런 날 보고 더 뭐라고 해요.

두 자녀의 양육문제에 대한 부부갈등이 나타나고 있다. 즉 부부간에 의사소통이 되지 않아 자녀를 통한 우회적인 싸움이 일어나고 있다.

T : 남편은 어떻습니까?
M : 남편은 저의 불만이나 요구사항을 잘 안 들어줘요. 나는 하느라고 해도 받아들여 주질 않으니까 '너는 너고 나는 나다' 하고 체념해 버리는 거죠. 지금 이 상태가 못마땅해도 아이들이 행복하게 크고 괜찮을 때도 있으니까 그냥 살아요.
T : 그러면 민수 어머니는 남편의 얘기를 잘 들어주는 편입니까?
M : 저는 남편을 존경하는 면도 있고, 큰 문제는 남편이 결정하고 나는 따른다는 봉건적인 사고관념으로 사는 것 같은데 남편 생각은 그렇지 않은가 봐요. '네 멋대로다, 버릇없다, 거칠다' 이렇게 표현해요. 제가 원래 피곤한 성격이었고, 목소리가 커요. 그게 단점이에요(여기서 부부간에 문제를 해결하려고 시도해 왔던 방식이 나타나고 있다).

Session 3회(97년 4월 2일)
클라이언트 : 민수 어머니(M)

M : 남편과의 관계가 향상된다는 희망이 안 생깁니다. 남편이 제게 "할 얘기가 있는데…" 하는데 무섭더군요. 부담되고 겁이 나서 목욕탕에 숨었어요. 미워서 그런 건 아닌 것 같아요. 그냥 안 보고 말 안 하고 살고 싶어요. 저한테 안 좋은 점이 있는데 조금만 속상해도 절망감이 들고 하루 종일 이불 뒤집어쓰고 자요(실제로 민수가 그린 그림에서 엄마는 이불 속에서 잠을 자고 있는 모습이 나타나고 있었다. 〈그림 7-1〉 참조). 그게 좀 심해요. 그렇게 숨어 있을 때가 편안해요.

T : 결혼초에는 대화가 잘 이루어졌습니까?

M : 처음부터 안됐죠. 결혼 전이나 후에도 주로 제가 많이 얘기했는데 반응이 별로 없었어요. 나중에는 자존심이 많이 상하더군요. 남편은 자기 이야기를 전혀 안 해요(여기서도 부부가 문제를 해결하려고 시도해 왔던 역기능적인 의사소통방식이 나타나고 있다).

T : 남편은 누구와 얘기를 하나요?

M : 술 먹으면서 친구들한테 하겠죠. 친구관계는 좋아요.

T : 요즈음 민수와 대화는 어떻습니까?

M : 대화는 거의 없어요. 민수가 아이들과 잘 어울리지를 못해요. 정리도 잘 못하고 학교 준비물도 잘 못 챙기니까 열등감도 느끼겠죠. 그래서 정리정돈하는 습관부터 길러주려고 해요.

Session 4회(97년 4월 14일)
클라이언트 : 민수(Cl), 민수 어머니(M)

T : 민수는 엄마한테 원하는 게 뭐지?

Cl : 엄마가 저를 때리지 말고 말로 했으면 좋겠어요. 그리고 장난감 좀 갖고 놀게 해 줬으면 좋겠어요. 또 누나와 저를 제발 비교하지 말았으면 좋겠어요. 그리고 제가 상을 탈 수 있도록 엄마가 도와주었으면 좋겠어요. 아빠는 저에게 칭찬을 잘해 주시는데 엄마는 칭찬을 거의 해 주지를 않아요.

T : 민수야, 엄마하고 아빠의 관계가 어떻다고 생각하니?
Cl : 상당히 안 좋은 것 같아요.
T : 언제부터 그런 생각이 들었니?
Cl : 제가 일곱 살 때만 해도 그렇게 심하게 안 싸웠어요. 아빠가 아침에 옷 달라고, 돈 달라고 했어요. 아홉 살 때인 걸로 기억하는데 할머니가 깨진 화분을 쓸고 계셨어요. '엄마가 싸워서 이렇게 한 거구나' 생각하면서, '이혼하면 어떻게 하나' 걱정이 되었어요.
T : 집에 있으면 불안하니?
Cl : 평소에는 안 그런데, 싸우실 때는 그래요. 아빠와 엄마가 싸우시고 나면 아빠는 누나랑 나를 때렸거든요.
T : 아무 잘못도 없는데?
Cl : 네.

클라이언트는 어렸을 때부터 부모가 이혼하지나 않을까 하는 두려움을 가지고 있었고, 특히 부부 싸움을 한 후에 아빠가 자신과 누나를 때렸다는 진술을 하고 있다.

Session 5회(97년 4월 22일)
클라이언트 : 민수 어머니(M)

민수가 그린 그림을 가져왔는데, 〈그림 7-1〉 속에는 아빠와 엄마가 가장 멀리 떨어져 있고, 엄마는 이불 속에서 자는 모습을 나타내고 있으며, 엄마와 아빠 사이에 두 자녀가 존재하고 있었으며, 민수가 등쪽에 오싹해하는 그림을 보여주고 있다. 민수 어머니 이야기로는 아들이 긴장되어 있는 모습이라고 설명하였다.

T : 민수가 그린 그림을 보면 현재 가족의 역동성을 알 수 있죠.
M : 네. 온 가족이 다 뿔뿔이 흩어져 있는 걸 보고 저도 우리 가족관계가 좀 심각하다고 느꼈어요.
T : 지난 1주일 동안 어떻게 지내셨습니까?

M : 바쁘게 지냈어요. 학교에서 녹색 어머니회 회장을 맡았어요. 민수가 자신감도 갖고 굉장히 좋아해요. 민수가 상 한번 타는 게 소원이었는데 글짓기 상과 과학 독후감 상도 탔고 엄마가 회장이 되어서 자부심도 갖는 것 같아요. 제가 학교생활에 매달리니까 민수가 학교생활에 자신감을 갖고 많이 달라지는 것 같아요. 내년에는 민수의 그림이 달라질 거예요.

T : 지난주에 민수가 엄마, 아빠가 이혼할까 봐 불안해하는 걸 들으셨죠?

〈그림 7-1〉 상담 초에 민수가 그린 가족 그림

M : 예. 딸애도 그래요. 그래서 걱정하지 말라고 했죠. 엄마도 아빠 없이 커서 불편했고 너희들을 사랑하기 때문에 헤어질 생각은 안 한다고 했죠. 아빠도 같은 생각일 거라고 얘기했죠. 아이들이 볼 때 엄마, 아빠가 가깝게 지내지 않으니까 불편하겠지요.

T : 민수가 어머니한테 다섯 가지를 바라고 있어요(지난 4회 때 민수가 엄마에게 바란 다섯 가지 ① 안 때리고 말로 했으면 좋겠다, ② 상을 탈 수 있게 도와줬으면 좋겠다, ③ 장난감을 갖고 놀게 해 줬으면 좋겠다, ④ 누나랑 비교하지 않았으면 좋겠다, ⑤ 엄마, 아빠의 관계가 좋았으면 좋겠다에 대해서 설명하였다). 중요한 건 민수와 엄마가 원활한 대화를 하는 것이라고 봅니다.

M : 민수가 대화를 안 하는 이유는 저한테 말해서 혼날 것 같기 때문입니다. 그리고 민수가 너무 수준이 어려서 대화가 잘 안되요.

T : 지난주에 민수와 얘기해 보니까 민수의 판단력이 분명하고 의사전달이 분명했어요. 엄마 눈에 어리게 비춰서 어리다고 하시지만, 그것이 오히려 아이의 성장에 방해가 될 수 있어요.

T : 민수가 엄마, 아빠의 관계가 좋았으면 좋겠다고 했어요. 그래서 다음 주에는 민수 아빠와 상담을 했으면 좋겠습니다.

Session 6회(97년 5월 20일)
클라이언트 : 민수 아버지(F)

T : 두 분께서 대화가 거의 없으신 것 같아요. 주로 아이들을 통해서 대화가 이루어지는 것 같던데요.

F : 맞아요. 애들 둘이 매개체가 되고 있죠.

T : 지난번에 민수와 상담을 했는데 엄마, 아빠의 관계에 대해서 상당히 불안해하고 있더군요(민수가 그린 〈그림 7-1〉에 대하여 아빠에게 설명함). 제가 민수 아버님의 견해를 들어보고 싶어서 자리를 청했습니다.

F : 결론적으로 이혼은 생각해 본 적이 없어요. 언제부터인지 거리감이 유지된 지 오래됐어요.

민수 아빠는 신혼초부터 부인과 대화가 잘 안되고 있다고 하였다. 또한 직장 일이 너무 바쁘고 잦은 회식으로 인하여 술자리가 많아지고 과음을 하는 버릇이 있어 때때로 새벽에 집에 들어가는 경우가 많다고 하였다. 또한 자신의 아버지가 부인과 함께 있었을 때 강도의 칼에 찔려 사망하는 사건이 있었는데, 이 사건 이후부터 부인과 더욱 멀어지게 되었다는 것과 의사소통하기가 어려워졌다고 하였다.

Session 7회(97년 5월 24일)
클라이언트 : 민옥(민수 누나, C2), 민수 어머니(M)

민옥이(초등학교 6학년)에 의하면 작년 봄부터 엄마와 아빠가 매일 말도 안 하고 자주 싸운다고 하였다. 자신은 아빠와는 조금밖에 이야기를 하지 않으며, 엄마와 자신의 관계는 좋다고 하였다. 특히 아빠는 거의 매일 술을 먹고 집에 들어온다고 하였다. 동생은 누나가 놀아주고 모르는 것을 도와줘서 둘의 관계는 매우 좋은 편이라고 하였다. 특히 민수는 얼마 전까지만 해도 엄마와 전혀 이야기를 하지 않다가 요즈음 들어 조금씩 이야기를 하기 시작하였다고 하였다. 최근에 상담을 하기 시작하면서, 엄마가 민수의 학교생활에 신경을 쓰셨는데, 그 이후 민수는 자신의 이야기를 엄마한테 조금씩 이야기하기 시작하였다고 하였다(상담 후에 모자관계의 변화가 나타나고 있다).

T : 엄마, 아빠에게 하고 싶은 이야기가 있니?
C2 : 서로 말씀 좀 잘했으면 좋겠어요. 그리고 아빠는 매주 금요일이면 외박하는 것 같아요. 우리 아빠는 참 이상해요.
T : 민수는 엄마, 아빠가 헤어질 것 같아서 겁이 난다고 하는데 너는 어떠니?
C2 : 그러실 것 같아요. 아빠는 돈도 많이 갖고 계시면서 엄마한테 자꾸 돈 달라고 하면서 못살게 굴어요. 우리 아빠가 문제예요.

Session 8회(97. 7. 19)
클라이언트 : 민수 아버지(F), 민수 어머니(M)

T : 두 분께서는 문제가 뭐라고 생각하세요?
F : 글쎄요. 우리에게 보이지 않는 벽이 있는 것 같아요. 그동안 제가 가족에 소홀한 것이 사실이고, 이제는 먼저 얘기를 하려고 하는데 갑자기 변하기도 어렵고… 민수 엄마는 우리가 근본적으로 차이가 있어서 어렵다고 이야기를 해요.

M : 남편은 아이들에게 자상하게 잘 대해줘요. 그런데 민옥이는 엄마는 친구 같고 좋지만 아빠는 불편하대요.

T : 민수는 아빠하고 사이가 더 가까운 것 같은데… 민수가 그린 〈그림 7-1〉을 분석해 보면 아빠하고 민수의 관계가 밀접하고 민옥이와 엄마가 가까운 것 같아요. 그렇게 밀접한 이유는 근본적으로 엄마, 아빠 관계가 안 좋기 때문이라는 생각이 드는데요. 지금 여기서 민수 아버지께서 어머니께 하시고 싶었던 이야기를 해 보시죠.

F : 지금 학교에서 활동을 하고 있는 것처럼 집에만 있지 말았으면 해요. 그렇다고 나가서 돈을 벌라는 말은 아니고 밖에서 세상 돌아가는 경험을 했으면 좋겠어요. 저도 게으르지만 이 사람은 너무 게으르거든요. 금방 고칠 수는 없으니까 운동이라도 같이 하러 다녔으면 좋겠어요. 신혼 때부터 진지하게 대화를 해 본 적이 없었던 것 같아요.

M : 남편은 저를 항상 진지하게 안 받아줘요.

F : 일단 제가 처를 가족의 일원으로서 생각을 한 적이 별로 없는 것 같아요. 항상 애들 옆에 있고 고생하는 것은 당연하고 그리고 나는 내 일만 다해야 한다는 생각으로 산 것 같습니다. 처는 아마 그런 게 불만인 것 같아요. 또 저는 처가 소리를 지르는 것이 너무나 싫었어요. 불만을 표출하는 방법이 너무 원색적이라는 생각을 했죠.

M : 제가 집에서 그렇게 사는 것은 너무 당연하다는 식이었죠. 저는 이 방식 저 방식으로 표현을 해도 안되니까 화내게 된건데 나중에는 하는 소리가 "너무 시끄러워, 피곤해"라는 한마디뿐이었죠. 제가 생활하면서 힘든 것을 남편에게 보상받고자 한 것이 너무 철없는 생각이었어요.

여기서 부인은 남편이 자신을 이해해 주지 못하는 것에 불만을 느끼게 되었고, 그러한 불만을 표출하는 방법으로 소리를 지르게 되었다. 그러한 표현방식을 남편은 너무 원색적이라고 생각했으며, 그러한 표현방식이 너무나 싫었으므로 부인에게 다시 "너무 시끄러워, 피곤해"라며 회피하는 방식을 반복해 왔다. 즉 이 부부가 이제까지 자신들의 문제를 해결하려고 시도해 왔던 방식이 나타나고 있다.

T : 지난번에 민수 어머니께서 민수 아버님이 무슨 검사를 하신 게 굉장히 걱정되셨대요. 그런데 표현을 잘 못 하시고 툭 쏘면서 말을 했대요. 그러한 표현은 자연스럽게 의사소통이 안되니까 나오는 표현이죠. 남편에 대해서 애정이 있음에도 불구하고 표현이 부정적으로 나오는 것이죠(재명명). 민수 어머니는 남편에 대해서 어떻게 생각하세요?

M : 남편은 성실하고 차분하고 완벽하고 꾸준해요. 결혼 전에도 그런 부분이 마음에 들었는데 지금도 그런 것은 만족해요. 딸애가 그런 부분을 꼭 닮았어요. 그렇지만 남편에 대한 기본적인 신뢰는 무너졌어요. 제 남편은 아이들에 대하여 알려주어도 별로 관심이 없는 것 같아요(두 사람을 마주보게 하여 서로에게 말을 하도록 한다).

M : 당신, 나에 대해서 아는 것 있어?

F : 물론 말을 안 해서 그렇지 모를 리가 있나. 당신이 모르는 부분을 나도 알고 있지. 그런 부분에 대해서 장모님에게 원인이 있다는 생각도 했지. 다투고 나서 '왜 저럴까' 생각도 해 봤지만 당신한테 무관심한 것은 아냐. 저는 표현력이 부족해요, 말을 잘 못 하는데 부인은 저와는 정반대예요. 그러니까 기가 죽는다고 할까요? 이런 부분이 대화가 안되는 부분이라고 생각을 해요.

M : 얘기를 하면 저는 핵심을 말하는데 남편은 빙글빙글 돌다가 그냥 지나가 버려요. 나는 어떻게 해야 할지 방법을 못 찾겠어요. '그냥 참고 안 보고 살지'라는 생각 밖에 없었어요.

Session 9회(97. 8. 2)
클라이언트 : 민수 아버지(F), 어머니(M)

T : 지난 2주 동안 두 분 사이에서 어떤 변화는 없으셨는지요?

M : 제 딸이 엄마와 아빠가 많이 달라진 것 같다고 하네요(상당히 밝은 표정으로 활짝 웃는다. 여태까지 상담 중 민수 어머니가 이렇게 밝은 표정으로 웃어 보기는 처음이다. 지난번 남편과의 단 한 번의 상담으로 부부관계에서 많은 진전이 있었던 것 같다). 딸이 저에게 "엄마! 아빠가 엄마를 많이 사랑하나 봐"라고 하더군요. 왜 그렇게 느끼냐고 하니까, 요즘 엄마 아빠가 서로를 사랑하는 것 같다고 하더군요. 그래

서 엄마에게만 그런 말을 하지 말고 아빠에게도 그렇게 말하라고 했는데 딸이 아빠에게는 직접 그 말을 못하고 아직도 아빠를 무서워해요. 어제 저녁에 아이들과 남편과 함께 TV를 보고 있었는데 남편이 잠들었어요. 제가 더워서 선풍기를 틀었는데 남편이 갑자기 소리를 지르잖아요. 제가 너무 놀라서 화를 냈지요. 느닷없이 고함을 지르고는 나보고 그냥 잠자코 있으라고 해요. 그게 말이나 돼요? 나도 소리를 지르게 되지요(여기서도 두 부부가 문제를 시도해 왔던 역기능적인 방식이 나타나고 있다).

F : 사실 요즘 제가 회사에서 심각한 일이 있어서 스트레스를 많이 받고 있어요. 그래서 머릿속은 고민으로 꽉 찼는데 아내한테는 아무 말 안 했어요. 자고 있는데 갑자기 아내가 선풍기를 확 트는 거예요. 그래서 내가 그만 소리를 질렀지요.

M : 저이는 옛날부터 저에게 이야기를 잘 안 했어요. 항상 저만 혼자서 말 많은 여자가 되었지요.

T : 그럼 민수 아버님은 회사에서 겪는 스트레스를 어떻게 푸시나요?

F : 주로 회사 동료나 직원들과 회사 이야기를 하지요.

여기서 부부간의 의사소통 패턴과 대응방식이 나타나고 있다. 부인이 남편을 사랑하여 그 마음을 전달하고자 하였을 때 남편은 그 사랑을 받아들이는 방법 및 분명한 의사전달을 못 하고 있었다. 또한 남편이 집에서 부인의 도움이 필요해서 부인에게 요청했을 때는 부인 또한 남편의 요구를 무시하였던 것이다. 이와 같이 두 사람의 대칭적인 관계(symmetrical relationship)가 15년 간의 결혼생활에서 계속 맞물려 돌아가는 패턴이 유지되어 왔다. 또한 여기서 남편은 자신이 부인의 사랑과 표현을 받아들이는 데 소홀했음을 인정하는 것 같았다.

Session 10회(1997년 8월 17일)
클라이언트 : 민수 아버지(F), 어머니(M)

T : 두 분이 2주 동안 어떤 대화를 나누셨어요?

F : 제 몸이 안 좋아서 기침을 했더니 담배 피우지 말라고 그랬어요. 저

에게 신경을 많이 써주는 것 같아서 고맙지요. 먹는 것도 기관지에 좋은 음식을 해줘요.

M : 남편이 2주 동안 일찍 들어왔어요(남편은 인식 단계에서 변화 단계에 있다고 볼 수 있다. 2주 전 상담을 받고 난 후에 남편이 집에 일찍 들어오는 변화가 있었다. 남편은 상담 전에 비하여 술을 거의 안 마셨고 건강도 나아지는 것 같다고 하였으며, 부인 또한 남편의 이러한 변화가 좋다고 하였다).

T : 2주 동안 두 분이 한 번도 싸운 적이 없었습니까?

M : 있었지만 싸운 것은 아니고 그냥 언성만 올라간 거죠. 언제 한번은 같이 가다가 애 아빠가 손을 어깨에 얹은 것을 보고서 민수가 서로 좋아하냐고 물어봤어요.

T : 요즘도 두 분이 따로 주무세요?

M : 같이 자요.

F : 저희 부부관계가 많이 변했다고 생각해요. 그전에는 제 자신이 불안하고 위기감을 느끼는 것이 심했는데, 처음으로 실마리가 보이는 것 같은 생각이 들고 지금은 그때보다 굉장히 좋아졌어요.

지난번 상담 이후로 부부간의 관계에 많은 변화가 왔다는 것을 볼 수 있다. 물론 부인은 남편과 근본적인 해결은 안 된 것 같다고 하지만, 남편과 자녀들로부터 매우 긍정적인 반응이 나타났다고 언급하고 있다.

T : 민수 어머님은 남편에 대해서 신경도 쓰시고 애정을 갖고 계신데 그런 것들을 표현하지 않고 부인하시려고 하는 것 같습니다. 민수 아버님은 어떻게 생각하십니까?

F : 맞아요. 사소한 것에서도 서로 충족시켜 주고 그래야 되는데 저는 그런 것들을 바쁘다는 핑계로 못하고 있는 거죠. 그런데 이제는 많이 회복됐다고 생각해요.

Session 11회(1997. 8. 30)
내담자 : 민수(C1), 민옥(C2), 어머니(M)

T : 민옥아! 요즘 집에서 아빠, 엄마 사이에 무슨 변화가 있었니?
C2 : 사이좋게 잘 지내시는 것 같아요. 엄마가 아빠한테만 먹을 것을 갖다주니까 샘이 나요. 우리한테는 신경을 별로 안 쓰는 것 같아요(부부관계의 변화로 인하여 부모하위체계와 자녀하위체계 간의 명확한 경계선이 생겼다고 볼 수 있다).
C1 : 얼마 전만 해도 두 분이 많이 싸웠는데 지금은 별로 안 싸우는 것 같아요.
T : 언제부터 그런 변화가 있었던 것 같니?
C1 : 몇 달 전부터 그런 것 같아요.
T : 민수 어머니도 변화를 느끼세요?
M : 애 아빠가 변한 것 같아요. 평소에는 잘 들으려고 하지 않았는데 여기서는 이야기를 잘 들어줘요(이전에 시도했던 방식에서 새로운 방식으로 대화를 하기 시작하였다). 그러니까 저도 기분이 좀 좋은 것 같아요. 예전처럼 분한 기분은 없어요. 남편이 부드럽게 나오니까 저도 그렇습니다.

이번 상담에서 자녀로부터 아빠, 엄마의 관계가 변했다는 것과 부인도 남편이 변하여 자신의 기분이 나아졌다는 이야기를 하고 있어 두 사람 간의 변화가 계속 지속되고 있다는 것을 볼 수 있었다(Prochaska와 Norcross의 변화 단계 중 두 부부가 행동 단계에서 유지 단계로 들어왔다고 볼 수 있다).

Session 12회(1997년 12월 20일)
클라이언트 : 민수 아버지, 어머니

T : 이곳에서 상담을 받으시면서 무엇이 변하셨다고 보십니까?
M : 우선 제가 무슨 이야기를 하면 무시하거나, 덮어버려서 전혀 제 얘기를 듣지 않는데(지금까지 시도해 왔던 문제해결방식) 이 자리에서는

제 마음속에 있는 것을 꺼내놨고 제 남편이 그걸 들었기 때문에 제가 해소된 게 있어요(지금까지 시도하지 않았던 새로운 문제해결방식). 여기 와서 하나둘 씩 꺼내니까 가벼워지는 것 같아요. 내가 가벼워지니까 자기도 좀 나한테 편안하게 대해주는 것 같아요(새로운 문제해결방식으로 인한 결과).

F : 요즘은 마음이 편한데… 제 성격은 누가 간섭하면 벽을 만들어 버려요. 회사에서 힘들게 오면 집에 와서 짜증도 나고… 그게 습관화된 것 같아요.

M : 여기 오면서 조금씩 변화되는 것 같으니까 조금은 순화되는 것이지 근본적인 것은 변함이 없다고 생각해요. 제가 바라는 근본적인 것은 서로 고민이나 생각을 나누고 싶다는 겁니다.

F : 사실 민수 엄마가 말한 게 맞아요. 근본은 바꿀 수 없는 거고, 그 과정은 저도 인식했으니까 바꿔야겠다는 생각은 해요. 말을 많이 해야 되는데 그게 쉽지가 않습니다. 서로 속마음을 보여주고, 아플 때나 어려울 때 의지가 되어야 되는데 어렵습니다. 그렇지만 예전에는 제 처와 벽이 너무 두꺼워서 마음이 불안했지만, 지금은 이야기를 스스럼없이 할 수 있어요. 대화의 문은 열렸다고 봅니다.

이번 상담에서 부인은 두 부부의 근본적인 부부관계가 아직까지는 일어나지 않았다고 말하고 있음에도 불구하고 남편은 두 사람 간에 대화의 문은 열렸다고 말하고 있다. 두 부부가 지금까지 시도해 왔던 의사소통방식에서 지금까지 시도해 보지 않았던 새로운 의사소통방식을 사용함으로써 변화가 일어나고 있다고 볼 수 있다.

Session 13회(1998년 3월 13일)
내담자 : 민수 어머니

M : 남편이 집에 안 들어오면 사실 잠이 안 오고 마음이 불편해요. 그런데도 전화가 오면 "오늘 들어오지마, 그게 더 편해(이중구속)" 라고 삐딱하게 말을 하고 전화를 끊기도 해요(부인은 남편에게 자신의 솔직한 표현보다는 이중구속 메시지를 사용하고 있음을 볼 수 있다).

T : 민수 아버지께 무엇 때문에 집에 안 들어 왔는지에 대하여 물어보셨습니까?

M : 아니요. 자세하게 이야기는 안 해요.

T : 민수 어머님께서 남편으로부터 자세하게 이야기를 듣기 위해서 어떤 방식으로 남편에게 이야기를 하셨습니까?

M : 왜 늦었는지, 무엇을 했는지를 물어보고 바가지도 긁죠. 남편이 늦게 들어오면 저와 같이 자려고 애를 쓰는데 제가 밀어내요. 남편이 늦게 들어오면 저는 무조건 문 '탁' 닫고 들어가요(지금까지 문제를 해결하려고 시도해 왔던 방식).

T : 민수 아버지는 정에 굶주렸고 가정을 잘 모르고 자란 사람이에요. 그나마 배출구가 친구들 만나고 술 먹는 거죠. 어렸을 때 모델이 없었기 때문에 결혼생활을 했음에도 불구하고 가정에 대해서 어떻게 하는지를 모르는 거예요(남편의 행동에 대한 재명명).

M : 저는 남편이 철이 없나보다 했는데 그런 부분이 있었군요(부부문제에 대한 부인의 전인식 단계에서 인식 단계로의 변화가 보인다).

T : 민수 아버지가 그렇다는 걸 생각하지 못하시고 나한테 나오는 반응이 무시라고만 생각하면 그와 맞서는 방식만 나가게 되는 거죠. 민수 아버지는 무시한 게 아니라고 했는데 그건 방법을 몰랐을 뿐이지요.

M : 그래요. 맞아요.

T : 민수 아버지는 여기 와서 처음 하신 말이 15년 동안 직장에서 일하다 보니 지금에서야 가정이 중요하다는 것을 알았다고 하셨어요. 그래서 변하려고 하는데 집에 와보면 민수 어머님은 변하지 않고 똑같은 방식으로 대하거든요. 민수 어머님은 대화할 때에 눈을 마주치지 못하고 옆으로 피하거든요. 남편은 따뜻한 눈빛으로 얘기하길 원하는데 눈을 피하세요. 그럼 남편입장에서는 부인이 자기를 지금 거부한다고 생각하게 되거든요.

M : 그것이 저에게는 큰 숙제예요(부인이 인식 단계에서 준비 단계로의 변화과정에 있음이 보인다).

Session 14회(1998년 4월 30일)
클라이언트 : 민수 어머니

T : 1년 전에 그린 그림과 지금의 그림을 비교해 볼 때 무슨 차이를 느끼세요? 엄마하고 아빠의 거리가 달라지지 않았어요? 엄마가 아빠 옆에 있죠? 1년 전에는 주무시는 모습이었지요. 이 그림에서 엄마의 모습이 활동적으로 바뀌었어요(1년 전에 그린 그림을 보여주며 비교하여 설명하였다). 이(1년 전) 모습 〈그림 7-1〉에서 민옥이는 엄마와, 민수는 아빠와 친밀한 관계에 있지 않나 생각됩니다. 그런데 이(현재) 모습 〈그림 7-2〉에서 민수가 엄마와 아빠가 더 가까워졌다고 보는 것 같아요. 즉 엄마와 아빠의 관계가 가장 멀리 떨어진 거리에서 가장 가까운 거리감을 가진 관계로 변하였다는 것을 나타냅니다. 현재 남편하고 대화는 어떠세요?

M : 어느 정도의 대화는 하죠. 그것만으로도 좋아요. 밉고 화가 나는 건 없어졌어요.

T : 지금 애들이 학교생활을 더 잘하는 것을 보면 두 분의 관계가 더 안

〈그림 7-2〉 상담 후에 민수가 그린 가족 그림

정적으로 되지 않았나 싶어요. 남편께서 1년 전에 수전증과 땀이 나는 증상이 있었는데 지금은 어떠세요?

M : 요즘엔 그런 증상이 없어졌어요(상담 이후에 남편의 심리·신체적 증상이 사라졌음). 회사가 힘들어서 주위에서 많은 사람들이 해고를 당하나봐요. 그래도 전 아무리 힘들어도 그이는 괜찮을 거라고 믿어요. 실제로 회사에서도 인정을 받는 것 같아요.

T : 지금 상황을 다 파악하고 계시는데 남편으로부터 이야기를 들으신 거예요?

M : 가끔 한마디씩 하면 느낌으로 아는 거죠. 처음에는 상담하러 남편과 같이 오는 게 불안했는데 의외로 애 아빠가 같이 들어주고 다른 사람이 해석을 해 주어서 좋았어요. 요즘은 남편이 많이 달라졌어요. 사는 게 재미있고 종이 접기 하는 것도 재미있어요. 애 아빠도 종이 접은 것을 보고는 괜찮다고 하면서 얼마 전에는 하나를 달라고 하더군요. 그래서 "왜 그러냐"고 했더니 친구 집에 가는데 그것을 하나 갖다주었으면 좋겠다고 했어요. 애 아빠도 저도 많이 변하고 달라졌어요(두 부부가 행동 단계에서 유지 단계에 있음을 나타내고 있다).

Session 15회(1998년 5월 23일)

클라이언트 : 민수 아버지, 어머니

T : 민수가 그린 그림을 보면 아빠, 엄마의 모습이 달라졌습니다. 민옥이에게 "요즘 아빠, 엄마 관계가 어떠시니?"라고 물어봤더니 "좋아요" 그리고 "요즘 아빠가 밤에 집에 들어오시면 불안하지 않니?"라고 물어봤더니 "왜 불안해요?"라고 대답했습니다.

〈그림 7-1〉은 1년 전 민수가 그림이었습니다. 아빠는 바나나를 먹고 있는데 달라고 조르는 모습이지요. 민옥이는 화가 나서 뾰로통한 모습이거든요. 이건 어머니가 주무시는 모습이에요. 부부관계가 안 좋아서 피하는 모습이 잠자는 거예요. 이건 컴퓨터를 하는데 민수가 뭔가 두려움이 있다는 말입니다. 마음에 평안함보다는 불안, 긴장, 두려움이 있는 거라고 생각해요. 그러다가 1년 후 〈그림 7-2〉에서는 그림이 이렇게 바뀌었습니다. 재미있는 건 민수의 눈에 비친

집의 모습이 나타나고 있는 거죠. 신발이 정리정돈이 되어있는데 이것은 집이 전보다는 안정되어 있다는 겁니다. 엄마가 주무셨던 모습이 활동하는 모습으로 바뀌어 있어요. 엄마, 아빠의 거리가 가까워졌어요. 〈그림 7-1〉에서는 엄마, 아빠가 많이 떨어져 있잖아요? 그러나 〈그림 7-2〉에서는 엄마, 아빠의 관계가 웃고 대화하는 정도는 아니더라도 어느 정도 밀착되어 가는 관계로 된 거죠. 엄마, 아빠의 관계가 좋으니까 애들의 관계도 좋지요.

이것으로 총 15회 진행되어 온 상담이 종결되었으며, 그동안 간혹 치료자와 클라이언트 어머니와 몇 번의 전화통화가 있었으며, 상담이 종료된 1년 후인 1999년 5월 15일 스승의 날에 클라이언트 어머니가 종이꽃으로 만든 액자를 치료자에게 보내왔다.

5. 결 론

본 사례에서는 치료 초기에는 자녀문제에 초점을 두었고, 그 이후에는 주로 부부의 문제에 초점을 두어 진행하였다. 특히 신혼초에 시부모와 같이 살아오면서 두 사람만이 함께 할 시간이 없었고 성적으로도 불만족스러웠던 면과 더불어 강도 침입으로 시아버지가 사망하는 사건 등으로 부부간에 많은 오해가 있었음을 알게 되었다. 두 사람 간에 문제를 해결하려고 시도했던 방법에 초점을 두어 치료를 진행하였다. 치료가 거의 종결될 당시에는 두 사람이 언성을 높이지 않고 대화로 문제를 해결할 수 있었으며, 이러한 치료의 효과는 아들의 그림을 통하여서도 나타나고 있었다. 즉 치료 초기에 그렸던 아들의 그림과 비교하여 보았을 때 부부간의 변화가 나타났는데, 그림의 내용을 분석해 보면, 어머니가 자고 있던 모습에서 아버지 옆에서 활동하고 있는 모습으로 바뀌었고, 두 사람의 거리감도 가장 가까운 위치로 변하였다. 자녀들이 부모로부터 떨어져서 자녀체계의 경계선을 가지고 활동하고 있는 모습이었다. 따라서 약 1년 2개월간의 가족치료는 효과성을 입증할 수 있었다고 볼 수 있다.

참고문헌

박인철 역(1995). 변화. 서울 : 동문선.

Colapinto, J. (1991). Structural family therapy. In A. S. Gurman & D. P Kniskern(Eds.), *Handbook of family therapy* (Vol. 2) (pp.417-443). New York : Brunner/Mazel.

Duncan, B. L., Solovey, A. D., & Rusk, G. S. (1992). *Changing the rules : A client-directed approach to therapy.* New York : The Guilford Press.

Goldenberg, I. & Goldenberg, H. (2000). *Family therapy : An overview* (5th ed.), Pacific Grove, Ca : Brooks/Cole.

Lewis, J. A. (1992). Treating the alcohol-affected family. In L. L'Abate, J. E. Farrar, & D. A. Serritella (Eds.), *Handbook of differential treatments for addictions* (pp.61-83). Needham Heights : Allyn and Bacon.

Nichols, M. P. & Schwartz, R. C. (2001). *Family therapy : Concepts and methods* (5th). Boston : Allyn and Bacon.

Prochaska, J. D., & Norcross, J. C. (1999). *Systems of psychotherapy : A transtheoretical analysis* (4th ed.), New York : Brooks/Cole.

Schlanger, K. & Anger-Diaz, B. (1999). The brief therapy approach of the Palo Alto Group. In D. M. Lawson & F. F. Prevatt. *Casebook in family therapy* (pp.146-168). New York : Brooks/Cole.

Shoham, V., Rohrbaugh, M., & Patterson, J. (1995). Problem-and solutions-focused couple Therapies : The MRI and Milwaukee models. In N. S. Jacobson, & A. S. Gurman (Eds.), *Clinical handbook of couple therapy* (pp.142-163). New York : The Guilford Press.

Watzlawick, P., Weakland, J., & Fisch, R. (1974). *Change : problems formation and problem resolution.* New York : W. W. Norton.

Weakland, J. H. (1993). Conversation-but what kind? In S. Gilligan, & R. Price (Eds.), *Therapeutic conversations* (pp.136-145). New York : Norton.

Weakland, J. H. (1976). Communication theory and clinical change. In P. J. Guerin, Jr. (Ed.), *Family therapy : Theory and practice* (pp.111-128). New York :

Gardner Press.

Weakland, J., Fisch, R., Watzlawick, P. & Bodin, A. M. (1974). *Brief Therapy : Focused Problem Resolution. Family Process, 13*, pp.141-168.

8 구타당한 아내에 대한 가족치료의 적용

1. 서 론

이 사례는 남편의 구타로 인하여 여성 쉼터에 약 두 달 동안 거주한 부인의 재결합을 위하여 부부치료를 한 사례이다. 이 부부는 서로가 이혼을 하려고 생각하였고, 모교수로부터 2회의 상담을 받은 경험이 있었다. 그 이후에 부인이 거주하고 있는 쉼터의 사회복지사를 통하여 본 치료자에게 의뢰되었다. 가족은 남편(36세), 부인(34세), 그리고 두 딸로 구성되었다. 이 부부는 결혼하기 전에 임신을 하여 결혼을 하게 되었으며, 신혼초에는 신혼생활을 누릴 겨를이 없었다. 특히 신혼초에 가족생활주기에서 신혼부부 단계에서 이루어야 할 과제들을 성취하지 못하고 넘어간 것이 이 부부가 위기를 맞게 된 이유이다. 특히 부부가 문제를 해결하려고 시도했던 의사소통방식이 문제를 해결하기보다 오히려 문제를 증폭시키는 방식이었다. 또한 남편은 다행스럽게 원가족과 적당한 분화가 되어 있는 반면에, 부인은 어머니와 밀착된 관계를 유지하고 있었다. 두 사람은 자라온 배경이 많이 달랐으며, 이러한 차이를 극복할 수 있는 의사소통방식을 활용하지 못하고 있었다.

사례의 과정에 대하여 살펴보기 앞서 아내학대에 대한 문헌고찰을 통하여 아내학대의 정의, 아내학대의 실태 및 부인과 자녀에 대한 영향, 구타남편의 심리·사회적 특징을 살펴보았다. 또한 사례에 접근하는 주된 가족치료이론으로는 의사소통이론을 중심으로 하며, 그 외에 Murray Bowen의 가족체계이론과 DiClemente와 Norcross의 초이론적 모델(Transtheoretical Model)을 활용하였다.

2. 아내학대에 대한 고찰

1) 아내학대의 정의

아내학대(wife abuse), 배우자학대(spousal abuse), 결혼폭력(marital violence), 파트너학대(partner abuse), 부부폭력(conjugal violence), 아내구타(wife battering)의 용어는 상황에 따라 같은 뜻으로 사용되기도 한다. 그렇지만 Kemp(2001)는 구타는 가장 심각한 형태의 가정폭력－심각한 신체적 상처나 심각한 상처의 위험이 있는 폭력－에만 사용해야 한다고 주장한다(이화여자대학교 사회사업연구회 역, 2001 : 320). Germain(1984)에 의하면, 구타(battering)란 신체적인 폭력을 말하는 것인 데 비해, 학대(abuse)란 사회적 고립, 가정에 구속, 경제적 박탈, 언어적 폭언 및 경멸과 같이 신체적 폭력과 언어적, 정신적, 심리적 폭력, 성적 폭력 등 아내구타보다 포괄적인 개념이다(조미숙·이윤로, 1999 : 168에서 재인용). 최선령(2001)은 아내학대를 "부부관계에 있는 남성이 배우자인 여성을 통제하기 위해 의도적이고 반복적으로 신체적·비신체적 손상을 끼치는 행위"로 정의하고 있다. 따라서 아내학대란 부부 사이에서 행해지는 학대행위로 남편이 아내에게 학대를 가하는 것을 의미하는 것으로, 본 연구자는 구타라는 개념을 아내학대라는 개념 속에 포함시켜서 설명하겠다.

2) 아내학대의 실태 및 부인과 자녀에 대한 영향

아내학대는 동서고금을 막론하고 광범위하게 존재해 온 사회적 현상이며 오늘날 한국의 가정에서도 비일비재하게 일어나고 있는 현상이다. 1993년 보건복지부의 조사에 따르면, 7,500명의 기혼여성 중 60%가 남편으로부터 학대를 받았고, 그 중 30%는 신체적인 학대를 경험했다고 하였다(조미숙, 1999 : 295-296에서 재인용). 김재엽(1998a)의 연구에 따르면, 우리나라의 가정폭력 실태는 전체 가정의 31.4%가 1년간 부부폭력을 경험하고 있으며, 이 수치를 전국의 가정수에 환산하여 추정해 보면 400만 가구가 폭력을 경험하고 있다고 하였다. 실제로 상담을 하다 보면, 겉으로는 드러나지 않지만 상담실에 온 많은 사례들에서 여러 가지 모양으로 아내학대와 관련된 경우가 많다. 전통적으로 한국사회에서는 아내학대를 아내를 통제하는 수단의 하나라고 생각해 왔고, '맞을 짓을 했으니까 맞는다'는 식의 사회문화적인 태도를 보여주고 있다(변화순 외, 1993).

실제적으로 학대받는 아내들은 여러 가지 심리·정신적인 고통을 겪는 것으로 나타난다. 학대의 기간이나 정도에 따라 차이를 보이고 있지만 일반적으로 우울증, 수면장애, 식사장애, 활동하는 데 있어서의 흥미상실, 슬픈 주관적 감정, 정서적 불안정 그리고 불안 등의 증상을 호소하며, 만성화의 과정에서는 이른바 "피학대 여성 증후군(battered women syndrome)"으로 진단되는 심각한 상태로까지 발전되기도 한다(Gelller, 1992 : 5-18; Kaplan & Sadock, 1989).

구타당한 여성과 같이 쉼터로 간 아동의 60%가 신체적으로 학대당했다고 보고하고 있다(Stanley, & Goddard, 1993; Hughs, 1988; Stanley, 1993; Edleson, 2000). 어머니를 구타하는 아버지의 경우 자식에게도 상처를 주기 쉽다(McCloskey et al., p.1995). Kolko 등(1996)은 가정폭력을 목격한 아동의 경우, 다양한 문제, 특히 정서적·행동적 기능상의 문제를 가질 위험이 높았다고 하였다. 가정폭력을 목격한 자녀들은 두통, 복통, 천식, 위궤양, 말더듬, 야뇨증, 불면증, 우울증, 자살소동, 정신병, 공포, 수면거부 등 심리적 증상과 등교거부, 성적저하, 공격적·파괴적 행동, 도벽, 폭행, 가출 등 행동장애가 두드러지게 나타나고 있다(Markward, 1997). 아동기에 아버지가 어머니를 구타한 것을 목격했던 사람이 결혼 이후 아내구타에 대한 태도에 있어서 더 허용적이라고 볼 수 있다(김재엽, 1998b). 심지어 아버지의 구타를 경험한 아들은 후에 비행을 더 하는 것으로 관찰되었다(김헌수, 1998; 민수홍, 1998). 엄명용(2001)의 연구에서도, 아동기에 부모로부터 신체적 학대를 당한 정도가 큰 아동들은 후기 청소년비행에 영향을 미친다고 하였다. 한편, 동일한 가해자가 아내와 아동을 학대하는 것 외에 피해자가 가해자가 되어 자녀를 학대하는 경우도 발생한다. 양정자와 안정희(1996)는 남편에게 구타당하는 부인의 46.9%가 아동을 때린 것으로 나타났다. Straus 등(1980)의 연구에 따르면, 피해자인 여성의 경우 학대관계를 떠난 이후보다 자신이 학대받는 동안에 아동을 학대한 경우가 8배나 높았다고 하여, 가정에서의 폭력이 순환되고 있음을 보여주었다. 신성자(2001)의 연구에서는 부부폭력과 자녀폭력이 매우 높은 상관관계를 가지고 있었다. 김연옥과 박인옥(2000)은 아내학대가 있는 가정의 아동이 그렇지 않은 가정의 아동보다 아동학대의 가능성이 높았으며, 아내학대의 정도가 심한 가정의 아동일수록 부모에 의한 신체적 학대와 방임의 정도가 심하였고, 아내학대가 아동의 정신건강과 유의미한 관련성이 있다고 보고하였다. 따라서 이러한 아내학대의 결과로 학대를 당하는 부인뿐만 아니라 자녀들의 전반적인 삶에 엄청난 부정적인 영향을 미치고 있다.

우리나라에서는 1980년대 후반부터 쉼터 등의 민간차원의 보호 및 상담서비스가 생겨 매맞는 아내에 대한 서비스가 이루어졌다(김인숙 외, 1997). 또한 '가정폭력범죄 처벌 등에 관한 특례법'이 1998년 7월 1일부터 시행됨에 따라, 경찰 및 사법기관이 개입하여 가해자를 피해자 또는 가정주거공간으로부터 격리시키고, 가해자에게 사회봉사 수강명령, 보호관찰, 감호위탁, 치료위탁, 상담위탁 등의 광범위한 보호처분을 내릴 수 있게 되었다. 이에 따라 앞으로는 매맞는 아내뿐만 아니라 폭력남편에 대한 개입 및 상담분야에서도 임상사회복지사업의 영역이 확대될 전망이다(이은주, 2000 : 158-159).

학대받는 여성들을 위한 쉼터서비스와 더불어 사회적 서비스의 필요성과 종래의 여성중심에서 가족체계를 유지하려는 가정중심의 정책변화를 보이고 있으며, 최근에는 학대받는 아내들의 응급서비스를 비롯한 다양한 욕구들에 사회적 서비스가 적절히 대응하지 못하고 있다는 비판이 일어나면서 다시 여성중심의 서비스와 대책의 필요성이 대두되고 있다(Davis et al., 1994; 박미은, 1996에서 재인용). 특히, 이러한 연구결과들을 볼 때, 남편의 학대로 인하여 부인들의 우울증 및 정신건강에 미치는 부정적인 영향은 매우 심각하여 임상적 개입이 매우 시급하며, 우울증은 이들에게 공통적으로 나타나는 증상으로 그 치료적 개입에서 가장 먼저 고려되어야 할 측면이다(김재엽 외, 1999).

3) 구타하는 남편의 심리 · 사회적 특징

구타하는 남편은 폭력적인 가정에서 자랐으며, 자아정체감이 결여되어 있으며 고정적인 성역할에 따르며, 아내보다 언어적 기술이 열등한 경우가 많아 이러한 약점을 보상하기 위한 방법으로 폭력에 의지하는 경향이 있으며 정신병리학적 증후가 일반인보다 더 심하고, 알코올에 의존한다(Rosenbaum & Maiuro, 1990). 또한 반사회적인 성격장애를 지니고 있으며, 여성에 대한 전통적인 견해를 가지고 있다. 강한 남성상을 유지하려 하며(Morrison, 1997), 그들의 남성상이 도전을 받는다고 생각할 때 폭력에 의존하고, 아내에게 강하게 요구를 하는 경우가 많고 이러한 요구가 충족되지 않을 때 분노로써 반응하며, 구타자가 통제와 권력을 상실할 것을 두려워하여 학대행동을 시도할 수 있다(Anderon et al., 1991). 신성자(1999a; 1999b)의 연구에서도 전통적인 성규범에 기초했을 때 남성상이 높은 남편이 아내에게 성적 · 신체적 · 정서적인 폭력을 행사하는 경향이 현저하게 높다는 결과를 보였다. 또한 그들은 가부장적인 성역할 개념을 지니고 있고, 자신의 감정을 표현하지 못하며, 분노와 질투를 표현하며, 의사소통의 형태로 폭력에 의존한다(Pagelow, 1984; 김인숙, 1998 : 63에서 재인용).

이상에서 구타하는 남편의 특성을 요약해 보면, 폭력적인 가정의 배경, 자아정체감의 결여, 고정적인 성역할, 의사소통과 문제해결기술의 결핍, 낮은 자아존중감과 자신감의 결여, 분노나 충동조정의 결여, 고정된 가부장적인 성역할 등을 들 수 있다.

3. 문제점 및 치료목표

1) 문제점

본 사례의 문제점은 다음과 같이 요약될 수 있다.

첫째, 부부가 가족생활주기에서 가족 내에서 역할의 변화를 시도하지 못하였다. 특히, 남편의 경우는 신혼부부단계임에도 불구하고, 부부중심의 생활을 하지 못하였고, 직장과 친구관계를 중심으로 생활을 하고 있었다. 또한 어린 자녀를 둔 단계에서도 역시 남편은 늘 과음을 하였고 늦게 귀가하였으며, 부인 및 자녀와의 대화가 거의 없이 지내고 있었다.

둘째, 부부는 서로의 차이에 대하여 인식을 하지 못하였고, 자신의 방식에 상대방이 따라주지 않는다고만 생각하였다. 그러한 인식의 차이를 극복할 수 있는 대화를 하지 못하였다. 즉 서로의 생각과 감정을 말로 표현할 수 있는 의사소통방식에 문제가 있었다. 예를 들면, 시아버지의 제사문제와 교회문제 등에 관하여 각자의 의견을 교환할 수 없었고, 이러한 문제에 대한 차이로 인하여 항상 갈등이 있었다.

셋째, 부인은 친정 어머니와의 관계가 미분화되어 있었으며, 이러한 부인의 미분화로 인해 어머니와 밀접한 관계를 유지하고 있었다. 이러한 관계로 남편과의 문제가 발생하였을 때, 어머니와 대화를 나누었으며, 이러한 모녀의 밀착관계가 오히려 부부관계에 악영향을 주는 것으로 나타났다. 한편, 부인은 남편과 대화할 수 없었기 때문에 친정 어머니와 다시 밀착관계를 가질 수밖에 없었으며, 이러한 밀착관계는 부인 자신과 부부관계를 어렵게 하는 악순환을 낳았다.

2) 치료목표

부부상담의 목적은 학대를 중지하고 기존의 역기능적인 관계형태에서 새로운 관계를 형성하는 데 있다(Harway & Hansen, 1994 : 73). 부부상담에서는 우선 남편에 대하여 아내가 비록 분노를 자극했을지라도 다른 대안을 선택하지 않고 폭력을 선택한 책임은 전적으로 남편에게 있다는 점을 인정하도록 한다. 또한 학대의 결과 아내가 겪는 고통을 남편이 공감할 수 있도록 하며, 부부는 방어적인 태도에서 벗어나 서로에 대한 이해를 바탕으로 학대를 제거하는 기법과 대안들을 학습하게 한다. 본 사례에서는 특히, 효과적인 의사소통과 감정표현방법 및 갈등해결방법 등에 초점을 두었다.

첫째, 지금까지 부부가 문제를 해결하려고 시도해 왔던 의사소통방식, 즉 역기능적으로 시도했던 해결방식을 찾아 지금까지 시도해 보지 않았던 새로운 의사소통방식을 활용한다.

둘째, 가족생활주기상 현재 어린 자녀를 둔 단계에 있는 부부에게 역할의 변화 및 가사분담을 시도한다. 즉 상담을 받기 전에 남편은 단지 가족의 경제원의 역할만을 담당하였으나, 현재는 애정적인 면에서 남편과 아빠로서의 역할을 하도록 한다. 또한 두 사람의 원가족을 살펴봄으로써, 두 사람 간의 차이를 볼 수 있도록 한다.

셋째, 부인은 어머니와의 밀착관계에서 자아분화를 하도록 시도하고, 자신의 의견을 분명히 할 수 있도록 한다. 즉, ‘No’라고 하고 싶을 때, ‘No’라고 말할 수 있도록 한다.

4. 치료모델

치료자가 클라이언트들의 문제들을 해결하는 데 사용된 치료모델로서 MRI의 상호작용적 가족치료(Interactional Family Therapy)모델과 부인의 어머니로부터의 미분화문제를 해결하기 위하여 Murray Bowen의 가족체계이론(Family Systems Theory)과 Prochaska와 Norcross의 초이론적 모델(Transtheoretical Model)을 활용하였다.

1) MRI의 상호작용적 가족치료모델

체계이론 중 인공두뇌학(cybernetics)에 기반을 의사소통이론은 가족원들이 표현하는 문제를 가족의 상호작용에 의한 것이라는 관점에서 본다. 의사소통의 기술이 부족한 가족의 경우 기본적으로 상대방의 입장에 대한 감정이입적 경청능력과 상대방에 대하여 감사하고 칭찬하는 기술이 매우 부족하고 맥락 속에서 상대방의 입장을 고려하지 못하는 경향을 갖는다. 실제 임상장면에서 두 사람 모두 혹은 한 사람이 화났을 경우에 배우자가 상대방의 약점을 건드리는 말이나 행동을 주고받으며, 그것이 자신의 인격전체를 평가하는 것으로 오해하여 언어적 · 신체적 폭력으로 반응하였으며, 많은 부부들이 이런 반응을 보인다고 한다. 이들은 또한 역설적 의사소통의 역기능적인 형태인 이중구속(double bind) 메시지를 사용하여 상대방을 혼동시키며, 가족 항상성에 대한 통합적 이해가 부족한 경우도 많다(권진숙 · 전석균, 2001 : 41).

MRI 집단은 의사소통과 체계개념에 기반을 두고 있으며, 클라이언트에게 나타나는 증상에 초점을 맞춘 단기치료접근법이다. 치료의 목적은 클라이언트가 생활을 잘 해 나갈 수 있도록 가능한 빨리 그리고 효과적으로 클라이언트가 제시하고 있는 불평을 해결하는 데 그 목적이 있다(Shoham et al., 1995). MRI 집단은 Watzlawick과 그의 동료들에 의하여 개발된 상호작용적 치료의 이론적 토대에 기여를 하였다. 이 접근법은 수많은 문제를 다루는 실제적인 치료모델이며(박인철 역, 1995; Watzlawick et al., 1974; Weakland et al., 1974), 클라이언트의 문제를 병리적인 시각으로 설명하는 것을 지양하고 클라이언트의 불평과 변화를 위한 목표의 두 가지 측면에서 클라이언트 중심의 치료방식을 사용한다(Duncan et al., 1992). MRI 단기치료모델은 현재 클라이언트에게 나타나고 있는 문제에 초점을 두며(Schlanger와 Anger-Diaz, 1999), 문제와 변화에 대하여 두 가지의 상호연결된 가정에 입각해 있다. 문제의 기원과 원인과는 상관없이, 만일 클라이언트와 클라이언트가 상호작용하는 사람들이 현재의 문제행동을 계속하게 되면 클라이언트들이 심리치료자에게 가지고 오는 문제들은 계속해서 유지되는 것이다. 반면에, 만일 문제를 유지시키는 행동이 적절하게 변화되거나 제거될 때 그 문제의 성질이나 기원, 혹은 기간에 상관없이 그 문제는 해결되거나 사라질 것이다(Weakland et al., 1974). 따라서 이러한 면에 있어서 MRI의 상호작용적 가족치료모델은 행동의 변화에 초점을 둔 모델이라고 할 수 있겠다.

MRI 집단에 따르면, 가족의 문제는 문제를 해결하려는 가족의 시도에 의해 오히려 유지되고 있다는 것이다. MRI 집단은 문제를 둘러싸고 있는 상호작용의 과정을 강조하고 일반적인 시각에서 모든 행동은 사회체계 내에서 더 폭넓게 진행되는 의사소통의 교류 가운데 설명할 수 있는 것으로 본다(Duncan et al., 1992). MRI 집단은 인간은 두 가지 방법으로 '문제'를 발달시키는 것으로 본다. 첫째, 어려움을 잘못 다루는 것이다. 둘째, 문제를 해결하려는 시도의 실패와 똑같은 문제해결방식의 계속적인 적용이다(Watzlawick et al., 1974). MRI 모델은 '문제'란 오랫동안 그 문제를 변화시키려고 계속해 온 바람직하지 못한 행동들로 이루어진 것으로 본다. 그러한 문제행동들이 지속되는 것은 일차적으로 사람들이 그 문제행동들을 변화시키려고 행하여 왔던 방법, 즉 사람들의 '시도된 해결'에 있다고 본다. 또한 사람들이 자신들의 문제를 감소시키려고 시도해 온 해결책이 종종 문제를 유지시키거나 혹은 그 문제를 더욱 악화시키기까지 한다(Goldenberg와 Goldenberg, 2000). 따라서 치료자의 일차적인 임무는 새로운 또는 다른 행동을 기존의 행동과 대체하거나, 본래의 문제행동을 '하찮은 문제'로 재평가함으로써 클라이언트에게 지금까지 시도해 온 해결책을 소개하는 것이다(Weakland, 1993). 또한 문제를 유지시켜 왔던 순서를 변화시키기 위하여 MRI 모델에서는 가족들에게 상식과는 반대되는 일들을 하게 하거나 믿을 수 있게 한다(Nichols, & Schwartz, 2001).

MRI 모델의 치료 초점은 해결책에 있고, 치료의 중심적 과업은 다음 세 가지로 나눌 수 있다. 첫째, 클라이언트에 의해서 제안되고 있는 문제에 대하여 행동적인 용어로 구체적이고 분명한 묘사를 얻는 것이다. 둘째, 모든 시도된 해결책의 공통의 특징과 중요한 취지를 발견하는 것이다. 셋째, 클라이언트가 말로나 행동으로 완전히 다른 어떤 것을 하도록 치료자의 영향력을 사용하는 것이다(Schlanger와 Anger-Diaz, 1999).

본 사례에서는 남편이 신혼초부터 부인과 직접적인 대화를 할 수 없었고, 이러한 배경에는 남편이 어려서부터 원가족에게 자신의 생각과 감정을 표현해 보지 못한 데 있었다. 남편은 자신의 감정을 표현하지 못하였고, 그러한 불편한 감정을 쌓아둠으로써 나중에는 분노를 폭발하는 대화방식을 가지게 되었다. 그러한 분노의 표출이 다시 부인에 대한 폭행으로 이어지고 있었다. 부인 또한 남편의 부정적인 표현방식에 맞서서 대항하는 표현방식을 사용하고 있었다. 따라서 이 부부는 역기능적인 방식으로 자신들의 문제를 해결하려고 시도하고 있었다. 즉 배우자와 대화를 할 수 없었던 남편과 부인의 의사소통 표현방식이 문제를 해결하기보다는 오히려 두 사람 간의 관계를 악화시켰다고 볼 수 있다. 따라서 치료자는 이러한 문제를 해결하려고 시도해 왔던 역기능적인 방식을 찾아 지금까지 시도해 보지 않았던 새로운 방식으로 변화를 시도하였다.

2) Murray Bowen의 가족체계 치료모델

Bowen의 가족체계 치료모델에서는 부모 특히 어머니와 자녀 사이의 미분화된 정서적 관계를 중시하였으며, 이러한 관계는 가족투사과정을 통해서 전수된다고 보았다. 또한 미분화된 가족자아 집합체로부터 분화되는 것을 치료목표로 하였다(Friedman, 1991; Goldenberg & Goldenberg, 2000; Papero, 1995). 특히 자아분화가 낮을수록 삼각관계 형태는 심하고 관계가 중요할수록 그 형태가 강하다. 두 사람의 정서체계는 긴장이 없을 때는 안정되지만 불안이 증가하면 삼각관계를 형성하게 된다. 이때 인간관계의 갈등과 불안을 객관적으로 평가하지 못하고 제3자와의 의존적 관계(융합)를 통해 불안을 극복하려 하고 이 불안한 부부정서관계에 자녀를 끌어들여 속죄양을 만들기도 한다. Bowen은 삼각관계를 가장 불완전한 관계체계로 보았고, 삼각관계가 일시적으로 불안이나 스트레스 감소에 도움을 줄 수 있으나 오히려 가족의 정서체계를 더욱 혼란스럽게 하여 증상을 나타나게 한다고 주장하였다(Goldenberg & Goldenberg, 2000).

이 사례에서 부인은 결혼 전에 서울에서 직장생활을 하게 됨으로써, 미분화되었던 어머니와의 관계를 공간적인 분리로 인하여 자아분화하려고 시도하였다. 그러나 남편과 대화가 되지 않고, 자녀의 출산으로 인하여 친정 어머니와 다시 밀착관계를 유지할 수밖에 없었다. 이러한 관계의 이면에는 부인이 어려서부터 친정 부모님의 관계가 안 좋았을 때 장녀로서 부모와 삼각관계를 유지한 경험이 있었다. 또한 남편과의 부정적인 관계로 인하여 어머니를 끌어들이는 삼각관계를 다시 형성하게 되었다. 그렇지만 부인의 어머니와의 밀착관계로 인하여 자신은 물론, 부부관계에 스트레스를 받는 결과를 낳았다. 따라서 치료자는 부부관계를 원만하게 함으로써, 부인의 어머니와의 분화를 시도하였고, 부인이 자신의 의견을 명확히 표현할 수 있게 하였다.

3) 초이론적 모델

초이론적 모델(Transtheoretical Model)은 클라이언트가 변화하는 데는 다음과 같은 5가지 단계가 있다는 것이다. 전인식 단계(precontemplation stage), 인식 단계(contemplation stage), 준비 단계(preparation stage), 행동 단계(action stage), 유지 단계(maintenance stage)이다.

첫째, 전인식 단계는 사람들이 문제를 가지고 있다는 것을 의식하지 못하거나 다른 이유 때문에 변하는 것에 대하여 진지하게 생각하지 않는 단계이다. 이 단계에서 자신의 행동이 문제가 있다거나 병리적이라는 것으로 인식하려는 것에 대한 저항이 나타나는 단계이다.

둘째, 인식 단계는 개인적인 문제가 존재하는 것을 인식하는 단계이다. 이 단계에서는 사람들이 문제와 원인, 해결책을 이해하려고 하며 무엇이 잘못되었는가 그리고 자신들이 어떻게 자신의 삶에 대한 통제를 할 수 있을까 하는 것을 결정하기 위하여 노력하기 시작하는 단계이다.

셋째, 준비 단계는 자신의 의도와 행동적인 기준을 통합하는 단계이다. 이 단계에 있는 개인들은 즉각 행동을 취하려고 의도하고 약간의 행동의 변화를 알린다. 그렇지만 비록 문제행동에 대한 약간의 변화가 일어나고 있다고 하더라도, 준비 단계에 있는 개인들은 효과적인 행동을 위한 기준에 도달하지 못한 상태이다.

넷째, 행동 단계에서는 자신들의 문제를 극복하기 위하여 행동, 경험, 환경을 바꾸는 단계이다. 행동은 가장 현저한 행동의 변화를 포함하며, 엄청난 시간과 에너지의 투자를 요구한다. 행동 단계에서 이루어진 문제행동의 변화는 확실히 보여지는 경향이 있으며, 굉장한 외부의 인정을 받게 되는 단계이다.

다섯째, 유지 단계는 행동 단계에서 얻은 것을 계속하고 더 문제화된 기능의 수준으로 재발되는 것을 막기 위하여 노력하고 있는 단계이다. 이러한 유지 단계는 최소한 6개월 정도 지속되는 경향이 있다. 또한 종종 수년 동안 지속되거나 평생 지속될 수도 있다(Prochaska &

Norcross, 1999).

이 부부는 원래는 이혼을 하려는 상태까지 왔고, 남편이 상담을 받으러 왔을 당시에는 왜 자신이 상담을 받아야 하는지에 대하여 부정적이었다. 즉 부부문제는 부인에게 문제가 있기 때문이라고 보았다. 따라서 남편은 상담 초에는 전인식 단계에 있었다. 부인 또한 남편의 폭언과 폭행이 자신들의 부부문제의 핵심이라고 보았다. 즉 부인은 자신에게 문제가 있다고 하기보다는 전적으로 남편에게 문제가 있다고 보는 전인식 단계에 있었다. 그러나 점차 부부문제가 상대방에게만 있는 것이 아니라 자신에게도 문제가 있다는 것을 깨달을 수 있는 인식 단계로 변화하였다. 이 부부는 이러한 인식 단계에서 준비 단계 및 행동 단계로의 변화와 유지 단계로의 변화를 보여주었다.

5. 치료과정

본 사례는 2001년 5월 23일부터 6월 27일까지 총 7회의 부부 및 개인상담으로 이루어졌다.

Session 1회(2001년 5월 23일)

T : 두 분 간에 문제가 뭐라고 생각하세요?

W : 제가 남편에게 폭행을 당해서, 가출을 한 상태거든요. 그래서 이런 일이 시작이 됐지요. 그전부터도 조짐은 계속 있었어요. 제가 생각하기에는 남편이 그 정도로 화를 낼 수준이 아닌데, 너무 심하게 화를 내요.

T : 예를 들면요?

W : 아이 둘이 어려서 육아로 인한 스트레스로 힘들거든요. 그런 부분이 힘들다고 이야기를 하면, 저를 무시하거나 외면하거나 그냥 말로 질타를 하는 식으로 말다툼을 하고 끝나요. 남편은 제가 불평을 늘어놓는 것을 참지를 못하고, 너무 분노해요. 그게 발전을 해서 물건을

집어던져요. 요즘 같은 경우에는 점점 더 심해져서, 다른 곳을 향해 집어던지던 것을 저를 향해서 집어던져요. 그리고 저를 때려요. 남편은 거의 매일 술을 먹었어요. 거의 매일 귀가시간이 12시, 1시, 아니면 새벽 3, 4시였지요. 주말이 되면, 거의 집에서 잠만 자요. 그런 데서 제가 스트레스를 받지요.

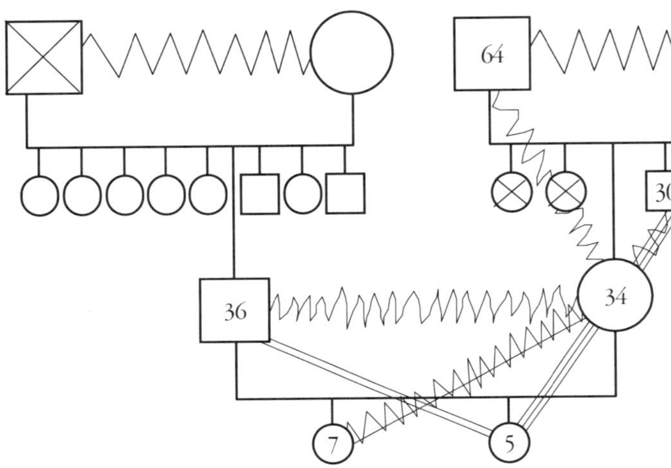

T : 그럼, 남편하고 신혼초부터 대화할 시간이 없었다는 거고, 대화하는 데 있어서 남편이 이해를 못한다는 건가요?

W : 그때는 그냥 "미안하다. 다시는 안 그러겠다." 그런 것의 반복이었거든요. 그런데 한 1년 정도 지나면서부터는 폭력이 시작됐어요. 이렇게 심하게 맞은 것은 처음이고요, 가벼운 손찌검을 하고 베개 같은 것으로 머리를 민다거나 물건을 집어던졌어요. 그리고 남편은 무슨 결정 같은 것을 할 때, 상의를 잘 안 해요. 자기가 기분 좋을 때는 너무 좋고, 자기가 기분이 다운되면, 주위 사람들을 불편하게 하지요.

T : 어떤 식으로요?

W : 저는 남편이 인상을 쓰면 자꾸 남편의 눈치가 보여요. 말 한마디 하는 것도 조심스럽고, 언제 분노가 폭발할지 모르니까, 매사에 남편 눈치를 보면서 하게 되지요.

T : 두 분께서는 현재의 결혼생활에 대하여 어떻게 생각하십니까?

H : 사실 얼마 전까지만 해도 상담을 받고 싶은 생각이 없었어요. 그때는 이혼하려는 욕구가 더 컸지요. 그런데 이제 아이들을 다시 생각하면서, 그리고 아내가 상당히 보고싶고….

T : 그 얘기는 근본적으로 부인을 사랑하신다는 얘기입니까?

H : 네. 꿈에도 몇 번 나타나기도 하고, 잘 될 때 꿈에 나타나요. 둘이 웃으면서 잘 지내는 꿈… 용서해 준다는 꿈도 꾸고 그랬어요. 정말 잘해보려고 오늘 여기에 왔어요. 둘 다 잘못은 있겠지만, 제가 80% 정도는 잘못했다고 생각해요(인식 단계). 앞으로는 아내에게 잘 해주고, 많이 참고, 폭력 같은 것은 남자에게 창피한 것인데 정말 자제를 하고, 잘 살고 싶어요. 그런 마음으로 왔습니다. 부산에서부터 6–7시간 달려왔어요(준비 단계).

T : 변하시려는 의지가 대단하시네요. 민희 어머니 생각은 어떠세요?

W : 남편이 변화하려는 의지가 강하고요, 남편에 대한 신뢰감이 회복된다면 노력해 봐야지요. 그렇게 하려고 제가 이런 것들을 하고 있으니까. 아이들을 보고 와서 많이 울었어요.

T : 지금 자녀분은 어떤 증상이 나타나고 있습니까?

H : 막 울지요. 아빠를 보고도 울고, 아빠가 눈에만 안 보이면 화장실에만 가도 울어요. 아빠가 없는 줄 알고… 불안하니까, 아빠가 밖에 나간 줄 알고 울고, "아빠 여기 있다." 그러면 그치고… (자녀들의 분리불안(separation anxiety)이 나타나고 있다).

T : 그게 분리불안이라는 거예요. 엄마가 없기 때문에 엄마가 자기에게서 사라졌기 때문에 아빠마저 도망가지 않을까 하는 거예요.

H : 둘째의 경우는 굉장히 신경이 날카로워졌어요. 조카들하고 자꾸 싸우고… 큰애는 다 알아요. 내가 엄마를 때린 것도 알고, 싸워서 엄마가 병원다닌 것도 알고… 큰애는 손가락 빨고요, 오줌싸고요… 오줌싼 지는 오래 됐는데요… 밤에 오줌을 가리지를 못해요. 요즘은 심해졌지요. 낮에도 오줌을 못 가려요. 낮에는 그런 일이 없었는데….

T : 남편 입장에서 볼 때 부인과의 관계에서 뭐가 문제라고 보세요?

H : 저도 강하고 아내도 강하지요. 저도 장남, 아내도 장녀이지요. 제가 화내면 같이 화내니까 서로 부딪쳐요(시도된 해결방법). 두 번째로는 종교가 틀려요. 부인은 기독교고, 저는 종교를 안 가지려고 해요. 교회 가는 것이 싫어요. 세 번째는 아내는 생리 때 짜증을 많이 내요.

제가 기분이 좋으면 받아주는데, 기분이 나쁘면 못 받아줘요. 그리고 둘 다 이기적이에요. 그리고 제가 아내를 좀 못 도와주는 것 같아요.

T : 그러면 저하고 상담하시면서 뭐가 해결되면 만족하시겠어요?

H : 제가 변해야 이런 일이 없을 것 같아요. 원인 제공은 아내가 했다고 할 수 있지만은, 제가 폭력을 행사하지 않았다면 이런 일은 없었겠지요. 저는 일단 많이 참는 걸 배워야 할 것 같아요. 제가 살아오면서 주로 혼자 살았고, 모든 의사결정을 혼자 다 했다고 해도 과언이 아니거든요. 그런 숱한 순간 의사결정을 하면서 독선적인 스타일이 많아졌죠. 집안에서도 그런 것들이 나왔던 것 같아요. 그러면서 마음에 들지 않으면 저는 "당신이 그렇게 하지 않느냐? 왜 그렇게 해서 사람 짜증나게 하느냐?" 하고 부인 입장에서는 "그것 가지고 그러느냐?"고 하죠. 화가 나면 저는 막 열 받는 스타일이고, 부인은 막 소리를 지르는 스타일이에요(역기능적으로 시도된 해결방식). 저는 그것을 제일 싫어해요. 다른 사람이 들을까봐 창피하기도 하고, 아파트 문 닫고….

W : 옆집에 들리는 것을 무지 싫어해요. 꼭 저에게 물리적인 힘을 가하려고 할 때는 창문을 닫고, 문을 잠궈요. 저는 그때 공포감을 느껴요. 제가 왜 소리를 지르냐면요, 공포가 극대화되니까 진짜 미칠 것 같아서요. 너무 무섭고, 말로 표현할 수가 없어요. 그래서 이불을 뒤집어쓰고, 막 소리를 질러요. 그럼 저한테 미쳤다고 그래요. 그럼 저도 '내가 미쳤나, 왜 이러지?' 하는 생각이 들거든요. 그때는 너무 무서워요.

T : 민희 아빠께서는 부인과 싸움을 하실 때 이웃 사람에게 민감하신 무슨 이유가 있어요?

H : 저는 싸워도 남들 눈 많이 의식해요. 남들에게 쪽팔리고, 창피해서 그래요. 다른 사람이 우리의 단점을 보는 것이 창피하고, 우리의 안 좋은 면을 보면 다른 사람들이 우리들을 무시하지 않을까 하는 생각이 들어서요. 그리고 제 아내가 막 소리지르는 것에 대해서 제가 노이로제 반응을 보여요. 폭행시에도 제가 아내의 소리 때문에 더 자극을 받게 되는 것 같아요(시도된 해결방법).

W : 제 남편은 저를 쳐다보면서 대화를 한 적이 없어요. TV만 보고 있고….

T : 저하고 대화하면서도 눈도장을 몇 번 찍으셨지만, 조금 전에도 다른 곳을 보고 계셨거든요. 이런 방식이 어려서부터 자연히 몸에 베신 것이지요.

H : 친구들 이외에는 대화를 가져본 적이 없어요.

W : 그런데 친구들을 만나도 안 좋은 이야기는 안 하는 것 같아요. 좋은 이야기만 하고… 남편은 그전에도 회사에서 안 좋은 일 있으면 성격이 극단적이라 저한테도 이혼하자는 이야기를 자주 했거든요. 그런데 회사에서도 마찬가지인 거예요.

T : 민희 아빠는 직장생활에 대해서 그동안 부인에게 표현을 해 오셨습니까?

W : 했었는데요, 제가 교회에 다니면서 제 남편은 표현을 안 해요. 두 사람 사이에 벽이 생겼어요.

H : 교회 다니면서 제사문제 같은 걸로 굉장히 안 좋았어요. 아버님 제사인데 안 지내겠다는 거예요. 저희 어머니와 누나들이 교회에 다니시니까요.

W : 저희만 빼고 다 교회에 다니니까 저는 제사를 안 지내려고 하는데, 남편은 제사를 지내라고 해요. 제사를 지내도 욕먹고, 안 지내도 욕먹으니까 안 지내는 거지요.

H : 저는 제사를 지내라고 했는데, 제 처는 안 지내니까 남편 말을 안 따른 거잖아요. 시어머니 말을 따른 거지요. 저는 아버지 제사를 지내고 싶어서 제 처는 집에 있고, 저 혼자 제사를 지내러 갔어요. 저는 이해가 안 갔어요. 남편 말을 따라줘야 하는데, 그리고 절은 안 해도 좋고, 음식만 차리는 건데… 제가 음식을 사서 갔어요. 그게 저는 조상에 대한 예의라고 생각했거든요. 교회에 다니는 사람들이 음식마저 차리지 않는다는 것에 대해서 이해가 안 갔어요. 그리고 교회를 다니는 것에 있어서, 저한테 강요할 때는 오히려 저는 일부로 다시는 꺼내지 말라는 식으로 민감한 반응을 보였어요. 교회일로 인해서 제가 4일 정도 집을 나간 적이 있어요. 제가 시위를 했어요(시도된 해결방식).

W : 밥상도 집어던지고….

H : 제가 밥상을 집어던지고, 4일 동안 집을 나갔어요. 제사를 지내지 않으면 앞으로 집에 안 들어가겠다. 4일 만에 아기들도 보고 싶고, 돈

도 떨어져서 집에 들어갔어요(제사문제에 대하여 지금까지 두 부부가 문제를 해결하려고 시도해 왔던 방식이 나타나고 있다).

남편은 어려서부터 가족들과 대화를 하지 못하였고, 모든 문제를 결정할 때 스스로 결정을 하여 해결해 왔던 방식으로 살아왔고, 이러한 의사소통방식은 결혼을 한 후에도 변함없이 유지되고 있었다. 그런 가운데 부인은 남편과 서로 상의를 할 수 없었으며, 두 사람은 서로 언성을 높이면서 자신의 주장을 해 오는 의사소통방식으로 부부생활을 해 오고 있었다.

Session 2회(2001년 5월 30일)

T : 지난주 두 분이 어떠셨어요?

W : 그날 남편이랑 얘기는 잘 됐었어요. 그런데 남편의 한번의 말을 믿고 집에 들어가기가 겁나요. 만약에 집에 들어가서 불미스러운 일이 생기면 그때는 정말 이혼을 해야 하기 때문에, 신중해야겠다고 생각을 바꿨어요.

T : 남편의 가장 큰 매력이 뭐였어요?

W : 적극적이고, 긍정적이고, 솔직하고, 그리고 매력도 있었어요. 머리도 좋고, 능력도 있고, 장점이 많았어요.

T : 남편과의 가장 큰 문제가 뭐라고 보세요?

W : 남편의 그런 우발적인 성격이지요. 화가 나면 앞뒤 생각 없이 폭언을 퍼붓고 물건을 던지고 때리니까. 또 한 30분 지나면 미안하다고 후회를 해요. 남편의 이런 면을 이해는 하면서도 상처가 너무 커요.

T : 신혼초부터 맞으셨어요?

W : 1년 정도 지나고 나서요. 그전에는 남편이 불성실한 태도를 보이면 제가 그냥 울기만 했어요.

T : 남편이 성관계에 대해서 어떻게 생각하셨어요?

W : 사실은 이번 일이 터진 것도 그런 부분이 많아요. 첫애 낳기까지는 그런대로 성관계가 괜찮았어요. 그런데 둘째를 가지고 나서 남편이 성적으로 만족감을 못 느끼더라고요.

T : 무엇 때문이었지요?

W : 질이 느슨해졌다고 하더라고요. 그런 부분을 약간 비치기는 했는데, 제가 많이 그러냐고 했더니, 이야기를 안 해요. 괜찮다고 하더라고요. 아마 제가 마음 상할까봐 그런가 봐요. 그런데 정상 체위를 안하고, 항문성교를 요구하더라고요. 저는 아프니까 싫어해요. 성교하고 나면 배가 너무 아파요. 그러니까 하지 말라고 했어요. 싸우기 전날 항문성교를 했는데, 배가 너무 아파서 중간에 못 하게 했어요. 그때는 화를 안내더라구요. 그때 자존심이 많이 상했겠지요. 그 다음날도 배와 온몸이 많이 아팠어요. 너무 아파서 한의원에 가서 어깨 통증 때문에 침을 맞고 집에 왔어요. 그때 생리를 시작하려고 했었나 봐요. 생리 시작하기 전이 피크거든요. 민희하고도 오해가 있었어요. 그날 좀 겹쳤었는데, 애가 이해할 수 없는 상태에서 야단을 쳤었어요.

아래의 진술에서 왜 부인이 남편에게 폭행을 당했는가에 대하여 나타나고 있다.

T : 그게 어떤 사건이었습니까?

W : 교회를 갔는데요, 민희보다 한 살 많은 애가 있는데, 그 애를 때렸대요. 그래서 그 애가 30분을 울었다는 거예요. 그 엄마가 화를 내고 그냥 집에 갔어요. 너무 미안해서 기분이 안 좋았지요. 그래서 상황을 물어봤는데, 민희도 엄마가 화가 났다는 것을 아니까 얼어서 얘기를 못한 거예요. “언니 때렸니?” 했더니 때렸다는 거예요. “왜 때렸어?” 했더니 아무 말도 안해요. “언니 때렸으니까 너도 맞아야지?” 했더니 가만히 있어요. “몇 대 때렸니?” 했더니 세 대 때렸대요. 그래서 세 대를 때렸어요. 그런데 하루 종일 말을 안 듣는 거예요. 나중에 알고 보니까 게임을 하다가 서로서로 때리기로 했는데, 그 애가 화가 나니까 그냥 운 거예요. 그 애도 30분 동안 다른 이유가 있었는지 운 거예요. 다른 아저씨가 봤대요. 민희가 잘못한 것이 아니라는 것을…. 저는 모르고 때렸으니까, 애는 화가 난 거지요. 저는 그걸 생각은 못하고, “애가 왜 이렇게 말을 안 들을까?”라고만 생각했죠. 남편한테도 제가 화가 나 있다 보니까, 저녁 때 민희에게

폭발을 한 거예요. “너 이렇게 말 안 들으려면 나가.” 그리고 현관문을 열고 나가라고 했어요. 그리고 울고 있는데, 민희 아빠가 와서 저를 제지시킨 거지요. 제 엉덩이를 때리면서 이 시간에 어디 애를 나가라고 하냐고…. 그때는 남편이 저를 심하게는 안 때렸어요. 어디 이 시간에 애를 나가라고 하냐고 막 뭐라고 하더라고요. 내가 민희한테 “네가 말을 안 들으면 엄마, 아빠가 싸우는 거야.”라고 했더니, 민희 아빠는 그 말에 더 화가 난 거예요. 어떻게 애한테 그럴 수가 있냐고…. 그래서 막 들어오더니, 애들한테 막 들어가라고 소리지르고, 제가 마루 소파에 앉아 있으니까, 저보고 “들어가”라고 하면서 크게 소리를 지르더라고요. 안 들어가고 있었더니 제 멱살을 잡더니만 들어가라고 밀어붙였어요. 저는 안 들어가려고 문을 잡았어요. 그러다가 제가 민희 아빠한테, 나한테 왜 그러냐고, 당신은 나한테 한 게 뭐가 있냐고, 집에 오면 컴퓨터 오락만 하고, 맨날 잠만 자면서 왜 큰소리치냐고 했더니, 내가 왜 한 게 없냐고, 내가 너 아프다고 해서 병원도 함께 가지 않았냐고 그러더라구요. 제가 “누구 때문에 아팠는데” 그랬더니 갑자기 굉장히 세게 때렸어요. 남편이 무섭다는 것보다 남편에게 더 이상 지기 싫은 생각이 들더라구요. 그래서 “죽여봐!” 그랬더니 또 때리고, 계속 그랬는데, 애들이 옆에서 다 보고, 민희는 “아빠, 엄마 죽이지 마세요!” 그러면서 막 울었어요. 한 열 대 정도를 맞았어요. 그때 얼굴이 너무 많이 부었고 터졌어요. 눈알 전체가 빨갛게 터졌어요. 그래서 제가 주저앉는데, 제 눈빛이 죽은 눈빛이 아니고 대드는 눈빛이니까 더 화가 나서 걸레 미는 것을 들었다 놨다 하더라고요. 그런데 제가 저걸로 맞으면 죽겠다는 생각이 들어서 가만히 있었어요. 애들을 방에 데리고 가서 다 재우더라고요. 애들이 무서우니까 자더라고요. 제가 옆방에 들어가서 누워 있는데 조금 있다가 들어와서 화가 안 풀렸는지 제가 자기한테 져 줬다고 생각하지 않으니까, “내가 만만하게 보여? 내가 때리기 시작하면 열 배는 더 세게 때릴 수 있어. 이건 시작에 불과해. 난 사람 하나 건드리면 이 정도로 안 때려.” 그러더라고요. 제가 그래서 “그래, 그 정도야? 대학 나와서 학교 서클 나가서 운동권이랍시고, 진보적이라던 사람이 결국 이 정도였어? 이런 식의 방법을 택하는거야?” 그랬더니, 남편이 화가 안 풀렸는지, “눈 내리 깔어. 어디 나한테 대들고 있어”

그러더라구요. 그래서 끝까지 쳐다보니까 또 막 때려요. 발로 차고요, 팔을 비틀더라고요. 처음에는 문을 잠그고, 불을 다 끄더라구요. 더 심하게 한다는 거지요. 제가 다시 불을 켜고, “불 켜고 때려, 이 얼굴을 보고서도 또 때리고 싶냐? 또 때려 봐, 내가 그렇게 잘못했냐?”고 했더니, 그게 남편을 더 화나게 했나봐요. 나가더라구요. 그렇게 많이 맞은 것은 처음이지만, 감정이 상한 것은 처음이 아니었으니까요. 저한테는 특별한 것이 아니고, 일상적인 것이니까요. 오히려 후련하더라고요. 그전에는 그렇게 대항을 못했거든요. 어쨌든 같이 때린 것은 아니지만요. 그전에는 결국은 내가 굴복하고 울고, 망가지고, 그런 상태를 보고 남편은 쾌감을 느꼈었죠. 옷을 갈아입고, 애들 옆에 자려고 누워 있었는데, 잠이 안 오더라구요. 그래서 다시 옷을 갈아입고, 교회에 갔어요. 이혼은 일단 신중히 생각하고, 치료를 받자는 목사님 의견을 따라서 여기까지 온 거예요.

T : 남편이 부인에 대해서 성적인 불만이 많다고 보세요?

W : 성관계는 그전까지는 특별히 문제가 없었어요. 저희는 결혼 전에 성관계를 가졌는데, 잘 맞았어요. 그런 부분에 대해 많이 배려해 주고, 잘 맞았어요. 저도 남편과의 성관계는 대체로 만족스러웠어요.

여기서 남편과 부인이 어떻게 해서 싸움을 하게 되었는지에 대하여 자세하게 설명하고 있다. 즉 전날에 남편은 부인과 항문성교를 할 때 기분이 상했고, 그러한 불쾌한 감정이 다음 날 딸아이를 때리는 아내를 보고 우회적으로 폭발을 하였고, 그러한 폭발에 부인 또한 역기능적인 의사소통방식으로 대응하였다고 생각된다. 즉 문제를 해결하려고 시도했던 방식이 오히려 문제를 악화시키는 결과를 낳았다.

Session 3회(2001년 6월 2일)

T : 부인이 집으로 들어오시는 문제를 말씀하셨어요?

H : 제 처가 집에 들어온다고 했었는데, 제가 핸드폰을 잠깐 차에다 놓고, 부산에서 올라온 날 피곤해서 잤는데, 전화연락이 안 된다고 못 믿겠다(부부간의 오해가 생김)면서, “좀 풀어주면 또 그런다”는 식으

로 이야기하고, "이걸 계속 해서 일단 2-3주 정도 하는 것을 보고 들어오겠다."고 이야기하더라구요.

T : 부인하고 제일 힘든 것이 뭔가요?

H : 제일 힘든 것은 두 가지인 것 같아요. 제일 힘든 것은 종교문제와 제사를 안 지내는 것, 두 번째가 직장문제인 것 같아요.

T : 직장문제라는 것은 뭐예요?

H : 직장 스트레스를 잘 해결하지 못했던 거죠. 이 두 가지가 우리 사이를 힘들게 했던 것으로 생각해요. 제가 직장에서 업적에 대한 스트레스를 많이 받다 보니까….

T : 부인은 남편에 대하여 "사람이 너무 좋아서 탈이다"라고 이야기하더라구요. 사람 좋은 남편들이 힘든 것이 부인과 가족관계죠. 사람은 좋은데, 결국 굶고 있는 사람들은 가족이거든요.

T : 직장 상관과의 관계에서 스트레스를 어떻게 푸셨어요?

H : 그동안에는 푸는 방법은 딱히 없었어요. 초에는 술을 많이 마셨어요. 저는 두 가지 생각을 가지고 있는데요, 첫 번째는 '남자는 집에 들어가서 밖의 일을 이야기하지 않는 것이 좋다.'라는 것과 두 번째는 '집에서 애들 키우느라고 스트레스 받는데, 내가 밖의 일까지 이야기하면 부인이 남편을 뭘로 알까?'라는 생각이에요. 그거 하나 해결 못하고 집에까지 와서 끙끙댄다고 생각할 수도 있고, 부인한테도 무능력한 모습을 보이는 것이 싫어서 안 하게 되었지요.

T : 제가 볼 때는 부부문제 이전에 민희 아빠가 어렸을 때부터 가족관계에서 대화할 수 있는 상대자가 없었으리라고 생각되는데요?

H : 대화할 사람이 없었지요. 어릴 때부터 지금까지 마음을 털어놓고 이야기할 사람이 없었어요. 친구들하고 대화하면서도 뺄 것은 빼고 이야기를 했지요.

T : 부인한테는요?

H : 부인한테는 오픈시켜야 한다는 시도나, 생각은 많이 안했던 것 같아요. 말을 하지 말아야겠다는 생각은 많이 했어요. 스스로 해결해야겠다는 생각을 많이 했어요.

T : 어렸을 때부터 스스로 문제를 해결해 왔으니까요?

H : 계속 그런 식이었던 것 같아요. 계속 혼자서 품고….

T : 부인과 성관계는 어떠세요?

H : 결혼하기 전부터 애 둘 낳기 전까지는 특별한 문제가 없었어요. 애 둘 낳고, 좀 멀리하게 되는 것도 있고, 종교문제 터진 이후에는 제가 일부러 성관계를 안 가지려고 했어요.

T : 부인이 싫어서요?

H : 네. 싫으니까요. 정 떨어진다는 식으로… 제 처는 제 이야기를 안 들어줬어요. 그러면서 부인과의 관계가 굉장히 나빠지기 시작했어요. 또 성관계도 제 스스로 일부러 자제하고, 일부러 그렇게 했어요.

부인은 종교로 인하여 제사를 거부하고 있으며, 남편은 장남으로서 아버지의 제사를 지내야만 자식의 도리를 하는 것이라는 시각 차이가 있었다. 이러한 시각 차이로 인하여 남편은 부인이 자신의 의견을 들어주지 못하고 있다고 보았으며, 자신을 무시한다고 생각하여 부인과의 성생활을 의도적으로 기피하고, 부인을 통제하기 위하여 며칠 동안 외박하는 것을 볼 수 있다. 이 두 사람 간의 성관계를 예로 들면, 보통 일주일에 한두 번 정도의 성관계를 가졌으나, 아버지의 제사문제로 인하여 관계가 악화되면서부터는 남편은 2주에 한 번 정도로 성관계 횟수가 줄었다. 이러한 해결방식이 지금까지 이 부부가 문제를 해결하려고 시도해 왔던 방식이라고 볼 수 있다. 그러나 상담이 진행되면서 제사에 대한 차이가 종교의 차이와 남편을 무시해서가 아니라 시댁식구들과의 마찰을 피하고 가정의 평안을 위하여 시어머니와 시누이들의 편을 들 수밖에 없었다는 것이 밝혀졌다. 이러한 오해는 근본적으로 부부가 서로에 대하여 솔직하게 대화를 나누지 못한 데서 오는 것이었다.

T : 부인과 성관계를 가질 때 보통 오르가즘을 느끼셨습니까?

H : 애 둘 낳기 전까지는 제 처도 괜찮았던 것 같아요. 그렇지만 제 처는 아무래도 가슴도 없고, 질도 수축이 잘 되지 않았어요. 일단 그렇게 생각하지 않으려고 많이 생각했어요. 예를 들어서 '오늘 내가 키스를 꼭 해야지'라고요. 왜냐면 섹스하면서 키스를 잘 안 했던 것 같아서요.

T : 지난번에 민희 어머니가 폭행당하기 전날에 남편과 항문성교를 하는 도중에 배가 아팠다고 했어요. 그래서 남편이 삽입했던 것을 빼셨대요. 그때 민희 아빠께서 상당히 모멸감을 느끼셨을 것 아니에요?

H : 그때 사실 저는 굉장히 충격을 받았지요.

T : 자기는 배가 아파서 그랬지만 남편은 기분이 상했을 거라고 이야기했어요. 그런데 그 다음 날 주일에 교회에서 민희가 다른 아이를 때린 사건이 있었대요. 집에 와서 민희에게 "왜 한 살 많은 아이를 때렸냐"고 물으니까 민희는 엄마가 무서워서 대답을 하지 못 했대요. 그래서 부인이 민희를 세 대 때렸다고 했어요. 민희 아빠가 집에 오셔서 그 장면을 보고서 "애한테 왜 그러냐?"고 야단치면서 "그만두고 방에 들어가"라고 소리치니까, 민희는 무서워서 들어갔는데, 민희 엄마는 남편에게 눈 똑바로 뜨고 대든 거잖아요. 민희 아빠가 부인의 손을 확 잡으니까 민희 엄마는 방에 안 들어가려고 버틴 거지요. 그래서 그때 열 대를 맞았대요. 제가 말씀드리고 싶은 것은 사건이 터지기까지는 그전에 무엇인가 과정이 있었다는 거예요. 민희 엄마는 전날 남편과 성교했을 때 남편이 불쾌했을 거라는 거예요. 그것과 민희를 야단친 것하고 연관되지 않느냐는 거예요.

H : 글쎄, 관련이 있었는지는 모르겠지만 제가 그때 굉장히 불쾌했던 것은 사실이었어요. "내가 무슨 창녀냐"라는 식의 표현을 해서 굉장히 불쾌했어요. 민희 일은 자려고 하는데 민희를 밖에 나가서 살라는 제 처의 말을 들었을 때 "밤 10시 30분에 아이를 내보내면 어떻게 하냐? 그만둬라"고 하니까 저에게 대들고 소리 질렀어요. 저는 소리지르는 것을 굉장히 싫어해요. '더 이상 안되겠다.' 싶어서 한번 기선을 잡으려고 작정했어요. 제가 제 처를 아주 세게 열 대를 때렸지요.

T : 민희 엄마는 그때 너무 공포감을 느꼈어요. 민희 아빠 입장에서는 하나의 보여주기 위한 것이고, 그 이상의 것은 없었겠지만, 민희 아빠가 방문을 잠그고 불을 껐을 때 민희 엄마는 '이러다가 남편이 나를 죽이지 않을까?'라는 공포감이 들었다는 겁니다. 또 한 차례 그런 일을 겪는다면 남편과 함께 산다는 것 자체가 공포가 되지요. 언제 또 남편에게 맞을지 모른다는 생각 때문에요. 또 하나의 문제

는 부부관계에 있어서 보통 사람들은 참으라고 하는데, 분노가 있으면 표현을 해야 하는 거예요. 많은 가정에서는 분노를 자제하거나 폭발해 버려요.

H : 저도 보통 그런 식이었지요. 친구들 중에서 서로 싸우면서도 잘 살아가려는 친구들을 보면 대화를 많이 해서 "나 이게 불만인데, 이게 맘에 안 든다." 이렇게 풀더라구요. 저는 안 해 봤어요. 그렇게 말로 표현을 하지 않고 참거나 폭발하거나 둘 중의 하나예요. 그것이 안 좋은 것인 줄 알면서도 시도도 많이 못 해 봤고, 고쳐야겠다는 생각도 못 해 봤지요. 대신 어떤 식으로 시도를 해 봤냐면, 주말에 밖에 맛있는 것을 사 먹으러 간다거나, 애들 데리고 간다거나, 이런 식의 시도는 해 봤지, 직접 대화하려는 시도는 해 보지를 않았어요(여기서도 문제를 해결하려고 시도했던 방식이 역기능적이라는 것이 나타나고 있다).

T : 제가 말씀 드리고 싶은 것은 내면에 있는 것을 말로 표현하셨더라면 부인과의 관계가 좋았을텐데, 어렸을 때부터 표현하지 못하고, 마음속에 꽉 누르지 않았나 하는 거예요.

H : 계속 그런 식으로 살아왔지요. 얼마 전에 제가 상담하는 날 제 처에게 두 가지 부탁을 했어요. 아파트 관리비 좀 내주고, 집에 빨래를 돌려 놓고 왔는데, 깜박 잊고 돌린 상태로 있으니까 좀 널어달라고요. 그때 제가 부산에 갔다가 집에 도착한 시간이 오후 5시쯤 되었어요. 문을 열었는데, 빨래가 없더라고요. 저는 바로 세탁기로 갔지요. 빨래가 그대로 있더라고요. 빨래를 널면서 굉장히 화가 나더라고요. '이 사람은 정말로 계속 정 떨어지게 하는구나'라고 생각했죠. 제 처는 제가 때릴까봐 무서워서 못 들어오는지 모르겠지만, 저는 나름대로 제 처와 점차적으로 애정이 없어지고 있어요. 어떤 때는 집에 들어오기가 싫었어요. 그래서 PC방에 간다거나 일이 없는데도 일을 해요. 밤 12시나 1시쯤 집에 들어가면 제 처와 대화할 일이 없잖아요. 그리고 한 달에 한 번씩 모임이 있는데, 거기에 가서 포커 치고 술 마시면서 밤새 놀아요. 그런 식으로 한 달에 한두 번씩 스트레스를 풀었어요.

T : 그런데 과연 그런 식으로 해서 스트레스를 풀 수 있었나요?

H : 전혀 안 되지요. 그러나 저는 나름대로 저에 대한 사랑이 점점 더

식어가는 제 처의 모습을 보면서 제 처가 단지 경제적 이유와 애들 때문에 나와 살고 있다는 생각을 했어요.

T : 그런데 민희 아빠는 부인에게 왜 세탁물을 안 널었는지 물어보셨어요?

H : 물어보지 못했죠. 제 처 전화번호도 모르고, 물어볼 길이 없었지요.

T : 그것은 또 나름대로는 오해하는 부분들이 있었을 것 같아요. 여러 가지 상황이 있을 수 있다는 거지요. 그런데 민희 아빠는 "내가 요청했음에도 불구하고 너는 또 내 말을 거절했어." 그런 생각이 들 거예요. 그렇죠?

H : 들지요.

T : 바꿔서 생각하면, 민희 엄마가 이전에 집에 돌아오기로 하고, 민희 아빠한테 전화를 했는데, 민희 아빠께서는 차 속에 핸드폰을 놓고 왔으며, 피곤해서 잤어요. 그때 민희 엄마는 "당신은 여전히 마찬가지야"라고 했듯이, 세탁기 사건이나 이 사건이나 상대방이 왜 세탁물을 안 널었는가, 전화를 안 받았는가에 대해서 즉각적인 의사소통을 통해 풀지 못 했어요. 이러한 방식이 계속 누적이 되었고, "그랬구나. 역시 너는 어쩔 수 없어."라는 식으로 해 오지 않았느냐는 거예요.

H : 그랬던 것 같습니다.

T : 그럼, 그 방식은 똑같은 패턴의 반복이었고, 두 분이 문제를 해결하려고 시도했던 방식 자체가 역기능적이라는 거지요. 그러한 비효과적인 방법을 계속 해 오지 않았느냐 하는 거예요. 그 방식이 아닌 또 다른 방식이 여기에서 대화하는 가운데 모색이 되는 거예요. 자, 세탁물을 예로 들어 보십시다. 두 분이 이야기를 하시면서 화를 내시면, 상대편은 공격당하는 느낌이기 때문에 말문이 더 막히는 거예요. 여기 오셔서 편안하게 이야기하시잖아요. 이렇게 표현하시면 상대방은 말할 수 있는 여유가 생기는 거예요. 세탁물에 관해서 제가 나중에 민희 엄마께 여쭈어 볼게요. 남편이 부탁했는데, 왜 안 하셨는지에 대하여 오해가 있을 수 있을 것입니다.

H : 그럼, 집에 들어오기 싫은 것을 이렇게까지 표현한 것이 아닌가요?

T : 그것은 확인되지 않은 민희 아빠의 생각일 가능성이 많아요.

Session 4회(2001년 6월 8일)

W : 저희 부부문제를 선생님께서 어떤 식으로 접근하고 계시는지에 대하여 좀 여쭤 보고 싶습니다.

T : 저는 궁극적으로는 두 분 간의 의사소통하는 방법에 초점을 두고 있으며, 그러한 의사소통과정에 있어서 민희 아빠, 엄마가 자라온 환경에서 표현하는 양식이 다를 것이라는 거지요. 그러면 민희 아빠가 상습적으로 폭행하지 않는 이상, 우발적인 경우에는 대화하는 방식으로 조절될 것이라는 것이 제 초점입니다. 그래서 제가 지금까지 두 분의 자라온 가정 배경에 대하여 살펴보았지요.

W : 그런데 지난번에 저희 부부에게 저희 두 사람이 어떻게 대화하는가에 대하여 생각해 보라고 말씀하셨는데, 제가 생각을 해 보니까요, 저한테 문제가 참 많다는 것을 느꼈어요(전인식 단계에서 인식 단계로 전환). 저희 원가족문제도 지난번에 이야기를 했지만, 저희 남편하고 아이들하고 떨어져 있으면서, 정말 생활에 쫓겨서 너무 생각하지 못했던 부분들을 진지하게 많이 생각을 해 보았고, 제 자신에 대하여 반성을 많이 했어요. 그 사람도 상담을 받으니까 좋은 것 같다고 하였고, 계속해서 상담을 받아야겠다고 했어요. 저도 남편의 그런 모습들을 보면서 고무됐지요. 남편이 그 다음날 여행하자고 했는데, 저는 생각을 해 보겠다고 했거든요. 그리고 저는 남편에게 "당신이 상담을 계속 받으면 조만간에 집에 들어갈게"라고 이야기했지요. 그러나 집에 들어갈 날짜를 정한 것은 아닌데, 남편은 제가 일주일 안에 집에 들어올 것이라고 생각했었나봐요. 그전에는 제가 이렇게 단호하게 한 적이 없었으니까요. 그러고 나서, 제가 몸이 굉장히 아팠어요. 그때 생각해 보니까 '좀더 신중해야 되지 않을까?'라는 생각이 들었어요. 그래서 제가 남편에게 전화를 해서 '지금은 집에 들어가는 것이 시기상조인 것 같고, 좀더 시기를 두고 생각해 보자'라고 이야기하려고 했는데, 전화를 이틀 정도 안 받더라고요. 남편이 곯아떨어진 거지요. 그런데 약간 신뢰감이 떨어졌어요. 저한테 약간의 여지가 보이자 마자 핸드폰 꺼놓고 잤다는 것에 대해서 실망을 했고…

T : 남편이 왜 핸드폰을 꺼놓았는지에 대해서 물어보셨어요?

W : 차에다 두고 나가 있었다고 하더라고요. 그리고 나서 또 물어봤더니

계속 돌려서 이야기를 해요. 그러고 나서는 “그게 말이 되냐?” 했더니, “너무 피곤해서 잤다”라고 하더라구요. 그걸 떠나서 그것은 저와 거리감을 두기 위한 핑계라고 생각을 했지요. 따라서 저는 지금 당장 집에 들어갈 것이 아니라 좀더 시기가 필요하다고 생각했어요. 그랬는데 일요일에 남편이 교회에 왔더라구요. 그래서 저는 남편에게 “지금은 집에 들어갈 수 없어”라고 그랬더니, 저에게 막 화를 내면서 이혼하자고 하더라고요. 문구점에 가서 이혼하겠다는 합의문 쓰자고 종이와 볼펜을 사더라고요. 저희가 소리 높이면서 이야기하고 있으니까, 교회 사람들이 불렀어요. 그래서 그 분들과 이야기를 하고 있는데, 그 사이에 민희 아빠는 못 참고 들어와서 나한테 소리를 지르면서 데리고 나왔어요. 저는 그런 과정들을 보면서 ‘남편이 과연 변했을까?’ 하는 의구심이 들었어요. 일시적으로 나를 집으로 들어오게 하기 위해서 자기의 감정들을 속으로 삭혀 놓고, 위장한다는 느낌을 받았다는 것이지요. 며칠 후에 큰 아이는 민희 아빠가 데리고 가서 친정에 데려다 주면서 친정 부모님들한테 잘못했다고 빌었나 봐요. 그리고 나서 월요일에 법원에 가면서 남편은 “합의 이혼서를 다시 쓰자.”라고 했어요. 그런데 남편은 제 손을 잡았다가, 팔짱을 꼈다가 화내면서 이혼하자는 것을 몇 번을 했거든요. 그러다가 그냥 헤어졌어요. 진짜 이혼하려고 했는데, 호적등본을 안 가지고 가서 그냥 나왔어요. 매사 그런 식이에요. 내 앞에서 우발적으로 감정을 그렇게 정리해 놓고, 친정에 가서는 정말 잘못했다고 하고요. 그러면서 “내가 민희 엄마에게 이렇게 빌었는데, 집에 왜 안 들어오는지 모르겠습니다.”라고 하는 거예요. 그래서 저희 부모님이 언성을 높여서 저한테 화를 내시면서 “네가 그렇게 독한 애인지 몰랐다”라고 하셨어요. 그런 과정들을 보면서 가장 중요한 것은 제 자신이잖아요. 저희 어머니도 아버지한테 두 번 정도 폭력을 당한 적이 있지만, 제 경우하고는 달랐어요. 저희 엄마 같은 경우에는 아버지한테 강하게 대드는 스타일이에요. 저희 남편하고 제 경우는 틀려요. 제가 마지막으로 맞았을 때 처음이자 마지막으로 대응했어요. ‘더 이상은 이렇게 인격적으로 유린을 당하면서 살 수 없다’라는 생각이 들었어요. 그래서 제가 “차라리 나를 죽여”라고 대들었어요. 그전에도 보면 우리는 보통 생리기간에 다투었어요. 평상시에는 이 사람의 성격을 아니까, 남편의 표정을 보고 저를 죽여요. 그렇게 안 하면 맞으니까요. 그러다가 생리 때는 저도 모르게 짜증이 나고, 아이들과 부딪치는 과정에서 짜증을 내요. 그러면 남편은 저의 그런 꼴을 못 보죠.

T : 지난번에도 남편께서 지적했듯이 민희 엄마가 생리증후군이 심하다고 했거든요.

W : 제가 평소보다 예민해지지요. 평상시에는 좋게 이야기할 수 있는 것도 인상이 굳어져서 이야기를 하게 되지요. 허리가 아프고, 신경이 예민해져요. 가사노동 같은 것은 제가 포기를 했거든요. 저희 남편이 안 도와줘도 평소에는 제가 집안일을 다 하는데, 평소에 남편에게 눌려 있다 보니까 생리 때는 저도 모르게 남편에게 "자기가 좀 해주면 안 돼?"라고 이야기하면, 남편의 표정이 확 굳어져요. "너 뭐라고 그랬어?" 그래요. "내가 뭐라고 그랬는데?" 하면 물건들을 던져버려요(역기능적으로 시도된 해결방식). 그리고 제가 교회를 다닌 이유는 남편의 폭력 때문이거든요. 예를 들어서 남편이 잠을 자고 있는데 깨운다거나 아이들이 깨우거나 하면 싫어하는데, 제가 "일요일에 애들하고 놀고, 이거라도 먹어."라고 말을 하면 인상을 쓰면서 나와요. 주로 회사일이 안 됐을 때 그러지요. 민희에게 "아빠 아무 말도 안 하니? 아빠 삐졌나보다." 그러면서 음식을 주고, "아빠 삐졌나봐? 아빠가 왜 안 풀리지?" 그랬더니 딸이 옆에 있는데도 먹던 걸 바닥에 확 뱉어요. 그래서 제가 남편에게 "지금 애 앞에서 뭐하는 행동이냐고?" 그랬더니, "너 한마디만 더해"라고 하더라구요. "내가 뭐?" 그랬더니, 애가 보는 비디오 테이프를 방바닥에 던졌어요. 제가 "지금 뭐하는 거야?"라고 했더니 그 다음에 남편은 제가 한 마디씩 말할 때마다 비디오 테이프를 하나씩 던졌어요(역기능적으로 시도된 해결방식). 그래서 비디오 테이프 세 개를 박살냈거든요. 그런데 그 걸 딸이 다 봤어요. 제가 어렸을 때, 아버지가 그런 일이 있었기 때문에 애들 앞에서 조심하지요.

부인은 2남 2녀 중 장녀로 태어났으며, 부모님의 부부관계는 매우 안 좋았다. 또한 부인은 아버지와 거의 대화를 하지 못하고 성장하였다. 부모님의 안 좋은 부부관계로 인하여 부인은 어머니와 밀착관계를 유지하였고, 아버지로부터 어머니를 보호하려는 과도한 역할기능을 하였다.

W : 어머님이 저희 집에 와 계시면 좀 힘들거든요. 어머니가 저희 집에 오셨을 때 아마 제가 생리 중이었을 거예요. 그래서 제가 너무 많이 아팠어요. 민희 아빠랑 어머니한테 잠깐 집에 계시라고 하고, 바람을 쐬러 나갔는데, 그때 제가 힘들다고 했는데, 남편이 하는 이야기가 "어차피 니가 해야 할 일인데, 니가 힘들다고 이야기하면 뭐하냐?" 라는 거예요. 남편의 그 말에 너무 서운하더라구요. 그래서 집에 들어가서 자는데 울었어요. 남편은 그때 저의 울음소리를 들은 거예요. 이 사람은 그걸 용납을 못해요(역기능적으로 시도된 해결방식). 모든 것을 자기한테 그런다고 생각해요. 남편의 그러한 태도는 아마 눈칫밥을 많이 먹어서 그럴 거예요.

T : 남편은 부인이 자신에게 부담을 준다고 생각을 하는 겁니까?

W : 남편은 제가 자기한테 부담을 주려고 그런다고 생각하는 것 같아요. 그래서 제가 운 것에 대해서 감정이 생긴 거지요. 그 다음날 7시에 저녁을 먹으려고 준비를 하는데, 시댁식구들이 한꺼번에 시간 맞추어서 저희 집에 들이닥쳤어요. 제가 혼자서 일을 하는데, 남편은 잠만 자고, 밥 먹을 때만 일어나고 전혀 저를 도와주질 않아서 참 밉더라구요. 제가 화가 나서 말을 안 하고, 급하게 김치를 썰다가 손을 베었어요. 그래서 방에 들어가서 밴드를 붙이고 있는데, 남편이 따라 들어왔어요. 저는 손님들이 오니까, 분위기를 좋게 하려고 나를 달래려고 하나 보다라고 생각했지요. 그때 남편이 저에게 "괜찮아?" 그러더라구요. 그래서 제가 경직된 목소리로 "됐어, 나한테 관심도 없으면서?" 그렇게 이야기했더니, 남편이 "십팔년!" 하면서 나가더라구요(역기능적으로 시도된 해결방식). 그런데 일단 손님이 왔으니까, 웃는 모습으로 일을 다 치렀어요. 시댁식구들은 다음날 아침까지 먹고 갔어요. 저는 거의 몸이 다운되기 직전이었지요. 시댁식구들이 가고 나서 어머니, 민희 아빠, 그리고 저만 남았어요. 민희 아빠도 이중적이지만, 저도 참 이중적이에요. 사람들이 있을 때는 막 웃다가 사람들이 없으면 표정이 돌변해요. 제가 표정이 굳어서 이불을 막

털고 있으니까, 남편이 "야, 어디 어머니 앞에서 물건을 딱딱 놓고 그래?"라고 소리를 지르더라구요. 그때 시어머니는 아무 말씀도 안 하시더라구요. 그러고 나서 저는 남편에게 "내가 언제 그랬어, 내가 힘들어서 그랬는데 왜 그래?"라고 말하고 집을 나왔지요. 그리고 나서 다시 집으로 돌아와서 방에 들어가서 좀 울었어요. 저희 시어머니는 제 울음소리가 듣기 싫으니까 민희 아빠를 야단치고, 저에게 "너 이렇게 하려고 나 불렀냐?" 하시면서 저에게 막 화를 내시고 가셨어요. 그리고 나서 남편이 일주일 동안 저에게 말을 안 했어요. 저도 말을 안 했거든요(역기능적으로 시도된 해결방식).

T : 저는 민희 아빠와 엄마의 문제를 한 사람 문제로 보지 않습니다. 예를 들어서 부엌에서 어찌되었든 간에 남편이 와서 부인이 베어서 피가 나니까 "괜찮아?"라고 말했을 때, 민희 엄마의 표현이 "됐어. 언제 나한테 관심이나 보였어?"라고 하면, 남편의 입장에서는 얼마나 무안하겠어요. 일단은 부인의 입장에서는 남편이 가식적이든, 가식적이지 않든 간에, 두 사람의 표현방식에서 서로의 감정을 상하게 하는 표현을 하고 있지 않냐는 거예요? 그게 소위 시도된 해결방식이라는 거예요. 두 분께서 지금까지 문제를 해결하려고 시도했던 방식이 결국에는 문제를 해결하지도 못할 뿐만 아니라 더욱 관계를 악화시키는 역기능적인 방식이었다는 것이지요. 또 부인께서 생각해 보셔야 할 것은 민희 아빠가 대응하는 방식이 어려서부터 세상에서 살아 남기 위하여 몸에 밴 방식이라는 거지요. 그리고 민희 엄마가 어머니랑 밀착관계가 있다고 했거든요. 그래서 집안에서 어려서부터 지나친 역할을 수행하시지 않았나 하는 생각이 듭니다. 예를 들자면, 부인께서는 남편의 월급을 받으면 20-30만원 정도는 생활비로 쓰고, 나머지는 보험을 드셨다고 하셨어요. 그 이야기는 민희 엄마가 자신의 생활을 못 하셨을 가능성이 높다는 이야기예요. 그것은 제 의견보다는 친정 어머니의 의견을 따른 것이지요. 그것은 민희 엄마의 삶의 방식이 아니라, 친정 어머니의 삶의 방식이지요. 어머니하고 밀착관계에서 못 떨어지셨을 거예요.

W : 지금 제가 민희 아빠와 떨어져 있는 상황에서도 그런 걸 많이 느껴요. 제가 볼 때도 자신에게 먼저 집중하게 될 때, 주변의 것들이 풀려나가는 것 같아요. 저한테도 물론 문제가 있다고 봐요. 저도 현재

쉼터에 있으면서 제 자라온 환경과 제 자신에 대하여 많은 생각들을 하고 있습니다. 그리고 저는 남편이 자제를 못하는 부분들만 변한다면, 안심하고 집에 들어갈 수 있어요. 만약에 제가 집에 들어가서 만에 하나라도 제 인격적인 부분들을 묵살시킨다면 제가 견딜 수 없을 것 같아요.

부인은 자신을 위한 삶을 살아오기보다는 가족을 위하여 살아왔다는 것을 인식하기 시작하였다. 이러한 삶을 살아온 데는 친정 어머니와의 관계가 밀착되어 있었기 때문이며 아직까지도 친정 어머니의 의견과 삶의 방식을 따르고 있기 때문이다. 따라서 부인은 자신을 위한 삶의 필요성을 인식하기 시작하였다.

Session 5회(2001년 6월 13일)

두 사람이 처음 상담을 하러 왔을 때는 두 사람 모두 소파 끝에 앉아 있었고, 서로를 쳐다보지 않았었는데, 오늘은 서로 가까이 앉아 있는 모습에서 두 사람의 관계에 변화가 나타났다는 것을 볼 수 있었다.

T : 부인이 집에 들어가시는 문제는 지금 어떻게 되셨어요?
H : 제가 내일 목사님을 만난다면, 제 처가 조만간에 집에 들어오겠다고 하더라고요. 저는 사실 목사님을 만나고 싶은 마음은 없는데, 민희 엄마가 만나자고 한다면 따라야지요. 제가 사람이 되어 가고 있습니다.
W : 요즈음 남편이 저를 많이 배려해요.
H : 당신, 언제 집에 들어올거야?
W : 가능하면 이번 주 내로 들어가려고 생각 중입니다(부인이 집에 들어오기로 결심한 것으로 보아 부부관계의 변화를 볼 수 있다).
T : 남편과 떨어져 계시는 동안 어떠셨어요?
W : 냉정하게 과거와 현재의 저의 위치를 되돌아볼 수 있었던 것 같아

요. 그것에 비추어서 미래도 비추어 볼 수 있는 기간이 되었던 것 같아요. 그전에는 남편과 자주 부딪치니까 냉정하게 생각하지 못하고 남편에게 책임 전가를 하게 되고, 남편이 혼자서 북 치고 장구 친다는 느낌이 들었지요. 그런데 집을 나가 있는 동안에 남편보다도 저 자신에 대해서 생각할 수 있는 시간이 많았던 것 같아요.

T : 민희 아빠의 생각은 어떠세요?

H : 별거한 지 2달이 됐는데요, 저에게는 좋은 기회였다고 생각해요. 저도 나름대로 많은 생각을 했어요. 그동안에는 돈과 승진이라는 것에 더 매달려서 살아왔는데, 지금 생각해 보니까 행복의 조건에는 돈 같은 것은 중요한 것이 아니더라고요. 제가 100만 원을 벌더라도 가정이 화목하고 행복한 게 우선이라는 생각이 들었어요(남편의 삶의 우선순위가 변했다). 두 달이라는 기간에 처음에는 원망도 많이 했어요. 한 달까지는 이혼을 하는 쪽으로 갔다가 한 달 이후에는 "제발 들어와라"라는 쪽으로 갔다가 마지막 2주가 되서는 제 처와 헤어지더라도 정말로 문제가 뭐고, 내가 무슨 잘못을 했고, 내가 어떻게 했으면 좀더 바람직했겠는가에 대해서 생각하면서 지냈어요. 지금은 제 처를 대하는 게 많이 편해졌어요. 전에는 상대방을 나의 소유물로 생각했었어요. '당신은 그냥 내가 벌어다 주는 걸로 먹고 편히 쓰고, 애들만 잘 키우라'는 식으로 생각을 했었는데, 지금은 제 처를 하나의 인격체로 대해야겠다는 생각을 하게 되었습니다(남편의 부인에 대한 인식의 변화를 볼 수 있다). 제가 제사에 대하여 여쭈어 보고 싶습니다. 저는 교회를 안 다니고, 부인이나 집안 사람들은 교회를 다니는데, "상을 차리고 예배를 볼 사람은 예배를 보고, 절을 할 사람은 절을 하게 해달라."고 했을 때, 민희 엄마가 그 상 차리는 것을 "나는 교회에 다니는 사람이니까 나한테 시키지 말고, 당신이 차려라." 하는 이야기를 하거든요. "상 차리는 것이 신앙심에 위배가 되는 건가?"라는 질문을 해 보고 싶은데, 교수님은 어떻게 생각하세요?

T : 저는 기독교인이지만, 남편이 원한다면 상을 차려 주겠어요. 대신 저는 절은 안 합니다. 제가 초점을 두는 것은 부부관계를 원만히 할 수 있는 것이 뭐냐는 거지요.

W : 제가 그동안 계속해서 제사상을 차렸어요. 저희 같은 경우에는 시어머님이 제사상을 차리는 것을 아주 싫어하세요. 그래서 저는 상 차

리는 것이 괴로워요. 작년 같은 경우에도 아버님 제사 때 가서 상을 차렸어요. 민희 아빠는 절을 하고, 저는 절을 안 했거든요. 어머님이 그 사실을 아시고 오셔서 울고불고 집안이 난리 났어요. 물건도 날아가고, 형제들이 울며 싸웠거든요. 제사를 주장하는 형제가 있고, 교회 다니는 형제들이 있으니까, 다툼이 있는 거예요.

T : 식구 중에서 제사를 원하지 않는 분들은 누구세요?

W : 9남매 중에서 제사를 지내길 원하는 분이 첫째 딸과 민희 아빠지요.

T : 조그맣게 상 차릴 수 있을 거 아니에요.

W : 조그맣게 상을 차렸는데, 거기에 절하면 안 된다는 거지요. 그것도 그렇지만 제가 상을 차리게 되면 너무 시끄러워요.

T : 민희 어머니 입장에서는 이렇게 해도 욕먹고, 저렇게 해도 욕먹는 상황이군요.

H : 저는 자식된 입장에서 부모의 의향을 많이 따르려고 애를 써요. 잘 못해드린 상태에서 돌아가셨기 때문에 죄송스러운 마음이 앞서고, 돌아가신 분에게 예를 다하고 싶은 마음이에요. 저는 제사를 통해 아버지께 그동안 못해드린 것에 대한 죄송한 마음을 전해 드리고 싶은 것이고, 몇몇 분은 그걸 원하시니까 하고 싶었던 건데, 제 처가 제사로 인해 이 정도로 고통을 받고 있다면 저 혼자 포기하면 편해지니까 저 혼자 포기해야지요(남편은 부인의 이야기를 통하여 제사에 관하여 부인과의 오해가 있음을 알게 되었다. 즉, 부인이 제사상을 차리는 것이 싫어서가 아니라 시댁식구 간에 제사로 인하여 싸움이 일어나기 때문에 제사상을 차리는 것이 너무 힘들다는 것을 이해하게 되어 제사상을 차리는 것을 요구하지 않기로 하였다. 남편의 제사에 대한 인식의 변화를 볼 수 있다).

T : 민희 엄마가 제사와 관련하여 그렇게 난처한 입장인 것은 알고 계셨어요?

H : 저는 제 처가 그 정도로 난처한 입장이라고는 생각 못했고요, 제 처가 교회에 다니기 때문에 제사를 지내지 않기로 한 것으로 알았지요. 가족들이 모이더라도 제 처가 나와 반대편의 입장에서 제사를 지내지 않으려고 한다고 생각을 했어요(남편은 제사에 대하여 오해가 있었다는 것을 깨닫게 되었다).

T : 민희 아빠께서는 교회에 대해서 부정적이세요?

H : 네, 저는 교회에 대해서 굉장히 부정적이에요.

W : 남편은 제가 교회에 다니기 전부터 시댁식구들과 교회에 관하여 의견 대립을 보였어요. 넷째 시누이가 교회를 아주 광신적으로 믿는 맹목적인 신앙을 가지고 있는 사람이거든요. 그분한테 저나 남편이 마음 고생을 많이 했어요. 성격이 다혈질인데, 교회만큼은 아주 지독하게 열심히 다녀요. 따라서 민희 아빠는 예전의 생각을 가지고 있는 거예요.

H : 아마 저한테 교회를 나가라고 강요만 하지 않았다면 민희 엄마가 교회에 나가는 것을 반대하지 않을 거예요. 일요일에 차 태워서 교회에 데려다 줄 용의도 있어요. 하지만 계속해서 그러다 보면 제 처가 저보고 교회 나가라고 하지 않을까? 하는 두려운 생각이 들어요.

W : 제가 교회를 다니면서부터는 시댁식구들하고 같이 움직이니까 남편이 싫어하는 것 같아요. 산소 같은 곳에 가서도 절을 하는 사람이랑 기도하는 사람이랑 나누어져요. 예전에는 저도 민희 아빠와 같이 절했는데, 이제는 절을 하지 않고 기도를 하지요. 그럴 때 '민희 아빠가 싫어하겠다.'고 생각해요.

T : 민희 아빠는 그때 어떠셨는지 한번 이야기해 주세요.

H : 부부라면 같이 행동을 해 주기를 바라는데, 저 혼자 절하니까 굉장히 싫지요(남편이 자신의 생각과 감정을 표현하고 있다).

W : 그런 면이 큰 것 같아요. 한번은 남편이 저에게 "나같이 불행한 사람이 어디있냐? 식구들이 예수를 믿어서 나를 괴롭히더니, 어머니도 날 괴롭히고, 이제는 너마저 날 배신했어?"라고 말하더라구요.

H : 다른 가족들이 제가 교회에 안 나가는 것에 대해서 굉장히 강요를 많이 해요. 민희 엄마마저도 그러니까 제가 종교문제로 몹시 힘들었어요.

W : 제가 남편으로부터 일방적으로 당했지요. 제사문제 때문에 남편이 화가 나서 갑자기 밥상을 집어던지고 가출한 사건이 있었지요.

T : 제사문제는 민희 엄마의 의견과는 상관없이 어머니와 나머지 일곱 사람의 시댁식구들이 다 제사를 반대한다는 거예요. 그러면 남편에 맞추어서 제사상을 차려주는 것 자체가 오히려 가정 파탄을 일으킬 수 있다는 거예요. 내 의지에 상관없이 내가 제사를 원하든 원하지 않든 음식장만부터 모든 책임은 며느리가 져야 한다는 것이지요.

H : 그렇지요.

T : 그것도 힘든데, 육체적으로 그렇게 하고 나면 3일은 아프실 거예요. 그럼에도 불구하고 제사상으로 인하여 칭찬은 고사하고 시댁식구들과 더 힘든 분위기라 속상하실 거예요.

W : 제사로 인하여 형님들이 스트레스를 엄청 주지요. 제사 때만 되면 너무 시끄러워요.

T : 그걸로 인해서 부부관계까지 악화가 된다는 것이지요.

W : 이번에도 저희 집에서 추도예배를 드렸어요. 저랑 사이가 안 좋아서 이 사람은 혼자 내려갔어요. 이 사람은 고향에 내려가고 싶고, 저는 내려가기 싫고요. 내려가면 시댁식구들한테 욕을 먹으니까요. 그래서 이 사람은 자기 혼자 내려갔어요. 이 사람 없이 추도예배를 드리면서 저는 나름대로 힘들었는데, 이 사람은 이 사람 나름대로 제가 안 따라갔다는 것에 대해서 마음에 안 들어 해요. 자기 의견을 안 따라주고, 안 따라왔다고요. 저는 어느 장단에 춤을 춰야할지 모르겠어요.

T : 민희 엄마가 시댁과 관련된 것에서 힘드셨겠네요.

W : 시누들도 한둘이면 제가 감당을 하겠는데, 여섯 명이니…

T : 지금까지 민희 아빠는 부인이 제사로 인하여 얼마만큼 정신적으로 고통을 받고 있는지에 대하여 모르셨지요?

H : 네. 그 정도인지는 몰랐지요. 자기 주관이 많이 가미되서 자기 스스로도 그렇게 하고 있다고 생각했지요(제사로 인한 부인의 어려움을 인식하게 됨).

W : 해도 욕먹고, 안 해도 욕먹으면 안 하고 욕먹지요.

T : 그리고 제사를 지내지 않으면 두 사람한테 욕을 먹으면 되는데, 만약 제사를 지내면 일곱 사람한테 욕을 먹는 거지요.

H : 남편을 아주 잘 봤던가? 남편을 아주 무시하던가?

W : 저는 왜 남편이 제가 남편을 무시한다고 생각하는지 모르겠어요.

H : 저는 제 처가 저를 무시한다는 생각이 들지요.

W : 남편을 무시한다고 생각하기 전에 부인을 배려해 주면 좋을 텐데…

H : 아무튼 두 달 동안 가정이라는 것이 가장 중요한 것이라는 생각을 많이 했어요, 제사를 지내는 것보다는 가정이 우선이라는 생각이 들기 때문에 제사는 마음속으로 지내야지요. 저 혼자 산소에 갔다와야 할 것 같습니다.

T : 그럼 제사문제는 거의 다 이야기가 되신 것 같은데요? 민희 아빠가 양보하시는 것으로 알겠습니다.

H : 네. 그렇게 하고 싶어요. 사실, 어제 저녁에도 라면 끓여 먹고, 자려고 하는데, 애들이 갑자기 막 보고 싶으면서 집안이 텅 비어 있는 외로움 같은 것이 밀려와서 애들 사진을 보았지요. 살면서 이런 일이 없어야 할 것 같아요. 요즘은 제 처와 연애하는 것 같아요. 제 처가 연인 같고, 많이 좋아졌어요(남편이 인식 단계에서 행동 단계로 변화하였고, 부부관계에 엄청난 변화가 있음을 볼 수 있다).

T : 민희 엄마도 그렇게 느끼세요?

W : 저희는 연애할 때 만나서 이야기하고 그런 적이 거의 없었어요. 만나면 이 사람은 친구들과 술 먹고, 저는 옆에서 듣고 그런 식이었어요. 둘이서 그런 것이 없었어요. 지금 많이 아쉬워요. 임신해서 결혼했기 때문에 신혼도 없었고, 여유가 없이 애도 낳고 그래서 몸도 마음도 소진했던 것 같아요.

H : 서로 대화를 한 적이 없어요. 어려서부터 가정 내에서는 대화를 나누어 보지 않았어요. 예를 들면, 둘째 누님이 "뭐에 대해서 이야기 좀 해 보자." 하면 겁이 나요. '왜 저분이 나한테 저럴까?'라는 생각이 들 정도로 가족간에 어떤 것에 대해 이야기한다는 것 자체가 힘들었지요. 저희 가족은 "밥 먹었냐? 먹었다. 자라" 이외에는 대화가 거의 없었어요.

W : 지금도 그래요.

H : 여전하지요.

T : 여기에서 우리가 약 1시간 30분 정도 이야기를 했는데, 이런 식의 대화를 해 보신 적이 있으세요?

H : 이런 대화를 해 본 적이 없어요. 대화하면 풀릴 수 있다는 생각이 들면서 지금까지 왜 그렇게 집어던지고, 왜 그렇게 했나 하는 생각이 들어요. 이렇게 이야기해 보면 서로간의 오해를 풀 수 있다는 생각이 많이 들어요.

W : 제가 이야기를 해 보려고 해도, "민희 아빠, 이야기 좀 해." 그러면 "뭐?", "아니, 그거", "뭐 얘기해 봐. 됐지. 자" 그렇게 했으니까요(지금까지 부부가 문제를 해결하려고 시도해 왔던 방식이 나타나고 있다).

H : 저 혼자 대화를 많이 하고 상상도 많이 해요. 상대방을 어떻게 배려

하면 좋아할지, 생일이 다가오는데 어떤 이벤트를 꾸며서 기쁘게 해 줄 것인지에 대해 생각을 많이 해요.

T : 부인에 대해서요?

H : 네.

W : 남편은 깜짝쇼 같은 것을 좋아해요.

H : 그런 것은 많이 생각하는데, 직접 상대방을 보면서 대화하는 것은 생각을 못했지요. 마음으로 느끼면 되지, 그걸 꼭 표현을 해야 하느냐고….

W : 이야기를 한참 하고 있으면 딴 짓을 하고 있어요.

H : 그리고 회사에서 하루에 보통 5-6시간을 강의를 하다 보니까, 배가 아파요. 집에 오면 정작 이야기를 못하지요.

W : 집에 오면 항상 화난 사람 같아요.

H : 매일 1년 이상을 그렇게 하니까요.

W : 남편은 축구, 야구를 좋아하거든요. 그래서 주로 TV 앞에 앉아서 대화를 해요. 애들과 5분이면 대화가 끝나요. 남편은 성격이 따뜻하고 자상한 면이 많아요. 그런데 그걸 표현을 못해요. 처음에 봤을 때는 자상한 면이 좋았어요(남편에 대한 인식의 변화가 나타났다).

H : 저는 상담하는 것 자체를 싫어했고, "있을 수 없는 일이다. 내 가정의 일을 처음 보는 사람에게 상담하느냐?"라고 했었는데, 상담을 하면서 친구들과 대화하듯이 부인과 대화를 해야겠다는 생각이 많이 들었어요. 여기서 참 많이 배운 것 같아요. 저는 예전에는 밖에서 생활하는 것이 제일 중요하다고 생각했었어요. 저는 이 상담을 받기 전까지 밖에서 술을 먹더라도 사람들하고 대화하는 것이 중요하지 집에 와서 부인하고 대화하는 것이 중요하다고는 생각을 안 했어요. 지금은 가정이 최우선이고, 부인이 최우선이라고 생각해요. 그런데 제 처와 이혼하려고 생각하니까 원수 같더라고요. '뭐 이런 사람이 다 있어? 내가 왜 이런 사람하고 결혼해서 이 고생을 하나?' 하는 생각이 들었어요. 그런데 이 생각도 한 단계 넘고 나니까, 오히려 좋은 기간이었다고 생각해요. 그전에는 빨리 들어오라고 했었는데, 지금은 "당신 편한 대로 해. 들어오고 싶은 마음이 들었을 때 들어오는 것이 좋지 않겠어?"라고 말했어요. 정말 저희 관계가 많이 좋아졌어요(상담을 받기 전과 상담을 받고 있는 현재 사이에서 남편의 인식의

차이를 보여주고 있으며, 상담의 효과를 볼 수 있다).

T : 이렇게 이야기를 주거니 받거니 하다 보면 오해가 풀리지요.

H : 저는 "제사 지내. 왜 안 지내"라는 식이고요, 안 지낸다고 그러면, "그래. 알았어. 열 받네."하고 나가 버리는 식이죠.

W : 남편은 극단적이었어요.

T : 상대편은 나름대로 이유가 있는데, 그걸 말할 여유를 안 주시는 거예요.

H : 혼자 밖에 나가서 담배를 피면서 "왜 내 말을 안 들어주지?"라고 하지요. 그런데 이번 기회를 통해서 이야기하는 법을 조금 배웠으니까 써 보려고요.

Session 6회(2001년 6월 20일)

T : 두 분 간에 변화는 있으셨나요?

W : 일단 집에 있으니까 시간이 많아서 같이 영화를 보러 가고 콘서트도 갔다 오고, 이야기도 하고 그런 시간들을 가졌어요(두 사람은 행동 단계에서 유지 단계로 변화하였다).

T : 민희 아빠는 민희 엄마가 집에 들어오시니까 어떠셨어요?

H : 들어오니까 좋지요. 대화를 많이 했어요. 헤어져 있는 동안에 제 처가 자기 주장도 강해졌고 굉장히 성장했어요. 그것에 비해서 저는 저를 많이 낮추려 하고 그래서 서로간의 갭이 많이 줄어든 것 같아요. 애들 데리러 안 간 것도 둘만의 시간을 가져보기 위해서였죠. 애들을 넷째 누나 집에 맡겨놓았는데 오늘 데리러 가자고 했더니 제 처가 굉장히 부담스러워해요. 저희가 헤어져 있는 동안 누나와 제 처가 말다툼을 좀 했어요. 누나는 제 처에게 그만 들어오라고 하고 제 처는 못 들어간다고 하면서요. 어제는 제 처가 아기를 만나기 싫어하더라고요. 이제는 아기를 만나지 못하는 것보다 넷째 누나 만나는 것이 더 싫다고 해요. 저는 "어차피 누나는 만나야 할 사람이고, 해결해야 할 일이라면 빨리 해결하는 것이 좋지 않냐"고 했는데, 제 처는 자기는 잘못이 없었고 일방적인 피해자였기 때문에 굳이 누나에게 가서 그동안 아기를 봐줘서 고맙다고 할 필요가 없데요. 저 혼

자 가서 아기를 데리고 오라고 해요. 저희들에게 이런 식의 차이가 있어요. 그래서 한번 여쭤보고 싶었어요.

T : 그것을 어떻게 조율을 하느냐가 가장 중요한 포인트인데 민희 엄마는 어떻게 하시길 원하시죠?

W : 넷째 누나는 성격이 굉장히 극단적이거든요. 시누이기 때문에 제가 쌓인 것이 많아 부딪치기 싫은 거지요. 자기가 지금까지 아기를 봐줬기 때문에 생색도 낼 거고 제가 가출한 것에 대해서 반드시 이야기를 하겠죠. 이제는 참고 살라고 하는 상황이 되겠죠. 거기에 들어가서 그런 식으로 이야기되는 것이 싫어요. 제 입장을 분명히 밝혀야하는데 지금까지 온 상황을 봐서는 그 사람들 앞에서 그렇게 못할 것 같아요. 저희 둘 사이에 문제가 있기는 했지만, 폭력 때문에 제가 집을 나간 것인데 그러면 민희 아빠가 지금까지 잘못한 부분이 희석되는 거지요. 그런 점들이 우려되는 것이지요.

T : 민희 엄마의 생각에 대해서 민희 아빠는 어떠세요?

H : 저는 어쨌든 고마운 거니까 그냥 가서 "고맙습니다. 잘 살 테니까 그동안 신경 쓰게 해서 미안합니다." 그런 식으로 이야기하고 애들을 데리고 오는 것이 좋겠다고 했더니 굉장히 거부 반응을 보이더라고요. 그래서 "당신이 가기 싫다면 안 가도 좋아. 하지만 어차피 부딪칠 것이라면 지금 부딪치나 나중에 부딪치나 똑같아. 당신 뜻대로 해."라고 이야기를 했어요.

T : "당신 뜻대로 해라."라고 하지만, 민희 아빠는 민희 엄마와 같이 가기를 원하는 거 아니에요? 그런데 민희 엄마 생각은 '고마운 것은 알지만, 시기적으로 마음이 추스려지지 않는다'라는 거예요. 제 생각인데, 부인이 싫다고 하면 애를 위해서 같이 가시되, 민희 엄마는 다른 곳에서 기다리시고 민희 아빠가 누나에게 "고맙다"고 일단 정리하시고, "민희 엄마가 생리통이 심해서 못 와요. 조만간 민희 엄마 건강이 좋아지면 같이 올게요."라고 하는 것이 어떠냐는 거예요. 일단 감사표시도 되고, 부인입장도 배려해 주는 것이 아니냐는 거예요. 그러면 민희 엄마도 편안하고 애들도 엄마를 보고 좋아할 거예요.

W : 민희 아빠가 "혼자 아이들을 집까지 데리고 가기가 힘들다."고 해서 제가 당연히 누나 집 앞까지는 같이 가겠다고 했어요.

T : 내 의견이 상식적으로 예의에 맞는다고 생각해도 배우자가 거부하

면 우선 부인의 입장을 들어보세요. 그러면 부인은 '남편이 나를 배려해준다'라고 느낄 거예요.

H : 제가 남편과 아빠로서의 역할을 잘 못했던 것 같아요. 제 나름대로는 조금 한다고 한 것 같은데, 불과 한 10-20분이나 놀고, 볼 일 보러 갔어요. 아빠 역할이 뭔지도 몰랐으니까요. 아빠는 그냥 돈 벌어오고, 사회생활하고, 집에 오면 자는 걸로 알았으니까요. 이번 기회로 아빠 역할도 재정립해 보려고요.

T : 이 상담이 끝나고 두 분이 누나 집에 가시나요?

H : 일단 같이 가서 민희 엄마는 밖에 있고, 저 혼자 들어갔다 와야지요.

T : 그 문제는 두 분 사이에 정리가 되셨네요.

부부가 자녀를 데리러 가는 문제를 대화로써 해결하였다. 지금까지 한 사람이 일방적으로 자신의 견해를 강요했던 방식에서 상대방의 의견을 듣고 대안을 절충하는 새로운 해결방식을 시도하였다. 지금까지 시도해 보지 않았던 새로운 해결방식을 통하여 부부간의 변화가 분명히 나타나고 있음을 볼 수 있다.

Session 7회(2001년 6월 27일)

T : 애들은 잘 데려왔나요?

W : 네, 애들도 데려왔고, 잘 적응시키고 있어요.

T : 어느 정도 만족스러우세요?

W : 네. 상당히 만족스러워요. 남편이 일이 없으니까, 집에서 같이 생활하는 것이 불안했었거든요. 그전에는 항상 팽팽한 고무줄 같았는데 그런 것이 많이 느슨해졌어요. 예전에는 남편이 편하다고 느낀 적이 없었는데 요즘에는 친구처럼 편해요(부부관계가 확실히 변화되었음을 확인할 수 있다).

T : 대화는요?

W : 얘기도 많이 해요. 서로의 고민도 이야기했어요.

T : 애 데리러 갔을 때 시누이 집에는 안 들어가셨구요?

W : 네. 저는 밖에서 기다리고 있고, 남편이 혼자 들어갔어요.

T : 애들은 엄마를 보니까 어때요?

W : 처음에 한 3-4일은 힘들었는데, 둘째 아이는 거의 적응을 했어요. 첫째 아이는 고모집에 1주일 있다가 외가에 3주 있었거든요. 동생을 먼저 데리고 오고, 자기를 나중에 데리고 와서 지금도 조금 섭섭해 하고 있어요.

T : 애들에게 지금 특별한 증상 같은 것이 있나요?

W : 둘째 아이 같은 경우에는 처음에 와서 짜증을 많이 내더라구요. 하루 종일 칭얼거리고, 짜증내고. 저희 아이들은 그런 것이 없었거든요. 또 밤에 자지러지도록 울고. 그런데 그런 것은 많이 없어졌어요.

T : 다른 사례들을 봐도 엄마, 아빠가 합쳐도 아이들이 어느 기간 동안은 불안해 하더라구요. 잠을 잘 못 자거나, 칭얼거리고, 짜증내는 과정이 있거든요. 엄마, 아빠의 부부관계가 어느 정도 안정되면 애들도 안정되더라구요. 남편에 대한 신뢰성은 어떠세요? 민희 엄마는 지난번에 굉장히 두려워하셨거든요.

W : 아이들하고 비슷한 것 같아요. 조금씩 희석이 되는데, 지금도 교회에 갔다 오면 저도 모르게 남편 표정을 살피게 돼요. 남편이 뒤에 있으면 '갑자기 물건이 날아오지 않을까, 소리를 지르지 않을까' 하는 생각이 순간적으로 들어요. 그런데 몇 번 '안 그렇구나.'라는 생각이 쌓이니까, 조금씩 좋아지고 있어요.

T : 댁에 들어가신 후 다툼 같은 것은 없으셨구요?

W : 제가 교회에 가면 남편의 안색이 안 좋기는 한데, 그외에는 없었어요. 자기가 교회에 너무 빠지는 것이 싫다면서 적당한 선에서 끊었으면 좋겠다라고 이야기하고요.

T : 남편은 교회에 빠진 이상한 사람들과 누나를 보고, 부인도 혹시 그렇게 되지 않을까 불안한 거예요.

W : 제가 요즘 다른 고민이 생겼어요. 남편하고 이런 큰일이 생기고, 우선 도움을 청한 데가 교회고, 목사님을 통해서 쉼터도 가게 되었고, 이 진행과정을 쭉 지켜보시고, 중간 중간에 상담을 해 주셨어요. 그 다음이 문제가 돼요. 목사님하고 저와의 관계가 구속 아닌 구속이 되는 거예요. 목사님은 "새벽기도를 쉬는 것을 용납할 수 없다. 어떻게 새벽기도를 안 나올 수 있느냐?"라고 하셔요. 제가 쉬지 말고 기도를 해야 한다는 거지요. 기도를 통해서 남편이 교회에 나오게 해

야 하는 것이 급선무라고 하시더라구요. 남편이랑 새벽기도에 대해 이야기한 것은 말 못하고, "아이들이 새벽에 깨서 한동안 좀 힘들다."라고 했더니, 처음에는 좋게 이야기를 하시다가, 제가 일주일 정도 안 가니까, "어제 성경공부가 있었는데, 왜 안 나왔냐?"고 하셔서 "새벽에는 제가 좀 바빠서"라고 했더니, 안색이 별로 안 좋으셨어요. 오늘은 제가 새벽기도를 나갔거든요. 하도 긴장을 해서 잠을 못 잤어요. 핸드폰 알람을 해 놨는데, 남편이 못 가게 4시쯤에 핸드폰을 빼더라고요. 거의 밤을 샜어요. 남편 눈치도 봐야 하고, 교회에 가면 교회 사람들 눈치도 봐야 해요. 같이 기도해 주는 팀이 있는데, 그 팀들도 저보다 영적으로 앞선다고 생각을 하기 때문에 "이렇게 저렇게 해라."라고 해요. 저는 '왜 양쪽에서 나를 힘들게 할까'라는 생각이 들어요. 제 성격이 싫은 소리 들으면 잘 못 견뎌요. 그런 시선들이 너무 부담스럽다 보니까, 마지못해서 따라가요. 그러다 보니까 제가 남편과 교회 사람들로부터 이중으로 스트레스를 받죠.

T : 어떻게 하시면 좋겠어요?

W : 『여성들의 관계 미학(박태영 · 김현경 역, 1988)』에서 제가 좋았던 것은 진정한 자아를 찾는 사람들의 첫째 조건이 자기의 의견을 분명히 말할 수 있어야 하고, 때로는 상대방의 기분이 나빠질 수도 있다는 것을 감수할 수 있어야 된다는 거였는데, 실행하기가 힘들어요. 그런 것을 어떻게 극복해야 할지 모르겠어요.

T : 아빠하고의 관계가 어떠셨다고 하셨지요?

W : 대화가 거의 없었지요. 아빠는 항상 멀리 있는 사람이었고, 두려운 존재였어요.

T : 엄마와 관계는?

W : 엄마하고는 밀착관계였던 것 같아요. 제가 이번 기회를 통해서 많이 느꼈어요. 제가 지금 사춘기를 겪고 있다고 말씀드렸지요. 지금 친정어머니가 싫어요. 지금까지 엄마가 하는 말은 뭐든지 다 옳다고 생각을 했었는데, 지금 돌이켜 보면 단점들이 많았다는 생각이 들어요. 결혼해서도 엄마세대의 이야기를 저에게 많이 주입을 했어요. "남편이 장남이니까 시어머니를 네가 책임져야 하고, 삼촌들도 잘 해 줘야 하고, 시누이들한테도 잘 해야 한다."고. 그런데 그것은 엄마 세대에나 있었던 것이고, 또 엄마는 우리 아버지가 차남이기 때문에

그런 건 생각도 안 해본 사람이에요. 그런 고충을 아는 사람이 아니거든요. 저는 거기에 너무 매진을 하면서 살아온 거지요. 너무 어리석었다는 생각이 들어요. 제 여동생은 엄마가 아기를 보다가 실수를 하면 막 짜증을 내요. 저는 엄마한테 그런 적이 없었거든요. 엄마는 너무 고생을 많이 했고, 상처를 받은 사람이기 때문에 내가 항상 이해해 줘야 한다고 생각하고 살았어요. 그리고 우리 엄마도 그걸 강요했어요. 제가 엄마의 그런 것들에 대해 반발을 하면, "나는 너를 소중하게 생각했다. 다른 형제들에 비해서 잘해 줬다. 다른 애들은 몰라도 너는 그러면 안 된다."라고 하셨지요.

T : 엄마가 자신의 삶이 없으셨나 보지요?

W : 손녀들이 생기기 전까지는 자식이 전부였어요. 외손주들이 생기고 나니까 절대적인 애정이 아이들한테 가는 거예요. 내가 민희를 야단치면 우리 엄마가 막 우셔요. 나한테 오던 사랑이 딸한테 가는 것에 대해서 질투심이 생기는 동시에 엄마에 대해서 이해할 수 없는 점들이 계속 생기는 거지요. 민희가 생기기 전까지는 엄마하고 문제가 없었는데, 애가 생기고 나서 엄마하고 말하기가 싫어요.

T : 뭐 때문인가요?

W : 우리 엄마는 전화통화를 하셔도 우는 소리로 이야기를 해요. 듣기가 싫어요. 집에 내려 가도 남편이랑 같이 있을 때랑 저 혼자 있을 때랑 이야기가 틀려져요. 사위한테는 상당히 잘해요. 그러면서 저하고 있으면 딴 이야기를 해요. 저한테도 시댁식구 대할 때 그런 면이 있어요. 앞에 나와서는 잘 하고, 뒤에 가서는 흉봐요. 요즘은 그렇게 안 하려고 해요. 그러다 보니까 엄마의 그런 면들이 싫어요.

T : 어머니와의 관계에서 분화작업을 하고 계신 것 같아요.

W : 네. 그렇게 하려고 해요.

T : 필요한 거예요. 남편과의 관계가 좋으면 그게 훨씬 더 빨리 진행될 겁니다. 지금 교인들과 남편과의 관계에서 피곤한 것이 새벽기도에 대한 문제인가요?

W : 새벽기도도 그렇고, 같이 기도해 주는 팀 중의 한 분이 자기네 성경 공부반에 와서 공부를 하라고 하는데, 저는 매력을 못 느끼겠더라고요. 그런 식의 생활을 하기가 싫어요. 그런데 거절을 못하는 제 성격 때문에 제가 힘든 거예요. 시댁식구들과의 관계도 마찬가지예요.

T : 민희 엄마가 정말 싫어도 “NO”를 못한다는 거지요.

W : 두려운 거지요.

T : 어렸을 때 부모들이 뭐라고 했을 때, “싫어, 안 할래요.”라고 하면 응징을 받았을 것 같은데요?

W : 엄청났지요. 제가 대학교 다닐 때도 친구들하고 놀러 못 갔어요. 자고 오는 곳엔 가질 못했어요. 가고 싶어서 아르바이트를 같이 하는 친구들하고 몰래 갔어요. 그런데 들통이 난 거예요. 엄마가 “다시 들어오든지 말든지 네가 알아서 해라. 난 자식 하나 없는 셈 칠거야!”라고 해서 다시 들어갔어요. 지금은 “왜 들어갔을까? 놀다 들어갈 걸…”이라고 생각해요. 그런데 그렇게 하질 못했어요. 항상 그런 식이었어요. 그래서 직장을 서울로 온 거예요. 서울에 와서 자취를 5년 동안 했는데, 굉장히 독립적이었고, 그때 건강을 좀 잃었지만, 그때가 좋았어요. 제가 쉼터에 두 달 있으면서 그때로 돌아간 것 같았어요. 제가 직장생활을 하면서 엄마하고 굉장히 분리가 됐었어요. 그런데 결혼하고 아기를 가지면서 조언자가 엄마밖에 없었어요.

T : 공간적으로 분리되었다가 다시 합쳐질 수밖에 없는 상황이었네요.

W : 집안일을 해본 적이 없으니까, 엄마가 집안일을 하나부터 열까지 다 조언을 하고, 시댁하고 문제가 생기면 엄마한테 반드시 물어봤지요.

T : 남편하고 대화는 안 되고 누군가 지지자가 있어야 하는데, 엄마밖에 없었다는 거 아니에요? 다시 회귀한 거네요.

W : 네. 다시 회귀했어요. 결혼을 하면서 다시 과거를 답습하고 있다는 것 때문에 힘들었거든요.

T : 제일 중요한 것은 나예요.

W : 저는 신앙생활을 하고 싶지만, 남편이나 아이들한테 상처를 주고 싶지 않아요.

T : 남편이 두려워하는 것이 그거예요. 자기 누나한테 상처를 받았거든요. 부인도 그럴까 봐 두려워하는 거예요. 신앙생활을 하는 것이 두려운 것이 아니고.

W : 그럼요, 저도 그 상처를 받았는데요.

T : 잘못하면 그 상처를 다른 사람들에게 줄 수 있다는 거예요. 새벽기도도 남편이 싫어하고, 애들이 불안해하는데, 굳이 나가실 필요가 없다는 거예요.

W : 남편이 문제가 아니라 제가 힘들어서 못 하겠어요. 새벽에 일어나기가 너무 힘들어요.

T : 가정을 유지하면서 믿음이 병행되어야지요. 제가 볼 때는 남편이 많이 변하셨어요.

W : 네. 이번 기회에 저를 다시 찾았고요, 남편도 자신을 찾아가는 것이라고 해요. 그전에도 경제적인 것들, 현실적인 것들을 쫓아다니느라고 서로에 대해서 인색했어요. 그런 것들도 다시 생각하게 됐어요. 그런 것들을 초월하다 보니까, 돈이 없어도 힘든 것을 모르겠어요.

6. 결 론

본 사례는 남편으로부터 폭행을 당하여 교회를 거쳐 여성의 쉼터에 거주하면서, 부부상담을 한 사례이다. 이 부부는 두 명의 자녀를 두고 있었으며, 부인이 가출하고 나서, 자녀들은 울고, 아빠로부터의 분리불안을 가지고 있었다. 또한 첫째 아이는 손가락을 빨고, 오줌을 싸며, 밤에는 오줌을 가리지 못하는 증상을 가지고 있었다. 상담을 받을 당시에는 이러한 증상이 점점 심해졌고, 그전에는 밤에만 오줌을 못 가리던 것이 부부가 별거한 시점에서는 낮에도 오줌을 못 가리고 있었다. 또한 둘째 아이는 신경이 매우 날카로워졌고 다른 아이들과 싸움을 자주 하는 증상이 나타나고 있었다.

이 부부는 자라온 환경에서 많은 차이가 났으며, 이러한 차이를 신혼초에 대화로 조율하지 못하고 신혼부부 단계를 지냈다. 신혼부부 단계에서 겪어야 할 역할의 변화를 겪지 못하였다. 특히 부인은 결혼 전에 임신을 하여 신혼생활을 제대로 하지 못하고 자녀를 출산하게 되었다. 남편은 자신의 생각과 감정을 부인에게 대화로 전달하기보다는 불쾌한 표정과 행동으로 나타내어 부인은 이러한 남편의 태도에 많은 오해를 가지게 되었고, 부인 또한 불쾌한 감정을 가지고 남편을 대하였다. 이러한 감정적인 대립으로 인하여 두 사람의 관계는 점점 악화되어 갔고, 심지어 신혼생활 1년째부터는 남편의 폭언과 폭행이 시작되었다. 어느 날 밤 자녀문제로 부부는 싸움을 시작하였고, 남편은 부인을 엄청나게 폭행함으로써, 부인은 더 이상 남편과 살기를 원하지 않았고, 이혼하고자 하였다.

치료자는 부부가 지금까지 문제를 해결하려고 시도해 온 해결방식 중 특히, 의사소통방법에 초점을 두어 치료를 하였다. 시아버지의 제사문제 및 시댁식구와의 갈등문제를 해결할 때 매번 싸움으로 이어졌고, 남편은 며칠씩 가출을 하여 부인을 통제하려는 양상을 띠고 있었다. 퉁명스러운 남편과 불쾌한 감정으로 대하는 부인의 의사소통방식을 새로운 의사소통방식으로 바꿈으로써, 새로운 부부관계를 맞이하게 되었다. 또한 부인이 친정 어머니와의 관계에서 분화가 되지 않아 겪는 정신적인 어려움으로부터 부인을 자유롭게 하는 데 치료의 초점을 두었다. 총 7회의 상담을 통하여 부부가 상대편의 문제라고만 생각했던 전인식 단계에서 자신에게도 문제가 있다는 인식 단계를 거치게 되었으며, 이러한 인식의 전환으로 인하여 빠른 행동의 변화를 보여주었다. 상담 6회 때는 부인이 쉼터에서 집으로 다시 귀가하였으며, 두 사람만의 시간을 갖게 되어 많은 대화를 나누게 되었다. 그리고 7회 때는 자녀까지 집에 데리고 와서 행복한 가정을 다시 이루게 되었으며, 그 과정에서 자녀들이 안정을 되찾게 되었다.

이 사례를 통하여 이 부부가 서로 자신을 성찰할 수 있는 성숙한 성인이었다는 점과 스스로 변화하려는 의지와 함께 많은 노력을 하였다는 점이 좋은 결과를 낳게 하는 원동력이었음을 알 수 있다.

참고문헌

권진숙 · 전석균(2001). “가정폭력 가해자를 위한 집단프로그램 개입에 관한 연구”. 한국사회복지학, 44, pp.36-63.

김인숙(1998). "구타 남편에 대한 사례 연구". 한국가족복지학, 2, pp.59-86.

김인숙 · 김혜선 · 신은주(1997). 여성운동과 사회복지 : 학대받는 여성의 쉼터연구. 서울 : 나남출판사.

김연옥 · 박인아(2000). "가정폭력의 유형별 관련성과 아동의 정신건강에 관한 연구". 한국가족복지학, 5, pp.103-128.

김재엽(1998a). "한국가정폭력실태와 사회계층 변인과의 관계연구", 한국사회복지학, 35, p.133-156.

김재엽(1998b). "폭력 실태와 사회복지 개입의 필요성 : 부부폭력을 중심으로." 가정폭력의 현황과 개입방안의 모색 (pp.9-37). 한국가족사회복지학회 제4회 학술세미나 자료집.

김재엽 · 양혜원 · 이근영(1999). "아내구타 피해여성의 우울증 개선을 위한 통합적 집단프로그램의 효과". 한국사회복지학, 38, pp.68-99.

김헌수(1998). "청소년 비행행동의 판별요인 분석". 신경정신의학, 37(3), pp.483-491.

민수홍(1998). "가정폭력이 자녀의 비행에 미치는 영향". 서울 : 한국형사정책연구원.

박미은(1996). "학대받는 아내의 심리사회적 대응과정과 사회사업적 임파워먼트". 정신보건과 사회사업, 3, pp.53-80.

박인철 역(1995). 변화. 서울 : 동문선.

박태영 · 김현경 (1998). 여성들의 관계미학 : 지혜로운 삶을 위하여. 서울 : 지샘사.

변화순 · 원영애 · 최은영 (1993). "가정폭력의 예방과 대책에 관한 연구". 한국여성개발원.

신성자(1999a). "부부의 열등감, 성역할 태도와 스트레스가 아내강간 경험 및 피경험에 미치는 영향". 한국가족복지학, 4, pp.117-152.

신성자(1999b). "열등감, 성역할, 성장시 가정폭력 배경 및 인구통계학적 배경이 아내학대 발생에 미치는 영향". 가족과 문화, 11(2), 한국가족학회, pp.123-149.

신성자(2001). "부부의 자녀폭력 및 부부폭력과 자녀양육수준의 관련성에 관한 연구". pp.139-174.

양정자 · 안정희(1996) "한국가정법률상담소 창구를 통해 본 가정폭력 실태조사. 가정폭력, 그 실상과 대책", 한국가정법률상담소 창립 40주년기념 심포지움 자료집, pp.53-85.

엄명용(2001). "아동학대와 청소년 비행간의 관계 : 가족 내 부모지지 및 감독의 완충효과 검증". 한국가족복지학, 8, pp.147-176.

이은주(2000). "폭력남편에 대한 한국에서의 개입모델 개발을 위한 시론적 연구". 한국사회복지학, 40, 157-190.

이화여자대학교 사회사업연구회 역(2001). 가족학대 · 가족폭력. 서울 : 나남출판사.

조미숙(1999). "가정폭력 목격이 자녀의 심리 · 사회적 부적응에 미치는 영향". 한국가족복지학, 4, pp.295-326.

조미숙 · 이윤로(1999). "아내구타가정과 아동의 적용 : 연구논점과 과제". 한국가족복지학, 3, pp.165-186.

최선령(2001). "한국 아내학대자의 학대행동감소를 위한 인지행동모델 적용에 관한 연구". 한국가족복지학, 7, pp.275-311.

Davis, L., Hagen, L., & Early, T. J. (1994). Social services for battered women : Are they adequate, accessible, and appropriate?, *Social Work, 36*(6), pp.695-704.

Duncan, B. L., Solovey, A. D., & Rusk, G. S. (1992). *Changing the rules : A client-directed approach to therapy.* New York : The Guilford Press.

Edleson, J. L. (2000). "The overlap between child maltreatment and woman abuse." 가정폭력 예방과 개입에 관한 국제 workshop (pp.57-63). 보건복지부 & 세계은행.

Geller, J. (1992). *Breaking destructive patterns.* New York : The Free Press

Goldenberg, I., & Goldenberg, H. (2000). *Family therapy : An overview* (5th ed.). Pacific Grove, Ca : Brooks/Cole.

Friedman, E. H. (1991). Bowen theory and therapy. In A. S. Gurman, & D. P. Kniskern (Eds.). *Handbook of family therapy* (pp.134-170). New York : Brunner/Mazel.

Harway, M., & Hansen, M. (1994). *Spouse abuser-assessing & treating batterred women, batterers, and their children.* Florida, Professional Resources Press.

Hughes, H. M. (1988). Psychological and behavioral correlates of family violence in child witnesses and victims. *American Journal of Orthopsychiatry, 58,* pp.77-90.

Kaplan, H. L., & Sadock, B. J. (Eds.). (1989). *Comprehensive textbook of psychiatry.* Baltimore : Williams & Wilkins.

Kemp, A. (2001). *Abuse in the family : An introduction.* Pacific Grove, CA : Brooks Cole.

Kolko, J. R., Blakely, E. H., & Engleman, D. (1996). Children who witness domestic violence : A review of empirical literature. *Journal of Interpersonal Violence, 11*(2), pp.281-293.

Lerner, H. G. (1989). *The dance of intimacy.* New York : Harper & Row.

Markward, M. J. (1997). The impact of domestic violence on children. Family in *Society : The Journal of Contemporary Human Services.* pp.66-70.

McCloskey, L. A., Figuerdo, A. J., & Koss, M. P. (1995). The effects of systemic family violence on children's mental health. *Child Development, 66,* pp.1239-1261.

McGoldrick, M., & Carter, B. (1988). Forming a remarried family. In B. Carter & M. McGoldrick (Eds.), *The changing family life cycle* (pp.399-432). New York : Gardner Press.

Morrison, K. M. (1997). *A survey of Massachusetts Batterer Intervention Programs : Predicting treatment completion*. Ph. D Dissertation, Antioch New England Graduate School.

Nichols, M. P., & Schwartz, R. C. (2001). *Family therapy : Concepts and methods* (4th). Boston : Allyn and Bacon.

Pagelow, M. D. (1984). *Family Violence*. New York : Prager.

Papero, D. V. (1995). Bowen family systems and marriage. In N. S. Jacobson, & A. S. Gurman (Eds.). *Clinical handbook of couple therapy* (pp.11-30). New York : The Guilford Press.

Prochaska, J. D., & Norcross, J. C. (1999). *Systems of psychotherapy : A transtheoretical analysis* (4th ed.), New York : Brooks/Cole.

Rogenbaum, A. & Maiuro, R. (1990). "Perpetrators of Spouse Abuse', In R. T. Ammerman, & M. Hersen (Eds.). *Treatment of Family Violence* (pp.280-309). New York : John Wiley.

Schlanger, K., & Anger-Diaz, B. (1999). The brief therapy approach of the Palo Alto Group. In D. M. Lawson., & F. F. Prevatt. *Casebook in family therapy* (pp.146-168). New York : Brooks/Cole.

Shoham, V., Rohrbaugh, M., & Patterson, J. (1995). Problem-and solutions-focused couple Therapies : The MRI and Milwaukee models. In N. S. Jacobson., & A. S. Gurman (Eds.), *Clinical handbook of couple therapy* (pp.142-163). New York : The Guilford Press.

Stanley, J., & Goddard, C. (1993). The association between child abuse and other family violence. *Australian Social Work, 46*, 3-8.

Straus, M. A., Gelles, R. J., & Steinmetz, S. K. (1980). *Behind closed doors : Violence in the American family. Garden City*, N. J. : Doubleday, Anchor Press.

Watzlawick, P., Weakland, J., & Fisch, R. (1974). *Change : problems formation and problem resolution*. New York : W. W. Norton.

Weakland, J. H. (1993). Conversation-but what kind? In S. Gilligan., & R. Price (Eds.), *Therapeutic conversations* (pp.136-145). New York : Norton.

Weakland, J., Fisch, R., Watzlawick, P., & Bodin, A. M. (1974). Brief Therapy : Focused Problem Resolution. *Family process, 13*, 141-168.

한국의 효사상과 효자 남편에 대한 부부치료 9

1. 서 론

가족치료를 하다 보면, 지금까지 우리가 가정과 학교에서뿐만 아니라 전반적인 사회로부터 교육받았던 부모에 대한 효사상이 실제로는 많은 부부와 자녀들을 힘들게 하고 심지어는 가족성원들로 하여금 여러 가지 심리적·신체적 증상을 일으키는 요인으로 작용하고 있음을 경험하게 된다. 물론 효를 강조하는 것이 잘못되었거나 전적으로 효가 우리의 가정에 부정적인 영향을 미친다는 것은 아니다. 그렇지만 성인이 되어서 결혼을 했음에도 불구하고 옛날에 유지했던 부모와 자식 간의 관계를 그대로 유지하여야 된다는 사고가 결혼한 부부관계를 어렵게 만들고 있다고 볼 수 있다. 여기서는 유교주의에 뿌리를 두고 있는 한국의 가족문화와 효사상에 대하여 고찰해 보고, 효와 관련된 부부치료 사례를 살펴보고자 한다.

본 사례는 부모님으로부터 미분화된 남편에 대한 부부치료를 다룬 사례로 남편은 4남 1녀의 가정에서 자랐으며, 어머니와 지나친 밀착관계를 유지해 오고 있었다. 남편은 평상시는 부인과 사이가 좋지만, 시댁 일이 관련되면 서로 싸우는 경우가 많았다. 남편은 이러한 문제로 인하여 부인과 매번 불쾌한 감정을 경험하였고, 한번 부인과 다투고 나면 보통 일주일 동안은 서로 대화를 하지 않았다. 남편은 이러한 불편한 부부관계를 치료받기 위하여 치료자에게 상담을 의뢰하였다.

2. 한국의 가족문화와 효사상

전통적인 한국사회는 가족주의를 강조하는 사회라고 볼 수 있는데, 한국의 가정 내에서는 개인의 권리와 관심보다는 가족의 결속이 더 중요한 것으로 여겨진다. 한국문화에서는 다른 사람과 조화를 이루어 나가는 것이 미덕이라고 생각된다. 특히, 타인이 반대하는 경우에 자신의 의견을 관철하려는 대신에 타인의 의견을 수용하여 자신을 희생할 수 있는 사람이 바람직하다고 본다. 따라서 인간관계에 있어서 관련성, 소속에 가치를 둔다. 가족 내에서도 개인의 독립성, 자율성보다는 가족과의 관련성에 가치를 둔다(김유숙, 1998). 따라서 가족의 화목과 위계질서를 유지하고 사회에서 중요한 인간관계를 잘 형성하고 유지하기 위하여 효를 강조하였다. 그렇지만 이러한 효에 대한 강조의 이면에는 지배층이 가족관계에서 발생하는 반목과 이로 인한 갈등과 한을 주로 효(孝)와 열(烈)의 논리로 해결하려고 하였으며, 먼저 그들은 부모에 대한 자녀의 자발적인 복종의 기초가 되는 효를 특별히 강조하였다. 이와 함께 지배층들은 효를 권장하기 위하여 효자의 경우에는 신분을 가리지 않고 드러내어 표창하였다(최봉영, 1997 : 164).

양옥경(2001)의 연구에 의하면, 남자 대학생들의 경우 여학생들에 비하여 가족화목을 위해 가장에게 나머지 가족구성원들이 순종해야 한다는 견해가 압도적으로 높게 나타나, 가부장적인 견해를 보이고 있었다. 이러한 남녀의 가족에 대한 가치관의 차이는 장차 부부간의 문제와 가족 내 갈등을 유발시킬 수 있는 가능성을 가지고 있다(양옥경, 2001). 이러한 전통적인 한국의 가족에 대한 가치는 유교주의의 영향을 받았다. 유교주의에 의하면, 모든 사람들이 기본적인 원칙을 잘 수행할 경우 화목하고 원만한 사회질서가 유지될 수 있고(Hyun, 1995; Collins, 1999; 이화여자대학교 사회복지연구회 역, 2001), 한국에서 가족관계는 모든 관계를 위한 본보기가 되어야 한다고 믿었으며(Kim, 1991; Lee, 1990), 화목한 가족관계의 유지가 모든 생활의 목표라고 할 정도로 중요한 가치를 차지하고 있다(송성자, 2001).

특히 유교를 다른 종교와 비교해 보았을 때, 가장 두드러진 특징 중의 하나는 효의 강조라고 볼 수 있다(최준식, 1998). 한국의 어머니-자녀관계를 보면, 어머니는 자녀를 출산하면 자녀의 욕구를 충족시켜 주면서 밀접한 관계를 형성하고 유지한다. 한국의 어머니와 초기 아동기자녀와의 상호작용에서 나타나는 의사소통의 패턴의 특징은, 어머니가 자녀를 심리·사회적으로 미숙한 존재로서 항상 자신의 도움을 필요로 하는 존재로 보고, 자녀의 심리적 현실을 자유롭게 넘나들며 자녀가 하고자 하는 말을 대신해 주는 등, 어머니와 자녀가 심리적으로 융화된 상태에서 교류한다. 또한 한국의 어머니들은 자녀를 대할 때 자녀와는 별개의 독립된 개체로서 자신을 표현하고 부각시키기보다, 자녀를 보살펴주는 사람으로서의 역할을 한다. 따라서 한국 어머니와 자녀의 상호작용은 보살펴주는 사람(caregivers)과 보살핌을 받는 사람(carereceivers)이라는 역할중심으로 이루어진다는 것이다. 한국을 포함하는 동아시아 문화권의 자녀양육방식의 역점은 자녀를 독립시키는 데 있지 않고, 오히려 가족과 함께 머무르면서 가족구성원과 강한 결속을 유지하는 데 있다(Berg, & Jaya, 1993; 이선혜, 2000 : 166에서 재인용). 그 결과, 독립된 개체로서의 개인의 고유한 특성보다는 사회적 관계의 특성 혹은 관계적 자아의 특성을 중심으로 하는 자아개념이 발달하게 된다(Choi, 1992; 김진숙, 1998 : 135-136에서 재인용). 특히, 첫아들이거나 외아들인 경우는 일반적으로 어머니들이 아들을 양육하고 훈련시키는 데 있어서 과잉보호하고 지나치게 간섭하는 경향이 있다. 어머니는 남편보다는 아들(특히 장남인 경우에)과 가장 중요한 유대관계를 맺는 경향이 있으며, 또한 남편은 자신의 어머니와 가장 강한 유대관계를 맺는 경향이 있다(Lee, 1982; Uba, 1994에서 재인용).

한국문화에 있어서 성인기의 시작으로 여겨지는 결혼조차도 '원가족으로부터의 물리적 · 정서적' 분리라는 개념과는 거리가 멀다. 성인자녀들이 자신들의 삶을 위해 이성을 만나 새로운 가족을 탄생시킨다는 시각보다는 가계를 계승한다는 시각이 여전히 현대 한국사회에 만연해 있다(Shon, & Ja, 1982; 이선혜, 1998). 따라서 아들이 결혼을 하게 되면 어머니는 아들의 결혼생활에 '간섭'할 권리가 있다고 생각을 한다. 대부분의 한국 어머니들은 이렇게 '간섭'하는 것을 의무, 사랑, 관심으로 생각하기도 한다. 또한 일반적으로 어머니들이 손자녀들의 양육을 돕고 정서적 · 경제적 지원을 하기도 하는데(송성자, 2001), Berg와 Jaya(1993)는 이와 같은 사회화의 형태는 상호의존적인 결속관계를 만든다고 하였다. 어머니는 일반적으로 결혼한 아들을 여전히 소유하고 있으며, 며느리에 대해서는 비판적이다. 어머니와 출가한 아들 간의 정서적인 미분리로 인하여 시어머니와 며느리 사이에 때로는 심각한 문제가 일어나게 된다. 며느리는 종종 시어머니의 "도움"을 자신의 부부를 통제하려는 것으로 여긴다. 고부간의 관계에서 변하는 기대감이 두 사람의 차이를 악화시킨다(Kim, 1996). 따라서 시댁과의 문제가 현재의 부부간의 문제와 관련이 있기 때문에 치료자들은 이러한 점에 주의를 기울여야 한다.

핵가족이 중심이 된 현재의 한국의 가정에서조차 이러한 가치는 여전히 유지되고 있으며, 이러한 가치관은 효라는 가치와 연결되어 있으며, 이러한 가치로 인하여 자녀의 부부관계에 부정적인 영향을 미치고 있다고 볼 수 있다. 특히, 가족의 결속이라는 점에서 한국의 부모들 중 어머니들은 자녀가 출가했음에도 불구하고, 자녀를 정서적으로 분리시키려고 하지 않는다. 이러한 가정의 배경으로 인하여, 한국인은 타인과의 관계에서 자신의 입장보다는 타인의 입장을 헤아리고 공감하는 것이 덕이라고 여긴다. 이는 본질적으로 자신과 타인을 분리시키기보다는 하나가 되고자 하는 것이다(Kim, & Choi, 1994). 즉, 성장의 과정에서 한국인의 인간관계는 개인의 독립과 분리라는 것보다는 타인과의 융합이라는 방향성을 가지고 이루어진다(이선혜, 1998 : 166).

최근의 연구들에 의하면, 한국의 남자들에게서 가족주의적 가치관은 보통 이하로 낮음에도 불구하고, 효의식과 부양의식은 높게 나타나고 있으며(김경신, 1998; 이은경, 1999; 조미숙·오선주, 1999; 한경순, 1998), 이러한 결과는 가족주의 가치관의 혼재성을 보여준다(양옥경, 2001). 한국의 젊은이들은 일생 동안 원가족에서 벗어날 수 없으며, 대부분의 사람들은 가족을 떠나 경제적인 독립을 하여도 원가족과의 심리적인 관계는 밀접하게 유지된다(김유숙, 1998).

가족치료이론에서는 개인의 문제를 개인의 심리내부적인 면에 있는 것이 아니라 그가 속해 있는 가족전체의 문제로 본다. Boszormenyi-Nagy는 가족성원이 서로에게 충성해야 한다고 믿었다. 이러한 충성심의 개념은 우리나라의 효의 동기를 이해하는 데 많은 도움을 준다. Boszormenyi-Nagy에 따르면, 가족은 다른 가족에게 근원적 채무를 지니고 있다고 보았다. 즉, 가족을 여러 세대에 걸친 출납부에 비유하였다. 오랜 세월에 걸쳐서 채무나 부채가 상환되는 다세대적 체계를 구성한다는 것이다. 따라서 맥락적 가족치료에서는 가족 내의 윤리적 책임을 강조하였다(Boszormenyi-Nagy, & Krasner, 1986; 박태영, 2001 : 27에서 재인용).

Boszormenyi-Nagy는 충성심을 가족을 유지하는 가장 큰 힘이라고 보았다. 충성심은 감정이나 지식보다 윤리적 의무감을 포함하고 있기 때문에 충성심과 더불어 의무, 공평, 정의가 가족구성원 사이에 존재하게 된다. 또한 이러한 의무를 행하지 않을 때는 죄의식을 느끼게 되며, 수치감과 죄의식은 의무감 다음으로 가족을 움직이는 역할을 한다. 따라서 가족은 충성심으로 이루어진 조직이지만 죄의식이라는 규제장치에 의존하게 된다. 이러한 맥락에서 효사상은 부모에 대한 충성심과 의무를 강화하는 것이며, 또한 효는 사회를 떠받드는 기본 윤리로서 이것을 이행하지 못하는 자녀는 개인적인 차원의 죄의식을 느낄 뿐만 아니라 사회적인 비난과 수치를 감수해야 한다(김영애, 1993 : 17-18). 아랫사람의 의무만을 강조하는 일방적인 효의 강조는 가족관계를 더욱 어렵게 만드는 결과를 낳는다. 따라서 한국의 전통적인 가족주의가 자신의 가족 외의 사람들을 희생시키고, 심지어 효라는 미명하에 자녀 또는 며느리들을 희생시킬 수 있다.

Boszormenyi-Nagy는 가족을 유지하는 가족간의 관계성에 보이지 않는 충성심(invisible loyalty)이라는 개념을 도입하였는데, 이 개념은 일반적으로 잘 관찰되지 않는 충성심으로서, 가계를 계승하고 이어가는 행동들과 관련이 되는 것이다. 자녀들은 부모와 상호작용을 통해서 부모들이 하는 행동들을 내면화하게 된다. 보이지 않는 충성심은 가족들이 역기능관계를 가지고 살아가도록 한다. 윤리의 맥락에 어긋나는 행동이 다음 세대의 자녀들에게 반복적으로 나타날 때 이러한 행동들은 가족들간에 역기능의 관계를 갖도록 한다(김용태, 2000 : 301-302). 가족의 각 성원은 과거, 현재, 미래의 주고받음에 따라 가계부를 적고 있으며, 투자된 것과 받은 것, 혹은 감정적으로 뺏긴 것들이 모두 이 보이지 않는 충성심의 끈이 있고, 관계성의 패턴이 의무감의 크고 작음에 따라 형성된다. 이러한 패턴을 이루는 관계성의 바탕에 가장 근본적인 역할을 하는 것이 혈연관계성이다. 그러나 Boszomenyi-Nagy와 Spark(1973)는 인간관계가 건전하기 위해서는 관계 당사자들이 각기 위치에 따라 주고, 받아야 할 것을 받는 관계윤리의 균형이 이루어져야 한다고 하였다.

조상숭배사상으로 인하여 전통적 한국가족은 부모와 자식 간의 충성과 의무감의 수지 타산을 공평하게 이루고자 하였는데, 이러한 충성과 의무감의 수지 타산은 시대적 상황에 따라 변하게 된다. 현재 효사상이 많은 가정에서 긍정적인 역할을 하고 있는 반면에, 적지 않은 수의 가정에서는 가정의 행복을 파괴하는 작용을 하고 있는 것으로 보인다. 물론, 효사상이 우리에게 인간의 결속과 질서의 윤리, 가정의 도덕적, 교육적 기능의 중요성을 인식시키는 기초를 제공한 점은 부인할 수 없는 사실이며(정옥분 외, 1996), 한때는 효가 가정의 화목을 유지시키는 역할을 한 것이 사실이지만, 이제는 효에 대한 역기능의 해소에 관심을 기울이고 새로운 방법을 모색해야 할 때라고 볼 수 있다. 전통의 효도가 부모와 자식이 같은 공간, 같은 시간대에 있어야만 가능한 가치 규범이었다고 한다면, 주택, 직장, 맞벌이, 자녀교육 등의 문제를 안고 있는 현대사회의 여러 상황들은 근본적으로 전통의 효도를 불가능하게 한다(김경일, 1999). 전통주의에 입각한 효규범의 윤리적 강조는 단순히 자식들의 부모에 대한 의무관계로 파악될 수 있다. 이는 집단적 결속과 의무보다는 개인의 자유와 선택을 중요시하는 현대사회에서 제도적 실효성을 얻어내는 데 한계가 있다(김두섭 · 박병진, 2000 : 124). 전통사회에서는 효가 강화되었다고 본다면 지금은 자식에 대한 투자에 기울어져 있다고 할 수 있다(김영애, 1993 : 18). 전통적인 가족주의에 입각하여 자녀들에게 일방적으로 요구하는 것은 자녀들로 하여금 새로운 사회에서의 적응력을 잃게 만든다. 부모가 자녀들에게 가족 집단주의적인 요구나 기대를 하지 않고 그들로 하여금 자신들의 자발적인 노력과 창의적 잠재성을 최대한 발휘하도록 할 때, 그들은 산업사회의 요구에 더 잘 부응할 수 있다(홍영택, 1999 : 65).

결과적으로, 건강한 가족을 형성하기 위해서는 건강한 분화 혹은 분리를 이루어야 하는데 이는 원가족에 대한 충성심과 자신 혹은 자신의 핵가족에 대한 의무감이 잘 조화를 이루는 것이라고 볼 수 있다. 따라서 가족간의 보이지 않는 충성심을 서로 주고받음에 있어서 정의가 이루어질 때, 그 가족은 건강하게 성장할 수 있으며, 그 사회가 건강할 수 있다(김영애, 1993 : 19-20).

이제는 전통적인 효를 주장하는 것보다는 현대사회의 특성인 개인주의와 핵가족의 욕구를 충족시키면서 전통적인 가족의 정서적 유대를 유지할 수 있는 핵가족주의와 가족주의를 절충할 수 있는 새로운 효의 개념을 정립시켜야 할 것이다. 효라는 개념을 공간적으로 함께 하고, 정서적으로 분리하지 못한 상태에서 결혼한 자녀가 부모에게 성의를 다하는 것이 아니라, 자신의 명확한 정체감과 더불어 어느 정도는 공간적 · 정서적으로 분리가 되는 가운데 부모님을 공경해야 한다는 관점에서 보아야 할 것이고, 이러한 시각이 출가한 자녀들의 부부관계와 자녀관계를 건강하게 하고 그나마 고부간의 갈등을 최소화할 수 있을 것으로 보인다. 이러한 효의 개념을 정립하기 위해서는 기존의 한국의 가정과 교육에서 지금까지 강조하여 왔던 효에 대한 패러다임의 전환이 절실히 필요할 때라고 하겠다.

다음의 사례에서는 임상현장에서 흔히 볼 수 있는 남편들의 부모에 대한 효, 즉 부모에 대한 보이지 않는 지나친 충성심으로 인하여 부부관계를 오히려 해치고 있고, 이러한 효심과 더불어 의사소통에 문제가 있는 부부를 치료한 사례이다.

3. 문제점 및 치료목표

1) 문제점

본 사례의 문제점은 다음과 같이 요약될 수 있다.

첫째, 남편은 부모님 중 특히 어머니와 밀착된 경계선(enmeshed boundary)을 가지고 있었다. 즉, 어머니와 분화가 되지 못한 상태에서 결혼생활을 시작하였고, 이러한 어머니와 남편과의 관계는 결혼생활 5년이 지난 지금까지 지속되고 있었다. 이러한 미분화된 모자관계를 부인은 이해하지 못하였다. 따라서 남편과 시어머니와의 미분화문제가 있었다.

둘째, 부부가 시댁과 관련된 문제에서 서로의 차이를 인정하지 않았고, 서로의 원하는 바를 명확하게 표현하지 못하고 있었다. 즉, 표현하는 방식에서 상대편의 입장을 배려하지 못하고 있었다. 그러한 두 사람은 문제를 해결하려고 시도해 왔던 방식이 문제를 해결할 수 없는 역기능적인 방식으로 시도해 왔다고 볼 수 있다.

셋째, 가족생활주기에서 어린 자녀(4세)를 둔 단계임에도 불구하고 남편은 부모와의 관계를 변화시키기를 거부하고 있어서 부부관계에 위기가 나타나고 있다(McGoldrick, & Carter, 1988).

2) 치료목표

첫째, 결혼한 남편과 시어머니의 분화문제에 초점을 두어 시댁문제와 관련해서 부인에 대한 남편의 과도한 역할기능을 줄이도록 한다. 한편, 남편과 부인의 부부하위체계를 시부모님의 하위체계와 경계선을 두는 데 치료목표를 둔다.

둘째, 지금까지 부부가 문제를 해결하려고 시도해 왔던 의사소통방식, 즉 역기능적 해결방식을 찾아 새로운 기능적인 의사소통방식을 사용하도록 한다.

4. 치료모델

치료자가 클라이언트들의 문제들을 해결하는 데 사용한 치료모델로 남편의 부모, 특히 어머니로부터의 미분화문제를 해결하기 위하여 Murray Bowen의 가족체계이론(Family Systems Theory)을 활용하였고, 두 사람 간의 역기능적인 의사소통 패턴을 바꾸기 위하여 MRI의 상호작용적 가족치료(Interactional Family Therapy)모델을 적용하였다.

1) Murray Bowen의 가족체계 치료모델

Bowen의 가족체계 치료모델에서는 부모 특히 어머니와 자녀 사이의 미분화된 정서적 관계를 중시하였으며, 이러한 관계는 가족투사과정을 통해서 전수된다고 보았다. 또한 치료목표로 미분화된 가족자아 집합체로부터 분화되는 것에 두었다(Friedman, 1991; Goldenberg & Goldenberg, 2000; Papero, 1995). 특히 자아분화가 낮을수록 삼각관계의 형태는 심하고 관계가 중요할수록 그 형태가 강하다. 두 사람의 정서체계는 긴장이 없을 때는 안정되지만 불안이 증가하면 삼각관계를 형성하게 된다. 이때 인간관계의 갈등과 불안을 객관적으로 평가하지 못하고 제3자와의 의존적 관계(융합)를 통해 불안을 극복하려 하고 이 불안한 부부정서관계에 자녀를 끌어들여 속죄양을 만들기도 한다. Bowen은 삼각관계를 가장 불완전한 관계체계로 보았고, 삼각관계가 일시적으로 불안이나 스트레스 감소에 도움을 줄 수 있으나 오히려 가족의 정서체계를 더욱 혼란스럽게 하여 증상을 나타나게 한다고 주장하였다. (Goldenberg & Goldenberg, 2000).

부모로부터 정서적으로 독립하지 못하고 부모 사이에서 갈등이 심한 자녀들은 부적응적 행동이나 증상을 나타낸다고 하였다(Fleming & Anderson, 1986; Hoffman & Weiss, 1987; Moore, 1987). 반면에, 원가족과 정서적으로 단절된 사람은 대인관계에서 건강한 관계를 맺는 데 어려움을 겪는다고 하였다(Framo, 1984). 따라서 자아분화수준이 낮을수록 역기능적 행동이나 증상이 많이 발생하며(제석봉, 1989), 정신건강수준 역시 낮은 것으로 나타났다(이혜숙, 1992; 유은희 · 전춘해, 1995 : 139에서 재인용). 유은희와 전춘애(1995)의 연구에서도, 어머니의 자아분화수준은 모-자녀 간의 갈등을 통해 자녀의 문제행동 발생에 영향을 줄 수 있다는 것이 나타났다.

한국의 전통적인 가족제도에서, 가정을 통솔하여 유지하는 기능에서는 부자관계가 강조되지만, 정서적인 친밀한 관계는 오히려 모자관계에 의존하였다. 한국의 가정문제 중에 흔히 보이는 고부간의 갈등은 어머니와 친밀한 관계를 가지고 있는 남편이라는 모자관계에 아내라는 제삼자가 생기면서 발생하게 되는 것이다. 고부간의 갈등은 시어머니와 며느리 사이에서 발생되는 문제로 이 두 사람 간의 문제는 종속적인 상하관계의 특성을 가지고 있으므로 문제가 생기면 해결하기 어려운 상황이 되며, 두 사람 간의 불편한 관계는 지속되게 된다. 따라서 부부간의 친밀한 관계가 유지되지 못하기 때문에 부인은 정서적 지지를 자녀에게 의지하게 되므로 Bowen의 개념인 가족투사과정과 다세대 전수과정이 일어난다. 즉 세대간을 뛰어 넘는 강한 모자관계는 다음 세대의 모자관계에서도 나타나게 됨으로써 이러한 가족관계의 양상이 다음 세대에게도 계속되는 것이다(김유숙, 1998 : 6).

본 사례에서 남편은 결혼을 하여 4세인 딸을 두고 있음에도 불구하고, 신혼초부터 매주 토요일에는 시댁에 가서 잠을 자야만 하는 패턴을 유지해 오고 있었다. 시어머니는 아들을 결혼 전의 막내아들로서 여기고 있었으며, 이러한 모자관계에서의 미분화로 인하여 부인은 남편을 이해할 수 없었다. 따라서 가족체계이론을 적용하여 남편을 부모님으로부터 특히 어머니로부터 분화할 수 있는 치료를 행하였다. 이렇게 남편이 부모로부터 자아분화를 함으로써 가족이 진정한 통합이 이루어진다고 볼 수 있다.

2) MRI의 상호작용적 가족치료모델

MRI(Mental Research Institute) 집단은 의사소통과 체계개념에 기반을 두고 있으며, 클라이언트에게 나타나는 증상에 초점을 맞춘 단기치료 접근법이다. 치료의 목적은 클라이언트가 생활을 잘 해 나갈 수 있도록 가능한 빨리 그리고 효과적으로 클라이언트가 제시하고 있는 불평을 해결하는 데 그 목적이 있다(Shoham et al., 1995). MRI 집단은 Watzlawick과 그의 동료들에 의하여 개발된 상호작용적 치료의 이론적 토대에 기여를 하였다. 이 접근법은 수많은 문제를 다루는 실제적인 치료모델이며(박인철 역, 1995; Watzlawick et al., 1974; Weakland et al., 1974), 클라이언트의 문제를 병리적인 시각으로 설명하는 것을 지양하고 클라이언트의 불평과 변화를 위한 목표의 두 가지 측면에서 클라이언트 중심의 치료방식을 사용한다(Duncan et al., 1992). MRI 단기치료모델은 현재 클라이언트에게 나타나고 있는 문제에 초점을 두며(Schlanger & Anger-Diaz, 1999), 문제와 변화에 대하여 두 가지의 상호연결된 가정에 입각해 있다. 문제의 기원과 원인과는 상관없이, 만일 클라이언트와 클라이언트가 상호작용하는 사람들이 현재의 문제행동을 계속하게 되면 클라이언트들이 심리치료자에게 가지고 오는 문제들은 계속해서 유지되는 것이다. 반면에, 만일 문제를 유지시키는 행동이 적절하게 변화되거나 제거된다면 그 문제의 성질이나 기원, 혹은 기간에 상관없이 그 문제는 해결되거나 사라질 것이다(Weakland et al., 1974). 따라서 이러한 면에 있어서 MRI의 상호작용적 가족치료모델은 행동의 변화에 초점을 둔 모델이라고 할 수 있겠다.

MRI의 모델에서 사람들은 디지털 방식과 아날로그 방식 두 가지로 의사소통을 한다. 디지털 방식의 의사소통은 말로 구성되며, 그것은 언어의 논리적인 구문에 따라 조작되는 임의의 징표들이다. 반면에, 아날로그 방식의 의사소통은 좀더 넓은 의미에서, 의사소통이 발생하는 맥락뿐만 아니라 모든 비언어적인 의사소통을 포함한다. 사람들은 정보를 전달하는 데 있어서 디지털 방식의 의사소통을 사용한다. 정보의 전달은 일정한 규칙을 통해서 이루어지며 일정한 규칙들이 논리를 구성하여 다른 사람에게 전달된다. 아날로그 방식의 의사소통은 일정한 규칙을 가지고 있지 않으며 특수한 상황에 적용되는 경우가 많다. 특수한 상황에서 상징성을 가지고 상대방에게 전달된다. 상징성은 주로 언어로 표현되기보다는 신체를 통하여 전달된다. 또한 전체의 상황을 통해 전달되기도 한다(Watzlawick et al., 1967 : 61-62; Greene, 1996 : 120에서 재인용). 미국인의 의사소통은 명확하며 직접적인 디지털 방식의 의사소통에 의존하는 경향이 있는 반면에, 한국이나 동양의 문화권에서는 의사소통이 간접적이어서 아날로그 방식의 비언어적인 의사소통을 중시하고 있다(Shon & Ja, 1992). 즉, 서양인이 언어적 의사소통에 비중을 두는 반면에 동양인은 확대가족구조 속에서 자기보다는 가정의 이익을 위하여 자신을 숨기고 가족의 화목을 위해 개인을 희생하며 침묵에 가치를 두는 언어적 의사소통을 많이 사용한다. 한국사람이 자주 사용하는 '以心傳心'이라는 표현에서 볼 수 있듯이 언어에 의한 디지털 방식의 의사소통보다는 아날로그 방식의 의사소통, 즉 비언어적인 의사소통에 비중을 두는 것이다. 또한 동양인은 위기나 갈등상황보다는 조화를 이루는 상호작용을 중시하므로 직접적인 논쟁을 회피하는 경향이 있다(김유숙, 1998 : 7).

MRI 집단에 따르면, 가족의 문제는 문제를 해결하려는 가족의 시도에 의해 오히려 유지되고 있다는 것이다. MRI 집단은 문제를 둘러싸고 있는 상호작용의 과정을 강조하고 일반적인 시각에서 모든 행동은 사회체계 내에서 더 폭넓게 진행되는 의사소통의 교류 가운데 설명할 수 있는 것으로 본다(Duncan et al., 1992). MRI 집단은 인간은 두 가지 방법으로 '문제'를 발달시키는 것으로 본다. 첫째, 어려움을 잘못 다루는 것이다. 둘째, 문제를 해결하려는 시도의 실패와 똑같은 문제해결방식의 계속적인 적용이다(Watzlawick et al., 1974). MRI 모델은 '문제'란 오랫동안 그 문제를 변화시키려고 계속해 온 바람직하지 못한 행동들로 이루어진 것으로 본다. 그러한 문제행동들이 지속되는 것은 일차적으로 사람들이 그 문제행동들을 변화시키려고 행해왔던 방법, 즉 사람들의 '시도된 해결'에 있다고 본다. 또한 사람들이 자신들의 문제를 감소시키려고 시도해 온 해결책이 종종 문제를 유지시키거나 혹은 그 문제를 더욱 악화시키기까지 한다(Goldenberg & Goldenberg, 2000). 따라서 치료자의 일차적인 임무는 새로운 또는 다른 행동을 기존의 행동과 대체하거나, 본래의 문제행동을 '하찮은 문제'로 재평가하는 것에 의하여 클라이언트에게 지금까지 시도해 온 해결책을 소개하는 것이다(Weakland, 1993). 또한 문제를 유지시켜 왔던 차례를 변화시키기 위하여 MRI 모델에서는 가족들에게 상식과는 반대되는 일들을 하게 하거나 혹은 믿을 수 있게 한다(Nichols, & Schwartz, 2001).

MRI 모델의 치료 초점은 해결책에 있고, 치료의 중심 과업은 다음 세 가지로 나눌 수 있다. 첫째, 클라이언트에 의해서 제안되고 있는 문제에 대하여 행동적인 용어로서 구체적이고 분명한 묘사를 얻는 것이다. 둘째, 모든 시도된 해결책의 공통의 특징과 중요한 취지를 발견하는 것이다. 셋째, 클라이언트가 말로나 행동으로 완전히 다른 어떤 것을 하도록 치료자의 영향력을 사용하는 것이다(Schlanger & Anger-Diaz, 1999).

본 사례에서는 남편이 시댁에 가는 문제로 인하여 부인에게 일방적인 강요와 그에 응해 주지 못하는 부인과의 의사소통 표현방식이 문제를 해결하기보다는 오히려 두 사람 간의 관계를 악화시켜 왔다고 볼 수 있다. 따라서 치료자는 이러한 문제를 해결하려고 시도해 왔던 역기능적인 방식을 찾아 지금까지 시도해 보지 않았던 새로운 방식으로 대체하고자 하였다.

5. 치료과정

본 사례는 2000년 5월 23일부터 7월 29일까지 총 4회의 상담으로 이루어졌다.

Session 1회(2000년 5월 23)

첫 번째 상담에서는 남편과 상담을 하였다. 남편은 부인과 비교적 원만한 관계를 유지하고 있으나, 시댁문제가 관련되면 의견충돌이 일어나고 늘 기분이 상하여 부인과 냉전의 시간을 갖게 된다고 하였다. 자신은 매주 부인이 시댁에 가는 것은 당연하다고 생각하는 반면에, 부인은 시댁에 가는 것을 꺼리고 있는 것 같다라고 하였다. 시댁에 갈 때마다 싸우게 되고, 특히 시댁에 갔다 돌아오는 차 속에서 두 사람이 거의 말을 하지 않는 경우가 흔하다고 하였다. 이러한 두 사람의 관계는 시댁과 관련된 문제가 있을 때마다 반복되고 있다는 것이 두 부부 사이의 문제라고 하였다.

Session 2회(2000년 5월 30일)

H : 요새 문제가 좀 있었거든요. 지난주에는 기분도 안 좋고 참 많이 우울했었어요. 금요일에 집사람에게 토요일부터 저희 부모님 댁에 가자는 이야기는 못 하고 주일날 아침 7-8시쯤에 가야 되지 않겠냐고 하니까 집사람은 "뭐 하러 그렇게 아침 일찍 갈 필요가 있냐, 그냥 오전에 가서 점심만 먹자"고 하더라고요. 그때 저는 집사람이 저희

부모님 쪽에는 별로 마음을 두지 않고 있다고 생각하게 되었지요. 토요일 오후에 집사람과 시장을 보았는데 집사람 기분이 별로 안 좋아 보였어요. 그리고 차 타면서 "내가 왜 이런 고생을 하는지 모르겠다"라고 푸념을 늘어놓더군요. 그 말을 듣는 순간에 저는 한꺼번에 팍 터져 버린 거예요.

T : 자. 토요일에 장을 보시면서 왜 이런 고생을 하는지 모르겠다면서 얼굴표정이 안 좋으셨잖아요(아내 : "예"). 그것에 대해서 설명해 주시겠어요?

W : 남편은 일주일 내내 집에서 말을 안 했어요. 그래서 제가 많이 힘들었어요.

H : 저는 시장에서 왔다갔다하면서 집사람에게 '얼굴 펴, 얼굴 펴, 뭐 그렇게 인상을 쓰고 있어' 이렇게 두 번을 얘기했어요.

T : 그런데 남편의 그 말에 부인은 얼굴이 펴지는 게 아니고(남편 : "안 펴지죠") 점점 더 짜증스러워졌을 거예요.

H : 그때 제 처의 표정이 더욱 안 좋았어요.

T : '얼굴 펴, 얼굴 펴'라고 그러면 부인께서는 더 화가 나고 짜증이 났을 거예요.

남편은 부인이 왜 그렇게 힘들어하고 짜증이 났는가에 대해서 물어보기보다는 부인에게 얼굴을 펴라는 말로 더욱 화나게 만드는 의사표현방식을 사용하고 있다. 즉, 역기능적인 문제해결방식으로 인하여 부부관계는 더욱 힘들어지고 있다는 것을 볼 수 있다.

W : 예. 저는 남편이 그렇게 말하는 것이 더 듣기 싫었어요. 우선 저는 금요일 오후까지 이번 주 주일날 아버님 생신 때 나가서 외식하는 걸로 알고 있었거든요. 그런데 갑자기 금요일 저녁에 어머니가 전화를 하셔서 모든 식구가 다 모이기로 했다고 하시더군요. 그 순간 아버님 생신 준비를 해야 하는데 아무런 생각도, 준비도 없는 상태에서 식구가 오면 음식을 장만해야 하는데 뭘 해야 하나 싶어서 그 자체가 너무 화가 났어요. 토요일에 시장이라도 가서 뭘 좀 장만해야겠다 싶어서 아기를 데리고 시장에 갔어요. 그런데 거기서 아기와

함께 남편을 4시간이나 기다렸거든요. 2시간 정도는 같이 있어 준 사람이 있어서 편하게 있었고, 2시간 정도는 백화점에서 왔다갔다했지요. 그런 동안 짜증이 나더라고요.

T : 그러셨겠군요. 남편께서는 그것에 대하여 아셨나요?

H : 그것까지는 몰랐지요. 집사람이 그 얘긴 안 했어요.

T : 지금은 부인이 왜 짜증이 나셨는지 이해하시겠어요? 부인은 남편을 기다리다가 가뜩이나 짜증이 났는데 '얼굴 펴, 얼굴 펴'라고 하니까 그게 더 짜증을 나게 만들었다는 거지요(여기서는 부인이 왜 화가 났는가에 대한 과정의 이야기가 생략되어 있음이 나타나고 있다). 그래서요?

W : 그전에 토요일에 시누이들하고 통화하기를 점심 때 다 돼서 온다고 하더라고요. 그래서 나도 뭐 준비할 것 많지 않으니까 점심 전에 가서 그냥 하면 되겠다 싶어서 집에서 한 10시쯤 나갔어요. 한 시간 정도 걸리거든요. 그래서 아기 데리고 그 음식 다 들고 혼자서 버스를 타고 갔어요. 힘도 들었지만 그냥 해야겠다 했는데 시간을 가지고 이야길 하는 거예요. 시댁에 빨리 안 가고 늦게 들어갔다는 거예요. 그러고 일주일 동안 말을 안 했으니까요(부부가 모두 웃는다). 남편은 회사에 출근하면 별로 생각할 시간이 없지만 저는 아기랑 둘이 있으면 너무 신경질이 나고 그러잖아요. 그걸 일주일을 참으니까 미치겠더군요. 거의 대부분 남편은 화가 나면 말을 안 해요. {Lerner (1985)에 따르면 자아분화가 안 된 경우에 보통 분노를 표출하는 방법이 두 가지로 나타나는데 첫 번째는 요조숙녀형으로 분노를 직접적으로 표출시키지 못하는 유형이며, 두 번째는 버릇없는 여성유형으로 부정적인 표현과 단어로 분노를 직접적으로 표현하는 유형으로 나누고 있다. 이와 같은 기준으로 볼 때, 남편은 어머니로부터 자아분화가 안 되어 있으며, 분노를 표출하는 방식에서 요조숙녀형으로 볼 수 있다. 문제는 이러한 분노표출유형으로는 문제를 해결할 수 없다는 것이다(김태련·이명선 역, 1996)}. 싸움을 하고 나서 제가 먼저 말을 하자고 해야 말을 하거든요. 그러니까 그런 부분에 대해서도 너무 스트레스를 많이 받아요. 저는 이런 점에서 남편이 좀 이해가 안 돼요.

H : 그런데 저는 제 마음에 안 들면 말이 안 나와요. 제가 이렇게 말을 하려고 하면 격한 말을 할 것 같아 겁도 나고요. 또 하나는 그 말 자

체를 하기 싫다는 생각도 있어요. 그냥 '에이, 말을 하지 말자' 그러면서 무관심하게 되어버리는 거죠. 그런데 이런 방식이 안 좋다는 것을 알면서도 안 고쳐져요. 수산시장에서도 우리 가족끼리 다니니까 자유롭게 얘기를 하면서 좀 보고 싶었는데 그게 안 되니까 짜증이 났고, 더 그전에 마음에 깔려 있었던 것은 토요일에 부모님 댁에 가지 않았으니 주일 아침에 일찍 갔으면 한다라고 이야기를 했는데 거기에 대해서 반응이 없었던 것과 토요일에 시장에서 나에게 말한 '왜 이렇게 고생하는지 모르겠다'는 그 두 가지가 나를 화나게 만들었던 것이지요. 저는 '며느리로서 시아버지 생신 때 당연히 해야 될 일이지 그게 무슨 고생인가'라고 생각했지요. 저는 화를 자제할 수 없었던 거죠. 그래서 부모님 댁에 가면서 집사람과 얘길 한마디도 안 했어요. 저는 집사람과 그런 불화가 생기면 매사에 의욕이 없어요. 저는 일하는 것도 회사 다니는 것도 재미가 없어요. 누굴 만나서 얘기하는 것도 재미가 없고 자신감이 없어져요. 저는 술을 잘 안 마시는데 스트레스가 극에 달할 때는 술을 마시게 돼요. 소주를 사다가 집에서 혼자 먹어요.

T : 두 분의 문제는 솔직하게 내가 왜 화가 났고 왜 이런 표정을 짓는가를 설명하고 있지 못하신 것 같아요. 또한 남편의 입장에서는 부인이 시댁에 다른 시댁식구들보다 두 시간 전에 들어갔어야 한다는 그 부분, 그리고 또 장 볼 때도 시댁 일에 좀더 마음을 열고 가까이 갔으면 하는 마음은 이해하지요. 하지만 그것에 대해서도 부인의 입장은 좀 다르지 않나 합니다.

H : 그러한 저의 바람이 무리인가요, 아니면 욕심인가요?

T : 일단 부인의 이야기를 들어보십시다.

W : 시댁에 내가 잘 해야겠다는 마음이 들 때도 많아요. 그렇지만 시댁에 가서 겪다 보면 짜증이 많이 나고 "내가 정말 왜 이런 고생을 하나" 그런 말이 입에서 저절로 나오거든요. 특히 어머님은 남편에게 "우리 아들, 우리 아들" 이런 경우가 너무 많아요. 결혼초기에는 자고 일어나면 남편의 엉덩이를 두들기면서 "우리 아들, 우리 아들(웃음)" 그러시거든요. 저는 그런 시어머니가 너무 이해가 안 가거든요. "아이고 우리 아들, 일주일을 안 봤는데 한 달을 안 본 것 같다. 우리 아들 보고 싶어 죽겠다"고 말씀하세요. 어떨 때는 일주일에 두

번씩이나 어머니를 뵈러 갔는데도 그렇게 말씀을 하신다니까요. 그래서 저는 "어머니, 이번 주에 두 번이나 왔어요"라고 이야기를 했지요. 어머니는 남편에게 "나는 네가 보고 싶었는데 우리 아들은 엄마 안 보고 싶었냐?"라고 하더라고요. 시댁에 가면 모든 것이 하기 싫고 짜증나요. 시어머니에 관한 모든 면에서 짜증이 나지요.

이 가족생활주기(family life cycle)에 있어서 자녀를 둔 단계에 있는 아들에게 어머니는 여전히 과거에 결혼하기 전의 자식처럼 자식을 대하려고 하는 모습이 나타나고 있으며, 남편 또한 그러한 어머니 품에서 분리되지 못한 모습이 나타나고 있다. 가족생활주기에 있어서 이 부부는 이러한 남편과 시어머니의 관계의 변화가 나타나지 않아 위기를 맞이하였다고 볼 수 있다. 즉 모자관계에서의 자아분화문제가 나타나고 있다.

H : 한번은 어머니로부터 전화가 왔는데 "왜 집에 안 오니? 매제도 지금 와 있는데 지금 너 어디서 뭐하냐?"라고 말씀하셨어요. 그리고 나서 전화에다 막 소리를 지르는 거예요. 제가 집에 안 온다고. 그래서 제가 전화를 끊어버렸어요. 그런 경우도 있습니다. 제가 자꾸 얘기를 하면 집사람이 가뜩이나 안 좋아하는데 그러면 더 안 좋아할까 봐. 이런 얘기는 저 혼자 묻어 두는 거지요. 짜증나도 안 나는 것처럼….

현재 남편 또한 어머니와의 미분화로 인하여 피곤함을 느낌에도 불구하고 부인에게 그러한 이야기를 하지 못하고 있다.

Session 3회(2000일 6일 14일)

T : 지난 2주 동안 남편이 좀 달라졌다든지….

W : 글쎄. 달라진 건 아니고 주말만 되면 시댁에서 전화가 오기 전에 자기가 먼저 가지요. 어떨 때는 계속 안절부절 못해요. 저는 주말에 때로는 저희 가족끼리 시간을 보내길 원하는데 남편은 제가 시댁을 가

기 싫어하니까 자기 혼자라도 갔다 오겠다고 해요. 남편은 제가 시댁에 안 가기만 하면 좋은 줄 알고 있어요. 그런 점에서 저랑 생각이 달라요. 남편은 시댁에 가고 싶어서 자꾸 제 마음을 편하게 해주질 않아요. 남편은 내가 뭘 원하고 있는지 아직도 파악을 못하고 있는 것 같아요.

T : 부인이 원하는 바는 예를 들어, 한 주는 시댁에 가더라도 그 다음 주는 가족끼리만 함께 하자는 이야기이지요?

W : 예. 맞아요.

H : 그런데 그것이 저에게는 쉽지가 않아요. 저에게는 부모님을 찾아뵙지 못하면 괴로워요(여기서 남편이 부모님을 매주 가서 뵙지 못하면 죄책감을 느끼고 있다는 것을 알 수 있다).

T : 남편은 참으로 괴로운 거예요. 그게 얼마나 괴로운지 부인은 잘 모를 겁니다. 저도 이런 상황에서 엄청 괴로웠어요. 이러한 남편의 정서가 바뀌기까지는 오랜 시간이 걸릴 것입니다.

H : 저도 변화하려고 노력하고 있어요. 그전에는 제가 하루에 2번 정도 부모님께 전화를 두렸는데, 지금은 잘 안 하려고 그래요.

T : 그럼 지금은 부모님에게 전화를 몇 번 정도 하시나요?

H : 하루에 한 번도 안 해요. 어떨 때는 일주일에 한 번도 안 해요. 그전에는 집사람한테 '부모님에게 전화했냐?'고 물어봤는데 요즘은 안 물어봐요{Lerner(1989)에 따르면, 자아분화가 안 되었을 경우에 과도한 역할기능을 하게 되고 그것으로 인하여 상대편은 미흡한 역할을 하게 된다고 한다. 여기서, 남편은 상담으로 인하여 부인에 대하여 과도한 역할기능을 어느 정도 자제함으로써 부인과의 관계가 변화하기 시작하였다(박태영 · 김현경 역, 1998 참조)}. 제가 봐도 제 자신이 많이 바뀌었다고 생각해요. 제 자신이 이제 어디에 있는지 봤어요. 그전에는 어디 있는지 몰랐거든요.

이 부분에서 남편은 부모님으로부터 분화하려고 노력하고 있는 모습이 나타나고 있으며, 상담 전에는 하루에 두 번씩 부모님에게 전화를 하고, 부인에게 부모님에게 전화를 했냐고 간섭을 하였으나, 이제는 부인이 부모님에게 전화를 하든 안 하든 관여하지 않는 변화가 일어났다.

H : (웃으며) 집사람이 저에게 바라는 것을 알겠고, 제가 어떻게 해야 되겠다는 것도 알겠어요. 저는 요즈음 핸드폰을 안 가지고 다녀요. 왜냐하면 핸드폰으로 엄마가 자꾸 전화하세요. "뭐하냐, 어디냐, 왜 안 오냐?"(여전히 여기서도 어머니의 미분화문제가 나타나고 있다). 그러면 "갈게요"라고 하면 좋은데 그러지 못하니까 저도 미안하고 엄마도 마음 상하니까 귀찮아서 안 가지고 다니죠. 제 나름대로는 변하려고 노력을 하고 있어요.

T : 남편은 변화하려고 많은 노력을 해 오셨네요. 그런 면에 대해서 부인은 남편에 대하여 인정을 해 주셔야지요.

W : 그렇지만 남편은 내가 원하는 대로 변하지 않으니까요(웃음).

H : 그전에는 전화를 정말 많이 드렸거든요. 요즘에는 안 해요. 두 달 됐어요. 그런데 마음에는 '짠~'한 뭔가가 있어요(남편이 부부관계의 변화를 위하여 어머니와의 자아분화를 시도하고 있지만 한편으로는 아들로서 어머니에 대하여 죄책감을 느끼고 있음이 나타나고 있다).

T : 지금 남편의 변화하려는 점에 대하여 "고맙다"라든지 "감사하다"는 표현을 해 주세요. 그래야 남편이 인정받으니까 변화할 수 있는데, 지금 보면 부인께서는 내가 원하는 대로 변하지 않는다고(아내 : "웃음") 하시니까 남편께서 서운하시지 않겠어요?

H : 그렇죠. 저도 나름대로 노력한다고 하는데…. 집사람에게 어떤 얘길 하려면 상당히 조심스럽거든요. 저는 자근자근 얘기를 잘해요. 모임에 나가서도 그렇고, 직장에서도 그래요. 그런데 집사람한테는 때로는 무뚝뚝한 제 자신을 느끼게 되거든요. 그게…

T : 그러면 부인에게 어떤 식으로 얘기하세요?

H : 토요일 같은 경우에도 '나 엄마 집에 갔다가 자고 올 거니깐' 이런 식으로 이야기를 했지요. '갔다가 이렇게 이렇게 해서~ 자고 오면 어떨까?'(남편이 부인에게 어떻게 표현해야 하는지에 대하여 인식을 하고 있음에도 불구하고 아직까지 부인에게 표현이 부드럽게 나가지 못하고 있음을 알 수 있다). 이렇게 얘기해도 되는데 '갔다가 자고 올게' 이런 식으로 짧게 얘기했지요. 그때 집사람이 저에게 한마디 하더라고요. 자기가 참고 참았는데 이 말은 꼭 해야 되겠다고. 왜 자고 오

는지 모르겠다고… 그렇게 생각해 보니까 그런 것 같더라고요. 그래서 일찍 왔거든요.

부인은 현재 쌍둥이를 임신 중이라 지금 살고 있는 집을 팔고 친정 근처로 이사가기를 원하고 있다. 남편은 이러한 부인의 입장을 이해하면서도 이사가기를 원하지 않았다. 그 이면에는 큰아버지가 자신의 집을 사는 데 금전적으로 도움을 주셨기 때문에 자기 마음대로 집을 내놓을 수 없는 입장이라고 하였다. 이러한 면에서 부인은 남편이 자신에 대하여 배려하지 않는다고 생각하였다. 그러나 남편은 부모님에게 자신들이 이사가기를 원한다고 하였을 때 부모님이 절대 안 된다고 하여 부인의 의견을 따를 수 없었다고 하였다.

H : 근데 요즘 이사문제로 집사람하고 얘기를 많이 안 하는데 그 저변에는 제 처가 '남편이 주도권을 안 잡고 추진력이 없이 끌려 다닌다' 라고 생각을 하고 있는 것 같아요. 저도 이사를 꼭 가고 싶은 것보다는 집사람이 많이 원하니까 해 주고 싶은 생각이 있어요.
W : 처음에는 제가 걱정할 때 바로 주위에서 뭐라 그래도 남편이 잘 도와주겠다 싶었는데… 그런데 막상 출산할 달이 되니까 저한테서 멀어지는 것 같아요.

현재 이사가는 문제로 인하여 부부간에 의견 차이가 보인다.

Session 4회(2000년 7월 29일)

남편은 부인이 이사가지 않기로 결정하였다고 하였다.

H : 요즘은 부모님 댁에 2주에 한 번씩 가는데, 전 같으면 부모님이 전화해서 "뭐하냐, 빨리 와라" 이럴 텐데 한 번 안 가도 이상하게 전화가 안 오더라구요(웃음).
T : 어머니께서 변화가 좀 있으신 거네요.
H : 예. 그렇죠.

W : 뭐 때문에 그런 줄 모르겠는데 그런 게 많이 달라졌어요.
T : 그러면 부모님께서는 서서히 아드님과 정서적인 분화를 진행하고 계신 것 같은가요?
H : 예. 그런 것 같아요.

부모님이 그전에 비하여 아들에게 전화를 하지 않는 변화가 나타나고 있으며, 부부 모두가 어머니의 많은 변화를 인정하고 있다. 아들이 변화함으로써 자신도 어머니 자식과의 관계에 변화를 시도하고 있는 것 같다.

T : 요즘 두 분이 대화하실 때 부딪치는 일이 없으셨어요?
W : 훨씬 많이 줄었어요. 요즘에는 별로 싸우는 일이 없고, 최근에는 없어요.
H : 그전에도 시댁일 외에는 집사람하고 저하고는 다투는 일이 별로 없었어요. 집사람이 나를 잘 따라 주어 별로 문제가 없었는데 전에 시댁문제만 생기면 시댁에 가기 전에 의견충돌이 일어났고 이러한 것은 매번 반복되었지요. 그리고 늘 매주 목요일이나 금요일쯤 되면 가기 전에 의견충돌이 일어나 번번이 기분을 상했지요. 매번 이러한 상황이 반복되다 보니 저는 혼자서 마음에 묻어두고 속상해하고, 집사람은 집사람대로 스트레스받고 나는 말을 잘 안 하고, 집사람은 내가 말을 안 하니까 답답해했지요. 그런데 상담 와서 말을 하게 되었지요. 그러니까 서로가 어떤 생각을 했다는 걸 알 수 있게 되었지요. 상담에서 얻은 수확이라고 저와 집사람은 생각해요. 이제는 제가 집사람의 입장을 볼 수 있게 되었고, 집사람을 이해할 수 있는 능력이 생긴 것 같습니다.

여기서 남편은 시댁일로 인하여 부인과의 관계에서 스트레스를 받았으며, 이러한 스트레스를 대처하는 방법에서 역기능적으로 시도해 왔다는 것을 인식하게 되었다. 따라서 상담에서 지금까지 시도해 보지 않았던 방식, 즉 자신의 생각을 침착하게 표현하고 부인 또한 자신의 견해를 이성적인 방법으로 표현하게 됨으로써 관계의 변화가 시작되었다는 것을 알 수 있다.

T : 남편께서 많은 노력을 하신 거예요. 지금 근본적인 변화는 남편께서 부모님과의 관계에서 어느 정도 정서적으로 분리를 시키려고 상당히 노력을 하신다는 거예요. 그전에는 남편께서 부인한테 기분이 상하면 말을 안 하고 불만족스런 표정을 지었지요.

H : 대화가 오히려 진전이 안 됐죠.

W : 남편에 대하여 이해를 못 하고 말을 해도 서로 다른 방식으로 이야기를 했던 것 같아요{부인의 전인식 단계에서 인식 단계로의 변화와 더불어 행동의 변화가 일어났다(Prochaska, & Norcross, 1999 참조)}.

T : 상담하시기 전에는 남편께서 '이게 옳다'라고 하고, 심지어 메뉴까지 '이게 좋다' 싶으면 시키셨다고 하셨는데, 지금은 어떤 역할분담을 하고 계신지요?

W : 예. 요즘에는 남편이 제 의견을 많이 들어줘요. 시댁에 갈 때도 그전에는 토요일에 가서 하룻밤 잤는데, 요즘에는 그날 갔다가 그날 와요(상담 이후에 남편의 변화가 현저하게 나타나고 있다).

6. 요약 및 결론

한국의 가족문화와 효사상, 그리고 Boszormenyi-Nagy의 부모에 대한 보이지 않는 충성심이라는 개념을 살펴보았고, 일방적인 효에 대한 강조와 보이지 않는 충성심에서 벗어나지 못할 때 결혼한 자녀의 가족이 힘들고 고부간의 갈등과 부부간의 관계가 힘들어진다는 관점에서 살펴보았다. 그리고 이러한 관점에서 효자인 남편에 대한 부부치료를 소개하였다.

본 사례는 남편이 부인과의 시댁문제로 인하여 갈등을 겪고 있는 사례로서 이 부부는 4세의 딸을 두고 있으며, 부인은 현재 쌍둥이를 임신하고 있는 상태로 신체적으로 힘든 과정에 있었다. 두 사람은 비교적 원만한 부부관계를 유지하고 있었으나, 시댁문제로 인하여 매번 부부싸움이 일어나고 서로 불쾌한 감정을 경험하고 이러한 불쾌한 감정으로 인하여 부부는 일주일 정도는 대화를 안 하는 패턴을 가지고 있었다. 이러한 부부문제의 이면에는 남편이 부모로부터 분리되지 못함으로 인하여 시댁에 가는 문제에 대해서 두 사람이 신경전을 벌이고 있었다. 특히 남편은 이러한 부부싸움으로 인하여 자신의 분노를 삭이는 '요조숙녀형'의 분노표출방법을 사용하고 있었다. 부인은 그러한 남편의 침묵으로 인하여 더욱 스트레스를 받게 되었다. 이러한 문제를 해결하려고 시도했던 방법이 결국에는 두 부부의 관계를 더욱 어렵게 만드는 결과를 낳았다.

따라서 치료자는 남편이 어린 자녀를 둔 단계에 있음에도 불구하고 어머니로부터 자아분화가 되지 못함으로써, 부인은 많은 스트레스를 받고 있었다는 데 초점을 두어 치료를 진행하였다. 따라서 남편이 시댁, 특히 어머니와 정서적인 분리를 하는 데 초점을 두었다. 또한 부부간의 문제를 해결하려고 시도했던 역기능적인 방식을 발견하여 지금까지 시도해 보지 않았던 새로운 의사소통방식을 통하여 변화를 시도하였다.

남편은 상담을 하는 과정에서 어머니와의 자아분화를 시도하였다. 남편은 상담 전에는 매주 주말에 부모님을 방문하였는데, 상담을 받으면서 격주 간격으로 시댁에 갔다. 이렇게 하여 부인은 시댁에 가는 스트레스로부터 벗어날 수 있었다. 남편의 시어머니로부터의 분화로 부부가 함께 할 수 있는 시간을 가지게 되었고, 남편은 부인의 입장을 이해할 수 있게 되었다. 이리하여 지금까지 두 사람이 시댁과 관련된 문제를 시도해 왔던 방식이 변화됨으로써 두 사람 간의 관계가 변화하였다.

이 사례는 한국의 일반 가정에서 흔히 일어날 수 있는 사례 중의 하나라고 볼 수 있다. 이 사례는 시어머니가 1남 4녀 중 외아들인 클라이언트와 지나치게 밀착관계를 유지하였고, 그러한 가운데 아들 또한 어머니로부터 자아분화를 하지 못하고 결국에는 어머니를 못 떠나는 한국의 전형적인 아들의 한 모습을 보여주고 있었다. 한국문화에서 오는 시댁과 며느리의 갈등 또한 부모로부터 분화되지 못한 남편을 둔 부인들의 고충을 볼 수 있는 예라고 볼 수 있겠다.

지금까지 시대는 엄청나게 변화하고 있음에도 불구하고 한국의 문화는 옛날의 '효'라는 문화를 변화시키지 않은 채로 결혼한 일반 자녀들에게 일방적으로 강요해 오고 있다고 볼 수 있다. 이러한 효의 강요로 인하여 결혼한 자녀와 그 자녀의 가족들에게까지 부정적인 영향을 미치고 있다. 효도하는 방법만을 따로 담은 '효경'에서는 "효도가 지극해지면 천지신명에게 전달되고 온 세상에 드러나 어떤 일이든지 이루어지지 않는 일이 없다"라고 명시되고 있는데, 이러한 효의 개념도 이제는 이 시대에 맞게 변화되어야 할 것이다.

효는 한국인들의 정체성을 발견하는 데 주요한 자원이 될 수도 있으며, 친족관계의 결속을 통해 소속감을 주며 위기 때에 상호 지원의 망을 형성해 준다(Yu, 1990). 그렇지만 유교적 사회체계가 각 부분들 사이의 보완과 협력을 강조하는 반면 평등성과 호환성이 약하다고 말한다(Deleoz, 1989). 효에 있어서 위계적인 비평등성과 비호환성은 가족과 사회의 유동성과 자율성의 요구에 적응하기 위해 변화를 해야만 한다고 볼 수 있다. 이와 같이 효의 보완과 협력으로 현대사회의 부작용이라고 할 수 있는 개인주의를 치료하고 보완할 수 있는 잠재력을 지니고 있다고 볼 수 있다(홍영택, 1999 : 68-69). 진정한 효를 수행하기 위해서는 먼저 부모들이 결혼한 자녀들과의 관계에서 공간적·정서적으로 분리하는 과정이 필요하며, 부모들의 에너지를 자식들에게 모두 쏟을 것이 아니라 자신들을 위한 삶에 더 많은 시간과 에너지를 쏟아야 한다고 생각한다. 자식들 또한 가족생활주기가 변함에 따라 결혼을 하게 되면 부모님과의 관계를 유지하면서, 원가족과 결혼하기 전과 다른 관계를 유지해야만 한다. 결론적으로 한국문화에서 가족치료를 할 때, 부부관계를 살펴보기 위하여 시댁문제를 반드시 살펴보아야 할 것이며, 일반적으로 남편의 원가족과의 분리문제를 점검해야 할 것이다.

참고문헌

김경신(1998). "가족 가치관의 세대별 비교연구－노년, 중년, 청소년세대를 중심으로". 대한가정학회지, 36(10), pp.145－160.

김경일(1999). 공자가 죽어야 나라가 산다. 서울 : 바다출판사.

김두섭 · 박병진(2000). "사회구조의 변화와 중년층의 효에 대한 태도". 현대사회와 효의 실천방안(pp.113－152), 한국노인문제연구소.

김영애(1993). "가족치료의 토착화와 한국여성의 한". 한국가족치료학회지, 1, pp.13－30.

김용태(2000). 가족치료 이론. 서울 : 학지사.

김유숙(1998). "관련성과 분리성에서 본 한국가족과 미국가족". 한국가족치료학회지, 6(1), pp.1－13.

김진숙(1998). "가족치료이론에서 문화적 차원이 갖는 의미와 주요 쟁점". 한국가족치료학회지, 6(2), pp.131－150.

김태련 · 이명선 옮김(1996). 무엇이 여성을 분노하게 하는가. 서울 : 이화여자대학교 출판부.

박인철 역(1995). 변화. 서울 : 동문선.

박태영(2001). 가족치료이론의 적용과 실천. 서울 : 학지사.

박태영 · 김현경(1998). 여성들의 관계미학 : 지혜로운 삶을 위하여. 서울 : 지샘사.

송성자(2001). 한국문화와 가족치료 : 해결중심 접근. 서울 : 법문사.

양옥경(2001). "가족개념에 관한 대학생의 의식 연구". 한국가족복지학, 7, pp.175－200.

유은희 · 전춘애(1995). "母의 자아분화수준과 母子간의 갈등이 청년기 자녀의 문제행동에 미치는 영향". 한국가족치료학회지, 3, pp.137－153.

이선혜(1998). "한국에서의 Bowen 이론 적용에 대한 고찰 : 자아분화 개념을 중심으로". 한국가족치료학회지, 6(2), pp.151－176.

이선혜(2000). "Bowen 이론의 문화적 보편성과 특수성에 관한 一考". 한국가족치료학회지, 8(1), pp.159－188.

이은경(1999). "대학생의 가족주의 가치관과 부모노후의 부양의식에 관한 연구". 대한가정학회지, 37(1), pp.45－65.

이화여자대학교 사회복지연구회 옮김(2001). 가족복지실천론. 서울 : 나눔의 집.

이혜숙(1992). "청소년의 자아분화와 정신건강과의 관계". 연세대학교 대학원 석사학위논문.

정옥분(1996). "한국인의 효인식 및 실천정동에 대한 연구". 대한가정학회지, 34(6), pp.387－403.

제석봉(1989). "자아분화와 역기능적 행동과의 관계－Bowen의 가족체계이론을 중심으로". 부산대학교 대학원 박사학위논문.

조미숙 · 오선주(1999). "청소년기 자녀가 지각한 가족관계 변인과 청소년의 가족 가치관". 한국가족관계학회지, 4(1), pp.67-89.

최준식(1998). 한국의 종교, 문화로 읽는다. 서울 : 사계절.

한경순(1999). "남녀대학생의 가족주의 가치관과 부모부양의식". 대한가정학회지, 37(9), pp.13-24.

홍영택(1999). "한국 가족의 문화지체 현상과 가족치료적 접근". 한국가족치료학회지, 7(1), pp.53-74.

Berg, I. K., & Jaya, A. (1993). Different and same : Family therapy with Asian-American familiies. *Journal of Marital and Family Therapy, 19*(1), 31-38.

Boszormenyi-Nagy, I., & Spark, G. (1973). *Invisible loyalties : Reciprocity in inter-generational family therapy.* New York : Harper & Row.

Boszormenyi-Nagy, I., & Krasner, B. R. (1986). *Between give and take : A clinical guide to contextual therapy.* New York : Harper and Row.

Choi, S. (1992). Communicative socialization processes; Korea and Canada. In S. Iwawaki, Y. Kashima, & K. Leung (Eds.), *Innovations in cross-culutural psychology.* Lisse : Swets & Zeitlinger.

Collins, D. (1999). *An introduction to family social work.* Itasca, IL : F. E. Peacock.

Delooz, P. (1989). Does development lead to Secularization?, *Pro Mundi Vita Studies, 11.*

Duncan, B. L., Solovey, A. D., & Rusk, G. S. (1992). *Changing the rules : A client-directed approach to therapy.* New York : The Guilford Press.

Fleming, W. M., & Anderson, S. A. (1986). Individuation from the family of origin and personal adjustment in late adolescence. *Journal of Marital and Family Therapy, 12*(3), pp.311-315.

Friedman, E. H. (1991). Bowen theory and therapy. In A. S. Gurman, & D. P. Kniskern (Eds.), *Handbook of family therapy* (pp.134-170). New York : Brunner/Mazel.

Goldenberg, I., & Goldenberg, H. (2000). *Family therapy : An overview* (5th ed.). Pacific Grove, Ca : Brooks/Cole.

Greene, J. G. (1996). Communication theory and social work treatment. In F. J. Turner (Ed.), *Social work treatment : Interlocking theoretical approaches* (pp.116-145). New York : The Free Press.

Hoffman, J. A., & Weiss, B. (1987). Family dynamics and presenting problem in college students. *Journal of Counseling Psychology, 34*(2), pp.157-163.

Hyun, K. (1995). *Culture and the self : Implications for Koreans' mental health.* Doctoral dissertation, The University of Michigan.

Kim, B. L. (1996). Korean families. In M. McGoldrick, J. Giordano, & J. K. Pearce (Eds.), *Ethnicity and family therapy* (pp.281–294). New York : The Guilford.

Kim, U. (1991). Introduction to individualism and collectivism : Social and applied issues. *Unpublished manuscript*. University of Hawaii.

Kim. U., & Choi, S. H. (1994). Individualism, collectivism, and child development : A Korean perspective. In P. M. Greenfield, R. R. Cocking (Eds.), *Cross-cultural roots of minority child development*. Hillsdale, NJ : Lawrence Erlbaum Associates, Inc.

Lee, E. (1982). A social systems approach to assessment and treatment of Chinese American families. In M. McGoldrick, H. Pearce, & J. Giordano (Eds.), *Ethnicity and family therapy* (pp.527–551). New York : The Guilford Press.

Lerner, H. G. (1985). *The dance of anger*. New York : Harper & Row.

____________ (1989). *The dance of intimacy*. New York : Harper & Row.

McGoldrick, M., & Carter, B. (1988). Forming a remarried family. In B. Carter & M. McGoldrick (Eds.), *The changing family life cycle* (pp.399–432). New York : Gardner Press.

Nichols, M. P., & Schwartz, R. C. (2001). *Family therapy : Concepts and methods* (4th). Boston : Allyn and Bacon.

Papero, D. V. (1995). Bowen family systems and marriage. In N. S. Jacobson, & A. S. Gurman (Eds.), *Clinical handbook of couple therapy* (pp.11–30). New York : The Guilford Press.

Prochaska, J. D., & Norcross, J. C. (1999). *Systems of psychotherapy : A transtheoretical analysis* (4th ed.), New York : Brooks/Cole.

Schlanger, K., & Anger-Diaz, B. (1999). The brief therapy approach of the Palo Alto Group. In D. M. Lawson., & F. F. Prevatt. *Casebook in family therapy* (pp.146–168). New York : Brooks/Cole.

Shoham, V., Rohrbaugh, M., & Patterson, J. (1995). Problem-and solutions-focused couple Therapies : The MRI and Milwaukee models. In N. S. Jacobson., & A. S. Gurman (Eds.), *Clinical handbook of couple therapy* (pp.142–163). New York : The Guilford Press.

Shon, S. P., & Ja, D. Y. (1982). Asian families. In M. McGoldrick, J. Pierec, & J. Giordano (Eds.), *Ethnicity and family therapy* (pp.208–228). New York : The Guilford Press.

Uba, L. (1994). *Asian Americans : Personality patterns, identity, and mental health*. New York : The Guilford Press.

Watzlawick, P., Beavin, J. H., & Jackson, D. D. (1967). *Pragmatics of human communication : A study of interactional patterns, pathologies, and paradoxes*. New York : W. W. Norton.

Watzlawick, P., Weakland, J., & Fisch, R. (1974). *Change : problems formation and problem resolution.* New York : W. W. Norton.

Weakland, J. H. (1993). Conversation-but what kind? In S. Gilligan., & R. Price (Eds.), *Therapeutic conversations* (pp.136-145). New York : Norton.

Weakland, J., Fisch, R., Watzlawick, P., & Bodin, A. M. (1974). Brief Therapy : Focused Problem Resolution. *Family Process, 13,* 141-168.

Yu, T. C. P. (1990). Filial piety and Chinese pastoral care. *Asia Journal of Theology, 4.*

포르노 중독자의 부부치료 10

1. 서 론

이 사례는 포르노 중독으로 인하여 어려움을 겪고 있는 목회자인 남편을 부인이 치료자에게 의뢰한 사례이다. 남편은 자아존중감이 낮았고, 매사에 자신이 없었으며, 자기 자신을 수용하지 못하면서 늘 죄책감에 시달리고 있었다. 이 부부는 결혼생활 10년째이며, 슬하에 2명의 아들을 두고 있었다.

남편은 어려서부터 가정에서 문제아였으며, 특히 중학교 때에는 가출한 경험이 몇 번 있었다. 또한 남편은 초등학교 3학년 때 아버지를 여의고, 홀어머니와 4명의 누나와 함께 동거하였다. 어머니는 장사를 하느라 자식을 돌볼 시간이 없었고, 부족한 어머니의 역할로 인하여 아들이 원하는 것을 돈으로 보상해 주었다. 또, 어머니는 막내인 아들에게 지나친 간섭을 하였는데 그것이 아들을 나약하게 만드는 결과를 낳았다. 아들은 어려서부터 지금까지 어머니의 잔소리를 힘들어했다. 한편, 남편은 집안에서 누나들과 대화가 되지 않아, 어렸을 때부터 늘 집밖으로 겉돌았다. 그러한 가운데 남편은 의사소통하는 데 문제가 있었으며, 이러한 의사소통문제는 결혼을 했음에도 불구하고 부부관계에 많은 부정적인 영향을 미치고 있었다.

남편은 청년기 때 알코올 중독의 경험을 가지고 있었으며, 군대에 있을 때는 마약을 복용한 경험을 가지고 있었다. 또한 젊었을 때는 여자들과의 성관계도 경험하였다. 남편은 부인과 결혼하기 전에 동거한 여자가 있었는데, 그 당시 여자는 술집에 나갔으며, 현재의 부인에 비하여 외모가 나은 편이고, 성관계도 비교적 좋은 편이었다고 하였다. 그러나 10년 전에 영적 체험을 하여 신학대학을 가게 되었으며, 그러한 연유로 주위에서 현재의 부인이 기도생활을 열심히 하는 여자로서, 사모감으로 적당하다고 하여 결혼을 하게 되었다. 이 부부는 신혼초부터 대화가 안 되었으며, 1년에 3-4차례 정도의 성관계를 하였다. 특히, 남편은 영적인 생활을 하면서 하나님께서 부인과의 잦은 성관계를 원하시지 않는다고 생각하였고, 부인과 잦은 성관계를 갖게 된다면 부인의 성적인 욕구가 증가할 것이라는 것을 우려하였다. 한편, 부인은 성관계를 할 때마다 정상체위만을 고집하여 남편은 성적인 만족을 느끼지 못하였다. 이러한 성적인 불만과 더불어 매우 적은 횟수의 성교로 인하여 남편은 성적인 욕구를 해결하지 못하여 결과적으로는 포르노에 중독이 되었다고 볼 수 있다. 그렇지만 이러한 두 사람 간의 관계에 근본적으로 의사소통이 되지 않아 두 사람은 신혼초부터 지금까지 잦은 싸움을 하여왔고, 또한 시댁의 잦은 간섭으로 더욱더 어려움을 겪어왔다. 그 결과 부인은 결혼하기 전에 앓았던 심장병이 재발하여 수술을 하게 되었으며, 현재도 심장 및 건강상태가 전반적으로 좋지 않은 상태에 있었다.

2. 포르노 중독에 관한 이론적 고찰

여기서는 포르노그래피의 개념과 PC 포르노 중독과 사이버 섹스 중독(Cybersexual Addiction)에 관하여 살펴보겠다.

1) 포르노그래피의 개념

포르노는 그리스어로 매춘부 또는 전쟁에서 포로가 된 여성을 뜻하는 단어(porne)와 그림이나 묘사를 뜻하는 단어(graphos)의 합성어이다. 1970년대 일부 여성운동가들은 예술성 여부에 따라서 포르노(pornography)와 에로티카(erotica)의 차이를 구분하였는데, '포르노'는 성적인 장면을 토대로 여성이 비하되거나 굴욕적으로 묘사된 경우를 말하며, 에로티카는 외설, 그리고 그렇지 않는 상황의 묘사를 지칭하는 것으로 구분하였다(Kelly, 2000; Steinem, 1980). Allgeier와 Allgeier(1999)는 에로티카는 보는 사람에게 받아들여질 수 있는 성적으로 지향된 것을 말하며, 포르노그래피는 보는 사람에게 받아들여질 수 없는 성적으로 지향된 것을 의미한다고 하였다.

'포르노'라는 것이 처음 한국에 들어왔을 때는 '비디오영화'라는 매체형식을 띠고 들어왔기 때문에 '포르노'는 거의 영화매체와 동일시되었다. 따라서 한국에서는 포르노가 일반적으로 비디오매체로 한정되어 이해되고 있다. 포르노는 또한 몸과 성에 대한 표현의 노골성과 결부되고 있다. 포르노의 시각성은 섹스나 성기, 여성과 남성의 몸 등을 직접적이면서 노골적으로 보여주고 있기 때문이다. 그래서 보다 덜 노골적인 에로물은 대다수의 연구와 논의에서 소프트 포르노그래피로 규정됨에도 불구하고, 포르노와는 분명히 다른 것으로 존재하고 있다. 그러나 노골성을 떠나서 여성을 재현하는 방식, 성을 상품화한다는 점, 둘 다 성적 욕망에 기초하고 있다는 점에서, 포르노나 에로물, 광고 등이 모두 포르노나 다름없는 연속성을 지니고 있다는 데 동의하기도 한다(윤자영, 1997).

포르노의 외설시비 판단기준은 문화권마다 다르며, 또 도덕성이나 윤리관의 변화로 인해 시대에 따라서도 달라진다. 포르노의 존재가치는 사회마다 다르다. 단 분명한 것은 순수한 예술성이 결여되어 있거나 인간의 존엄한 가치를 왜곡시켜 이를 상품화하는 것을 목적으로 하는 포르노는 거의 모든 사회에서 규제를 받고 있다는 점이다(윤가

현, 1998 : 422-423).

2) PC 포르노 중독과 사이버 섹스 중독

일반적으로 뚜렷한 목표를 가지고 집중하는 경우 몰입이라고 여기는 반면, 중독이란 뚜렷한 목표 없이 단순히 고단한 현실세계를 도피하기 위한 수단으로 가상공간에 집중하는 경우를 의미한다(김옥순, 2001 : 73). 중독이란 "약물의 사용에 과도하게 얽매이고 약물의 공급을 계속 원하고 약물을 사용하는 것을 중지시킨 후에도, 그리고 그 중지하는 것이 끝난 후에 다시 재발하는 충동적인 약물사용행동의 패턴"으로 보았다(Freeman, 1992). 이 정의에서는 중독이란 약물의 투여를 포함하는 경우에만 적용하는 것으로 되어 있으나, 1990년대에 인터넷의 사용과 더불어 1996년에 들어서면서 인터넷 사용이 증가함에 따라 인터넷 중독의 한 현상으로 나타나게 되었다(황상민a, 2001; 황상민b, 2001 : 5). 병리적이고, 강박적인 인터넷 사용을 지칭하는 인터넷 중독장애(Internet Addiction Disorder)라는 용어가 나왔다(Goldberg, 1996). 신영철(2001)은 인터넷 중독을 "인터넷에 몰두하는 시간이 지나치게 많고 이로 인해 일상생활에 막대한 지장을 주는 상태"라고 정의하였다.

마이크로소프트사에 의하면 전 세계 웹인구의 15%가 사이버 포르노에 중독되었다고 한다(이영규, 2001 : 82에서 재인용). 우리나라의 경우 중·고등학생들을 대상으로 포르노 사이트에 접속해 본 경험이 있는지에 대한 질문에 응답자 중 46%가 "있다"라고 대답하였으며, 남학생의 경우 57%가 포르노사이트에 접속한 경험이 있다고 응답하였다. 또한 학년과 사이버 중독에 따라서는 학년이 높고 중독이 심할수록 포르노 사이트에 접속한 경험이 있다고 응답한 학생이 많은 것으로 나타났다(강민아, 2000 : 32). 또한 초등학교 4학년에서 6학년 어린이 1,000명 중 850명이 인터넷 음란정보에 접촉을 하였고, 중·고등학교에 다니는 청소년 1,000명 중 844명이 음란정보를 경험한 것으로 나타났다(정보통신윤리위원회, 2001 : 129-134). 인터넷을 이용하는 청소년의

44%가 인터넷 음란행위를 경험했고, 34%가 인터넷 중독증에 걸린 것으로 조사됐다(조선일보, 2001년 2월 23일). 이와 같이 우리나라에서도 인터넷 상에서 포르노에 관련된 정보가 많이 노출되어 있고, 많은 이용자들이 실제로 포르노 사이트들을 많이 이용하고 있는 것으로 나타났다.

사이버 섹스 중독은 사이버 포르노를 보고 성인 채팅방을 통해 사이버 섹스를 하는 것에 몰입하는 것을 말하며, 인터넷 중독자 가운데 다섯 명 중 하나는 이 형태에 속한다고 하였다. 사이버 섹스 중독은 성차를 보이는데 남성들은 사이버 포르노 사이트를 찾는 경향이 강하고 여성의 경우는 에로틱한 채팅을 하는 경향이 강하다. 자아존중감이 낮고, 자기의 신체에 대한 이미지가 부정적이거나 치료되지 않는 성 기능 장애가 있고, 기존에 성적 도착에 빠졌던 사람들이 사이버 섹스 중독에 빠져들 가능성이 높다. 사이버 섹스 중독자들은 비용이 적고 남에게 보이거나 성병에 걸릴 두려움도 없어 그들의 성적 충동을 채우기 위해 인터넷을 새롭고 안전한 장소로 생각한다. 사이버 섹스에서는 자신이 원하지 않는 경우 파트너를 바꿀 수 있고 익명성으로 좀더 과감한 실험을 할 수 있으며 현실생활에서는 인정되지 않는 행동 등을 가능케 한다. 사이버 포르노 사이트와 성인 채팅 사이트에 접근할 수 있는 편리함이 인터넷 사용의 충동적인 패턴에 빠지게 하는 매개물로 여겨진다. 또한 처음에는 사이버 섹스에 중독되는 것이 성적 자극에 의해서지만 점차로 현실로부터 도피할 수 있는 강화물로 작용한다(Young, 1999; 황상민b, 2001 : 13에서 재인용).

인터넷 중독자의 심리적인 특징으로는 중증의 우울증(Young, 1999; Young & Rogers, 1997; Gunn), 낮은 자아존중감 또는 자아존중감의 상실(황상민 · 한규석, 1999; Young, 1999), 사회적 고립으로서 외로움(Krout, 1998; Stoll, 1995; Turkle, 1996), 공격성(조선일보, 1997; Suler, 1998; Young, 1998)을 들고 있다.

인터넷 중독자들을 위한 치료목표는 상처받은 대인관계를 회복하는 것을 돕고, 인터넷 중독 현상을 이해하도록 돕거나 다른 활동에 흥미를 다시 느끼도록 돕는 것, 인터넷 접속에 소비하는 시간을 스스로 조절하도록 돕는 데 있다(Young, 1996). 그렇지만 현재 미국에서도 인터넷 중독 현상의 특성을 파악하고 있는 치료전문가들이 적기 때문에, 급증하고 있는 인터넷 중독의 행동문제에 대한 효율적 치료가 잘 이루어지지 못하고 있는 실정이다(King, 1996).

본 사례에서 남편은 매우 낮은 자아존중감을 가지고 있었으며, 부인에게 공격적이었으며, 약간의 우울증과 좌절감을 느끼고 있었다. 한편, 어려서부터 가족 내에서 많은 상처를 가지고 있었으며, 부부와의 대화가 단절되어 있었다.

3. 문제점 및 치료목표

1) 문제점

이 부부의 문제점은 다음과 같이 요약될 수 있다.

첫째, 남편은 어려서부터 지금까지 어머니와 시댁식구로부터 분리가 되지 못하였고, 이러한 남편의 원가족과의 미분화로 인하여 부인은 엄청난 스트레스를 받았다. 특히 부인은 신혼초부터 시어머니와 함께 거주하면서, 시어머니의 잦은 간섭으로 시어머니 및 시댁식구들과 부부의 하위체계 간에 명확한 경계선이 설정되어 있지 못하였다.

둘째, 남편은 부인과 의사소통이 전혀 안 되었다. 이러한 배경 뒤에는 남편은 어려서부터 원가족과 대화를 나눌 수 없었으며, 따라서 효과적인 의사소통기술을 가지고 있지 못했기 때문이다. 이러한 의사소통기술의 부족이 결혼을 하고 나서도 부부관계에 여전히 부정적인 영향을 미치고 있었다. 또한, 부인의 경우도 어려서부터 가족과의 대화가 없었으며, 5명의 자녀 가운데 셋째로 태어나서 여러 가지 서러움을 경험하면서 생활하였다. 따라서 자신의 감정표현을 가족에게 별로 해 보지 않고 살아왔다. 결과적으로, 이 두 사람은 자신의 생각과 감정을 어떻게 표현해야 하는가에 대하여 어려서부터 학습이 되지 않았다.

셋째, 가족생활주기에서 어린 자녀를 둔 단계임에도 불구하고, 남편은 남편과 아빠로서의 역할이 미흡했다. 이러한 미흡한 역할이 부인을 힘들게 하였고, 자녀와 불편한 관계를 맺게 하였다. 남편은 원가족에서 남편으로서, 아빠로서의 모델링이 없이 성장하였다. 이러한 가정의 영향이 가족생활주기상 신혼부부단계임에도 불구하고, 가정 내에서 역할조정에 대한 과업을 성취하지 못한 채 현재까지 부부생활을 해오고 있었다. 부인은 남편에 비하여 원가족과의 관계에서 지나친 역할을 수행하여 왔으며, 그로 인해 남편은 힘들어하는 역학구조를 가지고 있었다.

2) 치료목표

첫째, 남편을 시어머니와 누나들로부터 분화될 수 있도록 한다. 특히, 남편과 시어머니와 자아분화에 초점을 두고, 이러한 분화를 위하여 시댁식구들로부터 명확한 부부하위체계를 설정하도록 한다.

둘째, 부부가 지금까지 문제를 해결하기 위하여 시도해 왔던 역기능적인 해결방식을 발견하여 지금까지 시도해 보지 않았던 새로운 기능적인 의사소통방식을 시도한다.

셋째, 가족생활주기상 남편을 가장으로서의 역할을 하게 하며, 좀더 많은 시간을 자녀와 함께 하도록 하고, 그와 동시에 부인을 자녀로부터 분리하게 한다. 자녀와의 분리로 부인은 외부에서 자신이 하고 싶은 일을 함으로써 자유로움과 에너지를 얻을 수 있도록 한다.

4. 치료모델

치료자가 클라이언트들의 문제들을 해결하는 데 활용한 치료모델로서 MRI의 상호작용적 가족치료(Interactional Family Therapy)모델과 남편의 어머니로부터의 미분화문제를 해결하기 위하여 Murray Bowen의 가족체계이론(Family Systems Theory)을 활용하였다.

1) MRI의 상호작용적 가족치료모델

MRI(Mental Research Institute) 집단은 의사소통과 체계개념에 기반을 두고 있으며, 클라이언트에게 나타나는 증상에 초점을 맞춘 단기치료 접근법이다. 의사소통이론가들은 가족성원들 개인의 역사적인 분석에 초점을 두는 것이 아니라 가족체계 내의 관찰할 수 있는 현재의 상호작용(관계)에 초점을 둔다(박태영, 2001 : 29). 치료의 목적은 클라이언트가 생활을 잘 해 나갈 수 있도록 가능한 빨리 그리고 효과적으로 클라이언트가 제시하고 있는 불평을 해결하는 데 있다(Shoham et al., 1995). MRI 집단은 Watzlawick과 그의 동료들에 의하여 개발된 상호작용적 치료의 이론적 토대에 기여를 하였다. 이 접근법은 수많은 문제를 다루는 실제적인 치료모델이며(박인철 역, 1995; Watzlawick et al., 1974; Weakland et al., 1974), 클라이언트의 문제를 병리적인 시각으로 설명하는 것을 지양하고 클라이언트의 불평과 변화를 위한 목표의 두 가지 측면에서 클라이언트 중심의 치료방식을 사용한다(Duncan et al., 1992). MRI 단기치료모델은 현재 클라이언트에게 나타나고 있는 문제에 초점을 두며(Schlanger & Anger-Diaz, 1999), 문제와 변화에 대하여 두 가지의 상호연결된 가정에 입각해 있다. 문제의 기원과 원인과는 상관없이, 만일 클라이언트와 클라이언트가 상호작용하는 사람들이 현재의 문제행동을 계속하게 되면 클라이언트들이 심리치료자에게 가지고 오는 문제들은 계속해서 유지되는 것이다. 반면에, 만일 문제를 유지시키는 행동이 적절하게 변화되거나 제거된다면 그 문제의 성질이나 기원, 혹은 기간에 상관없이 그 문제는 해결되거나 사라질 것이다(Weakland et al., 1974). 따라서 이러한 면에서 MRI의 상호작용적 가족치료모델은 행동의 변화에 초점을 둔 모델이라고 할 수 있겠다.

MRI의 모델에서 사람들은 디지털 방식과 아날로그 방식 두 가지로 의사소통을 한다. 디지털 방식의 의사소통은 말로 구성되며, 그것은 언어의 논리적인 구문에 따라 조작되는 임의의 정표들이다. 반면에, 아날로그 방식의 의사소통은 좀더 넓은 의미에서, 의사소통이 발생하는 맥락뿐만 아니라 모든 비언어적인 의사소통을 포함한다. 사람들은 정보를 전달하는 데 있어서 디지털 방식의 의사소통을 사용한다. 정보의 전달은 일정한 규칙을 통해서 이루어지며 일정한 규칙들이 논리를 구성하여 다른 사람에게 전달된다. 아날로그 방식의 의사소통은 일정한 규칙을 가지고 있지 않으며 특수한 상황에 적용되는 경우가 많다. 특수한 상황에서 상징성을 가지고 상대방에게 전달된다. 상징성은 주로 언어로 표현되기보다는 신체를 통하여 전달된다. 또한 전체의 상황을 통해 전달되기도 한다(Watzlawick et al., 1967 : 61-62; Greene, 1996 : 120에서 재인용). 미국인의 의사소통은 명확하며 직접적인 디지털 방식의 의사소통에 의존하는 경향이 있는 반면에, 한국이나 동양의 문화권에서는 의사소통이 간접적이어서 아날로그 방식의 비언어적인 의사소통을 중시하고 있다(Shon & Ja, 1992). 즉, 서양인이 언어적 의사소통에 비중을 두는 반면에 동양인은 확대가족구조 속에서 자기보다는 가정의 이익을 위하여 자신을 숨기고 가족의 화목을 위해 개인을 희생하며 침묵에 가치를 두는 언어적 의사소통을 많이 사용한다. 한국사람이 자주 사용하는 '以心傳心'이라는 표현에서 볼 수 있듯이 언어에 의한 디지털 방식의 의사소통보다는 아날로그 방식의 의사소통, 즉 비언어적인 의사소통에 비중을 두는 것이다. 또한 동양인은 위기나 갈등상황보다는 조화를 이루는 상호작용을 중시하므로 직접적인 논쟁을 회피하는 경향이 있다(김유숙, 1998 : 7).

MRI 집단에 따르면, 가족의 문제는 문제를 해결하려는 가족의 시도에 의해 오히려 유지되고 있다는 것이다. MRI 집단은 문제를 둘러싸고 있는 상호작용의 과정을 강조하고 일반적인 시각에서 모든 행동은 사회체계 내에서 더 폭넓게 진행되는 의사소통의 교류 가운데 설명할 수 있는 것으로 본다(Duncan et al., 1992). MRI 집단은 인간은 두 가지 방법으로 '문제'를 발달시키는 것으로 본다. 첫째, 어려움을 잘못 다루는 것이다. 둘째, 문제를 해결하려는 시도의 실패와 똑같은 문제해결방식의 계속적인 적용이다(Watzlawick et al., 1974). MRI모델은 '문제'란 오랫동안 그 문제를 변화시키려고 계속해 온 바람직하지 못한 행동들로 이루어진 것으로 본다. 그러한 문제행동들이 지속되는 것은 일차적으로 사람들이 그 문제행동들을 변화시키려고 행하여 왔던 방법, 즉 사람들의 '시도된 해결'에 있다고 본다. 또한 사람들이 자신들의 문제를 감소시키려고 시도해 온 해결책이 종종 문제를 유지시키거나 그 문제를 더욱 악화시키기까지 한다(Goldenberg & Goldenberg, 2000). 따라서 치료자의 일차적인 임무는 새로운 또는 다른 행동을 기존의 행동과 대체하거나, 본래의 문제행동을 '하찮은 문제'로 재평가하는 것에 의하여 클라이언트에게 지금까지 시도해 온 해결책을 소개하는 것이다(Weakland, 1993). 또한 문제를 유지시켜 왔던 차례를 변화시키기 위하여 MRI 모델에서는 가족들에게 상식과는 반대되는 일들을 하게 하거나 혹은 믿을 수 있도록 하게 한다(Nichols, & Schwartz, 2001).

MRI 모델의 치료 초점은 해결책에 있고, 치료의 중심 과업은 다음 세 가지로 나눌 수 있다. 첫째, 클라이언트에 의해서 제안되고 있는 문제에 대하여 행동적인 용어로서 구체적이고 분명한 묘사를 얻는 것이다. 둘째, 모든 시도된 해결책의 공통의 특징과 중요한 취지를 발견하는 것이다. 셋째, 클라이언트가 말로나 행동으로 완전히 다른 어떤 것을 하도록 치료자의 영향력을 사용하는 것이다(Schlanger & Anger-Diaz, 1999).

본 사례에서는 남편이 신혼초부터 부인과 솔직한 대화를 할 수 없었고, 이러한 솔직한 대화를 할 수 없었던 배경에는 남편이 어려서부터 원가족에게 자신의 생각과 감정을 표현해 보지 못한 데 있었다. 남편은 초등학교 때 일찍 아버지를 여의었고, 4명의 누나 밑에서 대화를 하지 못하면서 생활해 왔다. 중학교 때부터 학교에서 문제아로 낙인 찍혀 퇴학을 당할 뻔한 경험을 가지고 있었다. 특히, 어머니는 막내아들을 지나치게 과잉보호하여 자식을 무능력하게 만드는 결과를 낳았다. 이러한 무능력한 남편으로 인하여 부인은 본의 아니게 남편을 무시하는 행동을 하였고, 그로 인하여 남편은 상처를 받았고, 부인에게 소리를 지르면서 어떤 경우에는 폭행을 하였다. 즉, 이 부부는 남편의 무능력함에 대하여 부인이 무시하는 표정으로 대처하고 다시 자신이 무능력하다는 열등감을 가지고 있는 남편은 부인의 태도와 표정에 더욱 화가 나 부인에게 소리를 지르며, 언어 및 신체적인 폭행을 하는 것이 반복되는 패턴이었다. 이것이 바로 이 부부가 지금까지 문제를 해결하려고 시도해 왔던 역기능적인 문제해결방식이었다. 즉, 배우자와 대화를 할 수 없었던 남편과 부인의 의사소통 표현방식이 문제를 해결하기보다는 오히려 두 사람 간의 관계를 더욱 악화시켜 왔다고 볼 수 있다. 따라서 치료자는 이러한 문제를 해결하려고 시도해 왔던 역기능적인 방식을 찾아 지금까지 시도해 보지 않았던 새로운 방식으로 변화를 시도하였다.

2) Murray Bowen의 가족체계 치료모델

Bowen의 가족체계 치료모델에서는 부모 특히 어머니와 자녀 사이의 미분화된 정서적 관계를 중시하였으며, 이러한 관계는 가족투사과정을 통해서 전수된다고 보았다. 또한 치료목표를 미분화된 가족자아 집합체로부터 분화되는 것에 두었다(Friedman, 1991; Goldenberg & Goldenberg, 2000; Papero, 1995). 특히 자아분화가 낮을수록 삼각관계 형태는 심하고 관계가 중요할수록 그 형태가 강하다. 두 사람의 정서체계는 긴장이 없을 때는 안정되지만 불안이 증가하면 삼각관계를 형성하게 된다. 이 때 인간관계의 갈등과 불안을 객관적으로 평가하지 못하고 제3자와의 의존적 관계(융합)를 통해 불안을 극복하려 하고 이 불안한 부부정서관계에 자녀를 끌어들여 속죄양을 만들기도 한다. Bowen은 삼각관계를 가장 불완전한 관계체계로 보았고, 삼각관계가 일시적으로 불안이나 스트레스 감소에 도움을 줄 수 있으나 오히려 가족의 정서체계를 더욱 혼란스럽게 하여 증상을 나타나게 한다고 주장하였다(Goldenberg & Goldenberg, 2000). 또한 자아분화가 안 된 경우에 나타나는 인간관계의 추구형은 너무 지나치게 친밀한 관계유형을 추구하거나 지나치게 거리감을 두는 관계유형을 추구하는 형태를 띠게 된다(박태영 · 김현경, 1998).

한편, 관계의 패턴은 세대들을 넘어 학습되고 전수되는 것으로 간주되며, 현재 상호작용하는 패턴들에 영향을 준다(Harvey & Bray, 1991). 더욱 구체적으로 사람들이 관계하는 방식은 다른 가족성원들에 의해 가족 내에 강화와 모델링을 통하여 세분화되고 규정된다. 게다가 그 가족성원들의 영향은 그 가족들과 접촉을 유지하면서, 또는 가족원들과의 접촉 없이도 지속된다. 따라서 사정과 개입은 가족성원들과 세대들 내에서 그리고 가족성원들과 세대들 간에 상호관계에 초점을 둔다(Lawson, 1999).

부모로부터 정서적으로 독립하지 못하고 부모 사이에서 갈등이 심한 자녀들은 부적응적 행동이나 증상을 나타낸다고 하였다(Fleming & Anderson, 1986; Hoffman & Weiss, 1987). 반면에, 원가족과 정서적으로 단절된 사람은 대인관계에서 건강한 관계를 맺는 데 어려움을 겪는다고 하였다(Framo, 1984). 따라서 자아분화 수준이 낮을수록 역기능적 행동이나 증상이 많이 발생하며(제석봉, 1989), 정신건강 수준 역시 낮은 것으로 나타났다(이혜숙, 1992; 유은희 · 전춘해, 1995 : 139에서 재인용). 유은희와 전춘애(1995)의 연구에서도, 어머니의 자아분화 수준은 모-자녀 간의 갈등을 통해 자녀의 문제행동 발생에 영향을 줄 수 있다는 것이 나타났다.

한국의 전통적인 가족제도에서, 가정을 통솔하여 유지하는 기능에서는 부자관계가 강조되지만, 정서적인 친밀한 관계는 오히려 모자관계에 의존하였다. 한국의 가정문제 중에 흔히 보이는 고부간의 갈등은 어머니와 친밀한 관계를 가지고 있는 남편이라는 모자관계에 아내라는 제삼자가 생기면서 발생하게 되는 것이다. 고부간의 갈등은 시어머니와 며느리 사이에서 발생되는 문제로 이 두 사람 간의 문제는 종속적인 상하관계의 특성을 가지고 있으므로 문제가 생기면 해결하기 어려운 상황이 되며, 두 사람 간의 불편한 관계는 지속되게 된다. 따라서, 부부간의 친밀한 관계가 유지되지 못하기 때문에 부인은 정서적 지지를 자녀에게 의지하게 되므로 Bowen의 개념인 가족투사과정과 다세대 전수과정이 일어난다. 즉 세대간을 뛰어넘는 강한 모자관계는 다음 세대의 모자관계에서도 나타나게 됨으로써 이러한 가족관계의 양상이 다음 세대에게도 계속되는 것이다(김유숙, 1998 : 6).

이 사례에서 남편은 홀어머니의 그늘 밑에서 늘 과잉보호를 받아왔고, 현재까지 어머니와 누나들로부터 경제적인 도움을 받으며 살아오고 있다. 특히 어머니는 아들과 지나친 밀착관계를 가지고 있었고, 아들의 일에 대하여 사사건건 참견과 잔소리를 하고 있었다. 이러한 모자의 미분화로 인하여 부인은 남편과의 관계가 더욱 힘들었고, 결론적으로 남편에 대하여 간섭을 하고 남편을 무시하게 되었다. 따라서 남편을 부인과 함께 협력하여 시어머니로부터 분리하는 작업을 하도록 하였다. 결과적으로 부부하위체계를 강화시키며, 그 과정으로 시댁식구들과의 명확한 경계선을 긋도록 하였다.

5. 치료과정

본 사례는 2001년 5월부터 8월 14일까지 총 10회의 상담으로 이루어졌다.

Session 1회(2001년 5월 28일)

T : 무엇 때문에 저를 찾아오셨습니까?

W : 목사님은 목회를 시작하고 나서도 늘 매사에 자신이 없고 음란한 생각 때문에 힘들어하세요. 무엇을 하고 싶기는 한데 생각만 있지 실행에 옮기지 못하는 자신에 대해서 스스로 용납을 못 하고 죄책감에 눌려 있어요. 그리고 성적인 것이라고 해서 실제로 행동으로 옮기는 것은 아니지만 생각 속에 자리잡히는 부분 때문에 너무 고통스러워하세요. 제가 옆에서 봐도 고통을 당하고 있는 부분이 많이 공감이 가요.

H : 제가 최근에 대전에 갔다가 호기심에 끌려 TV 화상데이트라는 것을 해 봤어요. 거기서 은밀한 대화가 이루어졌는데 순간 두렵더라고요. '가족이 있고 하나님께서 보고 계시는데 뭐하고 있는가?'라는 두려움이 들어서 그냥 나왔어요. 또 최근에 목회 설교 자료를 뽑으려고 인터넷을 설치했지만 자꾸 음란 사이트에 접속하게 되서 결국은 끊어 버렸어요. 제가 신앙생활을 하기 전에는 본드, 약물 등을 흡입했었어요. 그리고 군생활 동안에도 부탄가스를 흡입하고 제대 후에는 약물과 술 중독에 빠져 있었죠. 그 뒤 하나님을 만나는 신앙체험을 하고 나서 그런 것을 끊게 되었지만 이런 것들이 지금의 제 증상과 어떻게 연결이 되는지 궁금해요.

T : 더 들어봐야 알겠지만 일단 저는 부부문제와 원가족문제를 보고, 초점은 사모님과 목사님의 부부관계에 둘 것입니다. 사모님께서는 이러한 목사님의 결혼 전의 생활에 대해서 다 알고 계셨나요?

W : 네, 다 알고 있었어요.

H : 그건 제가 말했지요. 성령체험을 하고 난 직후에는 음란한 생각이 크게 없었지만 시간이 좀 지나면서 자꾸 떠올랐어요. 그래서 제 나름대로 죄책감에 시달렸어요. 성령의 은혜를 받고서도 음란한 생각들이 나를 지배하고, 지나가는 여자들만 봐도 음란한 상상이 되니까 너무 고통스러웠어요. 음란한 생각을 쫓기 위해 집회도 다니면서 하나님께 울부짖고, 금식도 하고, 물리치료도 해 보았는데 더 심해지고 있어요. 어떻게 할 방법이 없어요. 그런데 사모가 상담을 받아보자고

해서 처음에는 거부했습니다. '상담은 인간적인 방법인데 하나님 안에서 내가 스스로 해결해야지 인간적인 방법으로 하면 하나님이 기뻐하시겠냐?'는 생각 때문이었어요. 하지만 기도하는 가운데 자꾸 사모가 이야기하고 책도 보니까 상담이 꼭 인간적인 방법만은 아니라는 생각이 들어서 이렇게 오게 되었습니다.

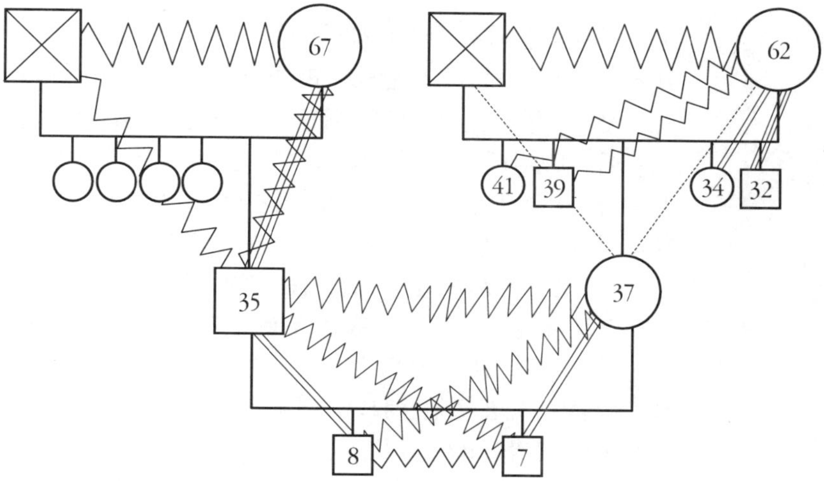

〈그림 10-1〉 가계도

T : 음란한 생각의 정도가 어느 정도죠?

H : 사실 지나가는 여자들만 봐도 그렇고, 실제로 그런 것은 아니지만 제 딸이나 처제가 스치고 지나가도 그런 생각이 든 적이 있습니다. 그러니까 '나는 사람이 아니다. 어떻게 주님을 믿고 목사란 사람이 그런 생각을 할 수 있냐? 나는 인간도 아니다.'라는 생각이 들고 스스로 죽고 싶은 마음도 생기더라구요.

T : 두 분의 부부관계는 어떠세요?

H : 늘 싸우면서 생활을 하지요. 같이 잠도 잘 안 잤습니다. 저는 부부관계를 갖는 것조차 죄라는 생각이 듭니다. 부부관계를 가지면서 옛날에 음란했던 성생활들이 죄책감으로 떠오르고 '또 다시 내가 성적으로 깊이 빠져 죄악 속으로 빠져 버리면 어떻게 하나?'라는 두려움이

드니까 거의 잠자리도 함께 하지 못했어요.

잘못된 신앙관으로 인하여 성(性)에 대해 왜곡된 생각을 가지고 있으며, 이러한 왜곡이 부부관계에 부정적인 영향을 미치고 있다는 것이 나타나고 있다.

T : 목사님은 자위행위를 하세요?
H : 최근에 와서 너무 답답하고 미칠 것 같을 때는 사모 없을 때 성인사이트를 보면서 자위행위를 하면서 풀곤 했어요. 그리고 그것 때문에 죄책감에 시달리고요.
T : 사모님하고는 왜 관계를 안 가지셨나요?
W : 사실 그런 부분에 있어서 서로가 감정적으로 많이 연합되지 못했어요. 결혼초부터 얼마 전까지는 정말 소 닭 보듯 너무 앙숙이었어요. 서로 감정적으로 미워했던 부분이 많았어요. 처음에 결혼할 때 좋아하는 감정 같은 것은 둘 다 전혀 없었거든요.
H : 일종의 사명 같은 것으로 결혼했지요.
T : 어떤 사명이요?
H : 저는 그 당시에 사랑하는 사람이 따로 있었지만 목회자의 길을 가야 했기 때문에 헤어져야 했어요. 제가 사랑했던 여자는 술집 아가씨였거든요. 주위에서도 '너는 목회자의 길을 가야 하는데 그 여자는 사모감이 아니다'라고 자꾸 헤어지라고 권유했고 저 또한 목회자의 길을 가야 하는데 거기에 맞는 사람을 찾다 보니 하기도 싫은 결혼을 억지로 하게 된 것이죠. 그러다 보니 서로가 미워하면서 더 부부관계를 안 가지게 되고 '내가 하나님 사명만 아니었으면 당신하고 결혼할 필요가 없었다'고 하면서 매일 싸웠죠. 이 사람도 마찬가지고요(문제를 해결하려고 역기능적으로 시도했던 해결방식).
T : 그럼 결혼초부터 대화가 안 됐겠네요.
H : 아주 안 되었죠. 최근에 와서야 좀 대화가 돼요.
T : 어떻게 해서 대화가 되기 시작하셨습니까?
W : 제가 올해 3월 초 사모대학에 다니면서부터 조금씩 바뀌기 시작했어요. 그전에는 목사님을 미워하는 정도를 넘어서서 이 사람하고 헤어

지거나 도망가고 싶은 생각뿐이었어요. 나중에는 '어차피 살아야 하니까 이해를 해 줘야지' 하는 생각도 들긴 했지만 도대체 이해가 안 되더라구요. 그런데 사모 세미나 갔다 오고 수련회를 갔다 오면서 제 자신을 볼 수 있는 기회가 됐던 것 같아요.

T : 목사님의 폭행은요?

W : 거의 없어요. 처음 신혼 때 제가 말실수를 해서 한 대 맞은 적은 있어요.

H : 제가 얼마 전에 폭행을 심하게 한 적이 있어요. 저희 성도의 수원구치소 면회를 다녀오는 길에 사모가 내가 가장 싫어하는 말을 하더라구요. 그래서 순간 이성을 잃고 길거리에서 폭행을 했어요.

T : 그것이 무엇인지 이야기해 주세요.

W : "당신은 항상 그래! 그러면 그렇지!" 아니면 꼭 그렇게 말은 안 해도 그런 분위기와 눈빛, 행동이죠(역기능적으로 시도해 온 문제해결방식).

H : 그 말을 듣자 순간 '아직도 나를 옛날 그런 감정으로 보고 있구나'라는 생각에 스스로 절제를 할 수 없었어요. 그래서 나도 모르게 이성을 다 잃어버리고 길거리에서 폭행을 했죠. 그것 때문에 이혼하자고 그랬다(역기능적으로 시도된 문제해결방식)가 시간이 좀 지나니까 안정이 되더라구요. 그래서 잘못했다고 막 사정하고…

W : 일종의 그런 거죠. 목사님은 '당신은 원래 그래!'라는 말을 가장 싫어해요. 왜냐하면 예전에 목사님이 실수했거나 잘못했던 것을 가지고 내가 지금까지도 자신을 무시한다고 생각하기 때문이죠. 목사님이 남편으로서는 상관없지만 목회자로서는 자신이 원하는 것을 무조건 충족시켜야 하는 모습이 합당치가 않다고 생각했어요. 그래서 저는 목사님이 어떤 것을 요구할 때 들어줘야 될 것들은 반대하지 않고 한번에 다 들어주고, 아니다 싶은 것은 목사님이 다 뒤집어 놔도 안 들어줬어요. '당신이 옳지 않더라도 어머니나 누님들은 무조건 다 들어줬으니까 나는 그렇게 하고 싶지 않아'라는 고집스러운 생각 때문에 많이 안 들어준 거죠. 근데 그 부분에 대해서 목사님이 많이 자존심을 상하셨나 봐요. 그리고 또 같이 잠자리하는 문제도 저는 안 자는 것이 더 편했어요. 저도 감정적으로 싫으니까 그랬던 거죠.

H : 저는 '지금까지 제 주위의 여자들은 나를 고치려고 하는 사람이 없었는데 이 사람이 나를 고치려고 하는구나'라는 생각 때문에 이 사

람을 더 증오하고 미워했어요.

위의 대화에서 두 부부는 문제를 해결하려고 시도해 왔던 방식이 서로를 변화시킬 수 없었고 오히려 문제를 더욱 악화시키는 결과를 낳게 하는 역기능적으로 시도해 온 문제해결방식이라는 것을 볼 수 있다.

T : 그러면 사모님, 목사님 입장에서 성적 욕구가 해결이 안 되면 그것이 어떻게 풀어질 수 있을 것이라 생각하세요?

W : 처음에는 비디오를 봤어요. 그러다가 어느 정도 지나니까 절제하려고 끊더라고요.

H : 안 봤지만 늘 생각에 사로잡혀 살았지요.

W : 그런 부분에 있어서는 거짓말을 하는 것이 아니라 저한테 다 이야기를 해 주셨어요. 정말 수치스러운 부분은 안 했을 수도 있지만 결혼 초부터 '그런 것 때문에 힘들고 괴롭다'고 많은 부분을 저한테 이야기를 해 주셨어요. 결혼초에는 다른 사모님들로부터 '목사님의 성적 욕구를 나름대로 풀어줘야 하고 같이 관계도 가져야 한다'는 이야기는 많이 들었지만 어떻게 해야 될지 몰랐어요. 그래서 그냥 방치하고 있었던 것 같아요. 하나님께 '정말 잘할 수 있게 해달라'고 기도하기도 했어요. '하나가 되야 하고 더 이상 이렇게 살고 싶지 않다'고….

H : 제가 그 소리를 들었을 때 '당신, 어떻게 하나님한테 그런 기도를 하냐? 어떻게 하나님을 희롱할 수 있냐?'라고 말했죠. 왜냐하면 제 주변에 있는 분들이 다 영적인 은사를 받으시고 금식하시는 분들이라서 저도 항상 그쪽 방향으로 해결하려고 했어요. 금식으로 육을 죽이면서 해결하려고 하지만 그때마다 더 안 되고 실패로 돌아갔을 때 죄책감이 컸어요.

T : 정상적인 남자라면 어느 정도의 시간이 지나면 성적 욕구를 참기 힘들어요. 그게 정상이죠.

H : 그런데 저는 비정상이라고 생각했어요. 다른 목사님들은 성에 대해서 어떻게 생각하고 있는지 묻고 싶어도 '너는 목회자로서 이미 그런 생각 자체가 잘못되었다'라고 말할 것 같아 못 물어보겠더라구

요. 저는 목회자들은 성적으로 초월했다고 생각했었거든요.

T : 사모님은 성에 대해서 어떻게 생각하세요?

W : 저는 성에 대해서 긍정적으로 생각해요. 하지만 목사님이 그 부분에 대해서 너무 눌려 사시니까 제가 어떻게 그래요? 목사님이 신혼초부터 하는 소리가 자기가 너무 고통스러우니까 저도 그렇게 성에 빠질까 봐 걱정스럽다는 거예요. 요즘 가끔 목사님이 '하고 싶냐'라고 물어볼 때가 있는데 장난식으로 '하고 싶다'라고 말하지만 저도 여자인데 정말이거든요. 하지만 그 부분에 대해 목사님이 너무 죄책감을 느끼니까 말을 못 하겠어요.

H : 근데 저는 아내는 성에 대해서 초월한 사람이란 생각이 드니깐요. 이 사람은 신앙과 믿음이 좋은 사람인데 성에 빠지면 기도 생활도 하지 못할 것 같아 생각은 있어도 거리를 두었죠. 대신 저는 늘 생각으로 즐기는 것 같아요. 어제도 보면 완전히 수면에 빠지는 것도 아닌데 여성의 나체하고 실제로 성관계를 갖는 화면이 그려졌어요.

T : 지금 성적 욕구가 있는데 무의식적으로 그것을 눌러놨어요. 하지만 성적 욕구를 분출하지 못했는데 어떻게 참아요? 혹시 이런 경험 없으세요? 어렸을 때 소설책을 보면서 성적 욕구가 차면 계속해서 야한 장면만 찾아서 보게 되잖아요. 그것이 정상이죠.

H : 저도 신앙생활하기 전에는 그것이 정상이라고 많이 생각했어요. 하지만 신앙생활을 하면서 지금까지 그런 것이 정상이란 소리를 처음 들었어요(클라이언트의 성에 대한 인식의 변화). 사실 하나님께서 노여워하실지 모르겠지만 저는 신앙생활을 하면서 더 억압받고 고통받고 있어요. 제가 평신도였다면 덜했겠지만 목회자이기 때문에 더 죄책감에 눌리고 있어요.

T : 제가 보기에는 목사님께서 목회자가 되시고 나서 성에 대해서 잘못된 생각을 가지고 계신 것 같아요. 많은 목회자들이 영적으로 산다고 하시는데 인간의 성욕이란 것도 다 하나님께서 주신 것 아니겠습니까? 목사가 된다고 해서 성욕이 없어지나요? 그것은 잘못된 생각이죠.

W : 그런 이야기를 예전부터 목사님께 했어요. 성은 하나님께서 주신 아름다운 것이라고. 근데 인정을 안 하는 거예요. 오히려 그렇게 말하면 저를 이상하게 보는 것 같아요. 저는 늘 성관계를 가질 때 제 마

음속으로 '예전에 다른 여자들하고는 이렇게 안 했을 텐데 내가 만족해 주지 못해서 목사님이 더 그러나?' 하는 생각이 들어요.

T : 저는 성관계에 있어서는 하나님 안에서는 완전히 자유로워요. 부부관계에 있어서 목사가 어디 있고 교수가 어디 있습니까? 부부관계에서 만족스러움을 느끼고 또 다른 에너지를 받아 나오는 것인데요. 그렇지 않나요? 그것이 안 되니까 자꾸 다른 것을 보게 되고 찾게 되는 거죠. 두 분이 성관계를 하면서 즐기세요?

H : 저는 못 즐기죠. 성관계를 가지면서도 죄책감 때문에 불안하고 또 사모가 소리내고 좋아하는 걸 보면 겁이 나요. '이러다가 저 사람이 맛들어 버리면 안 되는데' 그런 생각이 들어요. 자꾸 이렇게 즐기자고 할까 봐 걱정이 되는 거예요.

W : 그러면 그 모습에 저도 성욕이 감퇴해 버리죠.

T : 목사님, 그것이 뭐냐면요 목사님께서는 성에 대해서 굴레에 씌여 있고 또 규칙에 엄격하다는 거예요. 다음 주에는 목사님 원가족을 봐야겠네요.

Session 2회(2001년 6월 4일)

T : 지난번에 다녀가시고 나서 사모님하고 어떠셨어요?

H : 확실히 모르겠지만 마음의 문이 많이 열린 것 같고 마음속으로 달라진 것을 느껴요(지난주의 상담으로 인한 변화를 보이고 있다). 하지만 한편으로 두려움도 와요. '내가 왜 이렇게 되는 걸까? 신앙적으로 기도해도 되지 않았는데 잘못 흘러가는 것은 아닌가?' 하는 두려움이 오더라구요(변화에 대한 저항이 나타나고 있다).

T : 상담하다 보면 어떤 분들은 부드럽게 변화가 오는 분들도 있고, 또 어떤 분들은 저항이 심하게 일어나는 경우도 있어요. 그것은 그동안 자신이 살아왔던 가치관과 철학, 신념, 믿음과 대치되는 부분이 있어서 뿌리가 막 흔들리기 때문이죠. 목사님도 그런 것을 경험하실 거예요.

H : 저도 상담받고 나서 갑자기 좋아진 것 같아 스스로가 의아하고, 사모한테 "이상하다, 이상하다, 예전 같으면 이러지 않을 텐데…"라고 자주 말했어요.

T : 사모님과 성관계를 하셨어요?
H : 네.
T : 어떠셨어요?
H : 편안했어요. 하지만 갑자기 이렇게 되니까 당황되기도 하고 또 뭔가 모르게 두려움이 오더라구요. 확실히는 모르겠지만 내 안에서 뭔가 바뀌고 있다는 생각이 들어요. 예를 들면 예전 같으면 아내가 지금 뭘 배우고 있는 중인데 좀 늦게 들어오거나 하면 막 화를 냈어요. 근데 이제는 통화하는 가운데 아내가 좀 늦게 들어온다고 하면 '좀 빨리 오지'라고 생각했다가 '아니지'라고 하면서 "밥 먹었냐"고 물어보게 되고, "애들은 내가 볼 테니까 걱정하지 말고 천천히 들어와"라고 말하게 되니까 내 자신이 자꾸 이상하다는 생각이 들어요. '무엇이 이렇게 만들 수 있을까?' 이런 생각도 들고 '신앙으로 금식해서 하는 것이 아니라 세상방법으로 해결하려고 하는 것이 아닌가?' 하는 생각도 들어요.

지난번의 상담으로 인하여 부부가 편안한 성관계를 가지게 되었고, 대화하는 방식에서 변화가 일어났다. 남편이 부인이 늦게 들어오는 경우에 그전에는 화를 내거나 "좀 빨리 오지"라고 하였는데(역기능적으로 시도된 해결방식), 지금은 "애들은 내가 볼 테니까 걱정하지 말고 천천히 들어와"라는 새로운 해결방식을 사용하고 있다.

T : 목사님, 지난번 상담 이후로 사모님과 성관계는 몇 차례 하셨어요?
H : 결혼해서 처음으로 일주일에 3번이나 했죠(놀라운 변화가 나타났다). 그런 기도를 처음 해 봤어요. '하나님 우리 부부가 이 성관계를 통해서 마음도 하나요, 육체도 하나요, 영도 하나가 되게 하시고 더욱더 서로가 만족할 수 있게 해 주세요'라고 기도했어요.
T : 사모님도 만족스러우셨겠네요.
H : 사모는 굉장히 만족스러워했죠. 저도 그랬어요. 예배 끝나고 바람 쐬러 나갔다 왔는데 사모의 얼굴에 화색이 묻어나더라고요. "사랑하면 이렇게 얼굴도 많이 좋아지나 보다. 당신 얼굴이 밝아졌다"고 했더니 쑥스러워하더라구요. 처음으로 마음의 평안함을 가지고 성교를

했었죠. 결혼해서 일주일에 3번 한 것도 처음이고 이렇게 죄책감 없이 편안하게 한 것도 처음이었어요. 하지만 한편으로는 '너무 이렇게 빠져 들어가는 것은 아닌가?' 하는 생각이 들어요.

클라이언트의 놀라운 변화와 함께 자신이 가지고 있던 성에 대한 가치관의 변화 사이에서 양가감정이 나타나고 있다.

T : 그것을 빠져 들어간다고 표현하는 것보다는 사모님과의 부부관계가 더욱더 좋아진다라고 생각해 보세요(재명명). 빠져든다는 것은 부정적이잖아요. '빠져든다'라는 말속에는 '무엇에 중독되고 탐닉한다'라는 뜻이 있거든요. 이것은 중독이 아니고 사모님과의 관계가 사랑으로 얽어지는 것 아닌가요? 그러면 포르노 사이트에 들어간 것은 어떠셨어요?

H : 자료 검색을 하러 PC방에 들어갔다가 순간 접속을 했어요. 하지만 얼른 나와 버렸어요. 그리고 끓어오르니까 아내한테 이야기하고 함께 성관계를 하니까 해소가 되더라구요.

T : 성적 욕구가 충족이 되면 그만큼 에너지가 나갈 필요가 없어요. 목사님의 원가족의 관계를 이야기해 주시죠. 어머님과 아버님의 부부관계는 어떠셨나요?

H : 굉장히 안 좋았죠. 늘 아버님께서 술 드시고 오시면 싸우셨던 모습이 제 머릿속에 그려져요. 그러면 저희 가족들은 다 피하고, 특히 저는 다락으로 숨었던 기억이 많습니다. 심지어 나중에는 제가 너무 속을 썩이니까 어머님께서 아버님의 영정사진을 태우시면서 "네 아버지 영이 들어와서 너를 괴롭힌다"는 말씀까지 하셨어요. 그리고 아버님이 돌아가셨을 때 슬픈 것도 있지만 늘 "잘 죽었다"라는 말씀도 하셨죠.

T : 아버님께서 돌아가셨을 때 목사님은요?

H : 저는요, 어머니만큼은 아니지만 아버님이 술 드시는 것이 창피해서 조금은 해방감을 느꼈죠.

T : 목사님하고 어머님의 관계는 어떠세요?

H : 어머님께서는 저에 대한 집착이 굉장히 강하시고, 간섭도 많이 하시

죠(클라이언트 어머니의 자아분화가 안 되어 있음을 볼 수 있다). 어머니는 나한테 잘해주시지만 저는 그런 것이 싫었죠.

T : 누님들의 결혼생활이 전반적으로 어떠세요?

H : 제가 볼 때는 다들 행복해 보이지 않으세요.

T : 누님들과 목사님과의 관계는 어떠세요?

H : 별 대화가 없었어요. 그래도 셋째 누님하고 가장 친했다고 볼 수 있죠.

T : 그럼 목사님은 어렸을 때부터 가정 내에서 누구하고 대화를 하셨어요?

H : 가정에서는 대화가 거의 없었죠.

T : 가족들하고 함께 했던 기억은 있으세요?

H : 한 번밖에 없죠. 제가 초등학교 3학년 때 섬진강에 1박으로 놀러 간 적이 있어요. 그때도 누님들하고 갔고 부모님들하고 간 적은 한 번도 없죠. 그래서 늘 아내에게 "나는 정말 가정적으로 살고 싶다"라는 이야기를 많이 했어요. 저는 술주정하시던 아버님의 모습에 한이 맺혀서 술을 안 마시고 가정적으로 사는 것이 꿈이었는데 현실은 그렇지 못하니까 죽고 싶더라구요. 제가 아내에게 주먹질하고 그러는 모습이 나타날 때마다 그것이 더 고통스러워요. 다 무너졌다는 생각에 자포자기를 많이 했어요.

T : 사모님을 그전에 폭행하셨어요?

H : 신혼초에 2번 정도. 저번에도 말씀드렸지만 저희 집에서는 누가 나에게 뭐라고 해 본 적이 없는데 우리 사모는 전혀 달랐어요. 우리 사모는 당신이 목회자로서 부름을 받았는데 저희 집에 처음 왔을 때 이해가 안 갔다는 거예요. 식구들이 내가 해달라는 것은 다 해 주니까 이러면 안 되겠다는 생각에 어머니한테도 차비 외에는 돈도 주지 말라고 그랬죠. 그러니까 저는 더 분이 난 것이죠. "네가 왜 우리 집에 와서 어머니를 마음대로 조정하냐"라고 하면서. 그래서 싸움이 일어나고요(부인이 남편을 변화시키기 위하여 사용했던 시도된 해결방식에 대하여 남편은 부인이 자신을 무시하는 것이라고 보았다). 또 저희 집에서 저에겐 아무 일도 안 시키는데 사모는 저보고 하라고 하면서 "이런 것도 안 하면서 남자냐"고 하는 거예요. 저는 집안에서 전기 가는 것이라든지 망치질하는 것을 한 번도 안 해 봤는데 사모

는 이런 것은 저보고 하라고 화를 내죠. 그러면 저는 "내가 왜 하냐? 왜 나를 자꾸 간섭을 하냐?"고 하면서 많이 싸웠죠(부인이 남편을 변화시키기 위해 사용했던 방식이 남편을 화나게 만들었고, 그러한 남편의 모습에 부인은 남편이 무능력하다고 생각하였다. 즉, 여기서도 두 사람 간의 문제해결방식이 역기능적으로 시도해 온 해결방식이라는 것을 볼 수 있다).

T : 목사님, 지금 어머니에 대한 감정이 어떠세요?

H : 그동안 어머니의 속을 많이 썩였다는 생각 때문에 안쓰럽고 안됐다는 생각이 들죠. 그런데 이상하게 어머니한테 전화만 오면 짜증이 나는 거예요.

T : 무엇 때문에 짜증이 나세요? 최근에 떠오르는 예를 들어서 이야기해 주세요.

H : 예를 들어 주택은행 같은데 가서 돈을 대출받는 것조차도 "너는 못하니까 네 아내랑 같이 가서 해라"고 하시죠. 하지만 저는 그것이 화가 나는 거죠. 아직도 '나를 못 믿나' 하는 생각 때문에 화를 많이 냈죠.

T : 그때 표현을 어떻게 하셨어요?

H : 다 알아서 할 테니까 신경 쓰지 말라고 이야기하죠. 요즘은 제가 화를 내니까 아내한테 전화를 해서 말씀하시는데 저는 더 화가 나요. 저는 어머니가 오시면 간섭하시니까 그것이 싫어요. 또 애를 업고 오시면서 오실 때마다 무거운 김치를 들고 오시니까 안쓰럽기도 해서 오지 말라고 화를 내면서 전화를 끊어요. 저는 어려서부터 늘 어머니한테 나 좀 내버려두라고 했어요.

여기서 클라이언트는 어머니가 어려서부터 자신에게 너무 많은 간섭을 한 것에 대한 반항으로 중학교 3학년 때 가출을 한 경험이 있고, 지금까지도 어머니의 지나친 간섭으로 힘들어하고 있는 모습이 보인다. 즉, 어머니와 클라이언트 간의 미분화(undifferentiation)로 인하여 어려움을 겪고 있다.

Session 3회(2001년 6월 11일)

T : 지난주에 사모님하고의 관계는 어땠어요?

H : 사이는 굉장히 좋았어요. 하지만 3일간 사모가 어디를 갔었는데 성욕을 참지 못하고 비디오를 봤어요. 최근에는 성적인 욕구가 막 생기더라구요. 하지만 집사람이 와서 정상적인 성관계를 가지니까 괜찮더라구요.

클라이언트는 중학교 때부터 탈선을 하여 성관계를 가졌으며, 결혼하기 전에 매우 좋아하고 육체적으로 만족했던 술집여자와 3년 정도 동거하였으며, 결혼하고도 그 여자를 잊지 못하고 마음 한쪽에 두고 있다고 하였다.

T : 그러면 상대적으로 사모님한테 성적으로 불만족스러우셨을 것 같은데요?

H : 사모와 성관계를 갖는 것이 즐겁다는 생각이 없었으니깐요. 그 여자에 대한 집착이 굉장히 많았던 것 같아요.

T : 목사님의 과거 성적 경험에 대해서 대충 다 아세요?

H : 제가 결혼할 때 다 이야기했죠. 차마 숨길 수가 없었어요. 사모와 저는 사귄 지 3주 만에 약혼하고 3개월 만에 결혼하게 되었죠. 사귐의 기간도 없었고 서로에 대해 알 시간이 없어서 더 힘들었던 것 같아요(가족생활주기 중 신혼부부단계에서 서로에 대한 이해 및 역할 재조정을 협상하지 못한 결과가 나타나고 있다). 상담하면서 내가 왜 아내한테 정을 붙이지 못했나 생각해 보니까 아까 말한 여자의 영향이 굉장히 강했던 것 같아요.

T : 사모님을 만족스럽게 생각하지 못한다는 것인가요?

H : 그렇죠. 가정에서 내조하는 것을 보면 참 잘 하는데 여자로서 사랑스럽게 보이지 않으니까 고통스럽더라구요.

T : 뭐가 그렇게 사랑스럽게 보이지 않습니까?

H : 외모도 그렇고, 성적인 것도 예전부터 사모가 저를 만족시켜 주려고 노력은 했는데 저는 만족을 못 하겠더라구요. 그런데 최근에 와서

부부관계가 좋아지면서 약 40분 정도 관계를 갖고 나니까 조금씩 서로에 대해 만족을 느끼죠(성적인 관계에서 현저한 변화가 나타나고 있다).

T : 그러면 그전까지는 사모님하고 부부관계가 안 좋은 편이셨습니까?

H : 최악이라고 볼 수 있었죠. 2번 정도 이혼하려고 법원까지 갔었는데 제가 다시 취소하고 용서를 빌며 다시 살아보자고 몇 번 그랬어요.

T : 자녀문제는 없으세요?

H : 관계가 안 좋다 보니까 신혼초에 사모가 6개월 정도 기도원에서 지내면서 떨어져 있었죠. 그때 큰아들을 저와 어머니가 키웠는데 그것 때문인지 저는 큰아들을 더 좋아하고 안쓰럽다는 생각이 들죠. 근데 우리 애 엄마는 작은애한테 집착을 많이 하죠.

T : 아빠랑 큰아이하고 밀착관계에 있고, 엄마랑 작은애랑 밀착관계에 있네요. 그러면 큰애와 엄마관계는 어때요?

H : 늘 떨어져 있었으니까 큰애가 엄마에 대해서 생각을 안 했어요. 그런데 지금은 많이 좋아졌어요. 요즘 들어서 사랑을 많이 받고 싶어하죠.

T : 둘째하고 목사님하고의 관계는 어떠세요?

H : 그동안 저를 많이 무서워했는데 최근에 와서는 엄마보다는 저를 많이 생각하더라구요.

T : 둘째는 왜 아빠를 무서워했나요?

H : 막내는 우리가 데리고 살았으니까 엄마랑 싸우는 모습을 보면서 더 그랬던 것 같아요. 막내 낳았을 때도 큰애는 막내 누님 댁에서 할머니가 키우고, 막내는 저랑 사모랑 함께 살면서 키웠죠. 그러니까 약 1년 정도 큰애만 떨어져 있었죠. 그리고 애 엄마가 심장수술까지 해서 병원생활도 하고…

T : 심장수술은 왜요?

H : 고등학교 때 심장수술을 했었는데 애기 낳고, 또 이것저것 신경 쓰니까 수술했던 것이 악화되었나 봐요.

T : 결혼하시고 나서 스트레스를 많이 받으셨나 봐요?

H : 늘 싸우면서 마지못해 살았죠. 그럴 때마다 어머니는 사모에게 제발 살아 달라고 달래면서 부탁하셨어요. 그런데 그저께 사모랑 이야기를 하다 보니 사모가 '난 당신에 대한 섭섭함보다는 어머님이 나한

테 잘해 주시긴 하지만 마음속으로는 어머니에 대한 섭섭함과 왜 아들을 저렇게 기르셨는지에 대해 원망스러웠어요'라고 하더라고요(상담으로 인하여 클라이언트에게 부인이 자신의 감정에 대하여 말하기 시작하였다). 저는 스스로 해본 것이 없어요. 다 커서까지도 늘 어머님이 다 알아서 하시고, 심지어 형광등을 가는 것도 어머님이 다 알아서 하세요. 결혼해서도 아무것도 아닌 것 가지고 '얘는 아무것도 못하니까 삼촌을 부르거나 전파사에서 사람을 불러와서 해라'고 하시는 것을 보면 사모가 놀래는 거죠.

T : 지금 어머니하고의 관계는 어떠세요?

H : '좀 안쓰럽고 불쌍하시다'라는 생각을 많이 했어요. 그러면서도 화가 나요. 어제도 모처럼 오셨는데 마음속으로는 '어머니 사랑해요. 저랑 여행이나 다녀와요'라고 하고 싶었는데 이게 말로 안나오고 오히려 어머니가 힘들게 무엇을 들고 오는 모습을 보고 화가 났어요.

T : 표현은 어떻게 하셨어요?

H : 말 안 하고 가만히 있었죠.

T : 목사님은 무엇 때문에 결혼을 하셨나요?

H : 주의 길을 가는 데 있어서 신앙 하나만 보고 결혼한 거죠. 사모가 믿음이 좋고 또 집에서 몰아붙였죠. 그리고 한편으로는 하나님께서 맺어준 배필인데 결혼을 안 하면 하나님에 대한 불순종으로 말미암아 내 인생의 앞길이 막혀 버릴 것 같은 두려움 때문이지요.

T : 저는 목사님이 어머니로부터 떨어지지 못했고, 또한 자기 스스로 결정을 하지 못하고 있다는 것을 느껴요. 목사님은 누구한테 끌려 다니는 삶이 아니었나 하는 생각이 들어요.

H : 제가 의지력이 많이 약하죠. 그래서 결혼해서도 사모를 많이 의지했습니다. 저는 나름대로 독립을 하려고 굉장히 노력을 해요. 힘들어도 전화도 안 하고 어머니가 물질을 주면 사모한테도 받지 말라고 해요. 그러면 어머니는 "네가 무엇을 하냐"며 화를 내세요. 그런데 저는 거기서 또 마음이 상해요. 사실 결혼초기에 분가해서 살면서 그나마 전기 만지는 것도 스스로 하기 시작했어요. 쉬운 것이지만 이런 것을 하는 가운데 '나도 할 수 있구나' 하는 생각이 들면서 기쁨이 생기더라구요. 그전에는 어머니가 "늘 너는 못 한다"라는 인식을 심어 놓으셨기 때문에 할 수 없다는 생각이 강했죠(어머니의 미분화

로 인하여 자녀를 과잉보호하였고, 자녀와 공생관계를 가지고 살았던 모습을 볼 수 있다). 그러니까 결혼해서도 나 혼자는 뭐든지 할 수 없고 "아내가 나를 위해서 다 해 줘야 한다"고 생각해서 아내를 많이 의지했죠.

Session 4회(2001년 6월 18일)

T : 목사님, 지난주에는 사모님하고의 관계가 어떠셨습니까?

H : 지난주에 처음으로 저희 가족이 2박 3일 동해로 여행을 다녀왔습니다(상담 이후에 가족여행을 다녀오는 변화가 나타나고 있다).

T : 마음이 어떠셨어요?

H : 처음으로 편안한 마음으로 서로가 대화할 수 있어서 좋았습니다. 그리고 그 다음날 포르노를 보고 싶은 마음이 굉장히 강하게 들었는데 그것을 아내에게 힘들다고 이야기를 했습니다. 제 아내가 "너무 괴로워하지 말고 그렇게 보고 싶으면 편안한 마음으로 보라"고 하면서 먼저 성관계를 이야기하더라구요. 그렇게 관계를 맺고 나니까 어느 정도 안정이 됐어요(여기서 남편이 포르노를 보고 싶어하는 자신의 감정에 대하여 솔직하게 이야기를 하였고, 부인은 그러한 남편을 이해하고, 남편과 성관계를 시도함으로써 남편은 안정감을 느끼게 되었다. 즉, 이전까지 시도해 왔던 역기능적인 방식과는 다른 새로운 방식으로 대화를 나누었고 행동의 변화로 인하여 두 사람 간에 많은 변화가 나타나고 있다).

T : 목사님은 상담 후부터 사모님하고 성관계를 갖기 시작하셨는데 그것으로 인해서 포르노에 신경 쓰이는 강도도 줄어들었습니까?

H : 아직도 집착을 하기는 하지만 아내랑 관계를 가졌을 때는 많이 안정이 되지요.

T : 저랑 상담하신 지가 3주 정도 되었는데 포르노 보시는 횟수나 시간에 차이가 있으십니까? 지금도 1주일에 2번 정도 보세요?

H : 아닙니다. 이번 주는 굉장히 힘들었지만 아내랑 성관계를 가짐으로써 많이 안정이 되서 한 번도 안 봤죠(클라이언트가 부인과 성관계를 가짐으로써 포르노를 보는 횟수가 엄청나게 줄었다).

T : 목사님 어머니하고 사모님하고의 관계는 어떠세요?

H : 아내가 어제 그런 이야기를 하더라구요. "당신이 마음의 문을 열었으니까 이제 말하는데 사실 어머니께서 잘해 주시기는 하지만 당신이 어디 나가거나 하면 늘 전화해서 일일이 물어보시고 이렇게 저렇게 하라고 말씀하셔서 참 힘들었어요"라구요. 그리고 지난번에도 말씀 드린 것 같은데 "당신한테 하는 것도 있지만 당신을 이렇게 키우신 것에 대해 어머님께 굉장히 화가 많이 났고 원망스러웠어요"라구요. 더욱이 저희 집에 시집와서 나한테 하는 것을 보고 놀랬다는 거죠(부인이 시어머니에 대한 이야기와 남편에 대한 자신의 감정에 대하여 솔직하게 대화를 하기 시작하였다).

T : 집에서 어떤 식으로 대하시는데요?

H : 제가 한번 화를 내면 무조건 다 들어주시죠. 누님들도 제가 잘못될까 봐 잘 호응해 주시고요.

T : 그러면 지금도 사모님하고 어머님과의 관계가 상당히 불편하겠네요?

H : 우리 사모는 어머님이 말씀하면 무조건 순종하는 편이에요. 경제적으로 어머니한테 의존하니까요. 그리고 누님들한테도 순종하는 편이죠. 특히 큰누님한테요. 아버지 돌아가시고 큰누님께서 동생들 시집장가를 보내면서 집안의 가장역할을 하셨죠. 너무 그러다 보니까 때로는 '친정집이 지겹다'라고 하셨죠.

T : 지나친 역할을 하다 보면 결국 소진상태에 들어와요. 결국에는 어머님이나 큰누님은 자신의 역할 이외의 다른 사람들의 역할까지 하고 계시는데 그것이 자신을 힘들게 하는 거예요. 그런데 그것이 나중에 원망으로 바뀌는 경우가 많지요.

H : 제 자신을 돌아보니까 저는 무의식적으로 방탕한 생활을 즐겼던 것 같아요. 무엇을 갖고 싶거나 관심을 받고 싶을 때 가출하고 돌아오면 갖고 싶은 것과 관심이 주어지는 것을 굉장히 즐기고 있었던 것 같아요.

T : 그것이 뭐냐면 파워, 즉 힘이 없는 자녀들의 증상으로 부모들을 통제하는 것이죠. 어떤 애들은 신체적인 증상으로 나타나기도 하는데 목사님은 가출이라는 증상을 가지고 그 가족을 통제했던 것이죠. 그것을 초보완적 관계라고 해요. 목사님이 막내임에도 불구하고 딸 다섯 가운데서 나온 아들이라는 위치에서 오는 힘으로 어머니하고 밀착관계로 들어갔던 것이죠. 따라서 어머니는 나름대로 힘든 상황에

서 아들이 사고를 치면 어머니의 에너지를 아들한테 쏟았고, 아들은 그러한 어머니의 에너지가 쏟아지면 쏟아질수록 지겨웠던 거죠.

H : 그런 면이 있었던 것 같아요. 한편으로 어머니한테 기대면서도 저를 제발 간섭하지 말고 나도 스스로 할 수 있으니까 그만 집착하라고 했던 것 같아요.

T : 그러니까 목사님이 2가지가 동시에 나가는 거예요. "엄마, 나 좀 보면서 애정을 달라"는 메시지와 애정을 주는 것이 지나치니까 '나 좀 내버려 두세요'라는 2가지 메시지가 동시에 나가지 않았냐는 거죠. 그런데 어머니는 그냥 놔두면 더 불안해요. 아들이 또 사고칠 것 같으니까요. 어머니도 이러지도 못하고 저러지도 못하는 상태에서 아들한테 계속 신경을 썼을 것 아닙니까? 그런데 아들은 더 미쳐버리죠.

H : 사모가 어제 그런 말을 하더라구요. 우리가 분가해서 떨어져 살 때 심지어 반찬을 뭐 먹었는지도 다 물어봤대요. 자신은 그런 것이 싫지만 어머니가 알고 싶어하기 때문에 일일이 다 이야기했다고 하더라구요. 저는 어머니한테 떨어지고 싶은 마음이 있는데 그 사람이 전화해서 그런 것을 일일이 이야기하니까 감시당하는 것 같아 아내에 대해서 더 분노했던 것 같아요(시어머니의 미분화로 인하여 아들을 분리하지 못하는 가운데 시어머니가 아들 부부에게 경제적인 지원을 해 주어 며느리를 통하여 아들의 일거수 일투족을 알고자 하였고, 며느리는 본의 아니게 시어머니와 밀착관계를 가져 남편은 오해하게 되었다. 이러한 부인의 모습으로 인하여 남편은 부인을 더욱 미워할 수밖에 없는 상황이 되었다. 여기서는 시어머니와 며느리의 시도된 해결방식과 남편과 부인의 시도된 해결방식을 변화시키고, 한편, 아들 부부하위체계의 강화로 인하여 시어머니와의 명확한 경계선을 설정할 필요가 있다). 그리고 어머니와 아내가 달랐던 것은 아내가 굉장히 강했다는 거죠. 우리 어머니는 이렇게 해 줬는데 아내는 응해 주지 않는 그런 반대의 스타일이었어요. 저희 어머니는 "남자는 힘들어도 지갑에 돈이 있어야 한다"고 몇 만 원씩 주셨는데 아내는 '당신은 돈이 많으면 다른 데 가니까 안 돼'라고 차비만 줘서 저는 거기서 더 소리치면서 싸웠죠(부인은 남편이 항상 돈을 낭비한다고 생각하여, 시어머니가 남편에게 돈을 주었던 방식과 반대되는 방식으로 남편을 대하였는

데, 이러한 부인의 대응방식이 남편을 더욱 짜증나게 만들었다. 돈을 주는 방식에서도 남편의 낭비하는 습관을 고치기 위한 부인의 방식과 그 방식에 대하여 남편이 소리를 지르며 부인과 싸우는 방식이 지금까지 두 사람이 문제를 해결하려고 시도해 온 방식이라고 볼 수 있으며, 이러한 방식을 지금까지 시도해 보지 않았던 새로운 방식으로 변화시킬 필요성이 있다).

Session 5회(2001년 6월 27일)

T : 목사님이 포르노를 보는 빈도는 상담하고 난 후에 달라졌나요?

W : 그전에는 제가 생각했던 것보다 더 많이 봤던 것 같아요. 지금은 목사님과 상담하기 전보다는 포르노를 보는 횟수가 많이 줄어든 것 같아요.

T : 사모님하고의 성관계는요?

W : 상담하기 전보다는 더 낫죠.

T : 저는 목사님의 문제가 포르노라는 증상 하나 때문이 아니고 저변에 엄마하고 분화가 안됐다고 생각해요.

W : 제가 그것 때문에 너무 화가 났어요. 1년 정도 함께 살았어요. 1달 동안 살면서 보니까 이 사람이 문제가 아니라 어머님이 문제더라고요. 목사님이 신학교를 갈 때 돈을 몇 만 원씩 주셨어요. 하지만 목사님은 그것을 나눠 쓰는 것이 아니라 그 날 주면 그 날 다 쓰고 들어와요. 그러면 저는 못 견디는 거죠. 가정 형편은 뻔한데 그것을 주는 어머니나 당당하게 받아 가는 아들, 그리고 그런 부분을 묵인하는 친척들을 이해할 수가 없었죠. 그래서 어머니가 목사님에게 용돈을 주면 제가 중간에서 많이 가로챘어요 그렇다고 제가 가진 것은 아니고 다시 어머니 드리면서 남편이 신학생이니까 딱 점심 값과 교통비, 그리고 여유 돈 1-2천 원만 주라고 말씀 드렸어요. 그것 때문에 목사님하고 많이 싸웠죠. 그리고 심지어 어머니는 형광등이 나갔는데 위험하다고 못 갈게 하신 분이세요. 대신 아래층에 사는 삼촌을 불러오라고 하시더라구요. 저는 젊은 사람은 뻔하게 눕혀 놓고 나이 든 동생을 데리고 와서 형광등을 갈라고 하니까 이해가 안 갔어요. 그래서 못 간다고 했어요. 그것 때문에 언성은 높이지 않았지

만 신경전으로 30분 정도 싸웠죠. 결국은 목사님이 갈았는데 갈고 나서 자신도 뭔가 할 수 있다는 생각에 좋았나 봐요. 하고 나선 처음으로 하는 이야기가 "내가 했어. 정말 고마워. 그러고 보면 나도 필요한 사람이지?" 하는 거예요. 제가 그때를 못 잊어요. 목사님은 '지금까지의 여자들은 자기한테 그랬던 사람이 없는데 내가 자기를 고치려고 한다'는 생각 때문에 힘들었겠죠. 목사님이 집어던지면 무섭지만 그래도 내가 이번에 지면 나 역시 어머님이나 누나들처럼 휘어잡고 똑같이 취급할 것 같아 안 들어줬어요. 물론 들어줄 만한 일들은 처음부터 토를 안 달고 들어줬지만 안 되는 것은 온 집안을 뒤집어 놔도 안 들어줬어요. 그러니까 얼마나 미웠겠어요?

T : 그것이 그렇게 목사님을 화나게 만들었나 봐요. 사모님은 목사님이 저렇게 무능력하고 망가진 이유가 아들의 요구를 무작정 다 들어준 어머니 때문이라고 생각하고 반대로 행동하신 거예요. 물론 목사님은 자기 어머니의 방식도 싫었지만 극을 달리는 반대의 방식을 쓰는 부인의 방식도 싫었던 거예요. 그것이 소위 사모님과 목사님과의 관계에서 시도된 해결방법이라고 하는 거예요. 그 시도된 해결방법이 부부관계를 향상시키는 것이 아니고 어머니와 아들과의 관계를 악화시켰듯이 사모님과 남편과의 관계도 나쁘게 만들었다고 생각해요(부인에게 남편과의 문제를 해결하려고 시도해 온 해결방법에 대하여 설명을 해 주고 있다).

W : 저도 그것을 인정하거든요. 그런데 그 당시에는 저 사람과 좋아질 필요가 없다고 생각했어요. 저 사람과 감정적으로 좋아하지 않아도 살 수 있다고 생각했어요.

T : 시어머니의 관계는 어떠세요?

W : 시댁에서 저희가 분가한 후에 하루에 5–6번 통화를 못 하면 어머니는 불안해서 견디질 못하세요(시어머니의 미분화된 모습이 나타나고 있다). 그러면 저는 그 전화벨만 울리면 스트레스가 되는 거예요. "일어났니? 학교 갔니?" 하면서요. 제가 전화를 받는 것이 싫으니까 이제는 목사님보고 어머니에게 먼저 전화를 하라고 해요.

Session 6회(2001년 7월 6일)

T : 요즘 목사님은 좀 어떠세요?

W : 지금까지 살면서 최고로 괜찮아졌어요. 이번 주부터 헬스를 시작했어요 어려서부터 뭘 배우러 가면 3일 이상 해 본 것이 없다는데 열심히 다니고 있어요. 체력적인 부분은 둘째치고 정신적으로 '나도 할 수 있다'는 생각이 들기 때문에 자신감이 생긴데요.

T : 두 분의 관계는 어떠세요?

W : 대화가 많아졌어요. 요즘은 책도 함께 보면서 책에 대해서 서로 이야기를 나눠요. 그리고 예전에는 화가 나면 말을 안 했는데 이제는 '네가 이렇게 이렇게 해서 나는 화가 났다'라고 감정적인 이야기를 하면서 풀어요(예전의 의사소통방식은 화가 나면 말을 안 했는데 이제는 I-message를 통하여 자신의 감정을 이야기하게 됨으로써 대화가 많아지고 문제를 해결할 수 있다고 말하고 있다. 즉, 그전의 역기능적인 시도된 해결방식에서 이제는 기능적이고 효과적인 새로운 해결방식을 시도하고 있다는 것을 볼 수 있다).

부인은 5남매 중 셋째였으며, 아버지는 중학교 때 돌아가셨다. 가족과의 관계에서 부인은 가족들이 자신에 대한 배려가 없었고 그냥 방치했다고 생각하고 있었다. 따라서 가족과는 거의 대화가 없이 지냈으며, 어머니에 대해서는 자신을 챙겨주지 않은 데서 오는 서운한 감정을 가지고 있었다. 아버지가 돌아가신 후 어머니는 경제적인 일을 도맡았고, 부인은 집안일을 도맡아서 하는 과도한 역할기능을 하게 되었다. 또한 심부름을 할 일이 있으면, 어머니는 다른 자녀들은 시키지 않고 부인만을 시켜 어머니에 대한 서운한 감정을 많이 가지고 있었다. 부인은 자신의 서운한 감정을 표현하지 못하고 살아왔으며, 이러한 경험이 남편과 의사소통하는 데도 부정적인 영향을 주고 있다.

W : 저는 지금까지 '저 사람 때문에 내가 변하는 것 같다'고 생각해요. '저 사람이 제대로 하면 내가 이렇게까지 극단적으로 되질 않을 텐

데'라는 생각이 나를 누르니까 거친 말과 행동이 나오게 되고, 또 그런 모습에서 화가 나고 용서가 안 되죠(현재 부부의 문제를 남편으로 인하여 생겼다고 생각하고 있고, 그로 인하여 자신의 말과 행동이 거칠게 나오고 있다고 보았다. 그러나 부인의 거친 말과 행동이 남편을 힘들게 하는 점도 있다. 즉, 여기서도 두 사람 간의 문제를 해결하기 위하여 역기능적으로 시도된 해결방식을 볼 수 있다). 내가 봐도 재가 여자라기보다는 군인같이 느껴져서 싫어요.

T : 지금 경제원은 어떻게 되세요?

W : 없어요. 어머님이 매달 주시는 돈과 헌금 들어오는 것이 얼마 안 되죠. 그런데 저를 더 화나게 하는 것이 뭐냐면 어려운 것도 좋은데 목사님이 빚을 진다는 거예요. 저는 그것을 못 견디겠어요.

Session 7회(2001년 7월 11일)

T : 사모님하고의 관계는 어떠세요?

H : 계속 좋아지고 있습니다.

T : 지금 사모님께서 이야기하고 계시는 것이 뭐냐면 목사님은 감당하지도 못하는데 카드 빚을 쓰신다는 거예요.

H : 네, 교회를 하면서 좀더 많이 쓰게 되었죠. 그것 때문에 많이 싸웠어요. 제 자신이 스스로 쓰는 것을 감당을 못 하겠더라구요. 그래서 상담하면서 아내한테 카드를 줘 버렸어요.

T : 목사님께서는 사모님과 상의를 하시면서 스스로 가장으로서 경제적으로 책임을 져야 하지 않나 생각을 해요.

H : 저도 지금 그렇게 생각하고 있습니다. 요즘은 하나님께 제가 목회사역을 해야 될 것 같으면 그렇게 할 수 있게 하시고, 아니면 현재로써는 더 이상 어머니께 의지할 수 있는 여건이 안 되니 스스로 독립할 수 있게 도와달라고 기도하고 있습니다. 그리고 지금 계획하고 있는 것은 일단 교회가 정리되면 돈의 액수를 떠나 돈을 번다는 목적보다는 내 자신에 대한 인내심을 기르고 경험도 쌓기 위해 세상일을 할 생각도 있습니다. 하지만 어머니가 가장 큰 충격을 받겠죠. 누님들도 제가 지금 사역을 하지 않는다고 하면 "네가 그럼 그렇지. 지금까지 한 가지 제대로 한 것이 있냐? 우리가 지금까지 힘들어도

도와줬는데 이럴 수 있냐?"고 할 것입니다.

T : 목사님은 그것이 견디기 힘드시겠죠.

현재 클라이언트는 상담을 통해 지금까지 자신이 가지고 있었던 가치관이 흔들리고 변화에 대해서 저항하고 있으며, 이러한 어려움으로 클라이언트는 술을 마셨다. 또한 목회자로서의 사역을 계속 할 것인가에 대한 결정을 두고 괴로워하고 있으며, 이러한 괴로움은 목회자로서의 길을 포기했을 때, 어머니를 비롯한 누나들의 자신에 대한 실망감을 감당하기 어려워서라고 볼 수 있다. 늘 자신의 생각보다는 다른 사람들의 생각에 따라 의존적인 삶을 살아왔던 클라이언트가 스스로 삶을 살아보려고 몸부림치는 모습이 보인다.

Session 8회(2001년 7월 18일)

T : 두 분의 관계는 어떠세요?

W : 좋아요. 지금은 대화도 되고 감정도 솔직하게 이야기해요. 예를 들어 지금 둘 다 똑같이 힘들어도 "나도 힘들지만 네가 힘든 것도 인정한다"는 것이 분위기 면에서도 그렇고 목소리에서도 많이 느껴져요(부부는 현재 여러 가지로 어려움을 겪고 있음에도 불구하고, 서로를 인정해 주고 있고, 이러한 인정이 대화에서 느껴지고 있다. 이러한 변화는 지금까지 시도해 보지 않았던 새로운 방식으로 문제를 해결하려고 시도하는 데서 연유된다). 그는 제헌절이라서 애들을 시댁에 데려다 주고 왔어요. 데려다 주고 오는데 10시가 조금 넘었어요. 굉장히 힘들고 피곤한데 중간 중간에 목사님이 "힘들어도 잘 갔다 오라"고 지원을 해 주셔서 편안하고 기분 좋게 갔다 왔어요(남편은 부인에게 새로운 표현방법을 사용하여 부인의 감정을 변화시켰다는 것을 볼 수 있다). 그리고 어제 목사님이 아이들을 데리러 가기로 했는데 저는 일 때문에 목사님만 혼자 가게 되었지요. 저는 그전날 목사님이 전화로 지원 사격을 해 준 것에 대한 고마움과 내 일을 할 수 있도록 배려해 주는 것들이 괜히 고맙고 미안해서 목사님께 전화해서 "내가 역으로 나갈까? 어디로 나갈까?"라고 했어요. 다른 때 같았으면 "됐어"

아니면 "나와"라고 그랬을 텐데 "힘든데 왜 나와? 내가 데리고 들어갈 텐데"라고 하는 거예요(여기서도 클라이언트는 과거에 사용했던 표현방식과는 다른 부인을 배려하는 표현방식을 사용하고 있으며, 부인 또한 그러한 남편의 따뜻한 표현과 배려로 인하여 남편을 대하는 대응방식의 변화를 볼 수 있다. 이러한 새로운 표현방식으로 인하여 두 사람은 서로에게 솔직하게 자신의 생각을 표현하고 있음을 볼 수 있다).

H : 예전에는 뭘 해 줘도 마음에서 안 됐어요. 그런데 최근에는 마음으로 되더라구요.

T : 그런 변화가 무엇 때문에 온 것 같아요?

H : 최근에 와서 이상하죠. '영성생활은 예전보다 못하는데 왜 이렇게 변할 수 있나'를 생각해 봐요. 그리고 요즘에는 자신감이 생기고 막연했던 것이 구체적으로 좁혀져 오는 것 같아요.

W : 그전에는 목회하는 것이나 하고 싶은 것에 대해서 막연하게 생각하고 있었어요. 근데 이제는 자신이 청소년기에 겪었던 아픔을 바탕으로 상처받은 사람들의 마음을 아니까 그런 쪽 일을 하고 싶다고 구체적으로 이야기해요.

H : 예전에는 제가 학창시절에 공부하지 않고 방황했었기 때문에 내 경험을 바탕으로 어떠한 일을 해야겠다고 늘 말은 했지만 사실 엄두도 안 나고 자신도 없었어요. 그리고 뭘 배우는 것도 항상 두려웠어요. 근데 요즘에 운동을 하면서 뭘 느끼냐면 처음에는 제가 운동을 처음 하는 것이라서 그런지 못하겠더라구요. 제가 못하니까 선생님이랑 아줌마들이 막 웃어요. 그때 옛날 생각이 났어요. '저것들이 나를 무시하나?'라는 생각이 들어 하기가 싫었어요. 자존심이 상하고 화가 나더라고요. 예전 같았으면 체육관에 안 간다고 그러든지 그것을 아예 안 하든지 했을 텐데 제 자신에게서 이상한 걸 발견을 했어요. '웃으려면 웃어라. 아줌마, 그러려면 그래요'라면서 비록 얼굴이 빨개졌지만 계속 했어요. 하다 보니까 3개도 되고 4개도 되고. 그리고 거기서 자신감이 생기고 '사람들을 너무 의식하지 말자'라는 생각이 들었어요(클라이언트는 예전과 달리 현재는 남을 의식하지 않고 자신감을 가지게 되었다고 말하고 있다).

W : 그전에는 그런 모습이 보이지 않았어요. 다른 사람의 시선이라든지 다른 사람들로부터 오는 느낌 등에 참 영향을 많이 받았거든요.

T : 아이들은 어때요?

W : 요즘 상담하면서 저희뿐만 아니라 아이들한테도 대화하는 방식을 자꾸 바꾸는데 아이들도 굉장히 많이 변했어요. 옛날에는 아이들이 화가 나도 위축돼서 말도 못 했는데 이제는 당당하게 말을 해요.

H : 제가 어제 막내아이한테 놀랜 것이 뭐냐면 엄마한테 혼나고 혼자 막 울다가 갑자기 달려가더니 "엄마, 잘못했어요. 미안해요"라고 말을 하더라구요. 제가 옛날 같았으면 있을 수도 없는 일이었겠지만 "너희들 아빠한테 화난 것 있으면 이야기해라. 그래야 아빠가 알 것이 아니냐?"라고 말을 했더니 솔직하게 자기 감정을 표현하더라구요.

T : 지금 어머니하고의 관계는 어떠세요?

W : 주말마다 어머니가 오시는데 오실 때마다 등에는 애를 업고 손에는 바리바리 싸들고 오세요. 그런 모습을 보면 속상한 정도를 넘어서 막 화가 나고 싫죠. 저도 이제 어머니한테 안 먹어도 되니까 가져오지 말라고 직접적으로 말했어요. 어머님이 맨 처음에는 많이 섭섭해하시더라구요. 그래도 시간이 지나면서 많이 바뀌시고, 또 당신이 힘든 것도 있고 '그래 너희들도 어디 한번 서 봐라' 하는 기대감을 은연중에 가지고 계시는 것 같아요. 예전 같으면 하루에 전화 몇 통을 할 텐데 이제는 며칠에 한 번, 어쩔 때는 1주일에 한 번 토요일날 "나, 식당 일이 바빠서 내일 못 간다"라고 말씀하셨어요(부인이 시어머니에게 직접적으로 자신의 생각을 표현하였고, 그러한 며느리의 표현에 섭섭한 감정을 느꼈음에도 불구하고, 시어머니 나름대로 변화하고 있는 모습이 나타나고 있다. 또한 시어머니는 현재 자신의 일이 바빠짐에 따라, 과거에 아들 내외에게 하루에 5~6통의 전화(상담 5회 내용 참조)를 하던 것이 지금은 며칠에 한 번씩 하고 있는 모습을 볼 수 있다).

H : 저는 예전부터 늘 아내에게 "어머니가 싫어서 그런 것은 아닌데 어머니 못 오시게 멀리 지방으로 내려가서 살자"라고 했어요. 저희가 이곳으로 이사 와서는 어머니가 안 오실 줄 알았는데 여기까지 오잖아요.

T : 목사님은 지금 어머니한테 지쳐서 거리감을 두고 있어요. 그리고 지금 목사님의 저변에는 어머니하고 거리감을 두는 데서 오는 편안함보다는 일단 부딪치지 않으니까요. 그리고 또 한편으로는 '우리 어머니가 나를 어떻게 키웠는데'라는 생각이 도사리고 있어요.

W : 그전에는 그것 때문에 제가 잠깐이라도 어머님이나 시누이들 이야기를 하면 막 화를 냈죠. 그런데 상담하기 1주일 전에 어머님이나 시누이들에 대해서 이야기를 했는데 남의 이야기를 듣는 것처럼 차분히 이야기를 듣더라구요. 8년 만에 처음이었죠(클라이언트는 자신의 원가족과 분화를 하기 시작하였고, 그러한 변화는 부부가 서로에게 의사소통하는 방식이 바뀜으로써 가능하였다고 볼 수 있다). 사실 그동안은 목사님도 그렇고 저도 어머님이나 누님들에게 빚지고 있는 것만 같아 말을 못 했어요. 근데 그때 그런 이야기를 나누면서 조금은 가벼워지는 느낌이 들었어요.

T : 요즈음 포르노를 보는 것은 어떠세요?

H : 요즈음에는 포르노를 한 번도 안 봤습니다.

W : 말하지 않아도 제가 느낄 정도로 많이 좋아졌어요. 2주 전에는 목사님이 초조하고 불안하면서 정신 없는 것이 느껴졌는데 요즘에는 못 느껴요.

H : 요즘은 운동하니까 괜찮아요.

T : 오늘은 제가 여기까지 하고 다음 주에는 자녀문제를 좀 볼게요.

Session 9회(2001년 7월 25일)

W : 얼마 전에 유치원 선생님과 큰아이에 대해서 이야기를 나눴어요. 큰아이는 집에서 손을 잘 빠는데, 선교원에서는 절대로 안 빤다고 하시면서 놀라셨어요. 큰아이가 유치원에서 하는 것과 집에서 하는 것이 너무 극과 극을 달려요.

T : 여기 오시기 전까지만 해도 두 분의 관계가 안 좋았잖아요. 엄마 아빠의 관계가 안 좋으면 애들은 증상이 나타나는 경우가 많습니다. 큰아이는 그 증상이 손을 빠는 것으로 나타나는 것이고요.

T : 그전에 목사님은 일찍 귀가하셨어요?

H : 그냥 보통이에요. 집에 있을 때도 있었는데 애들하고는 안 놀았죠. 아마도 애들이 저희 부부의 싸우는 모습을 많이 봤을 거예요.

W : 그전에 목사님은 놀아주거나 그런 것은 없었어요. 요즘은 아빠를 많이 찾아요. 특히 둘째는 아빠가 없으면 아빠를 찾고 문도 열어 봐요. 그리고 요즘은 저녁 때마다 목사님이 애들 운동을 시켜주시거든요.

이불 다 깔아 놓고 윗몸일으키기도 시켜주세요. 애들이 아빠를 너무 좋아해요. 아빠한테 장난을 걸고 매달리기도 해요. 목사님은 정말로 엄청 변하셨죠. 오늘이 운동을 시작한 지 한 달째인데 어쩔 때는 정말 몸이 피곤한데도 저녁 때 아이들을 데리고 나가서 놀아주세요. 목사님은 중간에서 요즘 중재역할을 잘해 주세요. 그런데 목사님은 제가 큰아이를 야단칠 때 스트레스를 많이 받는 것 같아요. 제가 큰아이한테 소리치면 과민반응을 하시거든요.

T : 목사님은 어렸을 때 엄마가 소리를 지르고 야단치는 것이 싫었을 것 아닙니까? 그런데 아내까지 딸한테 소리지르고 야단치는 것으로 인해 과거의 감정이 나오지 않나 해서일 거예요.

W : 네, 제가 큰아이한테 소리지르면 목사님은 과거의 기억이 떠오른다고 그래요. 지금은 애들이 이렇게 밝고 잘 놀아요.

상담 이전에는 아빠가 자녀들과 놀아주지 않고, 아이들이 아빠를 무서워하였는데, 상담 이후로는 아빠가 자녀와 함께 놀아주고 목욕도 시켜주는 등 자녀와의 관계가 개선되었다. 또 그로 인하여 부인은 자신의 일에 전념할 수 있었고, 자녀들로부터 분리될 수 있는 시간과 여유를 가지게 되었다. 부부가 서로 의사소통을 할 수 있게 됨으로써 남편과 자녀들의 관계변화가 가능하였다고 볼 수 있다.

Session 10회(2001년 8월 14일)

T : 목사님, 사모님과 대화는 어떠세요?

W : 이제는 다투더라도 다투는 것으로 끝나는 것이 아니라 그 자리에서 풀든지 아니면 목사님이 참고 기다려 주면 제가 이야기를 하든지 그래요. 서로 배려를 하죠.

H : 아직도 제가 이런 부분에서 힘들어하는 것 같아요. 서로 다투는 가운데 마음을 상하게 하는 말을 하지 않습니까? 이 사람은 아니라고 하지만 저는 표정과 느낌이 자꾸 읽혀지니까 그 자리에서 웃어주길 바라고 아니라고 말해주길 바래요. 그래야 제 마음에 안도감이 생기니까요.

W : 많이 변하긴 했는데 그래도 화가 났을 때 제 표정은 그대로 나오니까 목사님이 못 견디시는 거죠. 그것 때문에 한 번 언성이 높았어요. 너무 화가 나서 그때 솔직한 감정을 울먹이면서 이야기했어요. "당신이 그럴 때마다 나는 너무 미치겠고 속이 뒤집혀서 어떻게 해야 할지 모르겠어요. 더 이상 당신한테 무언가를 요구하는 것이 아니라 화가 풀리려면 시간이 좀 필요해요"라고요. 서로 이야기해서 풀어지는 부분도 있지만 아직까지는 풀어주는 과정이니까 조금씩 풀면서 이야기를 꺼내야 하는데 목사님은 한꺼번에 다 꺼내놓고 한꺼번에 해결을 하려고 하거든요.

H : '내가 너무 급하게 하는구나'라는 생각이 들어요. 옛날에는 분노하면서 싸울 태세로 이야기했는데 이제는 마음의 분노보다는 '아니구나'라는 말을 듣고 싶은 거죠. 들으면서 제 마음에 안도감을 갖고요.

W : 그런 부분을 보면 서로가 많이 바뀌는 모습들은 인정하지만 아직까지 밑에 깔려 있는 이 부분까지 이야기하고 싶지 않은 부분들이 있잖아요. 그런 부분들은 시간이 걸려야 하니까요

T : 물론 지금은 그렇죠. 하지만 서로 대화를 통해 신뢰감을 형성되기 시작하면 서서히 다른 이야기까지 확대가 돼요. 그러면서 변화하는 부부관계를 통해 아이들도 자신의 생각과 느낌을 표현하게 되는 것이죠.

W : 어쩔 때는 저희가 놀랄 때도 많아요. 그전에는 작은아이가 이야기하는 것 같지만 안 했거든요. 근데 며칠 전에는 무슨 이야기를 하다가 "엄마, 저는 너무 슬퍼서 죽어 버리고 싶어요" 그러는 거예요. "왜 죽고 싶니? 죽는 것이 무엇인지 아니?"라고 물었더니 "엄마가 소리지르고 때리니까 너무 답답해서 그래요"라고 하더라고요. 사실 심장수술을 해서 그런지 가정생활하는 것도 오후가 지나면 체력이 막 떨어져요. 그러면 신경이 곤두서고 그런 가운데 애들은 계속 칭얼거리고 남은 집안일도 해야 되니까 힘든 거죠.

T : 목사님께서는 그와 같은 경우에 무엇을 하시는지요?

H : 애들 씻기거나 방 청소하는 것 정도는 해요.

W : 근데 제 입장에서는 목사님이 아침에 운동하러 가기 전에 집안 좀 치워줬으면 하거든요. 애들 다 보내놓고 목사님 운동하러 가면 저는 혼자 못 치우고 그냥 앉아 있어요. 우두커니 앉아 있다가 목사님 올

때쯤 되면 서서히 치우죠. 처음에는 속으로 '나쁜 새끼'라고 욕을 했는데 지금은 '운동하러 가는 것도 다행이다. 잘하고 있는 것이다. 그 대신 조금 지나면 이야기를 해야지'라고 생각해요. 근데 그 주간에 체력이 더 떨어지고 그런 것이 이유였던 것 같아요. 처음에는 몰랐는데 '혹시… 혹시…' 하다가 지난주에 제가 임신한 것을 알았어요. 그러니까 저는 더 복잡한 것이죠. 애기를 낳을 수가 없는 상황인데 임신을 덜컹 했으니.

H : 심장수술 때문에 약을 먹고 있어서 아이를 낳을 수가 없어요. 그런데 얼마 전에 아내가 그러더라구요. "옛날에는 임신 자체가 싫었는데 이번에는 당신하고 나랑 사이가 좋아진 가운데 아이를 낳고 싶은데 날 수 없는 상황이라 더 스트레스가 쌓여요"라고 하더라구요.

W : 이것을 받아들여야 하는 것이 힘들어서 우울했던 것 같아요. '현재 약을 먹고 있기 때문에 분명히 아이를 낳으면 애한테 직접적으로 영향이 있을 것이고 설사 영향이 없다고 해도 내가 과연 체력적으로 견딜 수 있을까? 이럴 바에는 차라리 아이를 안 낳고 지금 있는 아이들한테 더 잘하는 것이 나을 거야'라는 생각과 또 하나는 정말 낳고 싶다는 생각이 교차해요.

이 부부가 이전에 화를 푸는 방식은 남편은 그 자리에서 빨리 풀어야 하는 스타일이었고, 부인은 좀 시간을 가지고 서서히 푸는 방식이었는데, 현재는 남편이 부인이 화를 푸는 데에 자기보다는 시간을 더 필요로 한다는 것을 인정하기 시작하였다. 이러한 차이를 인정함과 더불어 부인은 화가 났을 때, 아직 자신의 표정까지 빨리 변화시키기는 힘드니 시간을 좀 달라는 표현을 함으로써 남편은 부인의 입장을 이해하게 되었다. 지금 부인은 실수로 임신을 하였지만 아이의 출산에 대하여 기쁨과 더불어 갈등을 느끼고 있었다. 중요한 것은 부부가 이러한 모든 상황에 대하여 의사소통을 함으로써 두 사람 간에 문제를 해결할 수 있는 능력이 생겼다는 것이다. 현재 부인은 병원에서 심장병으로 인한 약물 때문에 자녀가 장애인이 될 수 있다는 결과가 나와 낙태수술을 받았고, 두 사람이 이 어려움을 잘 극복하고 있는 중이다.

6. 결 론

본 사례는 포르노에 중독된 목회자를 치료하기 위하여 2001년 5월부터 2001년 9월까지 약 5개월 간 10회의 개인 심리치료와 부부치료를 한 사례이다. 남편은 신혼초부터 부인과 대화가 안 되었으며, 의사소통의 단절로 인하여 성관계를 1년에 3-4차례 갖는 정도였다. 그 결과 남편은 성적인 불만족을 포르노를 통하여 해결하려고 하였고, 이러한 과정을 통하여 남편은 포르노 중독이 되었다.

남편은 포르노 중독자가 되기 전에는 알코올 중독자였으며, 목회자가 되고 나서 단주를 하였다. 목회자인 남편은 포르노 중독을 기도로써 해결하려고 10년 동안이나 노력하였으나, 오히려 포르노 중독은 날이 갈수록 심각하게 되어, 부인이 본 치료자에게 의뢰를 하였다. 이러한 포르노 중독의 이면에 남편은 어머니와 정서적으로 자아분화가 안 되었으며, 어려서부터 어머니의 간섭과 잔소리로 인하여 청소년기 때부터 문제아로 성장을 하였다.

치료자는 남편의 포르노 중독을 치료하기 위하여 MRI의 상호작용주의적 가족치료모델, Murray Bowen의 가족체계이론을 적용하였다. 치료자는 MRI 모델을 활용하여 지금까지 부부가 문제를 해결하려고 역기능적으로 시도해 왔던 해결방식을 발견하여 지금까지 시도해 보지 않았던 새로운 방식으로 시도하였다. 또한 Murray Bowen의 가족체계이론을 적용하여 남편의 원가족, 특히 어머니와의 자아분화를 시도하였다.

결론적으로, 이 부부는 10회의 부부치료를 통하여 남편은 포르노 중독에서 벗어나게 되었다. 이러한 이면에는 의사소통이 전혀 되지 않았던 부부가 상담으로 인하여 원활한 의사소통을 할 수 있게 됨으로써 부부관계의 변화가 일어났다. 또한 현재 부부는 상담 전에는 일년에 3-4번의 성교를 했으나 지금은 일주일에 3-4번 정도의 성교를 하게 되었다.

참고문헌

강민아(2000). "청소년 인터넷 중독의 실태와 심각성", 한국가족사회복지학회, 제6회 Workshop 청소년 인터넷 중독과 부모의 역할 (pp.6-45).

김옥순(2001). "지식정보사회(음란물)과 청소년", 복지와 사람들 약물상담센터, 제13회 Workshop 인터넷중독 청소년에 대한 개입전략과 실천기법 (pp.61-74).

김유숙(1998). "관련성과 분리성에서 본 한국가족과 미국가족", 한국가족치료학회지, 6(1), pp.1-13.

박인철 역(1995). 변화. 서울 : 동문선.

박태영(2001). 가족치료이론의 적용과 실천. 서울 : 학지사.

박태영 · 김현경 역(1998). 여성들의 관계미학 : 지혜로운 삶을 위하여, 서울 : 지샘사.

신영철(2001). "인터넷중독 청소년의 임상과 진단", 복지와 사람들 약물상담센터, 제13회 Workshop 인터넷중독 청소년에 대한 개입전략과 실천기법 (pp. 37-60).

유은희 · 전춘애(1995). "母의 자아분화수준과 母子간의 갈등이 청년기 자녀의 문제행동에 미치는 영향", 한국가족치료학회지, 3, pp.137-153.

윤가현(1998). 성 문화와 심리, 서울 : 학지사.

윤자영(1997). "포르노 재현물에 대한 여성의 경험에 관한 연구", 이화여자대학교 석사학위논문.

이영규(2001). "인터넷중독 청소년의 사이버 윤리", 복지와 사람들 약물상담센터, 제13회 Workshop 인터넷중독 청소년에 대한 개입전략과 실천기법 (pp.75-88).

이혜숙(1992). "청소년의 자아분화와 정신건강과의 관계", 연세대학교 대학원 석사학위논문.

정보통신윤리위원회(2001). "인터넷중독 실태 조사", 복지와 사람들 약물상담센터, 제13회 Workshop 인터넷중독 청소년에 대한 개입전략과 실천기법 (pp.127-135).

제석봉(1989). "자아분화와 역기능적 행동과의 관계－Bowen의 가족체계이론을 중심으로", 부산대학교 대학원 박사학위논문.

조선일보 2001년 2월 23일자

황상민 역(2001). 인터넷 심리학. 서울 : 한국상담연구원.

황상민(2001). "인터넷중독 청소년의 사이버 심리", 복지와 사람들 약물상담센터, 제13회 Workshop 인터넷중독 청소년에 대한 개입전략과 실천기법 (pp.3-24).

황상민 · 한규석(1999). 사이버 공간의 심리. 서울 : 학지사.

Allgeier, E. R., & Allgeier, A. R. (1999). *Sexual interactions, Lexington* MA : D.C. Heath and Company.

Duncan, B. L., Solovey, A. D., & Rusk, G. S. (1992). *Changing the rules : A client-directed approach to therapy.* New York : The Guilford Press.

Fleming, W. M., & Anderson, S. A. (1986). "Individuation from the family of origin and personal adjustment in late adolescence". *Journal of Marital and Family Therapy, 12*(3), pp.311-315.

Freeman, M. (1992). *The addiction process : Effective social work approaches.* New York : Longman.

Goldberg, I. (1996). Internet Addiction. Electronic message posted to Research Discussion List. http://www.cmhc.com/mlists.research.html

Goldenberg, I., & Goldenberg, H. (2000). *Family therapy : An overview* (5th ed.), Pacific Grove, Ca : Brooks/Cole.

Gunn, D. A. (1998). Internet addiction. *Project presented to the University of Hertfordshire, UK.* http://147.197.152.160/netquest/ALL-VER6.html.

Friedman, E. H. (1991). "Bowen theory and therapy", In Gurman, A. S., & Kniskern, D. P. (Eds.), *Handbook of family therapy* (pp.134-170). New York : Brunner/Mazel.

Greene, J. G. (1996). "Communication theory and social work treatment", In Turner F. J. (Ed.), *Social work treatment : Interlocking theoretical approaches* (pp.116-145). New York : The Free Press.

Harvey, D. M., & Bray, J. H. (1991). "An evaluation of an intergenerational theory of personal development : Family process determinants of psychological and health distress". *Journal of Family Psychology, 4*, pp.42-69.

Hoffman, J. A., & Weiss, B. (1987). "Family dynamics and presenting problem in college students". *Journal of Counseling Psychology, 34*(2), pp.157-163.

Kelly, G. F. (2000). *Sexuality today : The human perspective.* Connecticut : The Dushkin Publishing Group, Inc.

King, S. A. (1996). *Is the internet addictive, or are addicts using the internet?* http://rda.stjohns.edu/storm/ida.html.

Krout, R., Patterson, M., Lundmark, V., Kiesler, S., Mukopadhyay, T., & Scherlis, W. (1998). "Internet paradox : A social technology that reduces social involvement and psychological well-being?". *American Psycholoist, 53*, 9, pp.1017-1031.

Lawson, D. M. (1999). "Integrated intergenerational family therapy", In Lawson, D. M. , & Prevatt. F. F., *Casebook in family therapy* (pp.27-50). New York : Brooks/Cole.

Nichols, M. P., & Schwartz, R. C. (2001). *Family therapy : Concepts and methods*

(4th). Boston : Allyn and Bacon.

Papero, D. V. (1995). "Bowen family systems and marriage", In Jacobson, N. S., & Gurman, A.S. (Eds.), *Clinical handbook of couple therapy* (pp.11-30). New York : The Guilford Press.

Schlanger, K., & Anger-Diaz, B. (1999). "The brief therapy approach of the Palo Alto Group", In Lawson, D. M., & Prevatt, F. F., *Casebook in family therapy* (pp.146-168). New York : Brooks/Cole.

Shoham, V., Rohrbaugh, M., & Patterson, J. (1995). "Problem-and solutions-focused couple Therapies : The MRI and Milwaukee models", In Jacobson, N.S., & Gurman, A.S., (Eds.), *Clinical handbook of couple therapy* (pp.142-163). New York : The Guilford Press.

Shon, S. P., & Ja, D. Y. (1982). "Asian families", In McGoldrick, M.J., Pierec, J.K., & Giordano J., (Eds.), *Ethnicity and family therapy* (pp.208-228). New York : The Guilford Press.

Steinem, G. (1980). "Erotica and pornography", In Lederer, L., (Ed.), *The back of the night : women on pornography.* New York : Morrow.

Stroll. C. (1995). *Silicon snake oil.* New York : Doubleday.

Suller, J. (1998). *Psychology of Cyberspace.* http://www.rider.edu/users/suler/psycyber /psycyber.html.

Turkle, S. (1996). "Virtuality and its discontents : Searching for community in cyberspace", *The American Prospect, 24*, pp.50-57.

Watzlawick, P., Beavin, J. H., & Jackson, D. D. (1967). *Pragmatics of human communication : A study of interactional patterns, pathologies, and paradoxes.* New York : W. W. Norton.

Watzlawick, P., Weakland, J., & Fisch, R. (1974). *Change : problems formation and problem resolution.* New York : W. W. Norton.

Weakland, J. H. (1993). "Conversation-but what kind?", In Gilligan, S., & Price, R., (Eds.), *Therapeutic conversations* (pp.136-145). New York : Norton.

Weakland, J., Fisch, R., Watzlawick, P., & Bodin, A. M. (1974). "Brief Therapy : Focused Problem Resolution". *Family process, 13*, pp.141-168.

Young, K. S. (1996). "Internet addiction : The emergence of a new clinical disorder". *Papter presented at 104th annual conversation of the American Psychological Association*, Tronto, Canada.

Young, K. S. (1999). *Caught in the Net.* New York : John Wiley & Sons, Inc.

Young, K. S., & Rogers, R. (1997). "The relationship between depression and internet addiction". *CyberPsychology and Behavior, 1*(1), pp.25-28.

정신분열증 자녀를 위한 가족치료 11

1. 서 론

본 사례는 중학교 1학년인 아들(13세)이 갑자기 대인기피증과 입에서 뭐가 나온다고 끄집어내는 시늉을 하면서, 몸을 꼬는 증상을 가지고 있었다. 클라이언트는 환청과 환시 증상을 가지고 있었으며, 목사인 아버지는 아들을 자신이 알고 지내던 목사가 섬기는 교회에서 두 달 동안 기도를 받게 하였다. 기도회에 참석하였던 동안에는 잠시 증상들이 사라졌다가 다시 증상이 나타났다. 어느 날 아버지는 서울에 가고 어머니는 부흥회에 참석하느라 집을 비웠다. 그날 저녁에 클라이언트 혼자 집에 돌아왔다가 열쇠를 찾을 수 없어서 2시간 동안 밖에서 헤매다가 방충망을 찢고 집에 들어갔는데, 그날부터 어두움에 대한 공포에 사로잡히게 되었다. 그 다음날 클라이언트는 학교에도 가지 않고 이상한 아이로 변하였다. 그 당시 클라이언트의 입은 비뚤어져 있었고, 손도 뒤틀려 있었다. 그런데 병원에 가지 않고, 교회로 데려갔다. 클라이언트는 그 일 이후로 말도 없고, 웃지도 않고, 먹지도 않고, 씻지도 않고, 어린아이처럼 행동하였다. 그 이후에 증상이 점차 심해져서 클라이언트의 어머니가 본 치료자의 이름을 다른 사람으로부터 들었다며 아들의 치료를 의뢰해 왔다.

2. 정신분열증에 대한 이론적 고찰

정신분열증은 지각, 인지, 정동, 의사표현, 운동, 사회활동 등 다양한 정신기능에 이상을 초래하는 주요 정신병으로 병의 임상경과, 예후 등이 매우 다양한 특성을 갖고 있다. 전세계적으로 매년 200만 명의 새로운 환자가 발생하는 것으로 추정되고 있다(이홍식, 2001 : 226). 정신분열증의 주요 증상은 인지적, 정서적, 행동적인 장애 영역에 걸쳐 널리 퍼져 있으며, 이러한 증상을 크게 나누어 보면 환각, 망상, 와해언어 및 사고장애 등과 같은 양성 증상과 감정의 둔화, 사고의 빈곤함, 사회적인 철수와 같은 음성 증상으로 구분된다(Meyer & Deitsch, 1996). 정신분열증의 이러한 증상은 적어도 6개월 이상 지속되며, 1개월 이상의 활성기 증상이 있어야 한다. 또한 동시에 이 증상들로 인해 직업적인 수행이나 사회적인 기능이 심각하게 손상된다(최정윤 외, 2000 : 176).

1) 정신분열증의 임상적 특징

(1) 사고장애

정신분열증 환자의 사고의 특성은 자신의 논리와 법칙에 따라 진행된다. 이들의 사고과정은 논리적인 연결을 상실하고 토막토막 단절되어 있다. 또한 사고의 통합이 결여되어 있다는 사실을 환자 자신이 다소라도 느끼게 되면 자신의 생각을 누가 갑자기 빼앗아 갔다고 설명한다. 또 생각의 흐름이 막히는 경우에 나타나는 사고의 두절은 연상작용이 무의식적인 괴로운 내용을 자극할 때 일어난다.

(2) 정동장애

정신분열증의 정동장애(affective disturbance)의 특징은 감정의 둔화와 부적절성이다. 감정의 둔화는 느낌이 점차 사라지고 다양한 감정을 느끼는 능력이 사라지는 것을 말한다. 감정의 부적절성은 말로 표현하는 정서의 내용과 얼굴 표정이 매우 달라서 환자의 정서상태가 타인에게 전혀 공감이 되지 않는다.

(3) 지각장애

환자의 망상적 기분, 망상개념, 그 밖의 요인으로 말미암아 환자는 자신의 세계를 다양하게 왜곡하며 지각한다. 지각장애는 착각과 환각으로 나누어 볼 수 있는데 어떤 대상, 인물의 크기, 명암, 윤곽, 소리의 강도가 이상하게 커지거나 작아지고 또한 뚜렷했다가 흐려지는 각종 착각(illusions)이 일어날 수 있다. 환각(hallucination)으로는 환청이 제일 흔하나 환시도 종종 일어난다.

(4) 행동장애

양가성(ambivalence)은 사랑과 미움같이 서로 대립되는 정서나 선과 악 등의 대립되는 사고가 하나의 대상에서 동시에 느껴지거나, 음식을 먹고자 하는 마음과 먹지 않고자 하는 의지가 동시에 있기도 하는 등으로 나타난다. 본래 이런 대립된 양극적인 관념이나 감정의 형성은 정상적인 인간정신의 특징이며 무의식의 근원적인 양가성에 뿌리를 박고 있는 것이라 생각된다. 다만 정상인의 의식생활에서는 감정의 하나가 억제되어 행동에 방향성을 갖추는 데 비해서, 정신분열증에서는 그 정도가 심각하여 양극 사이에서 어느 하나를 취하거나 어떤 종합된 결론을 못 내리고 서로 모순된 행동상의 급격한 변화가 나타난다는 것이 차이점이다. 행동장애의 또 하나의 특징은 현기증(mannerism)으로서 이는 자세, 언어, 걸음걸이, 필적, 그림, 옷차림 등 여러 면에서 나타나며 상당 시간 거북스럽고 이상한 자세를 하고 서 있는 환자도 있고, 입술을 삐죽 내밀고 씰룩거리는 증상이나 얼굴 찡그림, 입속에 바람을 넣어 불리는 행위 등 여러 가지가 있다(최정윤 외, 2000 : 176-180).

2) 정신분열증의 원인

정신분열증의 원인에 관한 학설은 매우 많고, 지난 50여 년간 많은 임상적 이해와 치료의 발전에도 불구하고 아직까지 정확한 원인은 규명되지 않았다. 그 이유는 이 병의 개념이 정확하게 규정되어 있지 않고, 여러 가능한 원인들의 개별적 영향력을 측정하기가 어렵기 때문이다. 그럼에도 불구하고 다양한 차원에서 정신분열증의 원인에 관하여 연구를 하여 왔다. 정신분열증을 대상으로 한 정신사회치료의 효능에 대한 경험적 연구문헌들을 보면 그 중 가족치료가 가장 많이 연구되고 있음을 알 수 있다(이정태 · 채영래 역, 2002). 따라서 본 연구에서는 정신사회적인 요인 중 가족이론을 중심으로 정신분열증의 원인을 살펴보기로 하겠다. 여기서는 병리적인 가족환경이 정신분열증을 발달시킨다는 이론으로서 Frieda Fromm-Reichmann, Gregory Bateson, Theodore Lidz, Lyman C. Wynne, Murray Bowen의 이론에 관하여 살펴보겠다.

(1) Fromm-Reichmann과 정신분열성 어머니

Frieda Fromm-Reichmann(1948)은 정신분열성 어머니(schizophreniogenic mother)라는 개념을 소개하였는데, 어머니의 거부가 아들의 정신분열증을 유발시킨다고 하였다. 정신분열성 어머니의 특징은 지배적이며 차갑고, 거부적, 소유적이며, 죄책감을 유발시키며, 더불어 수동적, 애정부족, 비효율적인 아버지와 함께 아들에게 혼란과 비적절성을 유발하여 궁극적으로 정신분열증에 이르게 한다는 것이다(Goldenberg, & Goldenberg, 2000 : 85). 그러나 실제로는 어떤 특정한 가족형태가 정신분열증과 연관되어 있다는 근거는 없다. 하지만 취약한 소인을 갖고 있는 환자에게 기능을 제대로 하지 못하는 가족은 심각한 스트레스를 불러일으키며, 병의 발병이나 악화에 중요한 역할을 한다고 보고 있다(이홍식, 2001 : 236).

(2) Gregory Bateson과 이중구속

Bateson은 정신분열증 환자의 가족전체를 분석대상으로 관찰하여 그때까지 정신의학자들이 치유 불가능한 신경증으로 간주하였던 정신분열증을 의사소통의 분석을 통하여 재해석하였다. 그 결과 Bateson은 의사소통이 가족간의 관계를 규정한다는 것과 규정된 관계가 항상성을 유지하려는 가족 본래의 속성에 의해 확고해진다는 결론을 이끌어 냈다(Nichols, 1984 : 394; 박태영, 2001 : 30에서 재인용). Bateson과 연구팀은 가족 내 정신분열증의 출현이 부모의 갈등을 방해하고 대신에 갈등관계에 있는 부모들이 자녀에게 관심을 집중하게 함으로써 가족체계를 이전의 가족항상성 수준으로 되돌리게 한다고 가정하였다. 그들은 가족 의사소통의 연쇄과정에 관심을 두어 정신분열증을 인간 상호간의 현상으로 재정의하기 시작하였으며, 이러한 개념은 정신분열증을 계속해서 인간 상호간의 관계를 손상시키는 정신 내적인 질병으로 간주하였던 오래된 관점에 도전하였다. 그들은 가족이 모순적이어서 불가능한 의사소통 요구에 의하여 정신분열증 환자의 이상하고 비합리적인 행동을 형성하게 할 수도 있다고 가정하였다(Goldenberg, & Goldenberg, 2000 : 86).

Bateson은 정신분열증 환자의 가족 내의 의사소통방식을 연구하여 이중구속(double-bind)이라는 개념을 제시하였다. 이중구속적인 상황은 개인(종종 아동)이 중요한 지속적인 관계를 가지고 있는 동일한 인물(종종 성인)로부터 반복적으로 모순적인 메시지를 받을 때 발생하게 된다. 이중구속적인 상황은 아이에게 서로 상이한 언어적 의사소통과 비언어적인 의사소통이 동시에 부과되는 상황, 즉, 말과 행동이 서로 다른 상황에서 발생하게 된다. 예를 들어, 엄마가 자녀에게 말로는 사랑한다고 하면서 얼굴은 싫어하는 표정을 보일 때 아이는 이러지도 저러지도 못하는 갈등에 빠지게 된다. 따라서 자녀는 분명한 의사소통과 사회적 판별능력을 획득하지 못하여 결국 정신분열증이 되고 만다는 것이다.

(3) Theodore Lidz의 부부균열과 부부불균형

Lidz와 그의 동료들은 자녀의 정신분열 발달에 미치는 가족의 역할에 관하여 연구를 하였다. 그들은 정신분열증 가족의 특징으로 두 가지 결혼갈등유형, 즉 부부균열(marital schism)과 부부불균형(marital skew)의 개념을 제시하였다.

부부균열은 부부가 거의 모든 중요한 영역에서 서로 의견을 달리할 뿐만 아니라 다툼을 일으키는 관계를 말한다. 부부는 자기중심적이고 너무 차갑고, 엄격하며 자신들의 욕구에 지나치게 사로잡혀 있기 때문에 상대방의 요구나 욕구를 공개적으로 무시한다. 그들은 감정적으로 너무 차갑고 성적으로도 서로에 대해서 무관심하거나 뚱한 상태를 보이고 있다. 이들의 대화는 서로에게 강요하거나 강제적으로 무엇을 하도록 하는 명령식이고 서로의 생각을 흩트리기 위한 대화를 하기 때문에 무엇을 하려고 하는지 잘 알 수 없다(Lidz, Fleck, and Cornelison, 1965 : 137; 김용태, 2000 : 31에서 재인용). 부부균열에서는 두 배우자가 상호 실망하여 서로 고립된 생활을 하며, 감정적 보상을 자식에게서 구하려 한다.

부부불균형은 가족의 감정생활이 한쪽 배우자에게 지배되어 있는 경우인데, 지배적이고 증오에 찬 부인과 수동적이고 의존적인 남편으로 구성된 결혼관계이거나, 반대로 폭군 남편과 겁이 많고 유순한 부인으로 구성되는 관계를 말한다. 강한 쪽의 부모는 비정상의 분위기를 만들어 내고 약한 쪽의 부모로 하여금 자녀에게 비정상의 분위기를 정상으로 만들도록 한다. 만일 이로 인하여 문제가 발생하는 경우에는 강한 쪽의 부모는 약한 쪽의 부모에게 전에 있었던 일이 사실이 아니라고 부정하도록 만든다. 이로 인하여 자녀는 몹시 혼란스럽게 되고 무엇이 진실이고 현실인지 이해할 수 없게 되는 상태에 빠지게 된다. 정신분열증은 부부균열과 부부불균형으로 인해서 부모와 자녀 간에 적절한 경계선을 만들지 못하기 때문에 생기는 현상이다(김용태, 2000 : 32).

남성 정신분열증은 보통 지배적이고 정서적으로 장애 어머니가 있는 결혼왜곡 가족출신이라고 하였다. 동시에 결혼왜곡 가족의 아버지는 어머니(아내)의 자녀양육방식에 맞서지도 못하면서 적절한 남성역할모델도 제공하지 못한다(Lidz, Cornelison, Fleck, and Terry, 1957; Goldenberg, & Goldenberg, 2000 : 88에서 재인용). 결혼왜곡이 정신분열 아들의 선행요인이라면, 결혼분열은 종종 정신분열 딸의 선행요인이다(Goldenberg, & Goldenberg, 2000).

(4) Lyman C. Wynne의 거짓친밀성과 고무울타리(rubber fence)

Wynne와 그 동료들은 1950년대부터 정신분열증의 가족관계에서 특히 생각장애를 가진 사람들의 부모들의 대화형태를 연구하였다. 거짓친밀성이라는 것은 실제로는 그렇지 않으면서 겉보기에는 상호개방적이며 서로 이해하는 관계처럼 보이는 것을 의미한다. 이러한 관계에서는 가족구성원들이 자기 자신이 되려는 노력을 할 때 위험에 처하게 된다. 따라서 가족구성원들이 자신의 정체성을 유지하지 못하는 상태로 서로 친밀하게 지내는 가족의 관계를 거짓친밀성이라고 부른다(김용태, 2000 : 34). 거짓친밀성(pseudomutuality)은 가족에게 만연된 무의미와 공허감으로부터 가족을 보호하기 위하여 계획된 가족이 공유하는 가족책략이다(Goldenberg, & Goldenberg, 2000 : 89). Wynne와 그 동료들은 급성 정신분열증을 일으키는 사람들의 가족들은 강력하고도 오래 지속되는 가짜 친밀성의 관계를 가지고 있다고 보았다.

Wynne는 한 가족이 늘 자기들끼리만 통하는, 그래서 그 가족 밖의 사람들은 이해하지 못하는 거짓(위선적) 상호배려적(pseudo-mutual 또는 pseudo-hostile)인 대화방식이 문제라고 하였다. 즉, 이런 가정에서는 가족성원들이 서로 돕고 상대방을 이해하려는 듯이 보이나 속으로는 개 개인의 독립된 개성의 발전을 두려워하고, 이를 막기 때문에 아이의 정상적인 발전을 차단한다. 이 과정에서 점차 가족 외부의 사람이 이해할 수 없는 가족 내에서의 의사소통방식이 성립되며, 이런 의사소통방식에 길들여진 아동이 사회로 나아갈 때 문제가 발생하게 된다는 것이다(이홍식, 2001 : 237). Wynne와 그 동료들은 정신분열의 전 단계는 가족 밖의 개인적 경험으로부터 의미를 정확히 추론할 수 있는 자신의 능력을 의심하며, 가족의 테두리에 둘러싸인(그러나 안전한) 경계선을 가진 친숙하고, 자족하는 가족체계로 돌아가려는 경향이 있다고 했다(Wynne, 1958). Wynne는 이러한 외부영향에 대한 저항을 고무울타리(fubber fence)라고 명명하였다. 가족성원들은 자신의 정체성을 찾으려는 생각이나 의미들은 일부러 제외하고 가족이 같이 있어야 한다는 필요성이 있는 곳이면 모호한 경계선을 확장해 나간다. 마치 찐득찐득한 고무줄이 한번 붙으면 어디든지 따라가듯이 가족의 경계선도 외부의 세계와 구별되지 않은 상태로 가족성원들을 따라 다니게 된다는 것이다. 이러한 가족에서 규칙은 지속적인 유동상태로 마치 가족이 외부세계와의 위협이 되는 접촉을 최소화하려는 시도처럼 보인다(Goldenberg, & Goldenberg, 2000 : 90).

(5) Murray Bowen의 분화이론

Bowen은 정신질환이 아동기의 부모-자녀관계의 산물이라는 프로이트의 가설에 회의를 품고 비슷한 정신적 외상을 경험해도 왜 어떤 사람은 장애를 나타내고 어떤 사람은 장애를 나타내지 않는지에 대하여 연구하였다. 이때 그는 정신분열증이 어머니와 미해결된 관계의 결과로 발생된다는 가정을 둔 모자 공생관계에 초점을 두기 시작하였다(Hoffman, 1981 : 29; 박태영, 2001 : 26에서 재인용). 분화이론(differentiation theory)의 핵심개념은 분화되지 않은 가족의 자아덩어리로서, 살아 있는 체계로서 가족은 하나로 뭉쳐진 자아덩어리와 같다. Bowen이론의 목적은 가족성원들이 가족의 감정적인 자아덩어리로부터 분화시켜서 개인이 그의 가족으로부터 분화된 확고한 자아를 수립하도록 돕는 데 있다. Bowen은 가족성원 중 한 사람이 분화될 때 그 파급효과가 가족을 통하여 발생된다고 보았다.

위에서 살펴본 정신분열증에 관한 가족이론의 기본적인 가정은 가족관계의 장애가 정신질환의 주요원인이며, 각각의 정신병리 형태에 따라 독특한 가족역동의 특정유형이 있을 것이라는 것이다. 특히, 부부간의 갈등으로 인하여 자녀가 부모 사이에 끼어들어가게 되며, 이러한 관계로 인하여 역기능적인 의사소통유형이 존재하게 되며, 이러한 의사소통은 원가족으로부터 물려받게 된다는 가정을 볼 수 있다. 부모간의 갈등으로 인하여 자녀들은 본의 아니게 한쪽의 부도 편에 설 수 밖에 없는 상황에 처해 가족으로부터 분리가 안 되는 과정을 겪게 된다고 볼 수 있다. 그러한 가운데 그 가족에서 살아남기 위하여 자신도 모르게 정신분열증상을 유지하게 된다고 볼 수 있다.

3. 문제점 및 치료목표

1) 문제점

첫째, 부부는 서로 매우 다른 가정의 배경을 가지고 있었다. 남편은 원가족에서 밀착된 관계를 추구하여 왔고, 부인은 원가족에서 거리감을 두는 관계를 추구하였다. 두 사람은 결혼하고 나서 이러한 배우자 가정의 문화를 이해하기 힘들었고, 이러한 두 가정의 문화에서 오는 갈등을 신혼초에 해결하지 못하였다. 가족생활주기에서 신혼초의 과업을 조정하지 못하고 현재까지 결혼생활을 유지하고 있었다. 아들은 아빠의 밀착된 관계를 추구하려는 성향을 지니고 있었으나, 엄마는 아들을 남자로서 강하게 키운다는 생각으로 아들의 신체적인 접촉을 받아들이지 않았고, 아들은 어머니로부터 거부당한 감정을 가지게 되었다.

둘째, 아들과 아빠와의 관계에서 함께 하는 시간이 별로 없었으므로, 대화할 수 있는 기회가 적었고, 아빠가 아들에게 학습시킬 때 표현을 거칠게 하였다. 따라서 아들은 아빠에게 더욱 주눅이 들었다.

셋째, 남편은 근본적으로 어머니로부터 자아분화가 되지 못하였다. 두 부부만의 관계는 괜찮은 편이었으나, 시댁식구와 관련해서 남편은 부인의 입장을 들어주기보다는 시댁식구의 입장을 들어줬다. 따라서 시댁과 관련된 모든 문제에서 부부는 항상 싸우게 되었으며, 이러한 부부싸움으로 인하여 아들에게 스트레스를 주었다. 아들은 이러한 부부싸움으로 불안하였고, 이러한 불안과 어머니의 이중구속적 표현으로 인하여 자신의 의견을 표현하지 못하였다. 결국 아들은 급성 정신분열증상을 가지게 되었다.

넷째, 부부는 서로간의 차이점을 인정하지 못하였고, 이러한 차이점을 해결하려고 역기능적인 의사소통을 하였다. 남편은 문제를 무언으로 대처하였고, 부인은 그러한 남편의 대처방식이 자신을 무시하는 것이라 생각하여 계속 다그치는 방식을 가지고 있었다. 즉, 부부의 대화방식을 보면, 부인은 언성을 높여서 잔소리하고 남편은 회피하는 식의 역기능적으로 시도된 문제해결방식을 사용해 왔다.

2) 치료목표

첫째, 부부간의 원가족에서 오는 가족문화의 차이를 인식하고, 서로의 인간관계 추구방식을 이해한다. 특히, 시어머니를 포함한 시댁식구들과 명확한 경계선을 가지도록 한다. 따라서 부부하위체계를 명확히 하는 데 일차적인 목표를 둔다.

둘째, 아들의 신체적인 접촉을 어머니가 수용해 주도록 하며, 아들과 아빠의 관계를 더욱 강화시킨다. 한편, 아들과 어머니와의 의사소통방식의 변화에 초점을 둔다.

셋째, 미분화된 남편을 어머니로부터 분화시키는 데 초점을 둔다.

남편의 분화로 시댁과 접촉하는 빈도를 줄이도록 한다. 따라서 부인은 시댁으로부터 받는 스트레스를 줄이게 된다.

넷째, 부부가 지금까지 시댁과 관련된 문제를 해결하기 위하여 역기능적으로 시도해 왔던 의사소통방식에서 지금까지 시도해 보지 않았던 기능적이며 효과적인 새로운 의사소통방식을 사용하도록 한다.

4. 치료모델

치료자가 정신분열증 환자의 가족을 치료하기 위하여 사용한 모델로 남편의 어머니로부터의 미분화문제를 해결하기 위하여 Murray Bowen의 가족체계이론(Family Systems Theory)과 MRI의 상호작용적 가족치료(Interactional Family Therapy)모델을 활용하였다.

1) Murray Bowen의 가족체계 치료모델

Bowen의 가족체계 치료모델에서는 부모 특히 어머니와 자녀 사이의 미분화된 정서적 관계를 중시하였으며, 이러한 관계는 가족투사과정을 통해서 전수된다고 보았다. 또한 치료목표로 미분화된 가족자아집합체로부터 분화되는 것에 두었다(Friedman, 1991; Goldenberg, & Goldenberg, 2000; Papero, 1995). 특히 자아분화가 낮을수록 삼각관계의 형태는 심하고 관계가 중요할수록 그 형태가 강하다. 두 사람의 정서체계는 긴장이 없을 때는 안정되지만 불안이 증가하면 삼각관계를 형성하게 된다. 이때 인간관계의 갈등과 불안을 객관적으로 평가하지 못하고 제3자와의 의존적 관계(융합)를 통해 불안을 극복하려 하고 이 불안한 부부정서관계에 자녀를 끌어들여 속죄양을 만들기도 한다. Bowen은 삼각관계를 가장 불완전한 관계체계로 보았고, 삼각관계가 일시적으로 불안이나 스트레스 감소에 도움을 줄 수 있으나 오히려 가족의 정서체계를 더욱 혼란스럽게 하여 증상을 나타나게 한다고 주장하였다(Goldenberg, & Goldenberg, 2000). 또한 자아분화가 안 된 경우에 나타나는 인간관계의 추구형은 너무 지나치게 친밀한 관계유형을 추구하거나 지나치게 거리감을 두는 관계유형을 추구하는 형태를 띤다(박태영 · 김현경, 1998).

한편, 관계의 패턴은 세대들을 넘어 학습되고 전수되는 것으로 간주되며, 현재 상호작용하는 패턴들에 영향을 준다(Harvey & Bray, 1991). 더욱 구체적으로 사람들이 관계하는 방식은 다른 가족성원들에 의해 가족 내에 강화와 모델링을 통하여 세분화되고 규정된다. 게다가 그 가족성원들의 영향은 그 가족들과 접촉을 유지하면서, 또는 가족원들과의 접촉 없이도 지속된다. 따라서 사정과 개입은 가족성원들과 세대들 내에서 그리고 가족성원들과 세대들 간의 상호관계에 초점을 둔다(Lawson, 1999).

부모로부터 정서적으로 독립하지 못하고 부모 사이에서 갈등이 심한 자녀들은 부적응적 행동이나 증상을 나타낸다고 하였다(Fleming & Anderson, 1986; Hoffman & Weiss, 1987). 반면에 원가족과 정서적으로 단절된 사람은 대인관계에서 건강한 관계를 맺는 데 어려움을 겪는다고 하였다(Framo, 1984). 따라서 자아분화 수준이 낮을수록 역기능적 행동이나 증상이 많이 발생하며(제석봉, 1989), 정신건강 수준 역시 낮은 것으로 나타났다(이혜숙, 1992; 유은희 · 전춘해, 1995 : 139에서 재인용). 유은희와 전춘애(1995)의 연구에서도, 어머니의 자아분화 수준은 모-자녀 간의 갈등을 통해 자녀의 문제행동 발생에 영향을 줄 수 있다는 것이 나타났다.

한국의 전통적인 가족제도에서, 가정을 통솔하여 유지하는 기능에서는 부자관계가 강조되지만, 정서적인 친밀한 관계는 오히려 모자관계에 의존하였다. 한국의 가정문제 중에 흔히 보이는 고부간의 갈등은 어머니와 친밀한 관계를 가지고 있는 남편이라는 모자관계에 아내라는 제삼자가 생기면서 발생하게 되는 것이다. 고부간의 갈등은 시어머니와 며느리 사이에서 발생되는 문제로 이 두 사람 간의 문제는 종속적인 상하관계의 특성을 가지고 있으므로 문제가 생기면 해결하기 어려운 상황이 되며, 두 사람 간의 불편한 관계는 지속된다. 따라서 부부간의 친밀한 관계가 유지되지 못하기 때문에 부인은 정서적 지지를 자녀에게 의지하게 되므로 Bowen의 개념인 가족투사과정과 다세대 전수과정이 일어난다. 즉 세대간을 뛰어넘는 강한 모자관계는 다음 세대의 모자관계에서도 나타나게 됨으로써 이러한 가족관계의 양상이 다음 세대에서도 계속되는 것이다(김유숙, 1998 : 6).

이 사례에서 남편은 시어머니로부터 정서적인 분화가 되지 않았고, 또한 경제적인 도움을 받아 오고 있었다. 특히 시어머니는 남편과 지나친 밀착관계를 가지고 있었고, 남편의 가정과 심지어 남편이 시무하는 교회에까지 지나친 간섭을 해 왔다. 이러한 남편과 시어머니의 미분화로 인하여 부인은 남편과의 관계가 매우 힘들었다. 부인과 남편 두 사람 간의 관계는 좋은 편이었으나, 시댁문제만 결부되면 남편은 부인의 입장을 들어주기보다는 시댁식구들의 입장을 들어주는 편이었다. 따라서 매번 시댁문제로 인하여 두 사람은 싸움을 하였으며, 이러한 싸움의 여파가 자녀에게 전달되었다. 부인은 남편과의 불안정한 부부관계로 인하여 자녀에게 지나친 간섭을 하게 되고, 자녀의 신체적인 접촉을 거부하였다. 따라서 치료자는 남편을 부인과 함께 협력하여 시어머니로부터 분리하는 작업을 하도록 하였다. 결과적으로 부부하위체계를 강화시키며, 그 과정으로 시댁식구들과의 명확한 경계선을 긋도록 하였다.

2) MRI의 상호작용적 가족치료모델

MRI(Mental Research Institute) 집단은 의사소통과 체계개념에 기반을 두고 있으며, 클라이언트에게 나타나는 증상에 초점을 맞춘 단기치료 접근법이다. 의사소통이론가들은 가족성원들 개인의 역사적인 분석에 초점을 두는 것이 아니라 가족체계 내의 관찰할 수 있는 현재의 상호작용(관계)에 초점을 둔다(박태영, 2001 : 29). 치료의 목적은 클라이언트가 생활을 잘 해 나갈 수 있도록 가능한 빨리 그리고 효과적으로 클라이언트가 제시하고 있는 불평을 해결하는 데 있다(Shoham et al., 1995). MRI 집단은 Watzlawick과 그의 동료들에 의하여 개발된 상호작용적 치료의 이론적 토대에 기여를 하였다. 이 접근법은 수많은 문제를 다루는 실제적인 치료모델이며(박인철 역, 1995; Watzlawick et al., 1974; Weakland et al., 1974), 클라이언트의 문제를 병리적인 시각으로 설명하는 것을 지양하고 클라이언트의 불평과 변화를 위한 목표의 두 가지 측면에서 클라이언트 중심의 치료방식을 사용한다(Duncan et al., 1992). MRI 단기치료모델은 현재 클라이언트에게 나타나고 있는 문제에 초점을 두며(Schlanger & Anger-Diaz, 1999), 문제와 변화에 대하여 두 가지의 상호연결된 가정에 입각해 있다. 문제의 기원과 원인과는 상관없이, 만일 클라이언트와 클라이언트가 상호작용하는 사람들이 현재의 문제행동을 계속하게 되면 클라이언트들이 심리치료자에게 가지고 오는 문제들은 계속해서 유지되는 것이다. 반면에 문제를 유지시키는 행동이 적절하게 변화되거나 제거된다면 그 문제의 성질이나 기원, 혹은 기간에 상관없이 그 문제는 해결되거나 사라질 것이다(Weakland et al., 1974). 따라서 이러한 면에 있어서 MRI의 상호작용적 가족치료모델은 행동의 변화에 초점을 둔 모델이라고 할 수 있다.

MRI의 모델에서 사람들은 디지털 방식과 아날로그 방식 두 가지로 의사소통을 한다. 디지털 방식의 의사소통은 말로 구성되며, 그것은 언어의 논리적인 구문에 따라 조작되는 임의의 정표들이다. 반면에 아날로그 방식의 의사소통은 좀더 넓은 의미에서, 의사소통이 발생하는 맥락뿐만 아니라 모든 비언어적인 의사소통을 포함한다. 사람들은 정보를 전달하는 데 있어서 디지털 방식의 의사소통을 사용한다. 정보의 전달은 일정한 규칙을 통해서 이루어지며 일정한 규칙들이 논리를 구성하여 다른 사람에게 전달된다. 아날로그 방식의 의사소통은 일정한 규칙을 가지고 있지 않으며 특수한 상황에 적용되는 경우가 많다. 특수한 상황에서 상징성을 가지고 상대방에게 전달된다. 상징성은 주로 언어로 표현되기보다는 신체를 통하여 전달된다. 또한 전체의 상황을 통해 전달되기도 한다(Watzlawick et al., 1967 : 61-61; Greene, 1996 : 120에서 재인용). 미국인의 의사소통은 명확하며 직접적인 디지털 방식의 의사소통에 의존하는 경향이 있는 반면에, 한국이나 동양의 문화권에서는 의사소통이 간접적이어서 아날로그 방식의 비언어적인 의사소통을 중시하고 있다(Shon & Ja, 1992). 즉, 서양인이 언어적 의사소통에 비중을 두는 반면에 동양인은 확대가족구조 속에서 자기보다는 가정의 이익을 위하여 자신을 숨기고 가족의 화목을 위해 개인을 희생하며 침묵에 가치를 두는 언어적 의사소통을 많이 사용한다. 한국사람이 자주 사용하는 '以心傳心'이라는 표현에서 볼 수 있듯이 언어에 의한 디지털 방식의 의사소통보다는 아날로그 방식의 의사소통, 즉 비언어적인 의사소통에 비중을 두는 것이다. 또한 동양인은 위기나 갈등상황보다는 조화를 이루는 상호작용을 중시하므로 직접적인 논쟁을 회피하는 경향이 있다(김유숙, 1998 : 7).

MRI 집단에 따르면, 가족의 문제는 문제를 해결하려는 가족의 시도에 의해 오히려 유지되고 있다는 것이다. MRI 집단은 문제를 둘러싸고 있는 상호작용의 과정을 강조하고 일반적인 시각에서 모든 행동은 사회체계 내에서 더 폭넓게 진행되는 의사소통의 교류 가운데 설명할 수 있는 것으로 본다(Duncan et al., 1992). MRI 집단은 인간은 두 가지 방법으로 '문제'를 발달시키는 것으로 본다. 첫째, 어려움을 잘못 다루는 것이다. 둘째, 문제를 해결하려는 시도의 실패와 똑같은 문제해결 방식의 계속적인 적용이다(Watzlawick et al., 1974). MRI 모델은 '문제'란 오랫동안 그 문제를 변화시키려고 계속해 온 바람직하지 못한 행동들로 이루어진 것으로 본다. 그러한 문제행동들이 지속되는 것은 일차적으로 사람들이 그 문제행동들을 변화시키려고 행하여 왔던 방법, 즉 사람들의 '시도된 해결'에 있다고 본다. 또한 사람들이 자신들의 문제를 감소시키려고 시도해 온 해결책이 종종 문제를 유지시키거나 혹은 그 문제를 더욱 악화시키기까지 한다(Goldenberg, & Goldenberg, 2000). 따라서 치료자의 일차적인 임무는 새로운 또는 다른 행동을 기존의 행동과 대체하거나, 본래의 문제행동을 '하찮은 문제'로 재평가하는 것에 의하여 클라이언트에게 지금까지 시도해 온 해결책을 소개하는 것이다(Weakland, 1993). 또한 문제를 유지시켜 왔던 차례를 변화시키기 위하여 MRI 모델에서는 가족들에게 상식과는 반대되는 일들을 하게 하거나 혹은 믿을 수 있도록 하게 한다(Nichols, & Schwartz, 2001).

MRI 모델의 치료 초점은 해결책에 있고, 치료의 중심 과업은 다음 세 가지로 나눌 수 있다. 첫째, 클라이언트에 의해서 제안되고 있는 문제에 대하여 행동적인 용어로 구체적이고 분명한 묘사를 얻는 것이다. 둘째, 모든 시도된 해결책의 공통의 특징과 중요한 취지를 발견하는 것이다. 셋째, 클라이언트가 말로나 행동으로 완전히 다른 어떤 것을 하도록 치료자의 영향력을 사용하는 것이다(Schlanger & Anger-Diaz, 1999).

부인은 신혼초부터 시댁과 관련하여 남편과 솔직한 대화를 할 수 없었고, 그 배경에는 남편이 어려서부터 원가족에게 자신의 생각과 감정을 표현해 보지 못한 데 있었다. 남편은 아버지를 존경하였으나, 아버지와 대화를 할 수 없었다. 남편은 자신의 생각을 말로 표현하지 않았고, 부인은 남편의 이러한 의사소통방식에 화가 났으며, 부인이 시댁과 관련하여 남편에게 불만을 토로하면 남편은 그러한 부인을 받아 주지 못하고 오히려 부인을 이상한 듯이 대하였다. 결과적으로 부인은 남편에게 답답함을 느껴 소리를 지르고, 남편은 그러한 부인을 회피하는 방식을 취하였다. 이것이 바로 부부가 지금까지 문제를 해결하려고 시도해 왔던 역기능적인 문제해결방식이었다. 즉, 배우자와 대화를 할 수 없었던 남편과 부인의 소리치고 다그치는 의사소통 표현방식이 문제를 해결하기보다는 오히려 두 사람 간의 관계를 더욱 악화시켜 왔다고 볼 수 있다. 따라서 치료자는 이러한 문제를 해결하려고 시도해 왔던 역기능적인 방식을 찾아 지금까지 시도해 보지 않았던 새로운 방식으로 변화를 시도하였다. 이러한 의사소통방식의 변화로 인하여 부부관계의 변화를 추구하였고, 부인은 아들에게 이중구속적인 의사소통방식에서 일치하는 의사소통방식으로 변화하는 데 치료의 초점을 두었다.

5. 치료과정

본 사례의 상담기간은 2001년 7월 28일부터 9월 25일까지 총 9회로 이루어졌다.

Session 1회(2001년 7월 28일)

T : 저를 찾아오신 이유가 무엇입니까?

H : 올 4월 달부터 민수가 많이 힘들어하더라구요. 사람들을 피하면서 이상한 증세를 많이 보였어요.

T : 이상한 증세란 무엇을 말하는 건가요?

H : 학습을 하지 못해요. 학교에서 공부시간에 누워 있고 머리가 아프다고 그러고 친구들하고의 관계도 안 되고요. 그리고 어디를 가면 거기에서 적응하지 못하고 입에서 뭐가 나온다고 끄집어내는 몸짓을 하면서 몸을 꼬고 그래요. 그래서 내적 치유를 하는 선배 목사님을 찾아갔어요. 거기서 두 달 정도 참석하고 그 증상들이 다 사라졌어요. 토하는 것도 사라지고요. 그 뒤로 말도 잘 하고, 기도도 하고, 찬양도 하고, 글도 읽고 쓰고, 전에는 지능이 일곱 살도 안 되는 행동을 했는데 지금은 대화도 되고 많이 좋아졌어요.

T : 그러면 지금은 문제점이라는 이상한 증세가 거의 없어졌다는 것인가요?

H : 처음에 심하게 나타났던 증상들은 거의 사라졌어요.

W : 처음엔 밥도 못 먹었어요. 그러니까 제가 교회 부흥회 때문에 서울을 가면서 민수를 혼자 두고 갔어요. 아빠는 교회에 공부하러 갔고요. 그래서 시골에 민수가 혼자 있었는데 무서웠나봐요. 제가 가면서 옆집 권사님이랑 자라고 하고 7시 정도에 전화를 했는데 안 받았어요. 안 받을 리가 없는데요. 나중에 목사님께 전화를 해 보니까 민수가 열쇠를 어디에다 놔뒀는지를 잘 몰라서 밖에서 2시간 동안 헤매다가 방충망을 찢고 들어갔대요. 그 날부터 어두움에 대한 무서움과 공포 같은 것을 느낀 것 같아요. 그리고 다음날 민수가 학교를 안

가고 아빠하고 저한테 왔더라구요. 근데 애가 다른 애 같았어요. 입은 비뚤어져 있고, 손은 뒤틀려 있더라구요. 너무 놀랐지만 병원을 안 가고 그 교회를 갔어요. 처음에는 애가 말도 없고, 웃지도 않고, 먹지도 않고, 씻지도 않았어요. 완전히 애기 그 자체였어요. 한 달을 계속 같이 있으면서 밥도 먹여 주고, 씻겨 주고, 생전 안 했던 일을 하면서 애하고 같이 있었어요. 지금 생각해 보면 그전에는 애가 하나라서 어리광을 피울까 봐 애가 뽀뽀하는 것도 어리광을 피운다면서 막 그랬거든요. 가까이 오는 것을 거부했다고 그럴까요? 저는 마음으로 애가 강해지기를 바랬는데 그게 애한테 상처가 된 것 같아요. 그 교회에 있으면서 뽀뽀도 하고픈 대로 계속 하도록 내버려두고, 밥도 먹여 주고, 씻겨 주고 계속 그러면서 한 달을 지냈더니 많이 좋아지더라구요.

T : 민수야 지금 힘든 것이 무엇이니?

C : (긴 침묵)
(아들이 전혀 치료자와 눈을 마주치지 못하고 묻는 말에도 대답을 못하고 있다)

T : 남들하고 대화하는 것은 어때요?

H : 잘 안돼요.

T : 언제부터 그랬습니까?

H : 말을 주고받을 때 이야기의 요점을 파악하고 상대방이 원하는 말을 해서 대화를 하는 것은 어릴 적부터 어려웠어요.

W : 민수가 혼자는 잘 놀았지만 말이 늦었어요. 저희가 현재 사는 곳으로 이사를 오면서 민수가 이사 오기 전에 사귀었던 친구들을 그리워하면서 힘들어하더라구요. 그런데 그것마저도 1년 있다가 폐교가 되어 없어져서 1시간 정도 차를 타고 나가서 학교를 다녔어요. 그런데 거기 애들이 텃세를 부리면서 민수를 왕따시켰나 봐요. 민수가 학교만 갔다 오면 저한테 힘들다고 이야기를 했는데 저희는 "너는 목사 자식이니까 참아라"고만 하고, 또 교회에서 게임하는 것도 전기세 나온다고 못 하게 하고, 가요 같은 것도 크게 못 틀게 했던 것이 애한테 스트레스를 많이 준 것 같아요(울음).

도시에 있던 학교에서 시골의 분교로 옮기고 나서 민수는 그곳 학교에 다니는 애들로부터 왕따를 당하였고, 그러한 왕따를 당하고 있는 사실에 대하여 부모님에게 이야기를 하지 않았다. 또한 그전에 살던 지역에서는 문화생활을 할 수 있었으나, 이곳 시골로 오고 나서부터는 전기세가 많이 나온다고 하여 인터넷도 할 수 없었다.

T : 어머니께서는 민수의 문제가 뭐라고 보세요?

W : 지금은 민수가 우리가 평상시에 하고 있는 이야기가 아니라 자기 속에 있는 이야기를 다른 누구하고 하고 있어요. 저하고 이야기할 때도 다른 이야기를 한 마디씩 하는데 그것을 저는 잘 모르겠어요. 그게 답답하고 알고 싶어요(울음). 민수의 내면에 있는 것들이 정리가 되고 다 하나가 됐으면 좋겠어요. 어렸을 때부터 애는 엄청나게 순종적이지만 세 살 때인가 네 살 때인가부터 약간 자폐기가 있는 것 같더라구요. 말을 안 하니까요.

H : 말을 잘 못해서 소아과에 갔는데 말이 좀 늦은 것 같지 자폐증은 아닌 것 같다고 하더라구요. 그래서 걱정은 안 했어요.

T : 애가 누구하고 눈을 잘 마주치지 못 했습니까?

W : 그러지 않았는데 그러고 나서부터 그래요. 웃는 것도 다행이에요. 얼굴이 다른 애 같았어요.

T : 올 4월부터 그것이 심했단 말입니까?

W : 네, 애가 안 그랬었는데 방충망을 뜯고 들어간 다음부터 계속 침을 뱉고 아침마다 토하더라구요. 근데 그것 때문에 스스로 스트레스를 받았나 봐요. 그리고 제가 어릴 때부터 약하고 신경질을 많이 부렸는데 그것이 쌓이면 애한테 한번씩 풀고 그랬던 것이 심했다는 생각이 들었어요. 그러니까 항상 잘해 주다가도 가끔씩 때리고 욕했던 것이 많이 미안해지더라구요. 그리고 제가 좀 못되서 쌓이고 쌓이면 애 앞에서 목사님하고 많이 다투었던 것 같아요. 심하게 때렸던 적은 한 번도 없는데 제가 소리를 자주 질렀던 것이 애한테 안 좋은 영향을 미친 것 같아요(부부관계가 문제가 있다는 것을 볼 수 있으며, 부부관계로 인하여 스트레스를 받아 자녀에게 영향을 미쳤다. 즉 역기능적인 부부관계로 인하여 자녀가 삼각관계에 연루되어 있다).

T : 민수가 이야기할 때 앞뒤 문맥이 안 맞잖아요. 그것은 언제부터 그

랬어요?

H : 올 4월부터 그랬어요. 그전에는 이 정도까지는 아니었어요. 그 일이 있고 난 다음날 강원도로 가는데 차 안 조수석에 앉아서 계속 뭐가 나온다면서 몸을 꼬는 거예요. 그래서 차를 세우고 운전하는 데 신경 쓰이니까 그러지 말라고 혼냈어요. 이런 것인 줄 알았으면 안 그랬을 텐데 그땐 몰랐어요.

T : 민수하고 목사님하고의 관계는 본래부터 좋았습니까?

W : 저희하고는 별 문제가 없었다고 생각했어요. 단지 애를 혼낼 때 좀 심하게 했던 것 같아요. 저는 화날 때 "바보 같은 새끼가…" 이런 이야기도 가끔씩 하고 너무 속상하니까 손으로 등을 때리고 그랬어요. 그리고 아빠는 애를 밖에다 내보내고 했어요.

H : 민수가 산골 분교에 다니면서 영어 수업을 하나도 못 받았어요. 그래서 중학교 가니까 영어를 아주 헤매는 거예요. 그래서 예배를 마치고 1시간 정도 영어를 봐주기로 했어요. 영어 단어를 외우는데 며칠이 되어도 영어 단어를 10개도 못 외우니까 학습에 대한 처벌을 강하게 했어요. "이것을 외우면 외울 수 있는데 왜 못 외우냐? 다 마음자세에 달린 것이다" 하면서 벌을 세우곤 했어요. 그러다 화가 나면 저도 욕을 하죠. "미련한 놈아, 바보"라고 했는데 그것이 상처가 됐던 것 같아요. 그리고 밖에 나가라고 했어요. "그렇게 의지가 없으면 어떡하냐?"라면서 2번 정도 문을 걸어 잠갔어요. 학습을 좀 도와줘야 애가 자신감을 찾겠다 싶어 영어공부를 시작했는데 하루는 제가 스트레스를 굉장히 많이 줬어요. 단어 10개를 3시간 동안 계속 외우라고 했는데 결국에는 못 외우더라구요.

T : 민수가 환청 증상을 가지고 있는 것으로 보아 정신분열증 증세가 있는 것 같아요. 앞으로 민수문제는 신경정신과 치료와 병행을 하는 것이 더 나을 것 같습니다. 그리고 저는 민수의 문제를 일단 부부관계에 두고 부부상담을 들어갑니다. 민수가 학교에서 받은 스트레스도 있었겠지만 그 저변에는 어려서부터 엄마, 아빠와 대화가 되지 않았을 것이라는 것이 제 추측입니다. 그리고 자기가 대화를 시도하려고 했는데도 부모님이 대화를 못 받아줬을 거라는 것이죠. 제가 볼 때는 그것이 가장 큰 핵심입니다. 그렇게 대화가 안되는 상태에서 학교에서 스트레스를 받고, 엄마하고 아빠한테 이야기 해도 그것

이 풀리지 못하고 누적이 됐을 거라는 것입니다. 근데 그것이 터지는 도화선이 된 사건이 4월·달에 있었던 방충망을 찢고 들어간 것이라고 생각합니다.

Session 2회(2001년 8월 2일)

W : 저번 시간에 너무 속상했던 것이 저희는 평상시에는 문제가 없다고 생각했는데 문제가 있다고 말씀하시니까 그런 것들을 받아들여야 하는데 너무 혼란스러웠어요. 왜 이렇게 됐는지 모르겠어요(울음). 죄송해요. 뵙자마자 또….

T : 지난주에 여기 다녀간 후 민수에게 무슨 변화가 있었나요?

W : 민수가 가면 갈수록 좋아지는 것 같아요. 근데 민수가 교회에 있을 때는 좋아지면서 이야기도 알아들을 수 있는데 집에 가면 또 알아듣지 못하는 자기만의 말을 해요.

T : 주로 어떤 식의 이야기를 합니까?

W : 주로 옛날에 있었던 이야기를 하는데 "그게 좋았지? 좋았지?" 하면서 자꾸 캐묻는 것도 많고, "그때 그것이 무슨 뜻이었어?"라고 말을 하는데 잘 알아듣지 못하겠어요. 저는 그런 적이 있었는지도 모르겠구요.

T : 민수가 자랄 때 어머니가 항상 민수를 간섭하셨습니까?

W : 네, 아빠는 좋으시긴 한데 잘 혼내지 않으시고 제가 야단쳤어요.

민수 어머니의 시댁식구관계를 살펴보았을 때, 시아버지는 청렴결백하고 존경을 받을 만한 사람이었으며, 시어머니는 가족과 이웃을 위하여 지나치게 많은 도움을 주려고 하였다. 시댁식구는 철저하게 분화가 되지 않는 가족이었다. 모든 가족이 미분화된 가족자아덩어리(undifferentiated family ego mass)에서 분리되어 있지 못하였다. 따라서 가족들이 서로 지나치게 밀착된 관계를 유지하는 성향을 가지고 있었다. 그에 비하여, 민수 어머니의 가족은 가족간에 서로 거리감을 두는 관계를 유지하는 성향을 가지고 있어서, 시집 와서 시부모와 살면서 남편의 가족분위기에 적응하기가 매우 힘들었다.

T : 신혼초 때 매우 힘드셨겠네요?

W : 네, 그때 우울증 초기였어요. 저희 어머님의 성격을 맞출 사람이 없어요. 그리고 맏아들에 대한 기대가 말도 못해요. 아버님이 저를 예뻐하시는 꼴도 못보시고 좌우간 너무 힘들었어요. 그리고 본인이 힘들게 사셔서 그런지 칭찬 한마디 없으셨어요. 그래도 이제는 당신이 원하는 며느리도 봤는데 그 며느리가 나보다 더 나은 것이 없으니까 좀 나아졌어요. 옛날에는 말씀하시는 한마디 한마디가 상처가 됐어요. 어머니는 누군가가 옆에서 계속 이야기 상대를 해 줘야 좋아하시거든요. 그런데 제가 민수를 임신했을 때 그렇게 못하니까 "너 그렇게 이야기 안 하면 너 뱃속에 애가 어쩌고… 저쩌고…" 하시더라구요. 아무리 그렇더라도 할머니가 저런 말을 하실 수 있을까? 그런 생각을 많이 했어요. 그래도 저는 못한 것은 아닌 것 같은데 자꾸 그러시니까 그것이 항상 쌓였어요. 그리고 한 가지 더 말씀을 드리면 저희 결혼할 때 있었던 일인데 저희 목사님이 후배가 많고 저도 대학 졸업하자마자 빨리 한 결혼이라서 결혼 선물이 엄청 많았어요. 그런데 저희 어머님이 그걸 가져오시다가 택시에 놓고 내리셨어요. 그런데 지금까지 미안하다는 말도 한마디 없으시고 그것에 대한 개념조차도 없었어요(울음). 제가 정말 섭섭할 때가 많았어요. 그리고 가정이 똘똘 뭉치는 것이 엄청나요. 그걸 어떻게 알았냐면 제가 결혼해서 너무 힘드니까 처음으로 부산 형님 댁에 놀러갔어요. 그런데 저 같은 경우는 올케가 우리 엄마에 대해서 무슨 이야기를 하면 "우리 엄마가 이러이러하니까 올케가 이해 좀 해 줘"라고 말을 하거든요. 그러니까 제 생각만 하고 아무 생각 없이 "어머니 좀 이상하세요"라고 딱 한마디했어요. 그랬더니 형님이 얼굴이 변하시더니 "나는 우리 엄마가 이상하다는 것을 모르겠어"라고 한마디를 딱 하시더라구요. 그리고는 그 다음부터 변하는 거예요. 형님 댁에 갈 때마다 형님이 "어머니를 진실로 사랑해야 한다"고 자꾸 그러시길래 제가 "저는 진실로 어머니를 사랑해요"라고 말했어요. 그랬더니 그것이 말대답이 됐나 봐요. 그리고 어머님은 저희 문제를 다른 자식들한테 다 이야기하고 다니세요. 그러니까 형제들 사이에서 저희만 사이가 안 좋아요. 당신 아들은 착하고 둘도 없는 아들인데 저 때문이라고 말씀하시고요(울음). 어머님이 자식들 집에 갈 때마다 우리가

속썩인다고 하니까 형제들이 우리를 안 도와주는 것이 도와주는 것이라고 말을 해요. 고생을 더 해 봐야 한다구요.

T : 시어머니와 시아버지의 관계는 어땠습니까?

W : 대화가 안 되셨던 것 같아요. 아버님이 주로 돌보시는 편이셨죠.

T : 남편과 시아버님과의 관계는 어땠나요?

W : 청렴결백한 것은 사실인데 학교 일로 바쁘셔서 별로 대화가 없었던 것 같아요.

T : 남편과 어머니와의 관계는 어땠나요?

W : 목사님의 성격이 어머니하고 똑같아요. 평상시에는 제 이야기를 잘 듣더라도 자기 엄마 이야기만 나오면 확 바뀌어요. 처음에 분가해서 사는데 집에 전화가 없으니까 매일 비가 오나 눈이 오나 밖에 나가서 공중전화로 어머니께 안부전화를 하더라구요(남편이 철저하게 어머니로부터 미분화되었다는 것을 볼 수 있다).

T : 큰누님하고 관계는 어땠나요?

W : 말도 못해요. 둘째 누이도 동생이라면 자기 남편보다 더 좋아해요. 그러니까 내가 들어가면서 두 여자의 원수가 된 거예요. 그런데 그걸 저는 나중에 알았지요.

T : 사모님, 목사님하고 부부관계가 어떻다고 보세요?

W : 저는 좋은데 목사님도 물어보면 그렇다고 해요.

T : 사모님과 민수의 관계는 어땠나요?

W : 지난번 교수님의 말씀이 옳은 것 같아요. 저는 잘해 준다고 하는데 애는 받아들이질 않았던 것 같아요. 자기의 관심을 내가 충분히 받아들이지 못한 것 같아요. 너무 사는 것이 힘들었으니까요.

T : 제가 생각할 때 민수문제는 가정 내에서 의사소통하는 데 있어서 문제가 있었을 것 같아요. 그리고 민수를 꼭 신경정신과에 데리고 가 보시고요 또한 가능한 한 저와 상담하실 동안에는 내적 치유하는 곳에 가지 않았으면 좋겠어요. 사모님께서 혼란스러워서 힘드실 것 같거든요.

민수 어머니는 신혼초부터 시집살이를 하였고, 남편이 시어머니와 시누이들과 지나친 밀착관계를 가지고 있어서, 시댁식구들로부터 소외된 감정을 느꼈고, 신혼초 단계에서 남편은 부부중심의 관계를 가지지 못하였다. 따라서 민수 어머니는 시댁식구로부터 받는 스트레스를 아들에게 풀었으리라 본다.

Session 3회(2001년 8월 7일)

T : 민수는 요즈음 어떻게 지내지요?

W : 일단, 제가 교수님을 두 번 뵈었는데 애가 조금 늦다고만 생각했지 병이라고 생각을 못했어요. 그런데 인정을 하고 보니…(울음), 잘 지내요. 애가 지금 행복해하고 있어요.

T : 어떻게 행복해요?

W : 제가 뭐라고 하지 않으니까요. 민수가 깬 것을 분명히 아는데 빨리는 절대 안 일어나요. 제가 뽀뽀해 주면서 "잘 잤니?" 이렇게 해 줘야 기분이 좋아서 일어나지 자기가 스스로 일어나지를 않아요.

T : 그전에도 그랬습니까?

W : 아뇨, 전에 학교 다닐 때는 "왜 이렇게 늦냐?"고 막 혼냈죠. 하지만 지금은 '민수가 그동안 야단맞고 일어나는 것이 있어서 그런지 나한테 인정을 받고 싶어서 그러나 보다'라고 생각하고, 또 제가 어느 정도 정리가 되니까 싸우질 않아요. 그리고 전에는 안 그랬었는데 지금은 민수가 무척 예민해요.

T : 그전에는 온순했는데요?

W : 네.

T : 갑자기 바뀐 계기가 있었습니까?

W : 지난번에 방충망을 찢고 들어간 일이 있고 나서 애가 말을 안 하고 한 달을 있었거든요. 그리고 나서 좀 풀리는 것 같더니 그 과정에서 애가 처음엔 폭력적이 되더라구요. 민수한테 몇 번 맞기도 했어요. 그런데 제정신이 아닌 것 같더라구요. 그리고 나서는 미안하다고 말해요. 예전에는 안 그랬는데 요즘에는 화내고 나면 "엄마, 잘못 했어" 그래요.

T : 오늘이 상담 세 번째인데 민수에게 무슨 변화가 있나요?

W : 네, 제가 민수를 인정을 하니까요. 예전엔 제가 애를 진실로 받아준

것이 아니라 기대를 너무 많이 한 것 같아요. 애는 아빠를 닮아서(웃음) 늦는데 저는 그것이 너무 갑갑했고, 아빠를 보는 것도 족한데 애까지 똑같으니까 애한테 많이 스트레스가 간 것 같아요.

T : 그러니까 남편으로부터 받은 스트레스가 애한테 갔다는 것입니까?

W : 그런 부분도 있어요.

T : 지금 민수 증상은 어때요?

W : 매일 같이 있어서 그런지 저는 잘 모르겠어요.

민수 어머니의 친정 부모님은 민수 어머니가 초등학교 5학년 때 별거를 하였으며, 아버지는 다른 여자와 살고, 민수 어머니는 친정 어머니와 따로 생활을 하였다. 아버지는 원래 가정적이었으나, 어머니는 시집살이가 힘들어서 그런지 엄청나게 자녀에게 무서운 존재였다.

T : 사모님과 아빠와의 관계는 어땠습니까?

W : 네, 아빠가 항상 저를 안고만 다니시고 그랬대요.

T : 사모님과 엄마와의 관계는요?

W : 엄마는 관계 그런 것보다 엄청나게 무서웠어요. 제가 초등학교 때 상장을 매일 받다시피 했는데도 저희 엄마는 그것을 당연한 것으로 생각하셨어요. 그래서 저도 칭찬을 받아야 되는지 몰랐거든요. 그리고 엄마는 저한테 믿고 맡기시는 편이셨어요. 근데 엄청 무서워서 엄마하고 대화가 없었어요. 제가 시집갈 때 친구하고 이야기를 하는 것을 보고 엄마가 제 친한 친구한테 "야, 난 재가 저렇게 말이 많은 줄 몰랐다" 그러시더래요. 제가 집에서 이야기를 안 했거든요.

T : 거의 대화가 없었다는 것입니까?

W : 네, 저도 엄마 힘든 것 아니까 그냥 알아서 했어요.

T : 사모님 가정은 다 제각기 생활하셨네요.

W : 네, 저희 가정은 서로에게 별로 간섭을 안 하고 각자 지냈었는데 시댁에 오니까 정반대의 문화라서 너무 힘들었어요. '왜 저렇게 자기 가족이면 죽고 못 사나' 하는 생각이 들었어요. 그리고 어머님이 지나칠 정도로 하시는 것이 저는 이해도 안 되고 너무 힘들었어요. 그리고 시아버님이 청렴결백하셔서 경제적으로 엄청 힘들게 사셨더라

구요. 근데 저는 물질적으로 그렇게 풍요롭지는 못했지만 부족함이 없이 살았거든요. 어쨌든 제가 뭔가를 산다거나 사왔다고 그러면 시부모님이 질색을 하세요. 그러니까 목사님도 그렇고, 시어머니도 제 생일을 한 번도 챙겨주신 적이 없어요. 생일을 챙겨주는 것이 돈 쓰고 낭비하는 것이라는 생각이 드는지…. 자기 생일은 어머니가 해주니까 한다는 식이에요. 작년에 남편으로부터 꽃다발을 처음 받아봤어요. 그전에 제가 꽃을 사달라니까 "그 돈이면 돼지고기가 몇 근이다"라고 말을 해서 "됐다" 그러면서 말았어요(역기능적인 의사소통방식).

T : 그것은 제가 볼 때 목사님 가정하고 사모님 가정하고 문화가 엄청나게 달랐다는 것입니다. 그러니까 안 맞을 수밖에 없죠.

두 부부의 가정문화가 너무도 다르다는 것이 나타나고 있다. 시댁 식구들은 돈을 쓰지 않고, 또한 생일에 대해서도 별로 신경을 쓰지 않는 편이었다. 예를 들어, 남편은 결혼생활 10년 동안 부인의 생일을 챙겨주지 않은 것을 당연한 것으로 여겼고, 부인은 남편이 자신을 배려하지 않는 것으로 해석하였다. 또한 남편과 부인과의 의사소통에서 역기능적으로 표현하고 있는 것이 보인다.

Session 4회(2001년 8월 14일)

H : 민수를 데리고 신경정신과에 갔는데 급성정신분열증 같다고 하시더라구요. 그래서 어제 기독교 병원에 입원시켜 놓고 왔어요. 저희 사모는 여기 상담하러 오면서 자기 때문에 그렇다는 생각을 많이 하고 있었는데 거기 가서 인턴하고 상담하면서 "부모 책임으로 자꾸 돌리지 마세요. 아프면 약 먹듯이 치료될 수 있는 부분도 있으니까 자책감을 갖지 마세요"라는 이야기를 듣고 좀 안정이 된 것 같아요.

T : 제가 볼 때 사모님이 힘들어하시는 것은 민수가 이러한 증상이 나타나기 전에 엄마한테 기댔을 때 밀쳤다는 거죠. 남자답게 키운답시고 쳤는데 그게 민수한테는 굉장히 힘들었을 거라는 것입니다. 근데 사모님이 원가족에서 자랄 때 다들 관계가 안 좋았어요. 어머니도 칭

찬이 없고 엄했다는 거예요. 그러니까 민수를 대할 때 남자답게 키운다고 한 것이지만 어머니로부터 받은 것이 몸에 배어서 그러지 않았나 하는 거예요. 그 다음에 사모님이 하시는 말씀 중에서 어머니가 초등학교 4학년 때 음독자살을 시도하셨다는 이야기가 나와요. 어떻게 보면 집안이 힘들었다는 것이죠. 사모님께서는 목사님하고 대화하실 때 쳐다보지 않으시잖아요. 그러니까 사모님은 대화가 안 된다고 느끼시는 것이죠. 사모님 말씀에 의하면 목사님이 어머님하고 상당히 밀접한 관계가 있다는 것이죠.

H : 네, 저희 어머니도 자식 중에 저를 제일 좋아하셨고 저도 가족 중에서도 아버지보다 어머니를 더 좋아했어요. 기도할 때도 늘 어머니를 위해서 먼저 기도하고, 편지할 때도 '사랑하는 어머니 아버지' 이런 식으로 어머니가 먼저 나오고요. 저도 왜 그랬는지 모르겠어요. 그리고 집에서 고부간에 갈등이 생기면 우선 어머니 편을 들어요. 방에 들어가서 사모를 풀어주어야 하는데 피곤하니까 못 풀어줘서 많이 쌓였을 거예요.

T : 전반적으로 두 분 간에 관계는 어땠다고 보세요?

H : 글쎄요. 저희 사모는 현실을 빨리 파악해요. 근데 저는 꿈속에 사는 것처럼 이상을 가지고 사니까 어떻게 보면 잘 안 맞죠. 그리그 상당히 낙천적이어서 "걱정하지 마라, 잘 될 거야" 해놓고 뒷감당을 못하고 책임을 안 지니까 저희 사모가 미리 앞서서 걱정하는 버릇이 생겼어요. 저 같은 경우는 군대가기 전까지 난지도에 있었거든요. 빈민운동이라고 생각하지 않고 빈민선교 차원에서 일을 했는데 거기서 어디에 떨어뜨려 놔도 나 혼자 먹고살 수 있다는 경험을 얻었어요. 그게 내 경험이지 사모 경험은 아니었는데 "굶어 죽기야 하겠냐? 걱정하지 말라"라고 얘기했어요. 사모가 어렵고 상처는 있었지만 경제적으로 편안하게 살았는데 이런 식의 낙관주의가 사모를 많이 불안하게 했어요. 그런 면에서 저희 아버님이 상당히 가정적이셨는데 집에서 아이들 앞에서 아버지의 역할을 배울 만큼 저희와 가까이 계시지 않았어요. 그래서 가장으로서의 역할에 대해서 생각을 못해보고 자랐어요. 제 처는 자기랑 결혼하면서 자기가 장애물이 되지 않았나, 그 이후에 목회과정을 거치면서도 자기 때문에 내가 하는 일을 못 하고 있다는 느낌을 받는다는 이야기를 많이 하더라구요.

이야기를 그렇게 하면 안 되겠다는 생각에 정색을 하고 일년에 한두 번씩 꼭 그렇게 난리를 쳐요. 왜 우리가 같이 살아야 되는지 이야기를 하면서 비전을 세우기도 해요.

T : 일년에 한두 번이라는 것이 어떤 식으로 나타나는 것입니까?

H : 예를 들어 시어머니의 관계나 아이에 대한 관계 등이 안 풀리면 그것이 도화선이 되서 지금까지 살아온 생활에 대해서 나한테 섭섭했던 것이 터져 나와요. 풀어야 하니까 집어던지고 욕도 하고요. 그러면 책을 읽거나 성경을 보고 있으면 들어와서 이야기를 하다가 몇 마디 대꾸를 하고 이따가 이야기하자고 하면 안 통해요. 그래서 책을 덮고 이야기를 시작하면 말싸움이 되었다가, 크게 번졌다가, 서로 정리했다가, 끝날 때는 항상 정리하고 잘 끝나요. 저는 눈물을 닦아주고 서로 기도하고 그렇게 끝나요(지금까지 두 부부가 문제를 해결하려고 시도해 왔던 역기능적인 문제해결방식이 나타나고 있다).

T : 목사님하고 아버님하고의 관계는 어땠어요?

H : 저희 아버님 평생 기도 제목이 사기꾼 목사가 되지 않게 해 달라는 것이었어요. 그 이야기 외에는 전혀 다른 말씀을 안 하셨어요. 그래서 저는 아버님은 존경의 대상이었지 요즘 젊은 아버님처럼 손잡고 어디 가고 그런 경험이 없었어요. 늘 바쁘셨고 목회하시고, 신학교에서 학생들 가르치셨어요. 밤에 늦게 들어오시는 인기척을 느꼈는데 새벽에 학교 가려고 하면 새벽기도 가셔서 안 계셨어요. 제일 중요했던 사춘기 때 아버님하고 함께 한 시간이 거의 없어요. 결정적으로 아버지와의 관계는 친구관계도 아니고 높으신 어르신처럼 존경의 대상이었어요. 목욕탕도 아버님이랑은 딱 한 번 밖에 안 가봤어요.

T : 목욕가서 좋은 기억이 있나요?

H : 동생하고 같이 갔는데 때를 심하게 밀었던 기억이 있어요. 동생하고 물장난도 치고 싶은데 바쁘다고 빨리 나오라고 하셨어요. 그 기억밖에 없어요. 그래도 제가 대학에 가서 신학을 하면서 아버님하고 친해졌어요.

T : 어머니는 어떠셨어요?

H : 어머니하고는 지금도 친구 같아요. 머리카락을 잡고 장난도 치고 길거리에서 이름도 불렀어요. 어머니하고는 좋았어요. 지금도 좋고요.

누이들이나 어머니는 저를 많이 사랑해 주셨는데 그것 때문에 민수 엄마가 많이 힘들었던 것 같아요. 며느릿감으로 안 맞는다는 생각들이 많아서요(가족생활주기상에서 신혼초부터 남편은 어머니로부터 분리되지 못하고 있었고, 부인은 많은 스트레스를 받았다는 것이 나타나고 있다).

T : 그러면 사모님과 결혼하시고 어머니하고 몇 년 동안 같이 살았나요?

H : 처음에 결혼해서 3년 정도 살았고 분가해서 살다가 나중에 또 들어와서 3년 정도 더 살았어요.

T : 목사님이 효자인 것까지는 좋은데 목사님은 결혼하시기 전이나 결혼하고 난 지금이나 좋은 엄마 좋은 아들 관계를 계속 유지하고 계시는 것 같거든요. 그런데 부모와 자식의 관계가 결혼하고 나면 바뀌어야 한다고 생각해요.

H : 저도 그렇게 하려고 노력을 했어요. 무슨 계획을 짤 때 집사람하고 먼저 의논을 해요. 어머니에 대한 사랑은 강했지만 어머니한테 매이지는 않았다고 생각해요. 제가 대학교 다닐 때 어머니 닮은 스타일을 좋아한다는 것을 발견하게 됐어요. 그래서 '그것은 아니다' 그런 생각이 들었어요.

T : 어머니 스타일이라는 것이 어떤 스타일인지 좀 구체적으로 말씀해 주시겠습니까?

H : 저희 어머님은 다정다감하고 따뜻하세요. 챙겨주시고 헌신적이고요. 저희 어머니 같은 경우는 시댁식구들이 없어서 친정식구들을 다 먹여 살리셨어요. 친정식구들뿐만 아니라 사람들을 많이 도와주셨어요. 저희 아버님은 목회자이신데도 그러지 못하셨어요.

T : 어머니와 아버지의 부부관계는 어땠나요?

H : 아버지가 일방적이세요. 저희 어머니의 성경 찬송에는 아직드 '수구여병'이라고 적혀있어요.

T : 그것이 무슨 말씀이신가요?

H : 병뚜껑이 꽉 닫쳐 있을 때 김이 안 나가는 것처럼 입을 꼭 봉해 달라는 거예요. 그리고 경제권을 어머니에게 주지 않았어요. 그래서 저희들 간식 하나 사 주는 것도 아버님께 허락을 받고 사셨어요. 그래서 그것이 가장 어려웠다고 말씀하세요. 생활비를 어머니 손에 넘겨준 것이 거의 노년에 와서였어요. 아버지하고 어머니하고 나이 차이

가 13년 정도 나는데 어리게 보셔서 사랑은 많이 해 주시고 잘 챙겨 주셨어요. 그렇지만 생활비 같은 것은 일일이 간섭을 하셔서 그런 부분에서 많이 어려움을 겪었죠. 또 아버님은 화가 나시면 일체 말씀을 안 하시고 나중에 어머님이 "잘못했어요, 미안해요"라고 말씀하셔야만 풀어지셨어요. 근데 그것을 커서야 알았어요. 싸우셔도 우리 모르게 나가서 싸우셨으니까요.

T : 그러면 목사님 같은 경우는 가정에서 대화가 참 잘 되셨나보죠?

H : 네, 괜찮았어요. 남들이 와 보면 이런 집 처음 봤다고 했어요. 주말이면 저희 가족끼리 가족 합창 대회도 하고요.

T : 굉장히 화목한 가정이셨네요. 그런데 가족이 화목한 것까지는 좋은데 사모님은 그러한 분위기를 겪어 보지 않아서 감당하기 힘들었을 거예요. 남편이 시누이와 어머니와 너무 친해서 부인입장에서는 힘들 수밖에 없었을 거라는 것이죠. 그러한 관계가 민수에게까지 영향을 미치지 않았나 하고 저는 추측을 하고 있습니다.

Session 5회(2001년 8월 23일)

T : 사모님, 지금 민수가 입원하고 나서 어떠세요?

W : 힘들어요(울음).

H : 민수보다 엄마가 더 힘들어한다고 할 정도로 많이 힘들어하더라고요. 민수는 거기서 잘 지내는데 엄마가 문제예요.

T : 지금 민수 만나러 두 번 다녀오셨다고 하셨는데 민수 상태가 어땠어요?

H : 처음에 갔을 때보다 이번에 갔을 때 더 안정적이었어요. 그 안에서도 사람들하고 잘지내고 사랑을 많이 받고 있더라고요.

T : 사모님, 지금 민수하고 떨어져서 뭐가 가장 힘드세요?

W : 다 힘들어요.

T : 사모님, 죄책감 같은 것 느끼세요?

W : 그런 것도 있고요 애가 거기에 있는 것에 대해 마음이 너무 아프고 기도도 안 되고 그래요.

T : 목사님께 사모님의 그런 감정에 대해서 말씀하세요?

W : 저는 이야기는 끊임없이 해요. 근데 화가 잘 나요. 어쨌든 요번에 시어머니 생신 때도 안 좋았고, 이젠 더 이상 이런 일 저런 일 신경 쓰고 싶지도 않아요.

T : 시어머니 생신 때 두 분이 언쟁이 있으셨어요?

H : 주일 예배 다 마치고 어머니 생신날 서울에 늦게 올라갔어요. 근데 이웃 교회의 목사님, 사모님하고 우리 사모하고 통화 내용 중 오해가 있었나 봐요. 근데 그 이야기를 듣고서 우리 사모는 “전화를 해서 해명을 해야 되겠다” 그러고, 저와 어머니는 “그냥 니가 참아라. 하나님은 진실을 아신다”라고 하면서 전화를 ‘한다’, ‘하지 말라’ 그것 때문에 어머니하고 신경전이 좀 있었어요.

신경전의 내용은 부인은 오해된 부분을 해결하기 위하여 이웃 교회 목사 사모와 전화통화를 하려고 하였으나, 시어머니와 남편은 통화하지 못하도록 말렸다. 부인은 자신의 의지와는 상관없이 전화하지 못하도록 밀어붙이는 남편과 시어머니로 인하여 화가 났다. 더군다나 남편이 자신의 편을 들어주지 않고, 시어머니의 의견을 따르는 것에 몹시 화가 났다. 또한 친정 어머니의 이삿짐을 날라주기로 한 남편이 잊어버리고 있어서, 부인은 더욱 속이 상했다. 그렇지만 남편은 오늘이 이삿짐을 날라주는 날인지 몰랐다고 하였다.

W : 저는 목사님한테 의논을 했고, 목사님도 알아들었다고 고개를 끄덕끄덕 했는데 나중에는 꼭 딴소리를 하는 거예요. 나는 분명히 알아들은 것으로 알고 있는데 나중에 내가 말을 자세히 안 했다고 그러고 서로 안 맞는 것인지 모르겠어요(의사소통 전달방식에서 서로 안 맞고 있음이 나타나고 있다).

T : 거기서 사모님께서 무엇 때문에 언짢으셨나요?

W : 저는 사건이 중요한 것이 아니고 시댁의 행태가 언짢았어요. 잘 알지도 못하면서 내 이야기를 자기들 생각만으로 속닥거려요. 또 시어머니가 결론적으로 말씀을 안 하고는 못 견디는 분이시니까 나한테 이야기를 하면 내가 거기에 대해서 변명하는 것이 아니라 내 입장에 대해 이야기를 하면 그것조차도 못하게 하니까 저는 그게 기분이 나

쁜 거죠. 그리고 저희 목사님은 입 다물고 "저리 가"라고 그런 식으로 하니까 저는 나올 수밖에 없죠(부부간에 역기능적으로 문제를 해결하려는 시도된 방식이 나타난다).

T : 표현을 그렇게 하셨어요?

W : 네, 화가 나서 아침에 그러더라구요. 제가 다른 이야기를 하러 갔더니 "시끄러우니까 입 다물고 저리 가"래요. 집에서도 그런 소리를 몇 번 듣고 한 번만 그런 소리 더 하면 나도 그대로 해 준다고 그랬는데 요번에 시댁에서 또 그러더라구요. 근데 우리 목사님은 내가 얼마나 자존심이 상하는지 몰라요. 아무리 화가 나도 집에서는 상관이 없지만 안 그래도 나 알기를 뭐 같이 아는 그 잘난 시댁에 가서 더하면 더했지 덜 한 적이 없어요. 그동안은 제가 저녁만 되면 먼저 전화해서 잘못했다고 했는데 이번에는 그러고 싶지 않아서 끝까지 안 했어요(문제를 해결하려고 시도했던 역기능적인 방식으로 부인은 상처를 받았고, 더군다나 시댁식구 앞에서 남편이 사용하는 언어로 부부관계에 엄청난 부정적인 영향을 미치고 있음이 나타나고 있다).

T : 그렇다면 목사님이 사모님에 대한 배려가 없다는 것입니까?

W : 아뇨, 평상시에 둘만 있으면 정말 잘해요. 이제는 노력을 많이 하시고 많이 좋아졌어요 하지만 시댁일이건 대외적인 일이건 방패막이가 좀 안 되지 않나 생각을 해요(상담으로 인하여 남편의 변화가 나타나고 있으나, 아직까지 부인의 입장을 전적으로 변호해 주지 못하는 데서 오는 부인의 서운한 감정이 나타나고 있다).

T : 사모님하고 시댁식구하고 관계가 불편하신 관계네요. 목사님은 사모님과 시댁식구의 관계가 어떻다고 보세요?

H : 안 좋죠.

T : 무엇 때문에 안 좋은 것 같으세요?

H : 우리 가족들은 사모가 성격이 너무 민감하고, 날카롭고, 용납하지 못하고, 맘에 안 들면 참지 못하고 바로 바로 대들고, 위아래를 많이 몰라본다고 생각을 하더라고요.

T : 네, 목사님이 보시기에는 어떠세요?

H : 그런 면이 없잖아 있죠. 그날 같은 경우도 제가 어머니 생신날 갔고, 시누이와 말싸움이 일어나면 불편하고 또 사모가 안 그런 것 다 아니까 하지 말라고 그랬어요. 그리고 그전에 금요일날 그 이야기를

듣고 제가 못 참아서 시누이한테 전화를 했어요. "그거 우리 사모가 그런 것이 아니고 잘못된 이야기니까 어머니한테 이야기하려면 사실을 확인하고 전화를 해요. 그리고 사모가 어머니 말씀에 스트레스를 많이 받으니까 확인하기 전에는 이야기하지 말고 확실해지면 우리한테 직접 이야기를 해요. 그러면 우리가 고칠 것은 고치고 해명할 것은 할게요"라고 했었거든요(남편의 원가족이 클라이언트 가족의 일까지 일일이 간섭하고 있는 모습이 보이며, 부부하위체계가 시댁식구로 인하여 느슨한 경계선을 가지고 있다는 것이 나타나고 있다). 그날도 이야기가 그렇게 진행되길래 잠자리에 누워 "당신이 남한테 아픈 소리 듣고 오해받는 것은 참아 보자. 우리가 그 지역에서도 제일 막내니까 잘 참고 목회자 모임 때 내가 그 목사님께 정중하게 해명하고 해결할 테니까 참자"고 했더니 그런다고 하더라구요. 근데 다음날 아침에 전화를 하겠다고 그러더라구요. 그러니까 저는 한편으로 이해가 안 되고, 또 어머니 집에서 하숙하는 애가 어머니하고 사모하고 다투는 소리를 듣고 민망해서 나가 있더라구요. 결국 기필코 따지고 전화를 하고 나가 버리고 나서 저희 세 명은 다 충격을 받고 이야기도 못 하고 밥도 못 먹었어요. 그리고 월요일날 장모님 짐 옮겨 드리는 문제도 사모가 이야기를 혼자 하는 경우가 많아서 저는 이야기를 들어도 결정적인 이야기만 듣고 인정을 하면 되니까 습관이 그렇게 됐어요. 이야기를 처음부터 끝까지 듣기가 피곤하거든요. 이야기가 중간에 많이 바뀌고 다른 이야기들이 끼어서 들어오니까 보통 그래요(부부간의 의사소통하는 스타일이 나타나고 있다).

T : 목사님, 목사님 가정하고 사모님 가정이 너무 차이가 나는 가정이네요. 목사님 가족이 뭉치는 것까지는 좋았는데 사모님께서 시댁에 가셨을 때는 굉장히 불편했을 거라는 것이죠. 그건 신혼초부터 그랬을 것이라는 생각이 들거든요. 목사님은 본인의 가정에 대하여 아무 이상이 없다고 생각하세요. 어머니나 누님이나 동생이나 거의 뭉쳐 있는 가정이라서요. 그런데 중요한 것이 무엇이냐면 목사님이 결혼하셨음에도 불구하고 어머니의 아들의 역할을 많이 하셨다는 것이죠. 사모님께서 아까 무슨 말씀을 하셨냐면 내 방패막이가 되어 줘야 할 때 되어 주지 못했다는 거예요. 설사 목사님 가족이 사모님이 마음에 안 들고, 그 분들의 입장에서는 사모님이 버릇이 없고 성격이 못

됐다고 할지라도 와이프 입장에서는 내 남편이라는 것이죠. 그런데 목사님의 가족은 사람을 볼 때 비슷한 시각을 가질 수 있다는 것이죠. 특히 사모님에 대해서요. 그럼 사모님이 시댁에 들어갔을 때 얼마나 힘들었겠냐 하는 거죠. 더군다나 나는 남편을 의지하고 있는데 남편마저 무슨 일이든 어머니 편이고, 내 편을 들어주지 않았다고 가정했을 때 얼마나 힘들었겠어요.

W : 제가 이번에 민수가 입원해 있는 병원에 들어가기 전날까지도 미친 년처럼 소리를 질렀어요. 시어머니한테 아침에 전화가 왔거든요. 요번에 시어머니가 중국여행을 가고 싶다고 그러시니까 큰시누이가 어머니께 "민수 때문에 스트레스를 받았으니까 갔다 오세요"라고 그랬나봐요. 그런데 설령 자기 딸하고 그런 이야기를 했더라도 그 이야기를 할 필요가 없잖아요. 그런데도 몇 번을 하시더라구요. 민수 때문에 스트레스를 받아서 갔다 온다고요. 그래서 제가 "민수 때문에 스트레스를 받았으니까 다녀오세요" 그랬더니 듣기 싫으셨는지 다른 이야기를 하시더라구요. 제가 두 번인가 세 번인가 그랬나? 저도 똑같이 해 주고 싶었어요(통곡). 그것까지는 좋았어요. 제가 돈 한 푼 못 보태 드리는데 갔다 오시는 것까지 뭐라고 그러겠어요. 그런데 갔다 오시고 민수가 입원한 병원에 가기 전날 전화가 왔어요. 제가 민수 병원에 간다고 그랬더니 목소리가 확 바뀌시면서 '그렇게 심해? 심하니?'라고 그러시더라구요. 자기도 봐 놓구선… 제가 꼭 '심해요' 그래야 되겠어요? 안 그래도 애 때문에 미치겠는데 또 염장을 지르잖아요(통곡). 그래서 제가 목사님한테 그랬어요. "니 엄마가 어떻게 애한테 심하냐고 그럴 수 있냐"고요. 그랬더니 또 얼굴을 붉히더라구요. 제가 지금처럼 소리를 질렀어요. 자동차를 발로 차면서요. 제가 요즘에 미친년 같아요(울음). "내가 민수처럼 병원에 들어가든지, 암이 걸려 죽든지 둘 중에 하나인데 난 그렇게 못 하겠다"고 그랬어요. '죽기라도 곱게 죽어야지 나는 그렇게 못 한다'고 그랬어요. 제가 병원에 들어가야 하는데 애가 병원에 들어갔어요. 죄책감이 아니라 목사님하고는 상관없이 제가 그렇게 애를 만들었어요. 매일 소리 지르고 그것 때문에 애가 정신분열이 된 것이 다 저 때문이에요. 이젠 그러면 안 된다는 것을 알면서도 참을 수가 없어요. 내가 나를 통제할 수 없고 소리를 낮출 수도 없어요. 근데 목사

님은 끝까지 제가 욕하는 것만 가지고 뭐라고 하고 자신은 인정을 안 하더라구요. 그래도 지금은 덜해요. 집에 올 때 시달리면서 어지럽다고 그러면서 그만하라고 그러더라구요. 저녁때쯤 되어서요. "가만히 세워서 너를 피 말려 죽이고 싶은데 아까워서 그만둔다"고 그랬어요. 제가 미쳤어요. 제정신이 아니에요. 어쨌든 그날도 차에서 내리면서 민수한테 "너 때문에 그런 것이 아니야"라고 했어요.

여기서 분명하게 시어머니가 지나치게 아들 내외의 일에 사사건건 개입하고 있는 것이 보이며, 시어머니의 표현이 며느리를 엄청나게 힘들게 하고 있는 것과 그러한 과정에서 남편은 부인의 입장을 이해하기보다는 어머니 입장에서 또는 중립적인 입장에서 부인을 대하고 있다는 것을 볼 수 있다. 이것은 아들이 어머니와 근본적으로 미분화되었기 때문이라고 생각되며, 또한 부부간의 의사소통방식이 서로를 힘들게 하는 역기능적인 의사소통방식이라는 것을 확인할 수 있다.

T : 사모님, 어떻게 보면 목사님하고 대화가 안 되시잖아요. 목사님과 언제부터 그렇게 대화가 안 되었지요?

W : 네, 결혼해서 2년 정도 시어머니하고 살면서요.

T : 목사님께서는 부부관계에 있어서 사모님하고 힘들었던 것이 신혼초부터 거슬러 올라가서 목사님이 남편의 입장보다는 아들의 입장에 더 비중을 두었던 것이 아닌가 하는 거예요. 민수가 퇴원했을 때 또다시 목사님과 사모님이 전에 보여주셨던 모습을 유지한다면 민수는 또 재발할 것입니다. 민수의 이러한 증상을 회복할 수 있는 방법은 목사님과 사모님의 대화입니다. 그리고 사모님이 민수와 대화할 때 민수에게 힘든 표현을 하셨다는 거예요.

W : 목사님과는 전혀 문제가 없는데 시댁하고 특히 어머니하고만 관련되면 뒤집히거든요. 예를 들면 전화 한 통 가지고도 그러는데 그게 저만 그러는 것인지 아니면 목사님도 그러는 것인지 모르겠어요. 어떻게 보면 제가 참으면 견딜 수 있을 것 같은데…

T : 그럼 사모님께서는 근본적으로 목사님과의 관계는 좋으셨는데 시댁과 관련되서 문제가 발생했다는 것이죠? 그럼 사모님께서 목사님께

원하는 것이 무엇입니까?

W : 교수님께서 말씀하신 그런 것이죠.

T : 목사님께서는 이제 원가족과 어느 정도 분리하는 작업을 하셔야 합니다. 그렇지 않으면 민수의 증상이 없어지지 않을 것입니다. 왜냐하면 목사님과 시댁식구가 연합되어 있을 때, 사모님의 스트레스가 민수한테 가거든요. 그러니까 목사님이 가정의 이야기를 어머님과 누님들에게 하는 것을 줄여야 해요.

W : 그런데 그게 가능할지 모르겠어요. 목사님이 노력한 지 한 1년 정도 됐어요. 목사님께서는 그렇게 되면 어머님께서 못 사신다고 생각을 하실 거예요.

H : 그렇지는 않아요. 어머니도 어머니의 세계를 만나시니까요. 모세 대학 같은 데도 다니시면서 또래 분들하고 어울리세요(시어머니가 자신의 일에 에너지를 쏟기 시작하였다는 것이 보인다).

T : 목사님 가정이 분화가 안 된 가정이라는 거예요.

H : 그렇지만 저희 큰누님 같은 경우는 이제 자기 스케줄 같은 것을 전혀 안 알리거든요. 어머니는 굉장히 궁금해하시는데 욕을 먹어도 안 가르쳐 드려요. 왜냐면 굉장히 걱정하시거든요. 어디 간다고 그러면 거기 나와서 기다리시다가 보고 들어가시니까 저희 누이는 그것을 못 참는 거예요. 그래서 이제 이야기도 안 해요. 이젠 그렇게 해서 멀어지더라구요. 그리고 저희 둘째 누이도 멀어졌어요. 저희 동서 같은 경우는 어머니 비위를 잘 맞춰드리기는 하는데 어머니 간섭을 잘 막아내더라구요. 다 멀어지니까 우리한테 더 집중이 되요. 지난번에 그러시더라구요. "가장 자상한 니가 돈을 많이 벌어서 나를 부양해 주면 내가 딸년들한테 구걸하지 않고 편할 텐데" 그러시더라구요. 그래서 제가 "목회하는 사람이 어머니 부양하려고 목회 하나요?"라고 했어요. 지금 생각해 보니 아버님 돌아가시고 어머니가 안쓰러워서 그랬던 것 같아요. 지금 교수님 말씀을 들어 보니 아내의 바람막이만 되도 충분하다고 생각합니다. 어머니를 그렇게 걱정하지 않아도 된다는 느낌이 오네요. 저는 지금까지 제 나름대로 사모와 어머니와의 관계에서 중재자의 역할을 했다고 생각했는데 그게 아니었다는 사실을 깨닫게 됩니다. 부부는 일심동체가 되어서 우리끼리가 되야 할 것 같네요(시어머니와 다른 자녀의 관계에서 다른 자녀들이

어머니의 지나친 간섭으로 힘들어했고, 지금은 다른 자녀들이 모두 어머니와 적당한 거리를 두게 됨으로써, 시어머니는 큰아들 내외의 일에 더욱 관여하게 되었다는 것을 볼 수 있다. 또한 남편은 어머니가 혼자 되고 나서 아들로서 어머니를 더욱 잘 부양하고자 하였다. 그렇지만 이제는 남편이 부부중심이 되어야겠다는 사실을 더욱 인식하게 되었다).

T : 저는 민수의 문제를 두 분의 부부관계로 봤는데 더 들어가 보니 시댁식구가 큰 걸림돌이 되었네요.

Session 6회(2001년 9월 4일)

T : 민수야! 얼굴이 좋아 보인다. 병원에서 퇴원한 지 얼마나 됐니?

C : (긴 침묵)…

T : 그러면 민수야, 엄마하고는 대화가 되니?

C : 네.

T : 민수야, 여기서 엄마나 아빠한테 하고 싶은 이야기가 있니?

C : 없어요.

T : 그럼 민수야, 엄마가 너한테 어떻게 해 주면 좋겠니?

C : 잘해 줬으면 좋겠어요.

T : 구체적으로 어떻게 잘 해 주면 좋겠어?

C : (긴 침묵)…

T : 민수가 퇴원하고 나서 집에서 엄마하고 대화를 합니까?

W : 대화를 많이는 안 하고 잠을 많이 자요.

T : 엄마하고 대화할 때 그전과 차이가 있어요?

W : 사람들이 민수 발음이 정확하다고 그러고 걷는 것도 좋아졌어요.

T : 민수가 퇴원하고 1주일 정도 되었는데 어머니가 민수하고 함께 하세요?

W : 처음에 온 날 같이 잤고 그 뒤로 이틀에 한 번 정도 같이 자고 싶어하면 함께 자요.

T : 목사님하고 사모님은 여기 다녀가고 나서 어떠셨어요?

H : 그 이후로 많이 좋아졌어요. 제가 사모의 심정을 많이 이해했고 집에 가서 많이 이야기했어요. 사모도 편하게 이야기를 하고 저도 정중하게 들으려고 하고요. 많이 부족하겠지만 그 뒤로 사모가 많이

편안해 하더라고요(상담 이후에 부부의 대화방식이 변화되었고, 부인이 남편의 변화로 편안해졌다).

T : 사모님, 목사님에게 무슨 변화가 있었습니까?

W : 원래 집에서도 목사님은 잘해 줬으니까요. 오히려 제가 많이 변화했어요. 마음이 편해졌고 자신감도 생기면서 행복했어요. 저번에 시어머니하고 그러고 난 이후로 생전 처음으로 아직까지 전화도 안 드리고 가지도 않았어요(남편의 변화와 더불어 부인도 많은 변화가 있었다). 민수 병원비 모자라는 것도 어머님께서 40만 원 정도 내주셨어요. 옛날 같았으면 너무너무 감사하다고 전화를 드렸을 텐데 전화를 안 했어요. 제가 오면서 불안했던 것이 내내 행복하다가도 시댁하고만 얽히면 평화가 깨져요. 앞으로 시댁에 가서 목사님이 전과 다른 모습을 보여줄지에 대한 확신이 없고요. 그러한 확신이 설 때까지는 시댁에 가고 싶지 않아요. 그리고 오늘 오면서도 저희 엄마하고 통화를 했는데 목사님 목소리가 안 좋았다고 그러더라고요.

T : 목사님, 왜 목소리가 안 좋으셨는지 말씀해 주실 수 있으세요?

H : 저희 어머니 선배되시는 권사님이 몸이 아프셔서 어머니 댁에 와 계시고, 캐나다 이민 가신 사촌 형이 내일부터 오셔서 빈방을 얻어서 살겠다고 그래서 뒤 곁방을 치우고 있었어요. 근데 장모님한테 전화가 왔어요. 어제 처제 집에 들러서 뭘 가지고 오라고 하셨는데 제가 힘들어서 못 갈 것 같다고 분명히 이야기를 했거든요. 근데 전화를 하셔서 "여기 와서 점심 먹고 가지" 그러시더라구요. 그래서 "오늘은 어머니 방 치워드리고 이것저것하면 상담받으러 가는 시간도 힘들 것 같아요"라고 이야기를 했어요. 그러니까 장모님이 "그만두게나" 그러시더라구요. 아무 일이 없으면 힘들어도 가는데 민수가 약을 먹고 자고 있으니까 힘들겠다고 했죠. 그리고 나서 일이 다 끝나지도 않았는데 사모한테 자기를 데리러 올 수 있냐고 전화가 왔더라구요. 그래서 힘들 것 같다고 여기서 보자고 했어요(남편의 목소리가 왜 안 좋았는지에 대하여 자세하게 설명을 하고 있다).

W : 목사님은 항상 여유롭게 이야기하는 것은 좋은데 한마디 한마디를 이해하는 것이 너무 벅차요. 엄마한테도 민수가 잔다고 자세하게 이야기하면 좋았을 텐데 그렇지 못했어요. 저도 제가 오라고 한 것이 아니라 목사님이 온다고 했으니까 기다리고 있었던 것인데 못 온다

고 하니까 황당한 거죠. 아니 그러면 일이 많다고 한마디만 해 줘도 이해하는데 무조건 못 가겠으니 혼자 오라고 하면 저는 스트레스를 받죠(남편이 의사소통하는 데 있어서, 자세하게 자초지종을 설명하지 못함으로써 상대방이 오해하게 되었다는 점을 파악할 수 있다).

T : 목사님이 사모님을 모시러 가기로 했는데 못 가시는 상황이 되었잖아요. 그런데 사모님은 지난번에 시어머니와 관계에서의 찝찝한 감정 때문에 목사님 목소리를 들었을 때 '뭔가 있구나'라고 직감적으로 느끼셨다는 것이죠. '뭔가 기분이 안 좋은 일이 있구나'라고 생각하는데 그 안에는 '나에 대해서 뭔가 있었구나' 하는 생각이 있을 수 있었다는 거예요.

W : 그렇죠. 어머님이 저에 대해서 뭐라고 그런 것을 가지고 스트레스를 많이 받으셨구나라고 생각했죠. 그리고 제가 시댁에 안 가고 목사님하고 애만 간 것도 저는 스트레스를 받았거든요. 이런 일이 없었어요. 민수하고 목사님은 시댁에 가고 저는 엄마하고 있다가 아침에 교회에 들러 지금 온 것이거든요. 이런 일도 없었어요. 항상 좋거나 싫거나 같이 갔거든요(지금까지 부부간에 명확한 의사소통이 부족하였다라는 것이 보이며, 부부간에 명확한 경계선이 설정되어 있지 못한 것이 보인다). 제가 자신이 없어요. 지금까지 어머니하고 이런 적도 없고요. 더 이상은 이렇게 살고 싶지 않고 어떻게 해야 좋을지 여쭤봐야겠다는 생각을 갖고 왔는데 데리러 오겠다는 사람이 안 오니까 하루 종일 좋았던 기분이 깨지더라구요. 어머니가 본래 몸이 편찮으신 분이고 내가 간다고 했으니까 해야 할 일이 많다는 것을 알지요. 그랬는데 저는 안 가고 아니나 다를까 목사님이 방을 다 치우셨다니 어머님이 제가 얼마나 미울까 하는 생각이 들고 어떻게 어머님하고 풀어야 될지 모르겠어요.

T : 시어머님과의 관계를 어떻게 하겠다는 사모님 의견은 있으세요?

W : 이래 본 적이 없어서 잘 모르겠는데 길게는 못 할 것 같아요. 근데 제가 어떻게 해 드려야 할지 모르겠어요. 시집올 때 처음부터 그랬어요. 뭘 맞추어 드려야 할지 모르겠고 지금까지도 그래요. 모든 일에 제가 왜 매어야 하고 피곤한지 알 수가 없어요. 민수가 퇴원하고 제가 시댁에 가겠다고 전화를 드렸더니 무슨 일로 오냐고 그러시더라구요. 민수 병원비도 내 주셨는데 고맙다고도 하지 않고 죄송하다

고 인사도 안 한 주제에 무슨 볼일로 오냐 그런 식으로 들었어요. 원래 가기도 싫었는데 그때부터 '내가 갈 일이 없는데 뭐하러 가' 그런 생각이 들어서 갈 수가 없더라구요. 제가 가서 싹싹 빌지 않는 이상 어머니가 저를 만나면 더 힘들어하실 것 같아서 그때부터 시댁에 가기가 싫어서 안 갔어요. 그렇지만 저는 좌우간 답답해요(시어머니와의 관계에서 일시적으로 단절을 하고 있으면서도, 답답함을 느끼고 있다. 시어머니에 대하여 양가감정을 느끼고 있다).

T : 목사님, 사모님 말씀 이해하시죠? 목사님 입장이라면 어떻게 하시겠어요?

H : 어제 민수만 데리고 들어갔더니 어머님이 "민수 엄마는 같이 안 오냐?"고 그러시더라구요. 설명을 했죠. 그랬더니 한마디만 하시더라구요. "다른 것은 없고 서로 성격을 다 아는데 지가 그냥 전화 한 통화해서 그때 미안하게 됐다고 하면 다 풀어질 걸" 그러시는데 거기에 대해서 아무 말도 안 했어요.

T : 목사님 입장에서는 사모님이 이 상황을 어떻게 헤쳐 나가셨으면 좋겠냐 하는 것이죠.

H : 직접 찾아뵙기는 힘들 것 같고 그냥 전화할 때 목소리만 밝게 하면 되지 않겠냐 하는 생각이 들어요. 사모가 시댁식구들한테 스트레스를 받으니까 될 수 있으면 스트레스를 안 받게 부딪치지 않고 만나지 않는 것이 제일 좋겠다고 생각하고 우리 가정의 일에 시댁식구들이 연관되지 않도록 하는 것이 급한 것이라고 생각해요.

T : 이제 목사님이 괴로울 것 같아요. 입장이 곤란해지십니다. 목사님은 어머니와 사모님의 눈치를 봐야 하니까요.

H : 저희 어머님은 제가 사모 편을 든다는 것을 아세요. 사모에 대해서 이야기하는 것을 가로막고 "사모는 잘하고 있고, 우리 둘이 합쳐도 사모 못 따라가니까 듣기 싫다"고 정색을 하고 이야기를 하세요. 그래서 이제 우리 사모에 대해서 저한테 거의 못 하세요(남편이 어머니에게 부인의 입장을 대변해 주고 있는 모습이 보인다. 어머니와의 관계에서 남편의 엄청난 변화가 나타났다).

T : 그 변화가 지난번에 다녀가시고 나서부터 생긴 것인가요?

H : 아뇨. 제가 듣기가 싫어서 그전부터 조금씩 하고 있었어요. 이제 어머니도 그렇게까지 심하지 않으시구요 모세 대학에 나가시면서 많

은 사람을 만나고 나서 저희에게 크게 신경쓰는 것이 없어진 것 같아요(아들의 변화로 인하여 어머니의 변화도 보인다).

W : 저는 어머님이 전혀 변하신 것 같지 않고 앞으로도 변하실 것 같지 않아요(부인은 남편과 어머니의 변화에 대하여 전혀 인정을 하지 않고 있는 말투를 쓰고 있다).

T : 어떻게 하면 믿을 수 있을 것 같아요?

W : 아까 목사님이 말씀하신 것처럼 전화 통화만 하면 될 걸 그 자체가 어머님이나 목사님이나 똑같다는 것이죠. 제가 전화를 안 했을 때는 힘들고 하기 싫고 할 수가 없으니까 안 하는 것이거든요. 처음에는 그것을 용납을 못했어요. 어머니한테 그래도 안 되고 목사님도 힘들어하니까요. 문제는 더 이상 제가 그것이 싫다는 것이죠.

T : 아직도 사모님께서는 목사님이 사모님 입장을 대변해 줄지 의심스럽다는 것입니다. 사모님 입장에서는 내 남편이 내 이야기를 듣고 내가 하고자 하는 방향으로 따라 줄 것이냐 하는 것이죠. 설사 사모님의 방식이 목사님이나 시누이, 어머님의 눈에 잘못되었다고 할지라도요.

W : 저는 목사님께 편까지는 안 바라구요 '참아라, 전화해라' 그렇게 말하지 말고, 제가 하고 싶은 대로 그냥 내버려두라는 것과 그런 것을 참아 줄 수 있다는 확답만 받아도 더 이상 바랄 것이 없어요. 목사님이 힘든 것을 아니까요.

T : 지금 목사님이 한 달에 몇 번 정도 어머니께 가십니까?

H : 글쎄요. 제가 볼 때는 두 달에 한 번이나 한 달에 한 번 가요.

W : 무슨 두 달에 한 번이요? 한 달에 두 세 번은 가요.

T : 요즘은요?

H : 요즘은 전화만 했지 별로 안 갔어요.

T : 사모님은 어머님께 전화를 1주일에 어느 정도 하세요?

W : 전에는 자주 했어요. 어머님이 궁금해하실 때쯤 됐겠다 싶어 전화하면 아니나 다를까 "무슨 년, 무슨 년"이라고 하세요. 제가 어머님이 언제쯤 궁금해하시는 줄 다 알아요. 제가 안 해도 목사님을 시켜서라도 하는데 그것까지 아시더라구요. 그런데 지금은 하기가 싫어요(이제 부인은 자신이 시어머니에게 전화하기 싫거나 가기 싫으면, 자신의 의견대로 행동을 하게 되었으며, 그럼으로써 시어머니로부터 받았던

스트레스를 덜 받게 되었고, 남편 또한 그러한 부인의 의견을 존중해 주기 시작하였다. 그럼으로써 부부관계의 변화가 있었고, 이러한 부부관계는 남편이 시어머니로부터 분리가 되기 시작함으로써, 그리고 지금까지 부부가 시도해 왔던 역기능적인 의사소통방식이 새로운 의사소통방식으로 변화함으로써 부부관계의 새로운 변화가 일어났다).

Session 7회(2001년 9월 11일)

T : 민수가 퇴원하고 나서 어때요?

W : 민수가 너무 좋아졌어요. 병원에서 퇴원한 뒤로 애한테 화가 안 나요. 그러니까 애도 많이 좋아지고 이런 증상이 나타나기 전보다 훨씬 좋아진 것 같아요.

T : 다행이네요. 그런데 엄마하고 대화하는 것은 어때요?

W : 민수의 환청이나 환시는 완전히 없어졌는데 매일 저한테 "엄마 사랑해요."라면서 뽀뽀를 해요. 저도 어떻게든지 민수를 받아 주려고 하거든요.

T : 사모님과 목사님의 관계는 어때요?

W : 이상하게 시댁문제만 나오면 우울해지고 이상해져요. 제가 말씀드리기가 힘들었던 것이 지금 목사님이 여러 가지로 힘들거든요. 그런데 저까지 안 하던 행동을 하고요. 이제까지 시어머니를 잘 안다고 생각하고 그냥 맞춰 드리고 편하게 살아야지 그렇게 생각하고 교수님을 만나기 전에는 더 잘할 줄 알았는데 그게 아닌 거예요. 전에는 이런 적이 없었거든요. 인사도 안 하고 나온 적이 없었고 설령 나왔어도 곧바로 전화를 드렸는데…. 목사님이 어머님이 그 바쁜 와중에 제가 인절미를 좋아한다고 구워서 꿀을 발라서 보내셨다고 그러더라구요.

T : 그날이 언제였습니까?

W : 상담하고 집에 가는데 그 말을 하더라구요. 저는 또 당연히 먹든 안 먹든 감사하다고 전화를 드려야 하는데 못 하겠더라구요. 저도 제가 왜 그러는지 모르겠어요. 제가 좀 지나면 금방 풀리는데 이번에는 이상하게 벗어나지를 않더라구요. 그래서 저녁에 이야기를 했어요. 한번 확인해 보고 싶기도 했고요. 그래서 목사님이 이제까지 어머니 편

을 드는 것을 봐서는 정말 나를 사랑하는 것인지 믿을 수가 없다고 이야기를 했더니 자기는 나한테 잘해 줬다고 생각했고 우리 친정에도 무슨 일이 있어도 잘 넘어가고 그러는데 교수님 앞에서 잘해 준 것은 이야기를 안 하고 흠집만 냈다고 화를 내더라구요. 좌우지간 그렇게 이야기를 했는데 결론은 그동안 자기가 표현을 못 했고 표현방법도 잘 몰랐다고 그러더라구요. 그리고 무슨 일이 있으면 내가 너무 쉽게 이혼하자고 해서 오히려 자기가 그런 생각이 들었다고 하더라구요. 그래서 일단 확인을 해서 풀렸어요(남편이 자신은 나름대로 부인에게 잘해 줬다고 생각하였으나, 표현방식에서 문제가 있었다는 것을 인식했고, 표현방법도 잘 몰랐다는 것을 고백하고 있다. 또한 부인이 남편에게 무슨 일이 있을 때마다 이혼하자는 말이 남편을 자극하게 되었다는 사실을 언급하고 있다. 이와 같이 두 사람 간에 자신들의 의견과 감정을 표현할 수 있는 놀라운 변화가 보인다).

T : 확인을 어떻게 하셨다는 것인가요?

W : 말로 감정이 풀렸어요. 궁금한 것을 물어봤고요. 전에는 물어보고 대답을 해도 순간 문제는 해결됐지만 또 반복이 되니까 힘들었어요. 그런데 이제는 상담을 하고 나서 그런지 그런 이야기를 하면 저도 믿어져요. 근데 목사님은 참 힘들어하시더라구요(부인이 상담을 받은 이후로 이제는 남편의 말에 신뢰감이 들기 시작했다고 언급하고 있다).

T : 목사님이 헷갈려 하고 계시는 거예요. 그동안은 자신의 삶의 방식이 옳다고 생각했는데 상담을 하고 나서 도전을 받기 시작하는 거예요. 감당하기가 힘들어요. 그러면서 저항이 들어오는 거예요.

W : 저희 목사님은 생전 자기감정에 대해서 이야기를 안 해요. 맨날 제가 문제 있으면 가서 화나서 이야기하고 목사님은 앉아서 듣고 있어요(남편은 자신의 감정에 대하여 원가족에서부터 이야기를 하지 못하고 있었으며, 이러한 의사소통방식이 결혼하고 나서 그대로 나타나고 있다).

T : 감정에 대해서 이야기를 안 하세요?

W : 감정이고 뭐고 아무 이야기도 안 해요.

T : 그럼 무슨 이야기를 하세요?

W : 별로 문제도 없는데 일이 있으면 제가 제시를 하고 자기는 그냥 듣고 있는 거예요. 그러다가 제가 끝날 때쯤 문제에 대해서 목사님이

몇 마디 이야기를 하는데 어쨌든 사과하는 것도 저예요(두 사람 간의 의사소통방식이 나타나고 있다).

T : 그러한 의사소통방식이 신혼초부터 반복이 되었습니까?

W : 네, 우리 목사님은 문제될 것이 없는 사람이예요. 그래서 제가 맨날 잘났다고 그러는데 목사님은 성격이 그래서 그런지 문제되는 것이 이상한 거예요. 문제가 있어도 다 내 문제예요. 지금도 내가 힘들어 하는 것을 이해를 못 하는 것이 많다는 거예요. 엄마하고 생각이 똑같으니까요. 그냥 넘기면 되는데 내가 그것을 가지고 왜 그러는지 모르겠데요.

T : 제가 볼 때는 누가 문제다 아니다를 떠나서 목사님 가족은 똘똘 뭉친 가족이잖아요. 어떻게 보면 그 가정이 성격들이 원만하고 두루뭉실한 가족 아닙니까? 자기 가족들끼리는 별 이상이 없었어요. 사모님이 시집 오고 나서는 목사님 가족하고는 안 맞는 거예요. 왜냐하면 사모님은 목사님 가정과는 완전히 다른 가정에서 자랐으니까요. 그런데 그것을 수용하기보다는 시어머니나 시누이나 심지어 남편까지 같이 자기네가 가졌던 틀로써 사모님을 판단하지 않았나 하는 거예요. 그 과정에서 사모님은 힘드신 거예요.

W : 요즘 여러 가지로 교회 사정이 힘들거든요. 그런데 목사님은 저한테 잘해 주는데 '나까지 이래야 하나?'라는 생각이 들어 좀 미안하더라구요.

T : 일단, 지난번 상담 후로 사모님과 목사님과의 관계는 어땠나요?

W : 전에 없이 무슨 문제를 해결할 때 힘들어하더라구요. 전에는 목사님이 저에게 힘을 주고 격려를 해 주는 편이었는데 어제는 회의를 갔다 와서 너무 피곤해 하더라구요. 그래서 목사님께 감사한다고 지금까지 잘 견뎌 주셨기 때문에 평화롭게 해결할 수 있는 방법들을… 막 이러면서 목사님께 말을 했더니 가정 예배를 드리는데 "사모를 통해서 힘을 주셔서 고맙습니다"라고 기도를 하더라구요. 제가 목사님에 대한 비중이 더 커졌다는 생각이 들어요. 좋은 것인지 나쁜 것인지 모르겠지만 이런 상담이 처음이니까 목사님이 헷갈려 하는 것 같아요. 목사님이 그전에는 자기 이야기를 안 해서 몰랐어요. 그런데 오늘은 오면서 자기 이야기를 하더라구요. "나는 그렇게 이야기할 것이 없어서 안 하는 줄 아냐?"고, 그래서 하라고 했더니 "아침에

좀더 일찍 일어났어야지" 하면서 궁시렁 궁시렁 하더라구요. 정말 다행인 거예요. 옛날에는 그런 적이 없었어요. 일방적으로 제가 소리치고 했는데 그 증세가 더 심해지더라구요(여기서 부부간의 대화방법이 바뀌었다라는 것을 볼 수 있으며, 부인이 남편에 대하여 감사하다는 표현을 하였고, 남편 또한 기도 내용 중에 부인에 대하여 감사를 표현하고 있다. 남편은 상담을 통하여 표현하는 방식에서 변화가 일어나고 있으며, 자신의 변화에 대하여 힘들어하고 있는 모습이 보인다. 즉, 변화에 대한 저항이 나타나고 있다).

T : 저는 민수문제를 엄마 아빠가 대화가 안 되는 것에서 온다고 봅니다. 그러면 사모님은 목사님이 내 이야기를 못 알아들어서 언성이 올라가요. 그러면 목사님은 거기에 대응하기가 싫은 거예요. 사모님의 대화방식으로 목사님은 입이 안 열리는 거예요. 목사님 입장에서는 사모님이 제발 소리 좀 지르지 말라는 거예요. 근데 또 사모님 입장으로 가면 나 좀 소리를 안 지르게 해달라는 거예요. 이 방식이 사모님하고 목사님과의 관계에서 문제를 해결하기 위해 시도했던 방법이 아니었나 하는 거예요. 그런데 그 문제를 해결하려고 시도했던 방법 자체가 두 분 간의 관계에서 대화를 오히려 더 못 하게 만드는 방법이었다는 거예요. 목사님은 무언으로 치닫고 사모님은 답답하니까 다그치고 하는 방식이었지요. 그런데 그 저변에 무엇이 도사리고 있었냐면 목사님은 어머니하고의 관계에서 분리 작업이 안 되고서 계속 진행됐다는 거예요. 그런 가운데 사모님이 시댁문제로 엄청나게 스트레스를 받았을 거라는 것이죠. 그런데 사모님이 그 스트레스를 어디다가 풀었겠어요? 애한테 갔을 가능성이 많다는 것이죠. 그러면 사모님이 나타내야 할 증상 자체를 민수가 대신 나타내고 있지 않았나 하는 것이지요. 민수도 엄마 이상 힘들었어요. 지금 사모님하고 목사님하고 관계가 민수문제에 주도권을 잡고 계시는데 민수는 언제 또 증상이 재발할지 몰라요. 단, 엄마 아빠의 관계가 또 다투고 언성이 올라가면 민수는 '또 싸운다. 또 싸워'라는 말보다 이젠 증상으로 나와요. 애들의 증상이라는 것은 엄마 아빠의 관계가 불안정할 때 자기도 모르게 이 방법 저 방법을 이용해서 중재자 역할을 하려고 시도들을 해요. 그러다가 이 방법 저 방법을 이용했는데도 엄마 아빠의 관계가 똑같고 오히려 더 심해진다고 하면 지금까

지 시도했던 방법으로는 안 된다고 생각해서 자기도 모르게 증상을 가지고 오는 거예요. 그런데 좀 다행스러운 것은 민수의 증상이 많이 완화되었고 사실 제가 깜짝 놀랐던 것이 무엇이냐면 애가 저하고 눈을 마주치는 것에 놀랬고, 이야기를 할 때 길지는 않지만 알아듣더라구요. 지난번에는 못 알아들었어요. 제가 많이 놀랬어요. 그 다음에 질문을 하면 단답형이지만 대답을 하더라구요. 그 이야기는 무슨 이야기냐면 병원에서 약물치료하고 안정이 되긴 했지만 엄마 아빠가 나름대로 변화가 시작됐다고 봅니다(부부에게 지금까지 부부가 역기능적으로 시도해왔던 의사소통방식에 대하여 설명을 하고, 부부간의 변화로 인하여 자녀의 증상이 많이 나아진 것에 대하여 칭찬을 한다).

W : 어디를 갔다 오는데 민수가 자기가 매우 행복하데요. "엄마 정말 행복해요" 그러기에 저도 "엄마도 너무 행복하다"고 그랬어요(모자관계의 변화를 보이고 있고, 아들은 엄마에게, 엄마 또한 아들에게 자신의 감정을 표현하기 시작하였다). 그리고 오늘 아침에도 애하고 같이 있는데 전에는 제가 제 문제에 빠지면 애가 듣고 있다든가 스트레스를 받는다는 것을 인식을 못 했어요. 근데 요번에 아이가 아파서 그런지 애가 듣는다는 것을 깨닫고 목사님하고 싸우는데 애가 있는 것이 인식이 되니까 화가 덜 나고 자제가 되더라구요(부모가 아들을 의식하여 표현을 자제하고, 표현방식을 바꾸었다는 사실이 나타나고 있다. 즉, 지금까지 시도해 왔던 역기능적인 의사소통방식에서 새로운 표현방식으로 대체하였다). 그래서 너무 감사했고 끝에 가서는 아차 싶어 제가 웃으면서 "아빠가 훌륭하다"고 칭찬해 줬어요(부부간의 변화와 더불어 모자관계의 변화가 명확히 보인다).

Session 8회(2001년 9월 18일)

T : 목사님, 민수는 요즘 어때요?

H : 민수가 많이 안정이 됐고 약도 많이 줄였어요.

T : 민수와 대화는 어떠합니까?

H : 대화가 좀 돼요. 원래 길게 대화를 안 했던 애라 그 정도면 대화가 잘 되는 것이지요. 저랑 사모가 나간 상태에서도 의사선생님하고 민수하고 둘만 이야기를 하는데 이야기가 오래 되지 않아도 잘 되고

자기 의사가 분명해진다고 그러시더라구요.

T : 그전에는 의사표현이 분명하지 않았습니까?

H : 네, 그전에는 줘도 좋고 안 줘도 좋았어요. "줄까?" 그래도 "네", "안 줘도 돼?" 그래도 "네" 그랬거든요. 이제는 그게 무엇을 이야기하는지 알아듣고 자기 의사를 분명하게 표현을 하고 그래요.

T : 아직도 엄마의 볼을 비비고 그러는 것은 여전합니까?

H : 네, 저하고도 그렇고 사모하고도 그렇구요.

T : 그게 최근에 나타나는 것입니까?

H : 아뇨, 어릴 때부터 그랬어요. 저의 집안 분위기가 그런 분위기였거든요. 근데 사모가 마마보이 같다고 하지 못하게 했어요. {(민수의 친가는 스킨십이 자연스러운 가정이었던 반면에 민수의 외가는 스킨십이 별로 없는 가정이었다는 점을 볼 수 있으며, 민수 어머니는 이러한 친정의 분위기를 그대로 이어받아서 자녀가 신체적으로 접촉을 하고자 할 때, 어머니는 아들을 강하게 키운다는 미명 아래 아들의 신체적인 접촉을 거부하였다. 즉, 민수는 신체적인 접촉을 사랑의 언어로 사용하고 있었으나, 어머니는 그러한 신체적인 접촉의 언어를 이해하지 못하였다(장동숙 역, 1997)}.

T : 사모님네 가정은 안 그랬잖아요.

H : 그렇죠.

T : 지금 목사님과 어머님 관계는 어떠세요? 목사님이 가운데서 상당히 힘들 텐데요.

H : 마음에 힘든 것이 있었는데 괜찮더라구요. 서울에 올라와서 장모님 이삿짐 날라 드리고 정리해 드리면서도 어쩌다 한번 전화하고 어머니한테 안 갔어요(남편이 어머니로부터 분화하고자 노력한 므습이 보인다).

T : 목사님은 지금 상당히 힘든 입장과 시기거든요.

H : 저보다 사모가 잘 견뎌주니까 고마워요. 저는 난지도나 그런 곳에서 힘든 일을 많이 겪어봐서 괜찮은데 우리 사모가 힘들어하면 어쩔까 걱정했는데 잘 견뎌주니까 고마워요.

T : 사모님께서 목사님이 상당히 헷갈려 하시면서 힘들어한다고 말씀하시더라구요. 거기에 대해서 말씀해 주실 수 있으세요?

H : 목회하는 데 있어서 어머니가 앞으로 간섭하지 않으시고 뒤에서 기

도만 해 주신다고 하셨거든요. 그런데 굉장히 궁금해하시고 자세히 듣기를 원하세요. 오늘 제가 여기 오기 전에도 전화를 안 하니까 어머니께서 직접 제 휴대폰으로 전화를 하셨더라구요. 오늘 다른 분댁에 가서 자고 오는데 만약 본인이 집에 없으면 제가 실망할까 봐 전화하셨다고 하시면서요. 근데 저는 어머니에 대해서 크게 걱정 안 해요. 모세 대학을 다니시면서 친구들이 많이 생겼고, 기존에 자식간의 관계에서 해 주지 못했던 것들이 친구들을 통해서 해결되니까요 (어머니가 아들과의 관계의 분리를 결정하셨음에도 불구하고, 자녀의 일에 몹시 궁금해하고 있다. 그러면서도 자식과의 분리를 위하여 자신의 일에 에너지를 집중하는 모습으로 변화하고 있다).

T : 지금 사모님께서는 어머니께 연락을 통 안 하세요?

H : 안 하죠. 전화가 휴대폰으로 와도 어머니 이름이 찍히면 안 받고 얼른 저를 줘요. 목소리를 거의 안 들어요. 서로 통화한 지가 오래됐어요.

T : 약 한 달 이상 된 것 같은데 어머니가 내심 굉장히 괘씸하게 생각하시겠네요. 목사님이 가운데서 상당히 힘드시겠네요. 그럼, 지금 사모님과 목사님과의 관계변화는 어떻습니까?

H : 이제는 서로를 많이 아는 것 같아요. 상담을 하니까 저도 사모에 대해서 염려는 안 할 것 같아요.

T : 그전에는 염려하셨습니까?

H : 많이 걱정했죠. 인간관계가 원만하지 못하니까 사고칠까 봐서 불안했어요. 그 원인이 무엇 때문인지 몰랐으니까 걱정이 많이 됐죠. 교인들하고의 관계도 그렇구요. 옛날에 한동안은 교인들과의 관계에서 일어나는 것을 숨겼어요. 알면 펄펄 뛰니까요. 예를 들면 교인들이 '사모가 낭비벽이 심하니까 아껴 쓰면 좋겠다'라고 한 이야기를 저만 들리게 이야기를 하거든요. 그러면 제가 사모한테 이야기를 못하고 저만 알고 있으면서 민수가 컴퓨터를 전혀 못 쓰게 했어요. 전기세가 많이 나오니까요. 목회지가 시골이라서 교인들이 전기세가 많이 나오는 것을 이해 못 하니까 컴퓨터도 주보 치는 것 이외에는 얼른 끄고, TV도 뉴스 보는 것 이외에는 보지 못하게 했어요. 그렇지만 지금은 그런 이야기를 사모한테 말해요. 예전에는 제가 사모하고 관계된 이야기를 들으면 감추고 덮어주기에 바빴어요. 지금은 제

가 들은 대로 이야기하고 터트리게 하고 정리하게 하는 것이 더 낫다는 것을 안 지가 별로 안 됐죠(이전의 의사소통방식에서 새로운 의사소통방식으로 변화하였다. 즉, 부부가 함께 이야기하고 해결하고, 또한 부인의 방식을 인정해 주는 쪽으로 변화하였다).

T : 다음번에 저하고 민수하고 둘만 이야기할 수 있을까요?

Session 9회(2001년 9월 25일)

T : 민수야, 네가 어려서부터 집에서 생활할 때 힘들었던 점을 나에게 이야기를 좀 해 줬으면 좋겠어. 네가 지난번에 처음 왔을 때 보니까 엄마 아빠한테 기대고 엄마 볼에다 뽀뽀하고 그랬거든. 그전에 엄마가 못 하게 많이 차단했을 때 너 많이 힘들었을 것 아냐? 엄마와의 관계에서 힘들었던 점이 뭐였니?

C : (긴 침묵)…

T : 민수야, 지난 3월 달에 아빠는 서울에 가셨고, 엄마는 부흥회에 가셨을 때 너 혼자 집에 들어왔지? 그때 어땠니?

C : 너무 답답하고 열 받았어요.

T : 지금도 답답하고 열 받은 것이 남아 있니?

C : 아뇨.

T : 그때 네가 공포에 질렸다고 하던데?

C : 아닌데요. 답답해서 추우니까 열고 들어갔어요.

T : 그 다음에 뭐했어?

C : 혼자 놀았어요.

T : 그럼 집에서 전기세 많이 나온다고 컴퓨터 못 하게 했다고 하던데 그때는 어떻게 했니?

C : 그냥 참았어요.

T : 그럼 그 스트레스를 어떻게 풀었니?

C : 그냥 참았어요(민수는 자기가 하고 싶은 것이 있어도, 부모에게 말을 하지 않고 그냥 참아왔다고 말하고 있다).

T : 지금, 엄마하고 관계는 어떠니?

C : 좋아요.

T : 그전에 엄마는 어땠니?

C : 엄마는 그냥 좋으신 분이세요.
T : 요즘 엄마 아빠 관계가 어떠니?
C : 괜찮은 것 같아요(민수는 부모님의 부부관계가 변화되었다는 것을 인식하고 있다).
T : 민수가 옛날에 엄마한테 안기고 싶었을 때 엄마는 너를 남자답게 키운다고 자꾸 밀어냈다고 하시던데 너 그거 기억나?
C : 네.
T : 그때 느낌이 어땠니?
C : 기분이 되게 안 좋았어요.
T : 엄마가 너를 좋아한다는 것을 알고 있었니?
C : 네.
T : 어떻게 알았니?
C : 그냥요.
T : 엄마가 오셔서 이런 말씀을 하셨어. 엄마는 네가 어려서부터 몸을 기대고 이럴 때 네가 싫어서 그런 것이 아니라 네가 사랑스러움에도 불구하고 남자답게 키우려고 밀었다는 거야(재명명). 그런데 이제 와서 보니까 엄마가 좀 후회스럽다는 말씀을 하시더라. 요즘은 네가 엄마한테 기대도 엄마가 다 받아주시지? 그럼 기분은 어떠니?
C : 좋아요.
T : 너와 아빠의 관계는 어떠니?
C : 좋아요.
T : 너는 엄마 아빠 중에 누구와 이야기하는 것이 더 편했니?
C : 아빠요.
T : 민수가 볼 때 엄마 아빠가 대화가 된다고 봤니?
C : 아뇨.
T : 어려서부터?
C : 네.
T : 엄마 아빠가 다투는 모습을 많이 봤니?
C : 많이는 안 봤어요.
T : 그런데 엄마 아빠가 두 분만 계시면 별로 안 다퉜는데 할머니 집에만 가면 많이 다투셨다면서? 너는 알고 있었니?
C : 네.

T : 민수가 엄마한테 바라는 것 있니?
C : 없어요.
T : 그럼, 아빠한테는?
C : 없어요.
T : 민수야, 너와 엄마의 관계를 알아보려고 했는데 네가 별로 이야기를 안 하니까 선생님이 좀 힘들다. 그런데 네가 "몰라요", "좋아요" 그러니까 선생님이 잘 알 수가 없다(웃음).
C : (웃음)

이번 상담에서 민수는 처음에 상담실에 왔을 때에 비해서, 얼굴도 밝아졌고, 눈을 마주치며 치료자와 대화를 할 수 있었고, 치료자의 질문에 단답형의 대답을 할 수 있었다. 그전에 비하면 분명히 많은 변화를 보였다. 하지만 자신의 생각을 아직까지 분명히 전달하기에는 부족한 면이 있었다. 아버지가 다른 지역으로 목회지를 옮기게 됨으로써, 이번 상담을 마지막으로 종결하게 되었다.

6. 결 론

본 사례는 13세인 아들이 급성 정신분열증 증상을 가지고 치료자를 찾아온 사례였다. 클라이언트는 3세 때 자폐증상이 있었고, 7세 때부터 말을 하기 시작하였다. 2001년 4월에 부모님의 부재중에 혼자 집으로 갔다가 2시간 정도 밖에서 배회하다가, 방충망을 뜯고 집에 들어간 후에 어두움 속에서 외상(trauma)을 입었다. 그날 이후로 틱(tic)장애(입에서 무엇을 계속해서 뱉어내었다)와 알아듣기 힘든 이야기를 하고(환청), 구토 및 거식증 증세를 가지고 있었다. 클라이언트 부모는 이러한 아들을 위하여 교회에서 두 달 동안 합숙훈련하며 기도회에 참석하였다.

클라이언트 부모는 신혼초부터 시댁문제로 인하여 잦은 싸움을 해

왔고, 이러한 잦은 싸움으로 인하여 자녀는 삼각관계에 연루되었고, 심리적으로 불안하였다. 특히 부인은 신혼초부터 3년까지 시어머니와 함께 동거하였으며, 이 시기에 우울증이 걸리기도 했다. 그후 분가하였다가, 다시 4년간 시어머니와 다시 동거하였다. 클라이언트 어머니는 아들에게 칭찬을 해 주지 않았고, 아들을 매우 엄하게 대했다. 클라이언트가 엄마와 신체적인 접촉을 하는 것을 막았으며, 아들은 이러한 어머니한테 거부당하는 감정을 느끼게 되었다.

남편은 어머니로부터 분화되지 않았고, 매주 어머니를 찾아뵈어야 했고, 부인은 시댁과 관련된 문제를 해결하기 위하여 남편에게 언성을 높이며 대화를 해 보려고 하였고, 남편은 이러한 부인에게 대응하지 않고 부인을 회피하는 방식을 취하였다. 이러한 남편의 방식으로 인하여 부인이 분노하여 더욱 소리를 지르면 남편은 윽박지르는 역기능적인 의사소통방식을 사용하고 있었다. 결국 이러한 역기능적인 문제해결방식으로 인하여 부부관계는 더욱 악화되어 갔고, 아들은 더욱 불안하였고, 자신의 의사를 표현할 수 없었다.

따라서 치료자는 남편을 원가족으로부터 분화시키는 데 일차적인 치료목표를 두었다. 구체적인 방법으로 어머니를 방문하는 횟수를 줄이고, 아들 가정에서 일어나는 일들에 관하여 어머니에게 최소한의 정보만을 주게 함으로써 부부하위체계를 강화시켰다. 이러한 모자지간의 관계를 분리시키는 방법으로 Murray Bowen의 가족체계이론을 활용하였다. 또한, 치료자는 부부가 지금까지 문제를 해결하려고 사용해 왔던 역기능적인 의사소통 해결방식을 발견하여 지금까지 사용해 보지 않았던 새로운 문제해결방식으로 대체하였다. 남편이 시댁식구, 특히 어머니와 분리되면서 부부관계에 변화가 왔고, 더불어 역기능적인 의사소통방식에서 기능적인 의사소통방식의 사용으로 인하여 부부가 상대방에 대하여 이해하기 시작하였다. 이러한 부부관계로 인하여 부인은 좀더 편안한 마음과 기능적인 의사소통방식으로 아들을 대하게 되었으며, 아들의 신체적인 접촉을 받아주는 변화를 하게 되었다. 결론적으로 이러한 부부관계의 변화로 인하여 아들은 가정에서 더 편안함을 느끼게 되었고, 자신의 의견을 표출하기 시작하였다.

3개월 뒤 클라이언트 아버지가 목회지에서 고구마 한 박스, 12개월 뒤에는 마늘 한 박스를 보내 왔는데, 치료자에게는 그 어떤 선물보다 클라이언트 가족의 마음이 와 닿았다. 남편은 치료자에게 정신분열증을 일으켰던 아들과의 관계와 부부관계가 많이 좋아졌다고 하였고, 부인 또한 전화로 치료자에게 감사하다고 전하였다.

참고문헌

김용태(2000). 가족치료이론. 서울 : 학지사.

김유숙(1998). "관련성과 분리성에서 본 한국가족과 미국가족". 한국가족치료학회지, 6(1), pp.1-13.

박인철 역(1995). 변화. 서울 : 동문선.

박태영(2001). 가족치료이론의 적용과 실천. 서울 : 학지사.

박태영 · 김현경 역(1998). 여성들의 관계미학 : 지혜로운 삶을 위하여. 서울 : 지샘사.

유은희 · 전춘애(1995). "母의 자아분화수준과 母子간의 갈등이 청년기 자녀의 문제행동에 미치는 영향". 한국가족치료학회지, 3, pp.137-153.

이정태 · 채영래 역(2002). 역동정신의학. 서울 : 하나의학사.

이혜숙(1992). "청소년의 자아분화와 정신건강과의 관계". 연세대학교 대학원 석사학위논문.

이홍식(2001). "정신분열병". 민성길 외. 최신정신의학. pp.226-256. 서울 : 일조각.

장동숙 역(1997). 5가지 사랑의 언어. 서울 : 생명의 말씀사.

제석봉(1989). "자아분화와 역기능적 행동과의 관계-Bowen의 가족체계이론을 중심으로". 부산대학교 대학원 박사학위논문.

최정윤 · 박경 · 서혜희(2000). 이상심리학. 서울 : 학지사.

Duncan, B. L., Solovey, A. D., & Rusk, G. S. (1992). *Changing the rules : A client-directed approach to therapy.* New York : The Guilford Press.

Fleming, W. M., & Anderson, S. A. (1986). "Individuation from the family of origin and personal adjustment in late adolescence". *Journal of Marital and Family*

Therapy, 12(3), pp.311-315.

Goldenberg, I., & Goldenberg, H. (2000). *Family therapy : An overview* (5th ed.). Pacific Grove, Ca : Brooks/Cole.

Friedman, E. H. (1991). "Bowen theory and therapy", In Gurman, A. S., & Kniskern, D. P. (Eds.), *Handbook of family therapy* (pp.134-170). New York : Brunner/Mazel.

Fromm-Reichmann, F. (1948). Notes on the development of treatment of treatment of schizophrenics by psychoanalytic psychotherapy. *psychiatry, 11*, pp.253-272.

Goldenberg. I., & Goldenberg. H. (2000) *Family therapy : An overview* (5th ed.). Pacific Grove, Ca : Brooks/Cole.

Greene, J. G. (1996). "Communication theory and social work treatment", In Turner F. J. (Ed.), *Social work treatment : Interlocking theoretical approaches* (pp.116-145). New York : The Free Press.

Harvey, D. M., & Bray, J. H. (1991). "An evaluation of an intergenerational theory of personal development : Family process determinants of psychological and health distress", *Journal of Family Psychology, 4*, pp.42-69.

Hoffman, L. (1981). *Foundations of family therapy : A conceptual framework for systems change*. New York : Basic Books.

Hoffman, J. A., & Weiss, B. (1987). "Family dynamics and presenting problem in college students", *Journal of Counseling Psychology, 34*(2), pp.157-163.

Lawson, D. M. (1999). "Integrated intergenerational family therapy", In Lawson, D. M., & Prevatt. F. F., *Casebook in family therapy* (pp.27-50). New York : Brooks/Cole.

Lidz, T., Cornelison, A., Fleck, S., & Terry, D. (1957). "The intrafamilial environment of schizophrenic patients : II. Marital schism and marital skew", *American Journal of Psychiatry, 114*, pp.241-248.

Lidz, T., Fleck, S., & Cornelison, A. R. (1965). *Schizoprenia and the family*. New York : International Universities Press, Inc.

Meyer, R., & Deitsch, S. (1996). *The clinician handbook : integrated diagnotics, assessment, and intervention in adult and adolescent psychopathology* (4th ed.). Boston : Allyn and Bacon.

Nichols, M. P., & Schwartz, R. C. (2001). *Family therapy : Concepts and methods* (4th). Boston : Allyn and Bacon.

Papero, D. V. (1995). "Bowen family systems and marriage", In Jacobson, N. S., & Gurman, A. S. (Eds.), *Clinical handbook of couple therapy* (pp.11-30). New York : The Guilford Press.

Schlanger, K., & Anger-Diaz, B. (1999). "The brief therapy approach of the Palo Alto Group", In Lawson, D. M., & Prevatt, F. F., *Casebook in family therapy* (pp.146–168). New York : Brooks/Cole.

Shoham, V., Rohrbaugh, M., & Patterson, J. (1995). "Problem–and solutions–focused couple Therapies : The MRI and Milwaukee models", In Jacobson, N.S., & Gurman, A. S., (Eds.), *Clinical handbook of couple therapy* (pp.142–163). New York : The Guilford Press.

Shon, S. P., & Ja, D. Y. (1982). "Asian families", In McGoldrick, M. J., Pierec, J. K., & Giordano J., (Eds.), *Ethnicity and family therapy* (pp.208–228). New York : The Guilford Press.

Watzlawick, P., Beavin, J. H., & Jackson, D. D. (1967). *Pragmatics of human communication : A study of interactional patterns, pathologies, and paradoxes.* New York : W. W. Norton.

Watzlawick, P., Weakland, J., & Fisch, R. (1974). *Change : problems formation and problem resolution.* New York : W. W. Norton.

Weakland, J. H. (1993). "Conversation–but what kind?", In Gilligan, S., & Price, R., (Eds.), *Therapeutic conversations* (pp.136–145). New York : Norton.

Weakland, J., Fisch, R., Watzlawick, P., & Bodin, A. M. (1974). "Brief Therapy : Focused Problem Resolution", *Family process, 13*, pp.141–168.

Wynne, L. C., Ryckoff, I. M., Day, J., & Hirsch, S. I. (1958). "Pseudomutuality in the family relationships of schizophrenics", *Psychiatry, 21*, pp.205–220.

틱장애 아동의 가족치료 12

1. 서 론

본 사례는 클라이언트(아들, 6세)가 2001년 6월 9일에 배가 이상하다고 호소하였는데 갈비뼈가 보일 정도로 배 근육이 올라갔다 내려갔다 하여 내과와 소화아동병원에 내원하여 장에는 이상이 없고 틱증상 같다는 이야기를 듣고, 모 아동신경정신과에 의뢰되었다. 아동신경정신과에서는 클라이언트에 대하여 틱(tic)장애, 부모-자녀관계 문제(Parent-child relational problem), 심리신체적 장애(Psychosomatic disorder), ADHD의 증상을 가지고 있는 것으로 진단하였다. 클라이언트의 어머니에 대해서는 신체화를 가진 우울증(depression with somatization), 가족력이 있는 성격장애(historic personality disorder)를 가지고 있다고 진단하였다. 결론적으로, 클라이언트에 대하여 부모-자녀관계와 부부갈등에 따른 불안장애(anxiety disorder)를 가지고 있는 것으로 진단하여 가족치료와 심리치료가 필요하다고 하여 치료자에게 의뢰된 사례이다.

부부는 결혼생활 6년째이며, 아들이 몸의 근육이 실룩실룩거리는 증상을 가지고 있으며, 처음에는 배 근육이 실룩실룩 움직이다가 다음에는 어깨와 구강 근육이 그리고 입이 실룩거리다가 현재는 눈까지 실룩거리는 상태이다. 또한 밤에 자기 전에 손가락을 많이 빨고 있으며, 이전에는 책을 읽어 줄 때 가만히 옆에서 듣고 있었는데, 지금은 책 내용은 듣고 싶은데도 몸이 가만히 있지 못하여 왔다갔다하면서 이야기를 듣는다. 아빠가 가족과 함께 할 시간이 없었고, 부부가 다투었을 때 자녀의 틱증상이 더욱 심각해졌다. 그전에는 아들의 건강이 별 문제가 없었는데, 부부관계가 불안정해지면서 자녀가 많이 아프기 시작했다.

신혼 전부터 이 부부는 갈등관계를 유지하고 있었고, 장인될 사람은 사위될 사람에 대하여 탐탁하게 생각하지 않았고, 이러한 가운데 두 사람 간의 갈등관계를 해결할 수 있는 의사소통방식이 역기능적으로 나타나고 있었다. 상담 1회에서 부인은 선교지에서 임신한 상태에서 구타를 당한 경험을 가지고 있었고, 이러한 구타로 인하여 부인은 태아와 공생관계를 느끼기 시작하였다. 부인의 불안은 자녀에게 전수된 것으로 보이며, 이러한 불안은 궁극적으로 부부관계에 문제가 있는 것으로 나타났다. 따라서, 이 사례에서는 아동의 틱장애를 치료하기 위하여 부부를 중심으로 상담하였다.

이론적인 배경으로 틱장애에 관련하여 문헌고찰을 하였고, 치료목표를 달성하기 위하여 MRI의 상호작용적 가족치료모델과 Salvador Minuchin의 구조적 가족치료모델을 활용하였다.

2. 틱장애

DSM-IV는 틱장애(Tic Disorder)를 뚜렛장애(Tourette's disorder), 만성 운동 또는 음성 틱장애(chronic motor or vocal tic disorder), 일과성 틱장애(transient tic disorder) 및 기타 틱장애로 분류하고 있다.

틱은 갑작스럽고 빠른, 반복적, 비율동적, 상동중적인 운동 또는 음성이 나타나는 것이다. 이는 저항할 수 없는 것으로 경험되기도 하지만, 다양한 시간 동안 억제될 수도 있다. 모든 형태의 틱은 스트레스에 의해 악화되고, 차분하게 활동(독서하기, 바느질하기)하는 동안에는 감소된다. 틱은 대개 수면 중에 현저히 감소된다. 운동 틱과 음성 틱은 모두 그 경계가 잘 정의되지는 않지만 단순형 또는 복합형으로 분류될 수 있다. 흔한 단순 운동 틱은 눈 깜짝거리기, 목을 경련하듯이 갑자기 움직이기, 어깨 움츠리기, 얼굴 찡그리기, 기침하기를 포함한다. 흔한 단순 음성 틱은 헛기침하기, 꿀꿀거리기, 킁킁거리기, 콧바람 불기, 짖기를 포함한다. 흔한 복합 운동 틱은 얼굴 표정짓기, 손짓하는 행동, 뛰어오르기, 만지기, 발 구르기, 대상의 냄새 맡기를 포함한다. 흔한 복합 음성 틱은 관계없는 단어나 구절을 반복하기, 외설증(사회적으로 용납되지 않는, 흔히 외설적인 단어 사용하기), 동어반복증(자기 자신만의 소리나 단어를 반복하기), 반향언어증(마지막 들은 소리, 단어 또는 구절을 반복하기)을 포함한다. 다른 복합 틱은 반향운동증(어떤 사람의 움직임을 모방하기)을 포함한다(DSM-IV, 1994 : 100; 정신장애의 진단 및 통계 편람, 1995 : 140-141). 틱장애는 일반적인 사람들보다 틱장애를 가지고 있는 사람들의 가족에게 더욱 공통적으로 나타나며, 여성들보다 남성들에게 3배 정도 더 빈번하게 나타난다(Kaplan, Sadock, 1999).

1) 뚜렛장애

뚜렛장애는 다발 운동성 틱과 하나 이상의 음성 틱, 외화증(coprolatia), 반향언어증(echolatia)이 현재 있거나 과거부터 있어온 틱장애를 말한다. 뚜렛장애의 필수 증상은 여러 가지 운동 틱과 한 가지 또는 그 이상의 음성 틱이 1년 이상 지속될 때를 말한다. 운동 틱과 음성 틱은 동시에 나타나기도 하고, 따로따로 나타나기도 한다. 발병은 거의 언제나 아동기나 청소년기에 시작된다. 음성 틱이 생기기 전에 운동성 틱이 생기는 것이 보통이고 청소년기에 증상이 자주 악화되고 어른이 되어서도 지속되는 것이 보통이다(최정윤 외, 2000 : 283). 운동 틱은 대체로 7세에 발생되고 음성 틱은 평균 11세경에 나타난다. 뚜렛장애는 인구 1만 명당 약 4-5명이 발생된다. 남아에 많아서 남녀비는 3 : 1이다(민성길 외, 2001 : 569).

음성 틱은 가래를 뱉으려는 소리, 킁킁거리는 소리 같은 폭발적이고 반복적인 발성을 동반한 다발성이며, 외설스런 단어나 어구를 쓰는 경우가 있다. 때때로 몸짓의 반향행동(echopraxia)이 나타나는데, 이것이 외설적인 성질을 띠기도 한다(corpropraxia). 운동성 틱과 마찬가지로 음성 틱도 잠깐 동안 의도적으로 억제할 수 있고 스트레스로 인해 악화되고, 잠자는 동안은 없어지기도 한다(최정윤 외, 2000 : 283-284).

초기 증상은 얼굴과 목에 나타나고 점차 신체하부 즉 몸통, 상지, 하지로 이동하면서 틱이 나타난다. 틱증상은 얼굴과 두부, 상지와 손, 몸통과 하지, 호흡기 및 소화기 계통에 흔히 나타난다. 가장 흔한 초기 증상은 눈 깜박거림이고 다음이 머리의 틱, 얼굴 씰룩거림이다. 이후 수년이 지난 후에 운동 틱과 음성 틱이 복합적으로 나타난다(민성길 외, 2001 : 570).

뚜렛장애의 원인은 주로 생물학적인 것으로 알려져 있다. 뚜렛장애는 주의력결핍·과다행동장애(ADHD)와 관련성이 높아서, 뚜렛장애 환자의 약 절반 정도에서 ADHD도 같이 온다고 한다. 또한 강박장애와도 관련성이 높아서 약 40%에서 나타난다. 뚜렛장애 환자의 가족 중에서도 뚜렛장애, 만성 운동 또는 음성 틱장애, 강박장애가 발생될 위험성이 높다(민성길 외, 2001 : 569; Waldinger, 1997).

뚜렛장애는 치료받지 않을 경우, 예후는 만성적이며 평생 동안 나타나기도 한다. 대개 한때 호전되었다가 악화되는 것을 반복한다. 장기화되면 환자는 심한 적응문제(학교, 친구관계, 직장 등)가 생기고 우울장애 등 정서장애나 심하면 드물게 자살기도가 나타나기도 한다. 그러나 증상이 계속됨에도 불구하고 적응을 잘 하는 경우도 많다. 뚜렛장애의 가장 효과적인 치료방법은 약물치료이다. 그러나 증상이 경할 때에는 굳이 약물을 사용하려고 하지 않는다. 정신치료는 대체로 효과가 없지만, 행동장애나 적응문제가 있을 때 필요하다. 여러 행동

치료요법도 시도되고 있는데 특히 습관반전치료(habit reversal treatment)가 효과가 있다고 한다(민성길, 2001 : 570-571).

2) 만성 운동 또는 만성 음성 틱장애

만성 운동 또는 만성 음성 틱장애(Chronic Motor or Vocal Tic Disorder)의 필수 증상은 운동 틱 또는 음성 틱의 어느 한 가지 장애가 존재하지만, 두 가지 장애가 함께 나타나지는 않는다. 이 점은 뚜렛장애가 여러 가지의 운동 틱과 한 가지 이상의 음성 틱 모두가 존재해야 한다는 점과는 차이가 있다. 동시에 1-3개의 근육군이 틱을 보이거나 또는 음성 틱이 적어도 1년 이상 있는 경우이다. 다른 필수 증상은 뚜렛장애와 동일하다. 뚜렛장애의 기준에 맞는다면, 만성 운동 또는 만성 음성 틱장애의 진단은 내려지지 않는다. 발병연령이 18세 이전이어야 하며 뚜렛장애 진단기준에 맞은 적이 없었던 경우에만 본 질환의 진단을 내릴 수 있다(민성길, 2001 : 571). 만성 운동 또는 만성 음성 틱장애의 다른 특징은 증상의 심각도와 기능장해가 보다 가볍다는 점을 제외하고는 일반적으로 뚜렛장애와 동일하다. 만성 운동 또는 음성 틱장애와 뚜렛장애는 흔히 동일 가계에서 발생하므로 유전과 연관성이 있다(DSM-IV, 1994 : 103-104).

흔한 발병시기는 초기 소아기에 잘 오며 일생 동안 지속될 수도 있다. 틱의 양상은 눈을 깜박거리는 것으로 시작하여 안면근육을 씰룩거리거나 머리, 어깨, 팔, 다리를 들썩거리거나 킁킁거리거나 이상한 소리를 지르는 음성 틱을 보이기도 한다. 만성 음성 틱은 만성 운동 틱보다 상당히 드문 편이다. 음성 틱은 소리가 크거나 격렬하지 않고 뚜렛장애처럼 사람 눈에 잘 띄지 않는다.

6-8세 때 발병한 경우는 예후가 좋다. 대개 4-6년간 지속되다가 초기 사춘기 때 중단된다. 틱이 얼굴에 국한된 경우가 사지나 몸통에 있는 경우보다 예후가 좋다. 만성 운동 또는 음성 틱장애는 틱의 심각성과 빈도에 따라 치료한다. 틱 때문에 불안, 우울장애가 같이 올

수도 있으므로 정신치료가 필요하다. 가족치료, 행동치료(특히 habit reversal treatment)를 할 수 있다. 항불안제는 효과가 없다(민성길 외, 2001 : 571-572).

3) 일과성 틱장애

일과성 틱장애(Transient Tic Disorder)의 필수 증상은 한 가지 또는 여러 가지의 운동 틱 또는 음성 틱이 존재하는 것이다. 틱은 적어도 4주 동안 거의 날마다, 하루에 여러 번씩 일어나지만, 연속적으로 12개월 이상 일어나지는 않는다. 다른 필수 증상은 뚜렛장애와 동일하다. 만약 뚜렛장애, 만성 운동 틱장애 또는 만성 음성 틱장애(두 가지 모두 적어도 1년의 기간을 요구한다)의 기준에 맞는다면, 일과성 틱장애는 진단되지 않는다. 이 장애의 다른 특징은 증상의 심각도와 기능장애가 보다 가볍다는 점을 제외하고는 뚜렛장애와 일반적으로 동일하다(DSM-IV, 1994 : 104-105).

일과성 틱장애는 기질적 원인, 심리적 원인 또는 복합적 원인으로 온다고 본다. 기질적 틱은 대부분 뚜렛장애로 이행되고 틱의 가족력이 있다. 심인성 틱은 자연히 소실되는 경향이 있다. 스트레스나 불안은 틱증상을 악화시킬 수 있지만, 그 원인이 된다는 근거는 없다. 초기에 나타나는 가장 흔한 틱 증상은 눈을 깜박거리거나 얼굴을 씰룩거리는 것이다. 대체로 얼굴에서 시작하여, 목, 상지, 하지로 틱이 이동한다. 틱장애는 보통 1년 내에 없어지며, 때에 따라 스트레스가 있을 때 재발하기도 한다. 발생시기는 대개 7세이며, 18세 이전에 나타난다.

대부분의 일과성 틱장애는 더 심한 틱장애로 이행되지 않는다. 틱 증상은 영원히 소실되거나 특수한 스트레스가 있을 때에만 재발한다. 다만 극소수에서 만성 운동 또는 음성 틱장애나 뚜렛장애로 이행된다. 틱이 자연히 소실될지, 진전될지, 또는 만성화될지 초기에는 알 수 없다. 치료로서는 환경적으로 오는 긴장이나 불안감을 제거해 주는 정도의 가족상담과 지지적 정신치료를 한다. 증상이 심하지 않으면 약물치료는 하지 않는다(민성길 외, 2001 : 572-573).

4) 기타 틱장애

이 범주는 특정한 틱장애의 기준에 맞지 않는 틱을 특징으로 하는 장애를 진단하기 위한 것이다. 예를 들면, 틱이 4주 이하 동안 지속되거나, 틱의 발병 연령이 18세 이후일 경우이다(DSM-IV, 1994 : 105).

3. 문제점 및 치료목표

1) 문제점

첫째, 아들이 틱장애로 안절부절못하고, 건강도 좋지 못하며, 어머니와의 분리불안(separation anxiety)으로 인하여 유치원을 다닐 수가 없다. 그로 인하여 부모들은 아들의 심각한 틱장애에 대하여 걱정을 하고 있었다.

둘째, 부부가 신혼초부터 의사소통이 안 되었으며, 부부는 문제를 해결하려고 시도하였으나, 매번 싸우거나 불쾌한 상태로 끝나곤 하였다.

2) 치료목표

첫째, 아들과 아빠와의 관계를 증진시킨다

둘째, 아들과 엄마와의 밀착된 관계를 분리시킨다.

셋째, 궁극적으로 부부간의 의사소통을 향상시킨다.

이와 같은 치료목표를 달성하기 위하여 지금까지 부부가 문제를 해결하려고 시도해 왔던 시도된 해결방식을 찾고, 지금까지 시도해 보지 않았던 새로운 방식으로 의사소통을 한다. 또한 아들과 엄마와의 지나치게 밀착된 관계를 분리하기 위하여 아빠가 일찍 집에 들어와 아들과 함께 노는 시간을 가지게 한다. 아들과 아빠가 함께 시간을 보냄으로써 엄마는 좀더 자유스러운 시간을 가지게 하며, 부자지간의 관계 향상으로 인하여 엄마는 더욱 편안한 감정을 가지게 된다. 결국에는 부부간의 새로운 의사소통방식으로 인하여 원활한 의사소통을 하게 됨으로써 부부하위체계를 강화시키고, 명확한 부부하위체계의 경계선으로 인하여 틱장애를 가지고 있는 아들과 경계선을 가지게 한다. 이러한 부모하위체계와 자녀하위체계의 명확한 경계선으로 인하여 아들은 부모의 불안한 관계에서 벗어나 자신의 일과 친구들과의 관계에 관심을 둘 수 있도록 한다.

4. 치료모델

치료자가 클라이언트들의 문제를 해결하는 데 사용된 주된 치료모델은 MRI의 상호작용적 가족치료모델과 Salvodor Minuchin의 구조적 가족치료모델이다. 클라이언트들이 역기능적으로 시도해 왔던 의사소통방식과 역기능적인 의사소통방식으로 인하여 생략되었거나 오해되었던 부분을 대화로써 해결하였다. 또한 구조적 가족치료에서 부부하위체계와 자녀하위체계 사이에 명확한 경계선을 두고자 시도하였다.

1) MRI의 상호작용적 가족치료모델

MRI(Mental Research Institute) 집단은 의사소통과 체계개념에 기반을 두고 있으며, 클라이언트에게 나타나는 증상에 초점을 맞춘 단기치료 접근법이다. 치료의 목적은 클라이언트가 생활을 잘 해 나갈 수 있도록 가능한 빨리 그리고 효과적으로 클라이언트가 제시하고 있는 불평을 해결하는 데 그 목적이 있다(Shoham et al., 1995). MRI 집단은

Watzlawick과 그의 동료들에 의하여 개발된 상호작용적 치료의 이론적 토대에 기여를 하였다. 이 접근법은 수많은 문제를 다루는 실제적인 치료모델이며(박인철 역, 1995; Watzlawick et al., 1974; Weakland et al., 1974), 클라이언트의 문제를 병리적인 시각으로 설명하는 것을 지양하고 클라이언트의 불평과 변화를 위한 목표의 두 가지 측면에서 클라이언트 중심의 치료방식을 사용한다(Duncan et al., 1992). MRI 단기치료모델은 현재 클라이언트에게 나타나고 있는 문제에 초점을 두며(Schlanger & Anger-Diaz, 1999), 문제와 변화에 대하여 두 가지의 상호연결된 가정에 입각해 있다. 문제의 기원과 원인과는 상관없이, 만일 클라이언트와 클라이언트가 상호작용하는 사람들이 현재의 문제행동을 계속하게 되면 클라이언트들이 심리치료자에게 가지고 오는 문제들은 계속해서 유지되는 것이다. 반면에, 만일 문제를 유지시키는 행동이 적절하게 변화되거나 제거되어질 때 그 문제의 성질이나 기원, 혹은 기간에 상관없이 그 문제는 해결되거나 사라질 것이다(Weakland et al., 1974). 따라서 이러한 면에 있어서 MRI의 상호작용적 가족치료모델은 행동의 변화에 초점을 둔 모델이라고 할 수 있겠다.

MRI의 모델에서 사람들은 디지털 방식과 아날로그 방식 두 가지로 의사소통을 한다. 디지털 방식의 의사소통은 말로 구성되며, 그것은 언어의 논리적인 구문에 따라 조작되어지는 임의의 정표들이다. 반면에, 아날로그 방식의 의사소통은 좀더 넓은 의미에서, 의사소통이 발생하는 맥락뿐만 아니라 모든 비언어적인 의사소통을 포함한다. 사람들은 정보를 전달하는 데 있어서 디지털 방식의 의사소통을 사용한다. 정보의 전달은 일정한 규칙을 통해서 이루어지며 일정한 규칙들이 논리를 구성하여 다른 사람에게 전달된다. 아날로그 방식의 의사소통은 일정한 규칙을 가지고 있지 않으며 특수한 상황에 적용되는 경우가 많다. 특수한 상황에서 상징성을 가지고 상대방에게 전달된다. 상징성은 주로 언어로 표현되기보다는 신체를 통하여 전달된다. 또한 전체의 상황을 통해 전달되기도 한다(Watzlawick et al., 1967 : 61-62; Greene, 1996 : 120에서 재인용). 미국인의 의사소통은 명확하며 직접적인 디지털 방식의 의사소통에 의존하는 경향이 있는 반면에, 한국이나 동양의 문화권에서는 의사소통이 간접적이어서 아날로그 방식의 비언어적인 의사소통을 중시하고 있다(Shon & Ja, 1982). 즉, 서양인이 언어적 의사소통에 비중을 두는 반면에 동양인은 확대가족구조 속에서 자기보다는 가정의 이익을 위하여 자신을 숨기고 가족의 화목을 위해 개인을 희생하며 침묵에 가치를 두는 언어적 의사소통을 많이 사용한다. 한국사람이 자주 사용하는 '以心傳心'이라는 표현에서 볼 수 있듯이 언어에 의한 디지털 방식의 의사소통보다는 아날로그 방식의 의사소통, 즉 비언어적인 의사소통에 비중을 두는 것이다. 또한 동양인은 위기나 갈등상황보다는 조화를 이루는 상호작용을 중시하므로 직접적인 논쟁을 회피하는 경향이 있다(김유숙, 1998 : 7).

MRI 집단에 따르면, 가족의 문제는 문제를 해결하려는 가족의 시도에 의해 오히려 유지되고 있다는 것이다. MRI 집단은 문제를 둘러싸고 있는 상호작용의 과정을 강조하고 일반적인 시각에서 모든 행동은 사회체계 내에서 더 폭넓게 진행되는 의사소통의 교류 가운데 설명할 수 있는 것으로 본다(Duncan et al., 1992). MRI 집단은 인간은 두 가지 방법으로 '문제'를 발달시키는 것으로 본다. 첫째, 어려움을 잘못 다루는 것이다. 둘째, 문제를 해결하려는 시도의 실패와 똑같은 문제해결방식의 계속적인 적용이다(Watzlawick et al., 1974). MRI 모델은 '문제'란 오랫동안 그 문제를 변화시키려고 계속해 온 바람직하지 못한 행동들로 이루어진 것으로 본다. 그러한 문제행동들이 지속되는 것은 일차적으로 사람들이 그 문제행동들을 변화시키려고 행하여 왔던 방법, 즉 사람들의 '시도된 해결'에 있다고 본다. 또한 사람들이 자신들의 문제를 감소시키려고 시도해 온 해결책이 종종 문제를 유지시키거나 혹은 그 문제를 더욱 악화시키기까지 한다(Goldenberg & Goldenberg, 2000; 김득성 외, 2002). 따라서 치료자의 일차적인 임무는 새로운 또는 다른 행동을 기존의 행동과 대체하거나, 본래의 문제행동을 '하찮은 문제'로 재평가하는 것에 의하여 클라이언트에게 지금까지 시도해 온 해결책을 소개하는 것이다(Weakland, 1993). 한편, 클라이언트의 언어,

의사소통방식을 변화시키는 것이 치료의 주된 기법이다(박태영, 2001). 또한 문제를 유지시켜 왔던 차례를 변화시키기 위하여 MRI 모델에서는 가족들에게 상식과는 반대되는 일들을 하게 하거나 혹은 믿을 수 있도록 하게 한다(Nichols, & Schwartz, 2001).

MRI 모델의 치료 초점은 해결책에 있고, 치료의 중심된 과업은 다음 세 가지로 나눌 수 있다. 첫째, 클라이언트에 의해서 제안되고 있는 문제에 대하여 행동적인 용어로서 구체적이고 분명한 묘사를 얻는 것이다. 둘째, 모든 시도된 해결책의 공통의 특징과 중요한 취지를 발견하는 것이다. 셋째, 클라이언트가 말로나 행동으로 완전히 다른 어떤 것을 하도록 치료자의 영향력을 사용하는 것이다(Schlanger & Anger-Diaz, 1999).

본 사례에서 치료자는 부부가 이제까지 사용해 왔던 의사소통방식이 애매모호하며, 자신의 생각과 감정을 분명히 말로 표현하지 못하고, 표현하는 방식이 이해를 시키기 위하여 설명하는 방식이 아니라 상대방에게 상처를 줄 수 있고 화나게 하는 역기능적인 표현방식을 사용하고 있다는 점에 초점을 두었다. 이러한 역기능적인 의사소통방식으로 인하여 부부는 오해를 낳았고, 이러한 오해로 상대방을 더욱 공격하고 자신을 방어하는 표현방식을 하게 되었다. 따라서 지금까지 문제를 해결하려고 시도해 왔던 역기능적인 표현방식에서 지금까지 사용해 보지 않았던 표현방식으로 대체하는 데 초점을 두었다.

2) Salvador Minuchin의 구조적 가족치료모델

구조적 가족치료모델은 가족체계 자체의 역동적 질서에 관심을 두고, 진단과 치료를 위한 명확한 지침을 제공하는 아주 기본적인 구조와 체계를 가지고 가족을 묘사하는 모델이다. 구조적 가족치료자들은 개인을 사회적인 존재로서 파악하여 개인을 둘러싼 구조에 초점을 두었다. 가족의 구조가 변하면 동시에 가족의 지위가 변하며, 결국에는 각 가족성원들의 경험도 변할 수밖에 없다는 것이다. 이 접근법의 주된 특징은 치료의 목적으로 가족 내의 구조적 변화를 강조하는 데 있다. 이 접근법에서 치료자는 개인변화, 가족체계, 가족역동을 잘 이해하여 가족의 재구조화를 행하는 역할을 한다(Colapinto, 1991).

Minuchin에 의하면 가족체계는 하위체계로 분화되고, 하위체계를 통해 가족체계의 기능을 수행한다. 하위체계는 가족구성원들의 경계와 규칙에 의해 규정된다. 또한 가족의 하위체계는 부부하위체계, 부모하위체계, 형제하위체계, 부모-자녀하위체계로 나뉘어질 수 있다. 잘 기능하는 가족에서는 가족체계에서 개별화와 통합성을 중요시하는 방법으로 작용한다. 만일 가족성원들이 그들의 걱정을 말하고, 문제에 직면하며 그들 스스로 해결하려고 노력하면 더 건강해질 수도 있겠지만, 대부분의 가족들은 이미 존재하고 있는 가족체계에 적응하려고 하며 그들의 실제 감정을 숨기려고 한다(Lewis, 1992).

본 사례에서는 부부간의 경직된 경계선으로 인하여 부부하위체계에 문제가 있었다. 또한 불안정한 부부하위체계로 인하여 모자가 밀착된 경계를 가지고 있었고, 부부간의 싸움으로 인하여 클라이언트는 불안감을 가지게 되었다. 이러한 불안감은 분리불안을 생기게 하였으며, 이러한 분리불안으로 클라이언트는 어머니와 공생관계를 유지하는 것으로 나타났다. 클라이언트는 부모관계가 악화됨으로 인하여 자신의 불안을 부모에게 말하지 못하고, 틱증상이 나타나게 되었다. 따라서 치료자는 이러한 클라이언트의 불안과 모자관계를 분리시키는 과정으로 아빠를 자녀와 함께 하도록 하였고, 그러는 가운데 클라이언트는 엄마와 어느 정도 거리감을 둘 수 있었다. 또한 부부간의 의사소통이 어느 정도 변화함으로써 부부하위체계가 강화되었고, 이러한 부부하위체계의 변화로 인하여 부모-자녀하위체계에 어느 정도의 경계선이 확립되었다. 그리하여 클라이언트는 부모의 관계가 향상된 것을 인식함으로써 자신의 에너지를 자신과 친구관계로 전환할 수 있는 기회를 가지게 되었다.

5. 치료과정

본 사례의 기간은 2001년 7월 13일부터 10월 19일까지 총 9회 상담을 하였다.

Session 1회(2001년 7월 13일)

T : 지금 문제점이 무엇이라고 생각하십니까?

W : 용준이가 배 근육이 실룩거린다고 호소하면서 밥도 안 먹는 것이 처음에는 꾀병인 줄 알았어요. 그런데 제가 옷을 벗기고 확인해 보니까 배 근육이 실룩거리는 것이 심각한 상태였어요. 그게 6월 초예요. 용준이는 보통 애들보다 편도가 2배 정도 큰데 그것으로 인해 감기에 자주 걸리고 잘 낫지도 않고 해서 약을 오랫동안 굉장히 많이 먹었어요. 애가 스트레스가 쌓일 정도로요. 병원에서 그러는데요, 용준이 같은 경우는 감기 같은 것으로 아파왔던 것들이 특별한 질병이라기보다 정신적인 부분에서 약해지고 신경이 예민해지고 그럴 때 그런 병들이 쉽게 몸으로 나타난다고 말씀하셨어요.

H : 용준이의 증상을 처음 발견한 날 용준이가 배가 아프다고는 했지만 저는 그냥 장이 뒤틀린 줄 알았어요. 그래서 배를 만져주면서 재웠는데 괜찮아지더라구요. 그래서 그 다음날 미국으로 출장을 갔어요. 아내하고는 별로 좋지 않은 상태였어요.

T : 무엇 때문에 안 좋은 상태였나요?

H : 집사람이 옷가지를 다 챙겨 놨는데 입고 갈 양복을 안 다려 놨어요. 다른 것은 다 잘해놨지만 그것이 안 돼 있으니까 감정이 조금 상했어요. 그래서 다른 옷으로 갈아입고 가려고 방문을 여는데 방문을 잠궈 버리더라구요. 그것 때문에 심하게 싸웠고 출장도 안 가고 싶었지만 워낙 중요한 Meeting 약속이 되어 있어서 안 갈 수가 없었어요. 그리고는 출장을 가서 전화를 안 했죠(시도된 문제해결방법). 원래는 1주일 예정으로 갔는데 2주가 걸렸어요. 1주일 후에 전화를 했더니 용준이에 대해서 심각하게 이야기를 하더라구요. 그전에는 몰

랐죠. 그래서 서둘러서 왔는데 용준이가 배 근육이 심하게 움직이고 굉장히 불안해하면서 한시도 가만히 있지 못하더라구요. 그때서야 제가 사태의 심각성을 느끼고 회사에 양해를 구하고 집에서 재택근무를 하면서 아이하고 함께 있었어요.

T : 애의 증상 때문에 같이 있어 줬다는 것입니까?

H : 네, 그래서 이틀을 같이 있어 주니까 이틀 후에는 확연히 변했어요. 많이 안정이 됐구요, 틱장애도 확 줄었어요. 그 이후로 약 2주간은 그 상태로 변화가 없이 그대로 있었어요. 그러다가 1주일 전부터 그런 것들이 적어지면서 3일 정도 딱딱 소리가 나는 증상이 있었고 지금은 그것은 사라지고 눈을 깜박거리는 증상이 있어요. 그리고 저희가 다투거나 하면서 그런 증상이 좀 심하게 나타나고 하는 상태였습니다. 어제 제가 병원에서 선생님께 들은 이야기로는 아이가 불만을 어떻게 할 수 없으니까 몸으로 나오는 증상이며 선천적인 것이 아니라 후천적이고 일시적인 것이라고 말씀하셨어요. 그래서 부부치료를 전제로 아이를 치료하겠다고 하셔서 선생님 의견에 따르고자 상담을 받으러 오게 되었습니다. 아이가 이렇게 되면서 가능하면 내가 참으면서 아내를 이해하겠다고 마음은 먹는데 그러질 못하는 경우가 많아요(문제를 해결하려고 하나 지금까지 시도해 왔던 방식에서 벗어나지 못하고 있음을 알 수 있다).

W : 제 임신이 남편과 원만한 관계에서 된 것이 아니었어요. 예를 들어서 어떤 사소한 말로 다투면 "너희 집 족속들은 다 그런 식으로 말을 하느냐?" 하구요. 그리고 제가 처음으로 남편에 대해서 상처를 받았던 것이 선교지에 가서 한 달이 되어 갈 무렵에 그 근처에 사시는 친분이 있는 선교사님이 오셨어요. 그런데 그때 결혼한 신부인데도 저한테 "방에 들어가서 나오지 말라"고 하더라구요. 저는 그런 것이 너무 불쾌했고 이상했어요. 그래서 화장실 갈 목적도 있고 해서 겸사겸사 나왔는데 그 분이 가신 뒤 남편이 제 뺨을 때렸어요(4회 상담을 보면, 이 사건에 대해서 남편은 부인이 목사님 부부 앞에서 인상을 쓰고 불쾌한 표정을 지어서 다투다가 구타를 하였다는 말이 나온다. 즉, 구두점의 원리에 따라 부부가 싸움의 원인에 대하여 다른 시점에서 구두점을 찍고 있다). 그것이 제 마음에 상처를 입게 된 계기가 된 것 같아요. 그후에도 제가 남편한테 음식 맛이 어떠냐고 물어

보면 먹기 싫은데 억지로 먹는 거라면서 한마디 퉁명스럽게 내뱉고 끝나는 거예요. 저는 이게 도대체 나를 미워해서 그러는 것인지 아니면 정말 내가 만든 음식이 맛이 없어서 그런 것인지 알 수가 없었어요. 설사 맛이 없더라도 그런 식으로 이야기하는 것이 제 상식과 수준으로는 이해가 되지 않았어요. 그러면서 남편에 대한 존경심과 신뢰심이 사라졌어요.

T : 신혼초부터 상당히 힘든 결혼생활을 하셨네요.

W : 제가 뭐라고 한마디 말대꾸를 했더니 남편이 침대에서 빰을 때렸어요. 그래서 밤새 울었어요. 제가 그때 기도하면서 뱃속의 아기한테 '너는 너무나 불행 가운데 임신이 됐구나' 그러면서 그후로 아이에 대해서 심한 애착이 생긴 것 같아요. 아이와 내가 같은 피해자라는 입장이라는 것을 떨칠 수 없었어요(부부와의 불행한 관계로 인하여 태아기에 있는 자녀와 공생관계를 느끼게 되었음이 나타나고 있다). 저는 결혼하기 전에도 표정이 밝고 사교적인 성격이 아니었지만 결혼한 후에 남편과의 관계에서 심리적으로 힘들어서 더 그렇게 된 것 같아요. 남편은 저랑 이야기할 때 시간을 재고 있는 것 같아요. 남편하고 대화를 하다 보면 이야기가 길어질 수도 있고 아내가 원할 때에는 1시간 이상 이야기를 할 수 있잖아요. 그런데 남편은 "지금 1시간 동안 붙잡고 무슨 이야기를 하고 있냐?" 그런 식으로 말하고 또 싸우고 나서도 한 번도 먼저 화해를 청해 본 적이 없어요. 그래서 제가 이혼을 요구한 적이 있었어요.

T : 용준이의 증상은 엄마 아빠의 부부관계가 현상태라면 계속 유지되고 심지어는 더 악화될 것입니다. 이 증상으로 엄마 아빠의 불안한 부부관계를 유지시키는 것이에요. 그게 뭐냐하면 부부관계가 안 좋으면 엄마하고 아들하고 관계가 되고 아빠하고 아들하고는 소원한 관계가 되고 있어요. 그러면 애의 증상이 엄마 아빠의 부부관계가 좋아지지 않으면 계속 유지되고 더 악화될 것이라는 거예요.

Session 2회(2001년 7월 19일)

T : 지난주에 여기 다녀 가신 후에 용준이는 어때요?

W : 집 밖으로 나가는 것을 싫어하고 나가더라도 저랑 같이 가려고 하는

분위기 말고는 새로운 것은 없어요. 지난주 교회에서 남편과 좀 다퉜거든요. 제가 교회주방에서 점심 당번을 하고 있는데 용준이가 울면서 내려오더라구요. 뒤따라가 애기 아빠도 내려오고요. 그래서 제가 "왜 애를 교회에서 울리냐? 좀 편하게 해 주고 그래라"라고 이야기를 했는데 그것이 불쾌했나봐요. 아무래도 제가 남편하고 관계도 안 좋고 하니까 짜증스럽게 이야기가 나온 것이겠죠. 아무튼 남편이 욕을 한마디 하더라구요. 그 소리에 제가 발끈해서 "어디 교회에서까지 욕을 하냐?"고 한마디 하고 계속 그런 식으로 다투고 있는데 교회 성도님 중 한 분이 저희가 싸우는 소리를 들었어요. 그런 상황에서 남편은 "너 다음주에 교회에서 징계받을 줄 알아" 하고 화를 내면서 사라졌어요(문제를 해결하려고 시도한 역기능적인 해결방식이 나타나고 있다). 저희가 결혼해서 선교지에서 3개월 정도 같이 생활할 때 "너 같은 년은 한국에서 길거리에서 굴러다닐 년"이라는 둥 제게 참을 수 없는 모욕을 한 적이 있어요. 그리고 성적인 모욕 같은 것은 저는 남편이 부부관계를 요구하면 거절한 적이 거의 없는데 올해 들어서 제가 거절을 했어요. 산부인과 의사가 제가 허리가 너무 아프니까 조심하란 말도 있었고, 또 아이가 아파서 하루 종일 돌보는 상황이니까 "나는 너무 피곤하면 안 되요. 당신이 좀 생각해 줘요"라고 그러면 남편은 "다시는 너하고 성관계를 안 갖겠다. 차라리 창녀한테 가겠다" 이런 이야기를 했어요(두 사람 간의 의사소통방식이 역기능적이라는 것이 나타나고 있다). 지금 같은 경우는 그런 이야기는 별로 큰 상처가 안 되는데 신혼초에 이런 이야기까지 들으니까 너무 힘들었어요. 결혼초에는 남편하고 결혼해서 싸우리라고 생각도 못 하잖아요. 저는 결혼해서 남편의 사랑을 받고 싶은 욕구가 있었던 것 같아요. 연애를 안 했던 상태였지만 그 당시에 제가 남편을 좋아했던 것 같거든요. 그런데 그것이 충족이 안 됐어요.

T : 그러면 남편은 한 달에 몇 번 정도의 구타가 있었나요?

W : 한 달에 한 번 정도 있고 두 번일 때도 있어요. 남편은 신앙생활도 하니까 욕을 안 할 줄 알았는데 욕이 밥먹듯 나와요. 다른 사람한테는 안 그러는데 저한테만 그러고, 그 원인을 제 탓으로 돌리는 것에 대해서 저는 참을 수가 없어요. 솔직히 지금까지 어떻게 견뎌냈는지 제가 참 강한 여자라는 생각이 들어요. 아마 다른 여자 같았으면 그

냥 나가버렸을 거예요. 저도 수차례 그런 생각을 했지만 용준이 때문에 그럴 용기가 안 났어요. 그래서 '다시 회복해 보자' 하면서 세미나도 다니고 저녁에 함께 기도하고 QT를 많이 권유했지만 남편은 늘 피곤하다고 응하지 않았어요.

Session 3회(2001년 7월 25일)

T : 용준이는 좀 어때요?

W : 외형적으로는 심해지는 것 같지는 않아요. 어제하고 그제 약간 꿈틀거리는 정도는 있었어요. 다른 것은 뭐… 옛날에는 그러니까 6월이나 7월에는 내가 전화를 한다거나 받으면 혼자 가만히 있지 못하고 나한테 와서 "엄마, 전화 끊어" 하면서 때리고 그랬거든요. 제가 다른 일 하는 것을 못 보더라구요. 그런데 얼마 전에는 제가 전화를 받고 있는데 저한테 오지도 않고 큰방에서 TV의 어린이 프로를 보면서 혼자 노래를 부르더라구요. 그런 부분에서는 좀 좋아진 것 같아요. 그리고 어제는 책을 반납하러 도서관에 가면서 책을 놓고 갔어요. 그래서 책을 가지러 다시 집으로 들어오는데 집까지 너무 멀어서 "용준아, 너 여기 서있어. 엄마가 빨리 뛰어가서 책 가져올게" 그랬어요. 그런데 옛날에는 전혀 떨어지지 않으려고 했던 애가 거기 서서 기다리겠다고 하고 그 자리에서 계속 기다렸어요. 저한테는 그게 굉장히 신기했어요. 갈 때까지는 몰랐는데 갔다 오면서 용준이가 나를 기다리고 있는 것을 보니까 뭔가 애가 심리적으로 안정감을 찾은 것 같더라구요(용준이가 어머니와의 밀착관계에서 약간 분리되고 있는 모습이 나타나고 있으며, 심리적으로 안정화되고 있다).

Session 4회(2001년 8월 2일)

T : 용준이는 좀 어때요?

H : 제가 볼 때는 많이 좋아졌는데 그런 이야기를 하면 용준이 엄마는 화를 내요. 좋아지긴 많이 좋아졌는데 자신이 생각하는 것만큼 좋아졌다는 생각이 안 드나봐요. 그리고 정서적으로는 상당히 안정이 됐

구요. 그럼에도 불구하고 안 좋은 기억들을 반복해서 이야기를 해요. 예를 들어서 집사람도 이야기를 했겠지만 저번 주에 교회에서 안 좋았거든요. 그때 제가 "씨발" 그랬는데 계속 따라다니며 "씨발년아" 그랬다고 해서 공개적으로 망신을 당했어요. 용준이가 그런 것을 "아빠, 엄마가 싸웠어" 그러면서 계속 이야기를 한다든가, TV 같은 것을 보면서 안 좋은 소리에 대해서 이야기를 해요. 용준이 엄마 이야기를 들어보면 애가 폭력적이라고 하더라구요. 애가 피곤하면 그게 더 심해져요. 그리고 제가 무슨 이야기를 해도 엄마가 기준이 되어 엄마한테 확인을 받아야 해요.

저희 가정에서는 아내의 말이 법이에요. 저는 거기에 이길 수가 없어요. 용준이도 그것을 알고 있어요. 그것 때문에 그러는 것 같아요. 예를 들어 아내가 화가 나서 "나가"라고 그러면 용준이가 "아빠, 나가. 엄마 화났잖아" 해요. 그리고 말을 하는데 제 목소리가 크데요. 제가 느낄 때는 용준이 엄마 목소리가 더 크고, 먼저 화를 내고 짜증을 내는데 꼭 저보고 뭐라고 한단 말이에요.

T : 아빠하고 용준이 관계는 어떠세요?

H : 아주 좋아요. 일반 다른 가정에 비해서 떨어질 리가 없어요.

T : 그전에 용준이가 이런 증상이 나타나기 전에 함께 했던 시간은 어때요?

H : 시간이 많지 않았죠. 제가 5월 중순부터 회사 업무 때문에 출장으로 정말 바빴거든요. 그리고 또 수요일하고 금요일에 교회 가는 시간을 빼기 위해서 다른 날은 항상 회사에서 늦게까지 있어야 했어요. 거의 가족과 함께 하는 시간이 없었다고 볼 수 있어요. 물론 지금은 용준이 증상이 나타나고부터 청년회도 그룹 스터디만 참여하고 평일에도 무리가 되는 상황에서 계속 일찍 들어오고 있어요.

T : 그러면서 용준이가 많이 변화되었다는 것이죠? 용준이 엄마가 지난번에 무슨 이야기를 하셨냐면. 남편하고 다투면 남편이 소리를 지른다는 거예요. 그런데 그것이 남편 탓인 줄만 알았는데 상담하고 나서 느끼는 것이 자신도 소리를 높이고 짜증스럽게 나가는 것이 있다는 거죠(용준이 엄마는 남편이 소리를 지른다고 생각하여 문제발생의 근원지가 남편이었다고 생각하였으나, 자신의 의사소통방식에도 문제가 있다는 것을 인식하게 되었다. 즉 부인의 전인식 단계에서 인식 단계로

의 변화를 보여주고 있다. Prochaska, & Norcross, 1999).

H : 제가 소리지르는 것은 확실히 맞는 것 같아요. 회사에서도 그러니까요. 톤이 올라가는 정도인데 그게 용준이 엄마한테 더 그러는 것 같아요. 저는 그런 것은 문제가 안 되는 것이라고 생각했거든요. 그리고 오히려 저는 용준이 엄마가 소리를 높이면 입을 딱 다물어요. 그런데 용준이 엄마는 계속해요. 그래서 제가 "하지마" 그러면 그것을 가지고 계속 뭐라고 그런단 말이에요. 그것이 계속 진행되는 거예요(여기서, 용준이 아빠 또한 자신의 문제를 볼 수 있는 변화가 일어나고 있다. 즉, 용준이 아빠가 전인식 단계에서 인식 단계로의 변화가 나타나고 있다. 한편, 두 사람 간에 문제를 해결하려고 시도해 왔던 역기능적인 문제해결방식에 대하여 표현하고 있다. 즉, 자신의 톤이 올라가면 부인 또한 톤이 올라가고, 그때는 남편은 입을 다무나 부인은 계속하고, 그러면 남편은 '하지마'라고 대응하면 또다시 부인은 계속하여 말을 하고, 그러면 나중에 남편은 구타를 하게 되는 패턴이 나타난다). 지금까지 제가 경험한 바로는 어떤 말이든지 대응을 하면 문제가 일어나요(여기서 부인의 이중속박(이중구속; double bind)의 역설적인 의사소통방식으로 남편은 이럴 수도 없고 저럴 수도 없다는 것이 나타나고 있다).

T : 이런 방식을 취하고 저런 방식을 취해도 항상 부딪혔다는 것이죠?

H : 네, 저희가 싸운 상태에서 이야기를 하면 제가 어떤 말을 해도 받아들이지 않고 용준이 엄마는 계속 톤이 올라가요. 그런데 요번에는 안 그런 것이 좀 있었어요. 그런데 이때 용준이에게 문제가 생겨요. 용준이는 우리가 대화하는 정도를 가지고 싸우는 것으로 인식을 해서 "듣기 싫어, 듣기 싫어." 하면서 귀를 막아요. 항상 그러는 것은 아닌데 대체적으로 그래요. 그러면 저희들은 서로가 단순한 대화 정도였는데도 좀더 조심하게 되고 트러블이 있는 내용일 때에는 제가 멈추죠(부모의 싸움으로 인하여 용준이가 행동을 보이고 있다. 즉, 부모의 싸움으로 인하여 용준이는 자신의 행동을 보임으로써 중재자의 역할을 하고 있고, 부모문제에 개입하고 있다). 전화상에서 말하는 것이 거의 자기의 짜증을 폭발하듯 내는 것이에요. "용준이가 아픈데 안 와. 지금 빨리 와!" 하고 탁 끊는다든가 하면서 짜증식으로 대화를 하니까 제가 굉장히 힘든 거예요. 그리고 회의를 하고 있다가 전화를 받아서 "나 지금 회의하고 있어"라고 하면 "맨날 회의냐?" 하고….

T : 용준이 엄마가 만나는 사람이 있습니까?

H : 용준이 이외에는 없으니까 그게 제일 문제예요. 제가 항상 문제제기를 하는 것이 "당신은 대화 하고 같이 놀 친구가 없어"라는 거예요.

T : 선교지에서 목사님 부부가 왔을 때 한 시간 동안 나오지 말라고 한 적이 있으셨잖아요?

H : 용준이 엄마는 그렇게 인식했을 수도 있지만 저는 그런 뜻으로 이야기했던 것이 아니었어요. 제 기억으로는 나오지 말라는 뜻이 아니었거든요. 혹시 제가 나오지 말라고 했더라도 다른 뜻이었을 거란 말이에요. 나오지 말라는 뜻이 아니라 '당신은 방에 있어도 돼' 그런 뜻이었을 거예요. 그런 기억이 없어요. 그런데 용준이 엄마는 나오지 말라고 인식을 하고 있더라구요(선교지에서 부부간의 송신자와 수신자로서 서로 오해를 하고 있었다는 것이 나타나고 있다).

T : 그러면 나왔을 때 때렸던 이유가 무엇이에요?

H : 저희가 이야기를 하고 있는데 용준이 엄마가 목사님 부부께 예의에 벗어나는 행동과 불쾌한 말을 막 했다구요. 그것이 말다툼을 하다가 서로 왔다갔다한 것이지 그 자리에서 바로 때리거나 한 것이 아니에요(의사소통의 구두점 원리에 근거하여 부인이 구두점을 찍는 시점과 남편의 구두점을 찍는 시점이 다르다는 것이 나타나고 있다. 1회 상담 부분을 참고할 것). 제가 말년쯤에 굉장히 심하게 때린 적이 있는데 그것은 왜 그랬냐면 용준이 엄마가 그런 식으로 대들었다구요. 그것이 어느 정도까지는 괜찮은데 굉장히 심하게 "죽여, 죽여" 하면서 그 이상까지 가는 거예요. 그것도 말만 하는 것도 괜찮은데 밀치면서 "죽여, 죽여" 해요. 그것이 굉장히 심한 적이 있었어요(여기서도 문제를 해결하려고 역기능적으로 시도했던 해결방식이 나타나고 있다).

Session 5회(2001년 8월 14일)

T : 용준이 좀 어때요?

H : 정서적으로는 많이 안정된 것 같은데 틱증상은 계속 있는 것 같아요. 저번에는 눈을 깜박깜박하는 것까지 갔다고 했잖아요? 그런데 지금은 몸에서 또 다시 틱증상이 나타나요. 다시 내려가는 것 같아요.

T : 상담 오시기 전하고 현재의 차이는 뭐가 있습니까?

H : 용준이 엄마가 좀 좋아진 것 같아요. 이해를 하고 적극적으로 자신을 컨트롤하려고 하고, 또 서로 조심하려고 해요(부인의 남편에 대한 인식과 태도의 변화가 보인다). 오늘 용준이가 세 번째 놀이치료를 받으러 가는데요, 놀이치료의 효과는 아직 전혀 발견 못 했어요. 오히려 증상으로 봐서는 틱증상이 다시 생기는 것이니까 나빠진 것이에요. 그러나 정서적인 측면은 많이 안정됐어요.

T : 아빠가 귀가하는 시간은 어떠세요?

H : 아직까지는 7시 정도에 일찍 들어와서 아이하고 놀아주고 있어요.

Session 6회(2001년 8월 23일)

T : 용준이는 지금 어떠합니까?

W : 초기 증상보다 심하지 않고 간간이 눈에 띄는 틱이 2주 정도 있었어요. 몸으로 씰룩거리는 것은 좀 덜해요. 그런데 좀 공격적인 것 같아요.

T : 정서 불안은 어때요?

W : 아침에 여기 간다고 했더니 알았다고 하면서 떨어져 있어요(지난번 버스정류장에서 처음으로 떨어지기 시작하여 이번에도 엄마와 떨어져 있을 수 있는 변화가 보인다). 제가 볼 때 많이 좋아진 것 같아요.

T : 두 분이 상담받으시면서 대화문제는 어떠세요?

H : 그런대로 예전보다는 많이 하고 괜찮은 것 같아요. 용준이 앞에서도 그렇구요. 예전에는 문제가 있음에도 불구하고 대화가 많지는 않았어요. 그런데 요즘에는 제가 몸이 많이 안 좋거나 하는 경우 외에는 그래도 대화를 하는 편이죠.

T : 용준이 어머니는 용준이랑 종일 같이 있습니까?

W : 네, 남편이 직장 가면 하루 종일 같이 있죠. 용준이가 혼자 있는 것을 두려워하니까 시장 갈 때도 데리고 가요. 더욱이 제가 이웃집 사람들하고 수다를 떨거나 하는 스타일이 아니고 또 몸이 아프니까 집에만 있었어요. 그런데 최근에 생각해 보니까 그런 것이 문제가 된 것 같아서 용준이를 데리고 야외를 많이 나가요. 용준이도 친구들하고 어울리고요. 동네 애들이 아침에 미술학원을 다니거든요. 그런데

애가 아침에 눈을 뜨더니 "엄마, 나 친구들 있나 찾아볼래" 하면서 나가더라구요. 평상시에는 저랑 같이 나가지 않으면 못 나가거든요. 근데 친구들 집 골목으로 가서 친구들 이름을 불러보고 들어오더라구요(엄마의 변화가 보이고, 아들이 어머니로부터 분리하기 시작하면서, 집밖으로 나가서 친구들을 찾기 시작한 변화가 나타나고 있다).

T : 지금, 남편의 변화를 느끼세요?

W : 남편은 밖에서 이야기할 때도 목소리가 업이 되어 있는 것 같아요. 물론 집에서 싸울 때는 굉장히 업이 되어 있는데 이젠 별로 업이 되어 있는 것 같지 않아요. 그리고 예전에는 대화를 하다 보면 말을 튕겼는데… (부인의 말을 통하여 남편의 말하는 방법과 음성의 톤이 바뀌었음을 엿볼 수 있다).

H : 용준이 엄마하고 트러블이 많이 있었던 부분 중에 하나인데 저는 앞뒤 상황 설명을 안 해도 다 아는 내용이라고 생각하고 어떤 이야기를 딱 던졌는데 용준이 엄마는 다른 식으로 받아들여서 막 뭐라고 그러는 거예요. 그럼 저는 그렇게 생각하니까 화가 나는 거죠. 이것은 전혀 화를 낼 내용이 아닌데 다른 쪽으로 이해해서 뭐라고 막 그러는 거예요.

T : 예를 들어주실 수 있으세요?

H : 교회에서 "당신 먼저 가" 그랬거든요. 그런데 용준이 엄마는 그냥 가란 말을 이해 못 한 거예요. 그래서 집에 와서 그런 부분에 대해서 자초지종에 대해서 이야기하라고 하더라구요. 근데 가만히 있었죠. 저는 당연히 상황적으로 봤을 때 불쾌하게 이야기했다고 생각하지 않거든요. 그리고 상황적으로 봤을 때도 그냥 이해가 될 것이라고 생각한 거죠. 그런데 집에 와서 뭐라고 그러니까 그냥 들었죠.

W : 그런데 남편이 갑자기 제 얼굴을 보면서 "가" 하는 거예요. 저보고 가라는 것도 그렇지만 주변에 형제님들도 다 있는데 제가 남편을 졸라서 빨리 가자고 한 것처럼 느껴지면서 무안해지는 거예요. "여보, 나 여기 조금 더 있어야 되니까 용준이 데리고 먼저 가요" 이렇게 문장이 되게 말을 하는 것이 아니라 갑자기 "가" 이랬어요.

H : 이렇게 이해를 하더라구요.

W : 근데 보통 평범한 사람들은 그렇게 이야기를 하는데 남편은 그게 아니라는 거예요.

H : 그때 가라는 것은 단순히 제 스타일이 그래서 그런 것이 아니고 그 배경도 있어요. 그것이 뭐냐면 용준이 엄마가 평상시에 기다려야 되는 경우가 있으면 십중팔구 짜증을 엄청 내면서 기다렸어요. 집에 가면 그것 때문에 문제가 많았다구요. 그러니까 그 강박관념이 저에게 있었던 거예요. 그것 두 가지가 함께 겹친 것이죠. 용준이 엄마가 평상시에 그것을 문제를 안 삼으면 이야기를 할 필요도 없었는데 마음이 불안한 거예요. 저는 일어나야 하는데 이야기는 길어지고 용준이 엄마는 서 있으니까요.

T : 남편은 과거 여러 번 경험으로 인해서 용준이 엄마가 왔다갔다하는 것이 불안했고 또 하나 거기에 맞춰서 용준이 아빠가 표현을 좀 길게 상황 설명을 했더라면 오해가 풀릴 수 있었는데 두 분의 스타일이 관계에서 어긋나지 않았나 싶어요. 그런 것이 매번 반복 될 수 있다는 것이죠.

H : 그런데 상담을 하고 나서 그런지 그 상황에 대해서 집에 가서 용준이 엄마가 이야기를 하는데 별로 기분이 안 나쁘더라구요. 용준이 엄마가 기분 안 나쁘게 이야기를 했던 것 같아요. "당신은 항상 자초지종을 설명을 안 하고 갑작스럽게 이야기를 해"라는 이야기를 하더라구요. 그런데 예전 같았으면 목소리 톤이 높고 제 심기가 불편했으면 제가 톤이 올라가면서 대꾸를 한 번 했을 거예요. 그러면 그 다음에는 톤이 더 올라가고 그러다 보면 문제가 생기는데 이번엔 예전보다 목소리 톤이 낮아진 것 같아요. 그리고 오히려 저도 '용준이 엄마가 이렇게 이해를 했구나'라는 생각이 들고 '이런 측면에서 달리 생각해야 되겠네'라는 생각이 들더라구요. 예전에는 그렇게 하면 안됐거든요(여기서 분명히 상담 전에 사용했던 의사소통방식과 상담 후에 사용하는 의사소통방식의 변화와 차이를 볼 수 있다. 즉, 이전에 문제를 해결하려고 사용했던 역기능적인 시도된 해결방법에서 지금까지 시도해 보지 않았던 새로운 의사소통방법으로 인하여 상대방을 이해하는 시각이 달라졌고, 감정의 변화가 왔으며, 사고의 변화가 왔다는 것을 볼 수 있었다. 한편, 부부가 인식 단계에서 행동 단계로 변화하였다는 것을 볼 수 있다).

T : 거기서 두 분이 불쾌한 감정이 없이 오해가 어느 정도 풀리셨죠?

W : 네. 제가 남편에 대해서 너무 모르고 있었던 것 같아요. 문제에 대해

서 견해가 다르면 거기에 대해서 화만 냈지 남편의 생각과 그런 것을 많이 몰랐던 것 같아요(부인이 남편에 대한 자신의 대응방식을 볼 수 있는 인식의 변화가 일어났다).

Session 7회(2001년 8월 30일)

T : 용준이는 좀 어때요?

W : 한 10일 전부터요. 처음에 증상이 나타났을 때에 비해서는 좋아진 편이긴 한데 점점 좋아지다가 다시 그러니까 좀 걱정이 돼요. 한 2주 전부터 좀 심해졌는데 용준이 아빠가 요즘 매일 늦게 들어와서 용준이 증상을 못 보고 제가 이야기를 해서 아는 것이죠.

T : 그럼 용준이가 증상이 많이 완화되었을 때 아빠가 몇 시쯤 오셨어요?

W : 남편이 출장 갔다와서 2주 정도 집에서 재택근무할 때요.

H : 그때는 워낙 심했기 때문에 그랬는지 모르지만 지금 상태로 보더라도 그 2주가 가장 좋았어요(아빠가 아들과 함께 함으로써 아들의 증상이 많이 나아졌다가 아빠가 바빠서 귀가 시간이 늦어짐에 따라 아들의 증상은 다시 악화되고 있다). 용준이 엄마가 제가 오면 애가 바뀐다는 거예요. 용준이가 엄마를 힘들게 하지 않고 밝아진다는 거예요. 일단 제가 봤을 때는 심리적으로 안정되는 것 같고 짜증내는 것도 훨씬 줄었어요.

W : 요즘에는 용준이가 밝아요. 짜증을 안 내요.

H : 용준이 엄마가 하자고 하는 것을 제가 안 하면 문제가 돼서 싸움을 하거든요. 그런데 나중에 대화를 해 보니까 “하기 싫으면 그렇게 이야기를 해야지. 왜 이야기를 안 했냐?” 하면서 용준이 엄마랑 풀었지만 예전에는 용준이 엄마가 내가 그것을 안 한다고 하면 가만히 있지 않았어요(상담을 시작하기 전에는 남편이 부인의 의견에 대하여 반대하고 싶어도 부인의 눈치를 봐서 자신의 솔직한 감정을 있는 그대로 나타내지 못하였으며, 이러한 반응에 대하여 부인은 오히려 의아해하는 모습이 보인다. 즉, 남편은 자신의 감정과 생각에 대해서 부인에게 솔직한 대화를 못하고 있었다). 제가 볼 때 용준이 엄마가 확실히 달라졌더라구요. 싸움이 끝나고 나서 예상한 대로 용준이 엄마가 저쪽 방에서 오더라구요, 이야기 좀 해야 되겠다구요. 그러면서 서로

부딪치는 것이 항상 진행되는 패턴이었는데 이번에는 안 그랬죠. 아내는 "당신의 이런 점이 싫어" 이런 이야기를 하고 저는 답변을 했어요. 그리고 한 단계 더 나아가서 저는 용준이 엄마에게 "용준이 앞에서는 아무리 화가 나도 그때 이야기하지 말고 나중에 나에게 화를 내"라고 했어요. 그때 용준이 엄마가 제 이야기를 가만히 듣더라구요(여기서 확실히 부부가 의사소통하는 방법이 변화되었음을 볼 수 있다. 부부가 서로에게 I-message 사용법을 사용하여 자신의 생각과 감정을 전달하고 솔직한 요구를 하기 시작함으로써, 상대방의 취지를 알 수 있게 되었으며, 그것에 맞춰 행동을 취할 수 있게 되었다).

Session 8회(2001년 9월 14일)

T : 용준이는 좀 어때요?

H : 변동이 심하긴 한데 눈 틱이 없어진 것은 며칠 됐어요. 그리고 지난번에 말씀을 드렸던 증상들도 많이 없어졌구요.

T : 용준이 아버님의 귀가 시간은 어떠세요?

H : 이번 주에는 빨리 귀가를 했어요.

W : 네, 그리고 집에 와서 어쩔 때 보면 소리를 세게 안 내더라도 화난 투로 다니는 것이 있는데 요즘에는 그런 것이 없고 몸이 부드러워진 것 같아요. 그리고 저도 전화할 때 계속 남편과 사이가 좋은 관계가 아니었기 때문에 부드럽게 말이 안 나오고 짜증을 부렸거든요. 그런데 지금은 저의 행동과 언어가 용준이에게 많은 영향을 미친다는 사실을 알게 되었고 그것 때문에 부드럽게 하려고 노력해요.

T : 용준이 엄마 같은 경우에 남편이 나를 힘들게 했다고 하지만 또 그 과정에서 남편 또한 부인의 표현방식으로 인하여 힘들 수 있었다는 것을 알게 되었죠. 그리고 제가 볼 때는 틱의 변화라는 것도 엄마 아빠의 변화를 애가 느끼게 되면 호전될 수 있다는 것이죠.

W : 일시적인 것인지 모르겠는데요. 한 10일 넘게 용준이의 틱이 보이지 않았어요. 의도적으로 그런 것은 아니구요 교회에서 일을 하다가 늦어져서 남편하고 용준이가 주말에 시댁에서 이틀을 자고 왔거든요. 그런데 월요일날 용준이가 집에 왔는데 틱이 없어진 것이 보이더라구요. 정말 신기했어요(용준이의 틱장애가 10일 동안 사라졌다).

T : 용준아 너 엄마, 아빠 다투신 것 봤니? 못 봤니?

C : 못 봤어.

T : 그전에는 엄마, 아빠 다투신 것 봤니? 못 봤니?

C : 싸우는 것 봤어.

T : 그때 네 기분이 어땠어?

C : 몰라.

T : 그때 울고 싶었어?

C : 응, 근데 참았어.

W : 용준이가 애완용 강아지를 너무 갖고 싶어했는데 경제적 여건상 못 사주고 대신 외할아버지가 애완용 토끼를 주셨어요. 그런데 그때 제 몸이 너무 아팠고 신경이 날카로워져서 모든 것이 힘든 거예요. 그래서 용준이 아빠한테 뭐라고 그랬어요. 그날 애가 너무 어수선하니까 울면서 현관으로 가서 토끼한테 "토끼야 너 엄마하고 아빠하고 싸울 때 무서웠지? 나도 무서웠어" 하면서 대화를 하는 거예요. 제가 그것에 쇼크를 먹었고, 너무 힘들더라구요(부모의 싸움으로 인하여 용준이가 토끼에게 자신의 두려움을 이야기하고 있다).

T : 자신의 감정을 표현을 하기는 해야 하는데 표현할 대상이 없잖아요. 엄마 아빠가 힘드니까요. 그나마 토끼라는 제3자한테 털어놓는데 그 불안한 것이 틱으로도 표현되고 있지 않나 하는 것이죠.

W : 그리고 제가 새로 발견한 것은요, 애가 너무 버릇이 없게 자기 뜻대로 안 되면 때리기도 하고 말을 타기도 하면서 저를 공처럼 가지고 놀아요. 그래서 제가 "엄마 아프단다" 하면서 저지를 하면 "엄마 미워! 엄마도 아빠하고 똑같아" 그런 말을 해요.

T : 용준아, 아빠하고 엄마하고 똑같아?

C : 엄마가 용준이한테 소리지르고 아빠도 용준이한테 소리지르면 다 똑같아.

T : 그때 기분이 어때?

C : 호랑이 기분이야.

T : 무섭다는 이야기야?

C : 응.

T : 무서울 때 너는 누구한테 이야기해?

C : 아무 말 안 해, 울기만 해.

W : 커서 그런지 요즘은 말로써 자신의 감정을 표현해요.
C : 엄마 아빠하고 말하면 싸우는 것 같아. 호랑이들이 싸워.
W : 놀이치료를 하는데 선생님이 용준이가 적개심, 분노, 뭐든지 공격적으로 하는 그런 놀이만 한다고 하더라구요. 저는 항상 남편에게 바라고 싶은 것은 시간도 많지 않고 하니까 긴 대화를 바라는 것이 아니라 짧은 대화라도 제가 뭘 물어보면 성실하게 대답해 주면 괜찮은데 외면을 한다거나 침묵을 하는 유형의 태도로 저의 기분을 상하게 했어요. 그런데 요즘은 조금은 부드럽게 제가 물어보는 것에 대해서 '이것은 이렇고 저것은 저렇다' 이런 식으로 답변에 귀를 기울여 주고 오고가는 대화를 조금 하더라구요(부부간의 의사소통의 변화가 보인다).

8회 상담에서 10일 동안 클라이언트의 틱장애가 전혀 발생하지 않았으며, 이러한 저변에는 아빠가 아들과 함께 하는 시간을 늘렸고, 부부간의 의사소통방식에 변화가 옴으로써 자녀의 증상에 변화가 나타났다.

Session 9회(2001년 10월 19일)

T : 용준이가 좀 어떻습니까?
H : 제가 정확하게는 잘 모르겠는데 틱증상이 없다가 10일 전부터 다시 생긴 것 같더라구요. 같이 활동적인 일을 하면 없는데 정적인 상태로 있으면 나타나요. 근데 그저께까지는 있었는데 어제는 또 없었어요. 그런 것 이외에는 정서적으로나 모든 것으로 좋아요. 그리고 전에는 용준이가 태권도장을 안 갔는데 이번 주부터 태권도장을 가더라구요. 정말 좋아하는 것 같아요(안정화되어가는 부부관계로 인하여 아들이 자신이 하고 싶은 일에 초점을 맞출 수 있게 되었다. 부부하위체계의 강화로 인하여 아들의 증상이 서서히 사라지기 시작하면서, 자신의 또래친구들과 관계를 맺기 시작하였다).
H : 늦게 들어왔을 때는 어느 정도의 대화를 하구요. 용준이 엄마는 지금도 저와 대화가 잘 안 된다고 하는데 일단은 대화를 해서 싸우거

나 하는 것은 없고 조금씩 대화 시간을 늘려가고 있어요. 그리고 용준이는 뭐라고 그러냐면 아빠하고 엄마하고 싸우면 자기 마음이 이상하다고 이야기해요. 어쨌든 그런 것 때문에 더 조심하게 돼요. 용준이 엄마의 불만은 용준이에게 하는 것처럼 자기한테도 말을 부드럽게 하라고 그러고 있죠. 그래도 전체적으로는 많이 좋아졌어요. 어제는 자다가 울더라구요. 무슨 안 좋은 생각이 났다구요. 그래서 제가 토닥토닥 해 줬더니 놀라면서 "당신 달라졌네" 하더라구요. 요즘은 용준이 엄마가 그런 이야기 안 하는데 예전에는 "나가" 그러면 회사로 갔죠. 요즘은 나가라고 그래도 안 나가요. 오히려 나가면 스트레스를 용준이 엄마가 더 받거든요. 밤새 잠을 못 자요.

6. 결 론

틱장애를 가진 아동을 위하여 9회 가족치료를 하였는데, 치료의 초점은 아동에 두지 않고 부부치료에 초점을 두었다. 치료자는 아동의 문제가 근본적으로 부부가 가족생활주기의 신혼부부단계에서 두 사람 간의 차이를 조율하는 문제를 해결하지 못하고 계속적으로 갈등관계를 유지하고 있었던 것으로 보았다. 그리하여 치료자는 부부간의 갈등을 유발하는 역기능적인 의사소통 패턴에 초점을 두었다. 즉, 부부가 신혼초부터 지금까지 문제를 해결하려고 시도해 왔던 역기능적인 문제해결방식을 발견하고자 하였다. 따라서 역기능적으로 시도된 문제해결방식을 지금까지 시도해 보지 않았던 새로운 의사소통방식으로 대체하고 하였다. 결론적으로 부부가 의사소통이 됨으로써, 즉 지금까지 시도해 왔던 역기능적인 의사소통방식에서 새로운 의사소통방식으로 인하여 두 사람간에 대화가 가능하였다. 지금까지 문제를 해결하려고 시도했던 방식인 소리를 지르고, 회피하고, 마지막에는 구타하는 방식에서 서로의 감정과 생각을 감정을 다소 추스르며 차분하게 대화하는 방식으로 변화되었다. 따라서 부부가 서로를 비난한다고 생각하여 방어하는 방식에서 상대방의 이야기를 감정을 상하지 않고 들을 수 있게 되었고, 이러한 의사소통방식의 변화로 인하여 감정을 상하지 않고 상대방을 이해하게 되었다. 다른 말로 하자면, 행동의 변화로 인하여 인식의 변화가 일어났다. 이러한 의사소통방식의 변화로 인하여 부부하위체계가 강화되었고, 자녀는 부모와의 삼각관계에서 벗어날 수 있었고, 부모와의 관계에서 자유롭게 되어 자신의 친구관계에 관심을 가지게 되었으며 이러한 과정 가운데 자녀의 틱장애는 자연스럽게 사라졌다.

참고문헌

김득성 외(2002). 가족치료. 서울 : 시그마프레스.

김유숙(1998). "관련성과 분리성에서 본 한국가족과 미국가족". 한국가족치료학회지, 6(1), pp.1-13.

민성길 외(2001). 최신정신의학. 서울 : 일조각

박인철 역(1995). 변화. 서울 : 동문선.

박태영(2001). 가족치료이론의 적용과 실천. 서울 : 학지사.

이근후 외(1994). 정신장애의 진단 및 통계 편람. 서울 : 하나의학사

최정윤 외(2000). 이상심리학. 서울 : 학지사.

American Psychiatric Association (1994). *Diagnostic and Statistical Manual of Mental Disorders*. Washington, D. C. : American Psychiatric Association.

Duncan B. L., Solovey A. D., & Rusk G. S. (1992). *Changing the rules : A client-directed approach to therapy*. New York : The Guilford Press.

Goldenberg, I., & Goldenberg, H. (2000). *Family therapy : An overview* (5th ed.). Pacific Grove, Ca : Brooks/Cole.

Greene, J. G. (1996). Communication theory and social work treatment. In F. J. Turner (Ed.). *Social work treatment : Interlocking theoretical approaches* (pp.116-145). New York : The Free Press.

Kaplan, H. I., & Sadock, B. J. (1999). *Synopsis of psychiatry : Behavioral sciences clinical psychiatry*. Baltimore : Williams & Wilkins.

Lewis J. A. (1992). Treating the alcohol-affected family. In L. L'Abate, J. E. Farrar,

& D. A. Serritella (Eds.), *Handbook of differential treatments for addictions* (pp.61-83). Needham Heights : Allyn and Bacon.

Prochaska, J. D., & Norcross, J. C. (1999). *Systems of psychotherapy : A transtheoretical analysis* (4th ed.). New York : Brooks/Cole.

Schlanger, K., & Anger-Diaz, B. (1999). The brief therapy approach of the Palo Alto Group. In D. M. Lawson., & F. F. Prevatt. *Casebook in family therapy* (pp.146-168). New York : Brooks/Cole.

Shoham, V., Rohrbaugh, M., & Patterson, J. (1995). Problem-and solutions-focused couple Therapies : The MRI and Milwaukee models. In N. S. Jacobson., & A. S. Gurman (Eds.), *Clinical handbook of couple therapy* (pp.142-163). New York : The Guilford Press.

Shon, S. P., & Ja, D. Y. (1982). Asian families. In M. McGoldrick, J. Pierec, & J. Giordano (Eds.), *Ethnicity and family therapy* (pp.208-228). New York : The Guilford Press.

Waldinger, R. J. (1997). *Psychiatry for medical students.* Washington, DC : American Psychiatric Press.

Watzlawick, P., Beavin, J. H., & Jackson, D. D. (1967). *Pragmatics of human communication : A study of interactional patterns, pathologies, and paradoxes.* New York : W. W. Norton.

Watzlawick, P., Weakland, J., & Fisch, R. (1974). *Change : problems formation and problem resolution.* New York : W. W. Norton.

Weakland, J. H. (1993). Conversation-but what kind? In S. Gilligan., & R. Price (Eds.), *Therapeutic conversations* (pp.136-145). New York : Norton.

Weakland, J., Fisch, R., Watzlawick, P., & Bodin, A. M. (1974). Brief Therapy : Focused Problem Resolution. *Family Process, 13,* 141-168.

찾아보기

인 명

내 용